2021 版

《中华人民共和国安全生产法》专家解读

《〈中华人民共和国安全生产法〉专家解读》编委会 组织编写

卜 素 主编

中国矿业大学出版社

·徐州·

图书在版编目(CIP)数据

《中华人民共和国安全生产法》专家解读/卜素主编. —徐州:中国矿业大学出版社,2021.6

ISBN 978-7-5646-5060-5

Ⅰ. ①中… Ⅱ. ①卜… Ⅲ. ①安全生产—安全法规—中国—问题解答 Ⅳ. ①D922.545

中国版本图书馆 CIP 数据核字(2021)第 123110 号

书　　名 《中华人民共和国安全生产法》专家解读

主　　编 卜　素

责任编辑 黄本斌　吴学兵　李　敬

出版发行 中国矿业大学出版社有限责任公司

（江苏省徐州市解放南路　邮编 221008）

营销热线 (0516)83884103　83885105

出版服务 (0516)83995789　83884920

网　　址 http://www.cumtp.com　**E-mail**:cumtpvip@cumtp.com

印　　刷 苏州市古得堡数码印刷有限公司

开　　本 880 mm×1230 mm　1/32　**印张** 15.375　**字数** 424 千字

版次印次 2021 年 6 月第 1 版　2021 年 6 月第 1 次印刷

定　　价 48.00 元

中华人民共和国主席令

第八十八号

《全国人民代表大会常务委员会关于修改〈中华人民共和国安全生产法〉的决定》已由中华人民共和国第十三届全国人民代表大会常务委员会第二十九次会议于2021年6月10日通过，现予公布，自2021年9月1日起施行。

中华人民共和国主席 **习近平**

2021年6月10日

《〈中华人民共和国安全生产法〉专家解读》
编　委　会

前　言

安全生产是关系人民群众生命财产安全的大事，是经济社会协调健康发展的标志，是党和政府对人民利益高度负责的要求。所以，安全生产工作必须牢固树立新发展理念，坚持安全发展，坚守发展决不能以牺牲安全为代价这条不可逾越的红线。《中华人民共和国安全生产法》（以下简称《安全生产法》）是关于安全生产工作的综合性法律，具有丰富的法律内涵和规范作用。《安全生产法》对全面加强我国安全生产法制建设，强化安全生产监督管理，规范生产经营单位的安全生产，遏制重大、特大事故，激发全社会对公民生命权的珍视和防护，增强全民族的安全法律意识，促进经济发展和保持社会稳定，具有重大而深远的意义。

《安全生产法》于 2002 年公布施行，2009 年和 2014 年进行了两次修正，对预防和减少生产安全事故，保障人民群众生命财产安全发挥了重要作用，但新发展阶段、新发展理念、新发展格局对安全生产提出了更高的要求，需要对《安全生产法》进行修改完善。一是习近平总书记对加强安全生产工作作出一系列重要指示批示，2016 年 12 月，中共中央、国务院印发了《关于推进安全生产领域改革发展的意见》，对安全生产工作的指导思想、基本原则、制度措施等作出新的重大部署，需要通过修法进一步贯彻落实。二是我国安全生产仍处于爬坡过坎期，过去长期积累的隐患集中暴露，新的风险不断涌现，需要通过修法进一步压实各方安全生产责任，有效防范化解重大安全风险。三是根据 2018 年深化党和国家机构改革方案，原国家安全生产监督管理总局(以下简称国家安全监管总局)的职责划入应急管理部,其他有关部门和职责也作了调整,需要通过修法对原来的法定职责进行修改。

2019年1月,应急管理部向国务院报送了《〈中华人民共和国安全生产法〉修正案(草案送审稿)》。2019年1月和2020年2月司法部先后两次征求有关部门、省级政府和部分研究机构、行业协会、企业的意见,并会同应急管理部进一步开展了实地调研、专家座谈、沟通协调,反复修改完善,形成了《中华人民共和国安全生产法(修正草案)》。《中华人民共和国安全生产法(修正草案)》已于2020年11月25日国务院第115次常务会议讨论通过。

(1)本次《安全生产法》修改的总体思路。

在总体思路上主要把握以下三点:一是将习近平总书记关于安全生产工作一系列重要指示批示精神和党中央、国务院有关决策部署转化为法律规定,确保落地见效。二是强化企业安全生产主体责任,建立完善安全风险预防控制体系,加大违法处罚力度,提高违法成本,推进依法治理。三是完善政府安全监管体制机制和责任制度,强化基础保障能力,依靠法治力量推进安全生产治理体系和治理能力现代化。

(2)本次《安全生产法》修改的主要内容。

一是进一步完善安全生产工作的原则要求。为加强党对安全生产工作的领导,贯彻党的十九届五中全会精神,落实习近平总书记提出的"三个必须"原则,对有关内容作了修改完善,规定安全生产工作应当坚持中国共产党的领导,以人为本,坚持人民至上、生命至上,把保护人民生命安全摆在首位,树牢安全发展理念,坚持安全第一、预防为主、综合治理的方针,从源头上防范化解重大安全风险,实行管行业必须管安全、管业务必须管安全、管生产经营必须管安全。

二是进一步强化和落实生产经营单位的主体责任。① 确保生产经营单位的安全生产责任制落实到位,规定生产经营单位应当建立健全全员安全生产责任制和安全生产规章制度,加大投入保障力度,改善安全生产条件,加强标准化建设,构建安全风险分级管控和隐患排查治理双重预防体系，健全风险防范化解机制。明确生产经营单位的主要负责人是本单位安全生产第一责任人，其他负责人对职责范围内的安全生产工作负责。② 强化预防措施，规定生产经营单位应当建立安全风险分级管控制度，按安全风险分级采取相应管控措施；重大事故隐患排查治理情况应当及时向有关部门报告。③ 加大对从业人员心理疏导、精神慰藉等人文关怀和保护力度，防范行为异常导致事故发生。④ 发挥市场机制的推动作用，要求属于国家规定的高危行业、领域的生产经营单位应当投保安全生产责任保险。

三是进一步明确地方政府和有关部门的安全生产监督管理职责。① 强化领导责任，规定各级人民政府应当加强安全生产基础设施和能力建设，所需经费列入本级预算；乡、镇人民政府和街道办事处，以及开发区、港区、风景区等应当明确负责安全监管的机构及其职责，加强监管力量建设，建立完善安全风险评估与论证机制，实施重大安全风险联防联控。② 厘清有关部门在安全生产强制性国家标准方面的职责，规定国务院有关部门分工负责安全生产强制性国家标准的有关工作，依据法定职责对强制性国家标准的实施进行监督检查。③ 提升安全生产监管的信息化、智能化水平，监管部门之间应当对重大危险源及有关安全和应急措施备案信息实现信息共享。有关部门应当将重大事故隐患纳入相关信息系统，建立健全治理督办制度，督促消除重大事故隐患。④ 国务院应急管理部门牵头建立全国统一的生产安全事故应急救援信息系统，有关部门和县级以上地方人民政府建立健全相关行业、领域、地区的事故应急救援信息系统，实现互联互通、信息共享，提升监管的精准化、智能化水平。

四是进一步加大对生产经营单位及其负责人安全生产违法行为的处罚力度。① 在现行《安全生产法》规定的基础上，普遍提高了对违法行为的罚款数额。② 增加生产经营单位被责令改正且受到罚款处罚，拒不改正的，监管部门可以按日连续处罚。③ 针对安全生产领域“屡禁不止、屡罚不改”等问题，加大对违法行为恶劣的生产经营单位关闭力度，依法吊销有关证照，对主要负责人实施职业禁入。

④ 加大对违法失信行为的联合惩戒和公开力度，规定监管部门发现生产经营单位未按规定履行公示义务的，予以联合惩戒；有关部门和机构对存在失信行为的单位及人员采取联合惩戒措施，并向社会公示。

为了有效学习和贯彻《安全生产法》，我们组织了有关专家、学者在查阅大量文献和调研的基础上编写了《〈中华人民共和国安全生产法〉专家解读》。本书对新版《安全生产法》的条款进行了逐条解释，说明制定该条款的目的、原因、执行时应注意的事项以及与其相关的法律法规和司法解释等，并配备大量的安全生产案例、视频讲解和自测题，便于安全生产工作人员和安全生产执法人员深入地理解法条、有效地执行法条、从案例中吸取教训。此外，本书还附有《安全生产法》新旧条文对照表，便于查找本次修改的条文内容。本书采用双色印刷，法规条款用蓝色，解读正文用黑色，重点突出，层次分明。

本书在编写过程中得到了国家能源投资集团有限责任公司、中国矿业大学（北京）、陕西省能源局、河南煤业化工集团有限责任公司、山西忻州神达能源集团有限公司、扬州市消防救援支队等单位的大力支持，在此表示衷心的感谢！

由于作者水平所限，加之时间紧、任务重，书中难免存在疏漏之处，敬请广大读者批评指正。作者的电子邮箱：18678870705@163.com。

《〈中华人民共和国安全生产法〉专家解读》编委会

2021年6月

目　录

第一章　总　　则

本章是《安全生产法》的总则部分，它是关于安全生产工作基本内容的规定，是其他各章的总结与统领。本章明确了《安全生产法》的立法目的、适用范围、工作方针，生产经营单位基本义务，单位主要负责人主体责任，从业人员安全生产权利义务，工会职责，各级人民政府职责，安全生产监督管理体制，安全生产标准，安全生产宣传教育，协会组织职责，安全生产技术服务中介机构，事故责任追究制度，安全生产科学技术研究、奖励等。

第一条【立法目的】[①]

为了加强安全生产工作，防止和减少生产安全事故，保障人民群众生命和财产安全，促进经济社会持续健康发展，制定本法。

【条文解读】　本条是关于《安全生产法》立法目的的规定。

条文讲解

从本条规定来看，我国《安全生产法》的立法目的主要有四个层次：

一是加强安全生产工作。所谓安全生产，就是指在生产经营活动中，为避免发生造成人员伤亡和财产

① 条文主旨为编者所加，下同。

损失的事故，有效消除或控制危险和有害因素而采取一系列措施，控制生产过程中的危险因素，保证人民群众的人身安全与健康、设备和设施免受损坏、环境免遭破坏，确保生产经营活动得以顺利进行。这里的“生产”是广义的，不仅包括各种产品的生产经营，也包括各类工程建设、娱乐业以及其他服务业的经营活动，既包括具有高度危险性的生产，也包括危险性比较小的生产，换言之，工矿商贸等各行各业生产经营都属于本法中的“生产”。

二是防止和减少生产安全事故。何为“生产安全事故”，立法上没有明确界定。《生产安全事故报告和调查处理条例》（国务院令第493号）第二条规定：“生产经营活动中发生的造成人身伤亡或者直接经济损失的生产安全事故的报告和调查处理，适用本条例；环境污染事故、核设施事故、国防科研生产事故的报告和调查处理不适用本条例。”因此，生产安全事故是指生产经营活动中发生的造成人员伤亡或者直接经济损失的事故，但不包括环境污染事故、核设施事故、国防科研生产事故。人员伤亡包括人员死亡和伤害。直接经济损失是指因事故造成人员伤亡及善后处理支出的费用和毁坏财产的价值。生产经营单位在生产经营过程中都存在某些可能造成人员伤亡和财产损失的危险因素，如果对这些危险因素缺乏认识，或者没有采取有效的预防、控制措施，这些潜在的危险就会造成诸如爆炸等导致人员伤亡和财产损失的生产安全事故。生产经营活动中的事故虽然难以做到完全避免，但只要高度重视，加大投入，严格遵守法律、法规、规章和操作规程，事故是可以预防和减少的。发生安全事故后，

救援措施得当,也可以减少人员伤亡和财产损失。

需要指出,生产安全事故造成的人员伤亡中的"人员"不限于从业人员,还包括周围的群众。

三是保障人民群众生命和财产安全。安全生产事关人民群众生命财产安全,事关改革开放、经济发展和社会稳定大局,事关党和政府的形象和声誉。这就要求生产经营单位必须始终把安全生产放在重中之重的位置,始终把保障人民群众生命财产安全放在首位,进一步牢固树立生命至上的理念,严格落实安全生产主体责任制,确保人民生命财产安全,绝不能以牺牲人的生命为代价换发展。保障人民群众生命和财产安全是《安全生产法》立法的根本目的。

四是促进经济社会持续健康发展。2014 年《安全生产法》修正时,将原法中的"促进经济发展"修改为"促进经济社会持续健康发展",主要是考虑到经济与社会要同步发展、持续发展和健康发展。因此,《安全生产法》立法的重要目的是保障经济社会全面、协调、可持续健康发展。

《安全生产法》以安全生产事故为主要的调整对象,如何界定安全生产事故并区分其种类是适用《安全生产法》的一个重要问题。《生产安全事故报告和调查处理条例》中将生产经营活动中发生的造成人员伤亡或者直接经济损失的生产安全事故作为一种典型的安全生产事故,并对生产安全事故报告和调查处理的适用范围作了规定,将环境污染事故、核设施事故、国防科研生产事故的报告和调查处理排除在《生产安全事故报告和调查处理条例》的适用范围之内。但是,《安全生产法》作为安全生产领域综合性法律,其对核设施、国防科研生产等仍具有适用性。

《生产安全事故报告和调查处理条例》根据生产安全事故(以下简称事故)造成的人员伤亡或者直接经济损失,将事故一般分为以下等级:① 特别重大事故,是指造成 30 人以上死亡,或者 100 人以上重伤(包括急性工业中毒,下同),或者 1 亿元以上直接经济损失的事故;② 重大事故,是指造成 10 人以上 30 人以下死亡,或者 50 人以上 100 人以下重伤,或者 5 000 万元以上 1 亿元以下直接经济损失的事故；③ 较大事故，是指造成 3 人以上 10 人以下死亡，或者 10 人以上 50 人以下重伤，或者 1 000 万元以上 5 000 万元以下直接经济损失的事故；④ 一般事故，是指造成 3 人以下死亡，或者 10 人以下重伤，或者 1 000 万元以下直接经济损失的事故。其中上述表述中“以上”包括本数，“以下”不包括本数。从以上关于事故等级划分标准来看，伤害主要是造成人员重伤，造成轻伤的也会产生直接经济损失，也属于生产安全事故，但这时是否应适用《生产安全事故报告和调查处理条例》进行报告和调查，现实中有不同的处理。有人认为，即使造成一人轻伤的，也属于直接经济损失，应属于一般事故，应适用《生产安全事故报告和调查处理条例》进行报告和调查；也有人认为，造成轻伤的，虽然有直接经济损失，但是《生产安全事故报告和调查处理条例》中所称的直接经济损失不包括人员伤亡造成的直接经济损失，所以造成轻伤的不属于《生产安全事故报告和调查处理条例》中的生产安全事故。此外，《生产安全事故报告和调查处理条例》还规定国务院安全生产监督管理部门可以会同国务院有关部门，制定事故等级划分的补充性规定。

第二条【适用范围】

在中华人民共和国领域内从事生产经营活动的单位（以下统称生产经营单位）的安全生产，适用本法；有关法律、行政法规对消防安全和道路交通安全、铁路交通安全、水上交通安全、民用航空安全以及核与辐射安全、特种设备安全另有规定的，适用其规定。

【条文解读】 本条是关于《安全生产法》适用范围的规定。

法律的效力表现为法对何种空间范围内的人和事产生法律拘束力。它包括法律的时间效力、空间效力、对人的效力以及对事的效力。法律的时间效力是指法律从什么时候开始发生效力和什么时候失去效力；法律的空间效力是指法律适用的地域范围；法律对人的效力是指法律适用于什么法律主体（《中华人民共和国民法典》中将法律主体分为自然人、法人和非法人组织三类）；法律对事的效力是指法律适用于特定法律主体的何种活动。

《安全生产法》早在 2002 年 6 月 29 日由中华人民共和国第九届

全国人民代表大会常务委员会第二十八次会议通过并公布，自2002年11月1日起施行。2014年8月31日，第十二届全国人民代表大会常务委员会第十次会议通过《全国人民代表大会常务委员会关于修改〈中华人民共和国安全生产法〉的决定》，修改后的《安全生产法》自2014年12月1日起施行。2021年6月10日，第十三届全国人民代表大会常务委员会第二十九次会议通过《全国人民代表大会常务委员会关于修改〈中华人民共和国安全生产法〉的决定》，修改后的《安全生产法》自2021年9月1日起施行。

从本条来看，本法的空间效力为"中华人民共和国领域内"，即本法的效力及于中华人民共和国的全部领域，包括领陆、领海和领空，即在中华人民共和国领域内从事生产经营活动的单位就要受《安全生产法》的调整。企业在我国专属经济区内从事生产经营活动的，也适用本法的调整。按照《中华人民共和国香港特别行政区基本法》和《中华人民共和国澳门特别行政区基本法》的规定，只有列入这两个基本法附件三的全国性法律，才能在香港特别行政区和澳门特别行政区适用。《安全生产法》没有被列入其中，因此《安全生产法》不适用于我国的香港特别行政区和澳门特别行政区。香港特别行政区和澳门特别行政区的安全生产立法由特别行政区立法机关自行制定。

依照本条的规定，《安全生产法》适用于在中华人民共和国领域内从事生产经营活动的单位。但是，本条中的"生产经营单位"主要有两个问题需要明确：第一，生产经营单位是否包括自然人？第二，生产经营单位是否包括非法从事生产经营活动的单位？

针对第一个问题，根据原国家安全监管总局《关于生产安全事故认定若干意见问题的函》（政法函〔2007〕39号）第二条的规定，《安全生产法》所称的生产经营单位，是指从事生产活动或者经营活动的基本单元，既包括企业法人，也包括不具有企业法人资格的经营单位、个人合伙组织、个体工商户和自然人等其他生产经营主体。根据该函件，自然人包括在生产经营单位之中。但全国人民代表大会常务委员会法制工作委员会原副主任阚珂主编的《中华人民共和国安全生产法释义》（法律出版社，2014年）中认为，从事生产经营活动的单位包括从事生产经营活动的企业、事业单位和个体经济组织以及其他组织，包括国有企事业单位、集体所有制的企事业单位、股份制企业、中外合资经营企业、中国合作经营企业、外资企业、合伙企业、个人独资企业等，不论性质如何，规模大小，只要是从事生产经营活动，都应遵守本法的各项规定。严格意义上讲，单位并不是一个非常严谨的法律概念，也不是一个独立的法律主体，根据《现代汉语词典》的解释，“单位”有两层含义：① 计量事物的标准量的名称。如米为计量长度的单位，千克为计量质量的单位，升为计量容器的单位等。② 指机关、团体等或属于一个机关、团体等的各个部门。而按照《中华人民共和国劳动合同法》（以下简称《劳动合同法》）第二条的规定，用人单位是指中华人民共和国境内的企业、个体经济组织、民办非企业单位等组织。所以，自然人不属于用人单位，不适用《安全生产法》的规定。

针对第二个问题，根据国家安全监管总局《关于生产安全事故认定若干意见问题的函》（政法函〔2007〕39 号）第二条的规定，《安全生产法》所称的生产经营活动，既包括合法的生产经营活动，也包括违法违规的生产经营活动。全国人民代表大会常务委员会法制工作委员会原副主任阚珂主编的《中华人民共和国安全生产法释义》中也认为，生产经营单位包括合法的单位，也包括非法的单位。所以，非法单位的安全生产也适用本法的规定。但是，实践中很多法院认为，未进行工商登记的，不具有行政相对人资格，不能依据《安全生产法》的规定进行处罚。

依照依法治国、依法行政的要求，各级人民政府负有安全生产监督管理职责的部门以及工作人员，在对生产经营单位监管监察时，也必须遵守本法的规定。

本法对事的效力，是生产经营活动中的安全问题，其调整的事项仅限于生产经营领域，不属于生产经营活动中的安全问题，公共安全、国家安全等不适用本法的规定，例如公共场所的集会活动等，但在公共场所组织的各类商业活动，受本法的调整。这里的生产经营活动范围非常广泛，既包括资源的开采活动，各种产品的加工、制作活动，也包括各类工程建设和商业、娱乐业以及其他服务业的经营活动。其调整的对象不仅包括生产经营单位的安全生产，也调整负有安全生产监督管理职责的部门及其工作人员对生产经营单位的监管监察工作。

考虑到从事生产经营活动的单位或者某些安全事项具有特殊性，对其单独立法非常有必要。目前，《中华人民共和国消防法》（以下简称《消防法》）对消防安全、《中华人民共和国道路交通安全法》（以下简称《道路交通安全法》）对交通安全、《中华人民共和国海上交通安全法》（以下简称《海上交通安全法》）对海上交通安全、《中华人民共和国铁路法》（以下简称《铁路法》）对铁路交通安全、《中华人民共和国民用航空法》（以下简称《民用航空法》）对航空安全、《中华人民共和国特种设备安全法》（以下简称《特种设备安全法》）对特种设备安全，以及《民用核安全设备监督管理条例》《放射性同位素与射线装置安全和防护条例》对核与辐射安全等作了特别规定。

例如，《道路交通安全法》第五条规定："国务院公安部门负责全国道路交通安全管理工作。县级以上地方各级人民政府公安机关交通管理部门负责本行政区域内的道路交通安全管理工作。县级以上各级人民政府交通、建设管理部门依据各自职责，负责有关的道路交通工作。"第七十三条规定："公安机关交通管理部门应当根据交通事故现场勘验、检查、调查情况和有关的检验、鉴定结论，及时制作交通事故认定书，作为处理交通事故的证据。交通事故认定书应当载明交通事故的基本事实、成因和当事人的责任，并送达当事人。"《铁路法》第四十二条规定："铁路运输企业必须加强对铁路的管理和保护，定期检查、维修铁路运输设施，保证铁路运输设施完好，保障旅客和货物运输安全。"第四十三条规定："铁路公安机关和地方公安机关分工负责共同维护铁路治安秩序。车站和列车内的治安秩序，由铁路公安机关负责维护；铁路沿线的治安秩序，由地方公安机关和铁路公安机关共同负责维护，以地方公安机关为主。"《民用航空法》第三条规定："国务院民用航空主管部门对全国民用航空活动实施统一监督管理；根据法律和国务院的决定，在本部门的权限内，发布有关民用航空活动的规定、决定。国务院民用航空主管部门设立的地区民用航空管理机构依照国务院民用航空主管部门的授权，监督管理各该地区的民用航空活动。”《中华人民共和国建筑法》（以下简称《建筑法》）第六条规定：“国务院建设行政主管部门对全国的建筑活动实施统一监督管理。”

因此，《道路交通安全法》《海上交通安全法》《铁路法》《民用航空法》等法律对这些领域的安全问题，应当适用相关规定，但并非意味着《安全生产法》完全无法干涉，特殊领域中的安全问题，由专门的法律、行政法规进行调整，执行这些专门法律、行政法规作出的规定；对于一些安全生产方面的问题，特殊领域法律、行政法规中未作出规定的，仍然要适用《安全生产法》的规定。

法律效力上，《中华人民共和国立法法》（以下简称《立法法》）第九十四条规定：“法律之间对同一事项的新的一般规定与旧的特别规定不一致，不能确定如何适用时，由全国人民代表大会常务委员会裁决。行政法规之间对同一事项的新的一般规定与旧的特别规定不一致，不能确定如何适用时，由国务院裁决。”所以，当这些法律与《安全生产法》冲突时，是按照特别法优于一般法的原则选择适用特别规定，还是根据新法优于旧法的原则选择适用《安全生产法》，应按照

《立法法》第九十四条的规定，由全国人民代表大会常务委员会裁决。

《最高人民法院关于安监部门是否有权适用〈安全生产法〉及〈生产安全事故报告和调查处理条例〉对道路交通安全问题予以行政处罚及适用法律问题的答复》(〔2010〕行他字第12号)中认为，根据《安全生产法》第二条规定，《道路交通安全法》等法律、行政法规对道路交通安全有关问题有特别规定的，应当适用特别规定。没有特别规定的，安监(现应急管理)部门可以适用《安全生产法》和《生产安全事故报告和调查处理条例》的规定处理。

因此，若运输企业违反《安全生产法》第二十八条第一款规定的，应急管理部门可以适用《安全生产法》第九十七条第三款予以处罚。而未履行安全生产教育和培训义务不是发生交通事故直接原因的，应急管理部门适用《生产安全事故报告和调查处理条例》第三十七条对相关运输企业实施行政处罚就不妥当。

【关联法规索引】 《消防法》《道路交通安全法》《海上交通安全法》《铁路法》《民用航空法》《特种设备安全法》《民用核安全设备监督管理条例》《放射性同位素与射线装置安全和防护条例》等。

典型案例[①]：甲区安全生产监督管理局与乙客运公司安全生产管理行政处罚纠纷案

2015年3月1日6时40分许，乙客运公司的×××号青年牌大型普通客车在丙市甲区某高速公路北往南方向411公里路段，发生一起交通事故，经甲交警大队认定：冰雪路面、超速行驶、采取措施不当，车辆侧滑撞到中心隔离带上后侧翻，造成乘车人4人死亡、32人受伤。司机王某财负事故的全部责任，乙客运公司对死者和伤者进行了赔偿。2015年6月26日，甲区安全生产监督管理局认定

---

① 本书的典型案例全部来源中国裁判文书网(https://wenshu.court.gov.cn)的真实案例(仅作人名、单位名称等部分修改)，其中典型案例所涉法条皆为判决时的生效法条，对于目前部分法条已更新或废止，而为呈现真实案例(仅为启示作用)未作修改，特此说明，后文不再赘述。

乙客运公司存在以下违法行为:① 驾驶员冰雪路面超速行驶,采取措施不当。② 未认真落实交通安全的法律、法规,对驾驶员安全培训教育不到位。③ 对客运车辆监管不力,未严格执行车辆 GPS 系统安全管理有关规定,肇事车辆当天 GPS 系统运行不正常未进行有效管理。④ 驾驶员未按规定提醒乘客系安全带。向乙客运公司下发了《行政处罚决定书》(以下简称《处罚决定》),给予乙客运公司 52 万元的行政罚款。另外,对乙客运公司法定代表人纪某春罚款 8 000 元、安全管理员陈某英罚款 6 000 元。乙客运公司陆续缴纳罚款 31 万元,尚差 21 万元,纪某春、陈某英全部缴纳罚款。乙客运公司起诉:① 请求撤销甲区安全生产监督管理局于 2015 年 6 月 26 日作出的《处罚决定》。② 判令甲区安全生产监督管理局退还已经缴纳的 32 万元罚款。在一审庭审过程中,乙客运公司称已缴纳罚款为 31 万元,诉讼请求第二项改为,要求甲区安全生产监督管理局返还罚款31 万元。

一审法院判决认为,乙客运公司所属车辆在冰雪路面超速行驶,车辆侧翻撞到隔离带上造成交通事故。《道路交通安全法》明确规定,应适用其规定进行处理。由于道路交通安全的特殊性,国家专门制定了《道路交通安全法》、《中华人民共和国道路交通安全法实施条例》(以下简称《道路交通安全法实施条例》)、《中华人民共和国道路运输条例》(以下简称《道路运输条例》)予以规范,故甲区安全生产监督管理局依据《安全生产法》相关规定对发生交通事故的乙运输公司予以行政处罚的行为属于超越职权的具体行政行为。乙客运公司请求撤销甲区安全生产监督管理局于 2015 年 6 月 26 日作出的《处罚决定》,判令甲区安全生产监督管理局退还乙客运公司已经缴纳的 31 万元的诉讼请求符合法律规定,应予支持。依据《道路交通安全法》第二条、《安全生产法》第二条、《道路运输条例》第二条的规定,判决:一、对甲区安全生产监督管理局于 2015 年 6 月 26 日作出的《处罚决定》予以撤销;二、甲区安全生产监督管理局于判决发生法律效力后 30 日内返还乙客运公司缴纳的罚款 31 万元。

甲区安全生产监督管理局向丙市中级人民法院提起上诉称,案涉事故属于生产安全事故，甲区安全生产监督管理局具有依据安全生产法律、法规进行处理的职权；《道路交通安全法》对本案情形没有特别规定；安全监管部门对发生交通事故负有责任的道路运输企业具有行政处罚权；处罚决定证据确凿，适用法律、法规正确，符合法定程序，依法应予支持。请求撤销一审判决，驳回乙客运公司的诉讼请求。

乙客运公司答辩称，上诉人引用的均为部门规章、规范性文件，最高人民法院对安监部门关于道路交通事故是否有处罚权已作出答复；上诉人出具的《处罚决定》中认定的事实与处罚依据条款没有关联性。请求驳回上诉，维持原判。

丙市中级人民法院认为，根据《最高人民法院关于安监部门是否有权适用〈安全生产法〉及〈生产安全事故报告和调查处理条例〉对道路交通安全问题予以行政处罚及适用法律问题的答复》(〔2010〕行他字第12号)的规定，《道路交通安全法》等法律、行政法规对道路交通安全有关问题有特别规定的，应当适用特别规定。没有特别规定的，安监部门可以适用《安全生产法》和《生产安全事故报告和调查处理条例》的规定处理。

本案中，甲交警大队于2015年3月31日作出的丙公交认字〔2015〕第××号道路交通事故认定书已认定驾驶员王某财驾驶车辆在冰雪路面超速行驶，采取措施不当，是构成事故的原因。其行为违反了《道路交通安全法》第二十二条第一款及《道路交通安全法实施条例》第四十六条第一款第(四)项的规定。《处罚决定》认定乙客运公司存在违法行为第一项为驾驶员冰雪路面超速行驶，采取措施不当。该违法行为主体并非乙客运公司，故《处罚决定》存在认定事实不清；根据《最高人民法院关于安监部门是否有权适用〈安全生产法〉及〈生产安全事故报告和调查处理条例〉对道路交通安全问题予以行政处罚及适用法律问题的答复》(〔2010〕行他字第12号)的规定，未履行安全生产教育和培训义务不是发生交通事故直接原因的，安监部门适用《生产安全事故报告和调查处理条例》第三十七条对相关运输企业实施行政处罚不妥。《处罚决定》认定乙客运公司存在的违法行为第二项未落实交通安全的法律、法规，对驾驶员安全培训教育不到位。第三项对运营车辆监管不力，未执行车辆GPS系统安全管理规定，肇事车辆当天GPS运行不正常未进行有效管理。第四项驾驶员未按规定提醒乘客系安全带。第二项到第四项并非发生于2015年3月1日较大交通事故的直接原因，《处罚决定》存在适用法律错误。综上，一审判决撤销《处罚决定》；责令甲区安全生产监督管理局返还乙客运公司已缴纳罚款31万元，事实清楚，证据充分，应予维持。上诉人甲区安全生产监督管理局认为《处罚决定》证据确凿，适用法律、法规正确，符合法定程序的上诉理由不能成立，其上诉请求丙市中级人民法院不予支持。依照《中华人民共和国行政诉讼法》（以下简称《行政诉讼法》）第八十九条第一款第（一）项的规定，判决如下：驳回上诉，维持原判。二审案件受理费50元，由上诉人甲区安全生产监督管理局负担。

裁判要旨：由于道路交通安全的特殊性，国家专门制定了《道路交通安全法》《道路交通安全法实施条例》《道路运输条例》予以规范，故安全生产监督管理部门依据《安全生产法》相关规定对发生交通事故的运输公司予以行政处罚的行为属于超越职权的具体行政行为。生产经营单位未履行安全生产教育和培训义务等安全保障责任的，如果不是发生交通事故直接原因的，不能依据《生产安全事故报告和调查处理条例》对生产经营单位进行处罚。

本案说明，安全生产监督管理的行政部门，有权对在本辖区内发生的生产安全事故进行监督处罚。在发生交通事故后进行安全生产检查时，如果发现生产经营单位存在安全管理人员未取得安全任职资格证、未按照规定对从业人员进行安全生产教育和培训的行为，可以对这些违法行为本身进行处罚。如果该安全生产违法行为不是导致交通事故的直接原因时，不宜基于生产经营单位存在的该安全生产违法行为而对发生交通事故的生产经营单位进行处罚。

第三条【安全生产工作理念、方针和机制】

安全生产工作坚持中国共产党的领导。

安全生产工作应当以人为本，坚持人民至上、生命至上，把保护人民生命安全摆在首位，树牢安全发展理念，坚持安全第一、预防为主、综合治理的方针，从源头上防范化解重大安全风险。

安全生产工作实行管行业必须管安全、管业务必须管安全、管生产经营必须管安全，强化和落实生产经营单位主体责任与政府监管责任，建立生产经营单位负责、职工参与、政府监管、行业自律和社会监督的机制。

【条文解读】 本条是关于安全生产工作理念、方针和机制的规定。

2021 年修法首次将坚持中国共产党的领导作为安全生产工作的纲领指引，强调要将保障人民生命安全作为安全生产工作的价值承载，并要牢固树立安全发展的理念，始终把保障人民群众生命安全放在首位。《安全生产法》以保障生产经营过程中劳动者人身安全为立法目的，调整生产经营单位与劳动者之间的权利义务关系，促使生产经营单位消除生产经营过程中存在的安全隐患，不断改善劳动环境和安全生产条件，保护职工生命安全。在生产实践中，当人的生命安全与生产经营单位等法律主体的财产利益冲突时，首先应当考虑人的生命安全，而不是考虑和维护财产利益。

安全发展应坚持统筹兼顾，协调发展，正确处理好安全与发展的关系。安全是发展的前提和基础，要坚持将安全放在首要位置，促进区域、行业领域的科学、安全、可持续发展，决不能以牺牲人的生命健康换取一时的发展。

“安全第一、预防为主、综合治理”是安全生产工作的“十二字方针”。这一方针是开展安全生产工作总的指导方针，是长期实践经验的总结。

（1）安全第一。生产经营活动中，在处理保证安全与实现生产经营活动的其他各项目标的关系上，要始终把安全特别是从业人员和其他人员的人身安全放在首要的位置，实行“安全优先”的原则。在确保安全的前提下，实现生产经营活动的其他目标，不安全不生产，生产要安全。安全第一，体现了以人为本、安全发展的理念，是预防为主、综合治理的统帅，没有安全第一的思想，预防为主就失去了思想支撑，综合治理就失去了整治依据。

（2）预防为主。这是安全生产工作方针的核心，也是安全第一理念的具体要求和支撑，预防为主要求将预防安全生产事故的发生放在安全工作的首位。安全生产工作不是发生事故后的救援工作，而是要在事前预防上下功夫，做到防患于未然，将事故消灭在萌芽状态。《安全生产法》对生产经营单位的安全保障义务、从业人员的安全义务以及应急管理部门的检查权等，都是坚持预防为主的体现，可以说《安全生产法》就是一部事故预防法。

（3）综合治理。所谓综合治理，是指要综合运用法律、经济、行政等手段，从发展规划、行业管理、安全投入、科技进步、经济政策、税收政策、教育培训、安全文化以及责任追究等方面着手，建立安全生产长效机制。综合治理的目的在于预防事故的发生，实现以人为本、安全发展的理念，它是"安全第一、预防为主"的安全管理目标实现的重要手段和方法，只有不断健全和完善综合治理工作机制，才能有效贯彻安全生产方针。

2021 年修法将从源头上防范化解重大安全风险作为安全生产工作新的工作思路，这是对安全风险本质辩证思考的重要认识，将安全风险识别的关口前移才能更有效地防范化解重大安全风险。安全生产的主体责任落实进一步与行业管理、业务监管相结合，提出管行业必须管安全、管业务必须管安全、管生产经营必须管安全的责任分配原则。在此原则下，政府监管责任成了落实安全生产工作的重要抓手之一。政府监管主要是指各级人民政府要切实履行安全生产管理职责，各级人民政府中负有安全生产监督管理职责的部门要切实履行安全生产管理和监督职责。根据管行业必须管安全的要求，各行业主管部门要履行安全生产监督管理职责。

生产经营单位对安全生产工作负主体责任。生产经营单位安全生产主体责任是指生产经营单位要依据法律、法规的规定，全面履行安全生产法定职责和义务，是安全生产工作的责任主体。强化和落实生产经营单位的主体责任，是保障经营与社会协调发展的必然要求，是实现企业可持续发展的客观要求。因此，《安全生产法》对生产经营单位主体责任的落实规定了安全生产方面的义务，主要如下：①依法设立安全生产管理机构或配备安全生产管理人员；②建立健全安全生产责任制和各项安全生产管理制度；③持续具备法律、行政法规、部门规章、国家标准和行业标准规定的安全生产条件；④确保资金投入满足安全生产条件需要；⑤依法对从业人员进行培训教育；⑥如实告知从业人员作业场所和工作岗位存在的风险、预防措施和事故应急措施，教育从业人员自觉承担安全生产义务；⑦为从业人员提供符合国家标准或者行业标准的劳动防护用品，并监督教育从业人员按照规定佩戴使用；⑧对重大危险源实施有效的检测、监控；⑨安全设施、设备符合安全管理的有关要求，按规定定期检测检验；⑩依法制订生产经营事故应急救援预案，并组织演练；⑪制定安全生产事故隐患排除治理制度并组织实施；⑫建设项目要保证安全设施"三同时"；⑬统一协调管理承包、承租单位安全生产工作；⑭依法参加工伤保险，为从业人员缴纳保险费；⑮按照《安全生产法》等法律、行政法规的规定，及时上报安全生产事故并立即组织抢险救援，妥善处理对安全事故造成的人员伤亡赔偿等善后工作；⑯确保所使用的生产技术、设备和工艺符合安全生产要求；⑰法律、行政法规、部门规章、国家标准或行业标准规定的其他安全生产责任。

按照本条的规定，我国安全生产工作的工作机制是"生产经营单位负责、职工参与、政府监管、行业自律和社会监督"。建立这一工作机制的目的在于形成齐抓共管的合力。

(1) 生产经营单位负责。生产经营单位负责是落实生产经营单位主体责任的要求，生产经营单位要按照法律、法规、规章和各项标准规定的安全生产义务，落实主体责任，对本单位的安全生产工作负责。

(2) 职工参与。职工参与是指职工有义务也有权利参与本单位生产经营活动中的安全工作，《安全生产法》第三章对从业人员的安全生产权利义务作了规定。要充分发挥工会、共青团、妇联组织的作用，依法维护和落实生产经营单位职工对安全生产的参与权与监督权，鼓励职工监督举报各类安全生产问题，对举报者予以奖励。

（3）政府监管。政府监管要求健全完善安全生产综合监管与行业监管相结合的工作机制，强化安全生产监管部门对安全生产的综合监管，全面落实行业主管部门的专业监管、行业管理和指导职责。各部门要加强协作，形成监管合力，在各级人民政府的统一领导下，严厉打击违法生产、经营等影响安全生产的行为，对拒不执行监管监察指令的生产经营单位，要依法依规从重处罚。

（4）行业自律。行业自律主要是行业协会等行业组织要自我约束，一方面各个行业要遵守国家法律、法规和政策，另一方面行业组织要通过行规约束本行业生产经营单位的行为。通过行业间的自律，促使生产经营单位能从自身安全生产的需要和保护从业人员生命健康的角度出发，自觉开展安全生产工作，切实履行法定职责和社会责任。

（5）社会监督。社会监督就是要发挥社会监督的作用，任何单位和个人有权对违反安全生产的行为进行检举和控告。发挥新闻媒体的舆论监督作用，有关部门和地方要进一步畅通安全生产的社会监督渠道，设立举报电话，接受人民群众的公开监督，打一场安全生产工作的全民“战争”。

【关联法规索引】《安全生产领域举报奖励办法》等。

第四条【生产经营单位基本义务】

生产经营单位必须遵守本法和其他有关安全生产的法律、法规，加强安全生产管理，建立健全全员安全生产责任制和安全生产规章制度，加大对安全生产资金、物资、技术、人员的投入保障力度，改善安全生产条件，加强安全生产标准化、信息化建设，构建安全风险分级管控和隐患排查治理双重预防机制，健全风险防范化解机制，提高安全生产水平，确保安全生产。

平台经济等新兴行业、领域的生产经营单位应当根据本行业、领域的特点，建立健全并落实全员安全生产责任制，加强从业人员安全生产教育和培训，履行本法和其他法律、法规规定的有关安全生产义务。

【条文解读】　本条是关于生产经营单位基本安全生产义务的规定。

2021年修法特别规定了平台经济等新兴行业、领域的全员安全生产责任制的建设。目前新业态发展趋势已形成了一种安全生产监管工作的新业态、新形势。在新业态中，劳动关系已发生深刻变化，本条正是在此背景下对网络平台的相应责任予以规范。例如，目前的互联网平台企业通过网络接单分配任务，劳动者从网络平台获得报酬，并受到网络平台的管理，在总体上符合现代劳动关系的基本要件，因此理应受到《安全生产法》的调整。同时《安全生产法》第十条还专门规定，对新兴行业、领域的安全生产监督管理职责不明确的，由县级以上地方各级人民政府按照业务相近的原则确定监督管理部门。

根据本条的规定，生产经营单位安全生产的主要义务包括：

一是遵守法律法规的义务。按照本条规定，生产经营单位必须遵守本法和其他有关安全生产的法律、法规。安全生产工作必须依法依规，遵守安全生产法律、法规，是生产经营单位必须履行的义务。生产经营单位不但要遵守《安全生产法》，还要遵守其他法律，如《中华人民共和国矿山安全法》(以下简称《矿山安全法》)、《建筑法》、《消防法》、《特种设备安全法》等法律的规定。不但要遵守国务院制定的关于安全生产的行政法规，也要遵守应急管理部门和行业主管部门根据法律、行政法规制定的关于安全生产的部门规章，以及各地方根据法律、行政法规结合本地实际情况，制定的有关安全生产的地方性法规，如《山东省安全生产条例》等。

二是加强安全生产管理。安全生产管理是企业管理的重要内容。“管生产必须管安全”，生产经营单位要依法设置安全生产管理机构或者安全生产管理人员，建立健全本单位安全生产的各项管理制度并组织实施。生产经营单位的主要负责人是企业安全生产管理工作的第一责任人，带头执行现场带班制度，切实加强安全生产现场管理工作。企业主要负责人、安全管理人员、特种作业人员一律经严格考核，职工必须全部经过培训合格后才能上岗，坚持不安全不生产，搞好生产作业场所、设备、设施的安全管理等。

三是建立健全全员安全生产责任制和安全生产规章制度。2021年修法特别强调了安全生产责任制涵盖的范围，即应当建立全员安全生产责任制。安全生产责任制是企业岗位责任制的一个重要组成部分，是企业中最基本的一项安全制度，也是企业安全生产、劳动保护管理制度的核心。安全生产责任制是在综合生产经营单位各种安全生产管理、安全操作制度的基础上，对生产经营单位和企业各级领导、各职能部门、有关工程技术人员和生产工人在生产中应负的安全责任加以明确规定的制度。安全生产责任制的内容主要包括各岗位的责任人员、责任范围和考核标准等。安全生产责任制中，生产经营单位的主要负责人对本单位安全生产工作全面负责，其他各级管理人员、职能部门、技术人员、各岗位操作人员以及生产工人，应当根据各自的工作岗位，确定其在安全生产方面应做的工作和应负的责任，并与奖惩制度挂钩。安全生产责任制的目的在于落实各岗位的安全生产职责，避免职责不清，相互推诿而使安全生产、劳动保护工作无人负责，造成工伤事故和职业病的发生。

安全生产规章制度以安全生产责任制为核心建立起来的指引和约束人们在安全生产方面的行为的准则。安全生产规章制度的目的是明确各岗位安全职责，规范安全生产行为，建立和维护安全生产秩序，包括安全生产责任制、安全操作规程和基本的安全生产管理制度，是生产经营单位制定的组织生产过程和进行生产管理的规则和制度的"总称"。它属于生产经营单位内部规则，是生产经营单位内部的行为规范，具有法律约束力。

四是加大对安全生产资金、物资、技术、人员的投入保障力度。及时、足量的安全投入是生产经营单位安全生产最基本的保障，资金、物资、技术、人员是安全投入的基本要素。安全资金不到位，安全投入欠账多，是导致安全隐患得不到有效治理的重要原因，因此将安全投入制度纳入安全生产法治体系中是落实安全生产工作的重要抓手。落实安全投入制度一方面需要进一步完善企业安全生产基金的提留与专款专用制度，另一方面也需要企业将安全投入视为安全生产工作落实的重要义务，增强其落实安全投入的责任意识。

五是改善安全生产条件。安全生产条件是指生产经营单位实现安全生产所需要的技术、设施、设备、环境等条件。生产经营单位安全生产条件分为物质性的条件和文化性的条件。物质性的条件主要是安全生产需要具备的各项物质技术条件，例如安全帽等。文化性的条件也称为软条件，例如安全生产教育、培训，企业安全文化等。因不同行业潜在的危险因素各不相同，对高危行业我国制定了专门的市场准入条件。按照我国《安全生产许可证条例》第二条的规定：国家对矿山企业、建筑施工企业和危险化学品、烟花爆竹、民用爆炸物品生产企业实行安全生产许可制度；以上企业未取得安全生产许可证的，不得从事生产活动。对于从事上述生产经营活动的单位要具备取得安全生产许可证的条件才能生产经营。对于不需要取得安全生产许可证的生产经营单位，也要达到安全生产需要的条件。同时，本条要求，生产经营单位在符合安全生产条件的基础上，还要不断改善安全生产条件，从根本上促进安全生产水平的提升。

六是加强安全生产标准化、信息化建设，提高安全生产水平。安全生产标准化，是指通过建立安全生产责任制，制定安全管理制度和操作规程，排查治理隐患和监控重大危险源，建立预防机制，规范生产行为，使各生产环节符合有关安全生产法律法规和标准规范的要求，人（人员）、机（机械）、料（材料）、法（工法）、环（环境）、测（测量）处于良好的生产状态，并持续改进，不断加强企业安全生产规范化建设。

安全生产标准化体现了“安全第一、预防为主、综合治理”的方针和“以人为本”的科学发展观，强调企业安全生产工作的规范化、科学化、系统化和法制化，强化风险管理和过程控制，注重绩效管理和持续改进，符合安全管理的基本规律，代表了现代安全管理的发展方向，是先进安全管理思想与我国传统安全管理方法、企业具体实际的有机结合，有效提高了企业安全生产水平，从而推动我国安全生产状况的根本好转。

安全生产标准化主要包含目标职责、制度化管理、教育培训、现场管理、安全投入、安全风险管控及隐患排查治理、应急管理、事故查处、绩效评定、持续改进10个方面。

为了构建安全生产标准化体系，我国目前已作出以下重大决策：① 2006年6月27日，全国安全生产标准化技术委员会成立大会暨第一次工作会议在北京召开。② 2011年5月3日，国务院安委会下发了《关于深入开展企业安全生产标准化建设的指导意见》（安委〔2011〕4号），要求全面推进企业安全生产标准化建设，进一步规范企业安全生产行为，改善安全生产条件，强化安全基础管理，有效防范和坚决遏制重特大事故发生。③ 2011年5月13日，国务院安委会办公室下发了《关于深入开展全国冶金等工贸企业安全生产标准化建设的实施意见》（安委办〔2011〕18号），提出工贸企业全面开展安全生产标准化建设工作，实现企业安全管理标准化、作业现场标准化和操作过程标准化。2013年年底前，规模以上工贸企业实现安全达标，2015年年底前，所有工贸企业实现安全达标。④ 2011年6月7日，国家安全监管总局下发《关于印发全国冶金等工贸企业安全生产标准化考评办法的通知》（安监总管四〔2011〕84号），制定了考评发证、考评机构管理及考评员管理等实施办法，进一步规范工贸行业企业安全生产标准化建设工作。⑤ 2011年8月2日，国家安全监管总局下发《关于印发冶金等工贸企业安全生产标准化基本规范评分细则的通知》（安监总管四〔2011〕128号），进一步规范了冶金等工贸企业的安全生产。⑥ 2013年1月29日，国家安全监管总局等部门下发《关于全面推进全国工贸行业企业安全生产标准化建设的意见》（安监总管四〔2013〕8号），提出要进一步建立健全工贸行业企业安全生产标准化建设政策法规体系，加强企业安全生产规范化管理，推进全员、全方位、全过程安全管理。力求通过努力，实现企业安全管理标准化、作业现场标准化和操作过程标准化，2015年年底前所有工贸行业企业实现安全生产标准化达标，企业安全生产基础得到明显强化。⑦ 2014年6月3日，国家安全监管总局下发《关于印发企业安全生产标准化评审工作管理办法（试行）的通知》（安监总办〔2014〕49号），规范和加强了企业安全生产标准化评审工作，推动和指导了企业落实安全生产主体责任。⑧ 2014 年 7 月 31 日，住房和城乡建设部印发《建筑施工安全生产标准化考评暂行办法》(建质〔2014〕111 号)，进一步加强建筑施工安全生产管理，落实企业安全生产主体责任，规范建筑施工安全生产标准化考评工作。⑨ 2016 年7 月 26 日，交通运输部印发《交通运输企业安全生产标准化建设评价管理办法》，要求各交通运输企业结合实际，抓好细化落实。⑩ 2011 年 8 月 3 日，国家电监会和国家安全监管总局联合印发《关于深入开展电力安全生产标准化工作的指导意见》(电监安全〔2011〕21 号)；2011 年 9 月 21 日，国家电监会印发了《电力安全生产标准化达标评级管理办法(试行)》(电监安全〔2011〕28 号)以及《电力安全生产标准化达标评级实施细则(试行)》(办安全〔2011〕83 号)等。目前，应当围绕上述标准化实践进一步加强标准的科学规范性和组织性。

安全生产的信息化建设则是指通过加强安全生产信息资源的开发利用，不断提高政府决策水平、调控和监管能力以及服务质量，进一步提高安全生产应急管理和重大突发事件应急反应与指挥能力。《安全生产"十一五"规划》中就提出了要建立完善的安全生产信息体系，并将"安全生产信息系统建设工程"列为安全生产"十一五"的重点工程。《安全生产"十三五"规划》中强调，要推进信息技术与安全生产的深度融合，统一安全生产信息化标准，依托国家电子政务网络平台，完善安全生产信息基础设施和网络系统。全面推进安全监管监察部门安全生产大数据等信息技术应用，构建国家、省、市、县四级重大危险源管理体系，实现跨部门、跨地区数据资源共享共用，提升重大危险源监测、隐患排查、风险管控、应急处置等预警监控能力。

七是构建安全风险分级管控和隐患排查治理双重预防体系，健全风险防范化解机制。本次修法将安全风险分级管控和隐患排查治理双重预防体系作为防范风险的重大机制予以强调，进一步要将安全风险控制在前端以防事故的发生。根据国务院安委会办公室下发的《关于实施遏制重特大事故工作指南构建双重预防机制的意见》，安全风险分级管控和隐患排查治理双重预防体系的落实大致包括三个方面：第一，需要建立相应的工作机制，各地区、各有关部门和单位要将构建双重预防机制摆上重要议程、日程，切实加强组织领导，周密安排部署。要紧紧围绕遏制重特大事故，突出重点地区、重点企业、重点环节和重要岗位，抓住辨识管控重大风险、排查治理重大隐患两个关键，不断完善工作机制，深化安全专项整治，推动各项标准、制度和措施落实到位。第二，生产经营单位要对辨识出的安全风险进行分类梳理，对不同类别的安全风险，采用相应的风险评估方法确定安全风险等级，安全风险评估过程要突出遏制重特大事故，高度关注暴露人群，聚焦重大危险源、劳动密集型场所、高危作业工序和受影响的人群规模，重大安全风险应填写清单、汇总造册，并从组织、制度、技术、应急等方面对安全风险进行有效管控，要在醒目位置和重点区域分别设置安全风险公告栏，制作安全风险告知卡。第三，国务院应急管理部门要协调有关部门制定完善安全风险分级管控和隐患排查治理的通用标准，按照通用标准规范，分行业制定安全风险分级管控和隐患排查治理的制度规范，各有关部门要按照有关标准规范组织企业开展对标活动，进一步完善内部安全防控体系，推动建立统一、规范、高效的安全风险分级管控和隐患排查治理双重预防机制。加强对企业构建双重预防机制情况的督促检查，把建立双重预防机制工作情况纳入地方政府及相关部门安全生产目标考核内容。

【关联法规索引】《关于全面推进全国工贸行业企业安全生产标准化建设的意见》《企业安全生产标准化评审工作管理办法（试行）》《安全生产许可证条例》《关于实施遏制重特大事故工作指南构建双重预防机制的意见》《北京市安全生产条例》等。

第五条【单位主要负责人主体责任】

生产经营单位的主要负责人是本单位安全生产第一责任人，对本单位的安全生产工作全面负责。其他负责人对职责范围内的安全生产工作负责。

【条文解读】 本条是关于生产经营单位的主要负责人安全生产主体责任的规定。

2021 年修法特别强调了生产经营单位主要负责人是安全生产

的第一责任人身份。然而，生产经营单位的主要负责人，因生产经营单位的法律组织形式不同而有所不同。

对于公司制的生产经营单位，按照《中华人民共和国公司法》（以下简称《公司法》）的规定，有限责任公司和股份有限公司的董事长是公司的法定代表人，经理负责“主持公司的生产经营管理工作”。因此，有限责任公司和股份有限公司的主要负责人应当是公司的董事长和经理（总经理、首席执行官或者其他实际履行经理职责的企业负责人）。

对于非公司制的企业，主要负责人为企业的厂长、经理、矿长等企业行政“一把手”。例如《中华人民共和国全民所有制工业企业法》（以下简称《全民所有制工业企业法》）第七条规定，企业实行厂长（经理）负责制。厂长依法行使职权，受法律保护。第四十四条规定，厂长是企业的法定代表人。企业建立以厂长为首的生产经营管理系统。厂长在企业中处于中心地位，对企业的物质文明建设和精神文明建设负有全面责任。厂长领导企业的生产经营管理工作。对于个人独资企业，按照《中华人民共和国个人独资企业法》（以下简称《个人独资企业法》）第十九条的规定，个人独资企业投资人，或者其委托或者聘用其他具有民事行为能力的人是生产经营单位的主要负责人。

个体工商户的主要负责人是个体工商户营业执照上登记的自

然人。

按照《安全生产法》第二十一条的规定，生产经营单位的主要负责人对本单位安全生产工作负有下列职责：① 建立健全本单位全员安全生产责任制，加强安全生产标准化建设；② 组织制定本单位安全生产规章制度和操作规程；③ 组织制定并实施本单位安全生产教育和培训计划；④ 保证本单位安全生产投入的有效实施；⑤ 组织建立并落实安全风险分级管控和隐患排查治理双重预防工作机制，督促、检查本单位的安全生产工作，及时消除生产安全事故隐患；⑥ 组织制定并实施本单位的生产安全事故应急救援预案；⑦ 及时、如实报告生产安全事故。

按照《安全生产法》第九十四条的规定，生产经营单位的主要负责人未履行本法规定的安全生产管理职责的，责令限期改正，处二万元以上五万元以下的罚款；逾期未改正的，处五万元以上十万元以下的罚款，责令生产经营单位停产停业整顿。生产经营单位的主要负责人未履行《安全生产法》规定的安全生产管理职责，导致发生生产安全事故的，给予撤职处分；构成犯罪的，依照刑法有关规定追究刑事责任。生产经营单位的主要负责人依照前款规定受刑事处罚或者撤职处分的，自刑罚执行完毕或者受处分之日起，五年内不得担任任何生产经营单位的主要负责人；对重大、特别重大生产安全事故负有责任的，终身不得担任本行业生产经营单位的主要负责人。

按照《安全生产法》第九十五条的规定，生产经营单位的主要负责人未履行本法规定的安全生产管理职责，导致发生生产安全事故的，由应急管理部门依照下列规定处以罚款：① 发生一般事故的，处上一年年收入百分之四十的罚款；② 发生较大事故的，处上一年年收入百分之六十的罚款；③ 发生重大事故的，处上一年年收入百分之八十的罚款；④ 发生特别重大事故的，处上一年年收入百分之一百的罚款。

此外，2021年修法还专门规定了其他负责人对责任范围内的安全生产工作负责。生产经营单位的其他负责人未履行责任范围内的安全生产工作，一方面，要承担相应的民事与刑事责任。《安全生产法》第一百零七条规定，生产经营单位的从业人员不落实岗位安全责任，不服从管理，违反安全生产规章制度或操作规程的，由生产经营单位给予批评教育，依照有关规章制度给予处分；构成犯罪的，依照刑法有关规定追究刑事责任。另一方面，特殊行业的从业人员的岗位安全责任的行政责任由其他专门法予以规定，例如《特种作业人员安全技术培训考核管理规定》第二十九条规定，考核发证机关应当加强对特种作业人员的监督检查，发现其具有本规定第三十条规定情形的，及时撤销特种作业操作证；对依法应当给予行政处罚的安全生产违法行为，按照有关规定依法对生产经营单位及其特种作业人员实施行政处罚。第三十条规定，有下列情形之一的，考核发证机关应当撤销特种作业操作证：① 超过特种作业操作证有效期未延期复审的；② 特种作业人员的身体条件已不适合继续从事特种作业的；③ 对发生生产安全事故负有责任的；④ 特种作业操作证记载虚假信息的；⑤ 以欺骗、贿赂等不正当手段取得特种作业操作证的。特种作业人员违反前款第④项、第⑤项规定的，3 年内不得再次申请特种作业操作证。

【关联法规索引】《安全生产法》第十六条、第九十四条至第九十六条。

典型案例：甲市安全生产监督管理局与朱某林非诉执行审查案件裁定案

甲市安全生产监督管理局于 2014 年 7 月 17 日依据《安全生产法》的规定，对朱某林作出甲安监管罚〔2014〕55 号《行政处罚决定书》，给予罚款 2 万元的处罚。因被申请人在法定期限内未提起诉讼又不履行，申请人于 2014 年 11 月 4 日根据《中华人民共和国行政强制法》（以下简称《行政强制法》）第五十三条的规定，向甲市人民法院申请强制执行。

甲市人民法院依法组成合议庭审查认为，申请人查明 2014 年 1 月12 日，乙气体公司充装车间发生一起爆燃事故，造成一人死亡、一人受伤，该公司主要负责人朱某林对发现的隐患未及时采取措施，未履行法定职责，对该起事故的发生负有主要管理责任，申请人遂依据《安全生产法》第五条、第十七条第（四）项、第八十一条第二款的规定，对被申请人作出罚款 2 万元的处罚。申请人作出的《行政处罚决定书》，认定事实清楚、适用法律正确且程序合法，符合人民法院强制执行的法定条件。依照《行政强制法》第五十八条的规定，裁定如下：

甲市安全生产监督管理局申请执行的甲安监管罚〔2014〕55 号《行政处罚决定书》，甲市人民法院准予强制执行。

裁判要旨：主要负责人朱某林对发现的隐患未及时采取措施，未履行法定职责，对该起事故的发生负有主要管理责任，安全生产监督管理部门有权对其进行行政处罚。安全生产监督管理部门作出的《行政处罚决定书》，认定事实清楚、适用法律正确且程序合法，符合人民法院强制执行的法定条件，人民法院依照《行政强制法》的规定裁定应予以强制执行。

第六条【从业人员安全生产权利义务】

生产经营单位的从业人员有依法获得安全生产保障的权利，并应当依法履行安全生产方面的义务。

【条文解读】 本条是关于从业人员安全生产权利义务的规定，也是本法第三章从业人员的安全生产权利义务在总则部分的概括。

条文讲解

生产经营单位的从业人员是指在生产经营单位从事生产经营活动各项工作的所有人员，包括管理人员、技术人员和各岗位的工人，也包括临时聘用的人员、被派遣劳动者以及实习人员。其范围包括劳动者，但不限于劳动者。

根据《安全生产法》的规定，从业人员在安全生产方面的权利主要包括：① 安全生产知情权，即生产经营单位的从业人员有权了解其作业场所和工作岗位存在的危险因素、防范措施及事故应急措施。② 有获得符合国家标准的劳动防护用品的权利。③ 建议权。生产经营单位的从业人员有权对本单位的安全生产工作提出建议。④ 批评、检举、控告权。生产经营单位的从业人员有权对本单位安全生产工作中存在的问题提出批评、检举、控告。生产经营单位不得因从业人员对本单位安全生产工作提出批评、检举、控告而降低其工资、福利等待遇或者解除与其订立的劳动合同。⑤ 有对违章指挥的拒绝权。生产经营单位的从业人员有权拒绝违章指挥和强令冒险作业。生产经营单位不得因从业人员拒绝违章指挥、强令冒险作业而降低其工资、福利等待遇或者解除与其订立的劳动合同。⑥ 有采取紧急避险措施的权利。从业人员发现直接危及人身安全的紧急情况时，有权停止作业或者在采取可能的应急措施后撤离作业场所。生产经营单位不得因从业人员在紧急情况下停止作业或者采取紧急撤离措施而降低其工资、福利等待遇或者解除与其订立的劳动合同。⑦ 损害赔偿请求权。因生产安全事故受到损害的从业人员，除依法享有工伤保险外，依照有关民事法律尚有获得赔偿的权利的，有权向本单位提出赔偿要求。

从业人员不仅是《安全生产法》保护的对象，也是生产经营单位安全生产工作的具体参与者，根据《安全生产法》的规定，从业人员在安全生产方面的义务主要包括：① 从业人员在作业过程中，应当严格落实岗位安全责任，遵守本单位的安全生产规章制度和操作规程，服从管理。② 正确佩戴和使用劳动防护用品。③ 从业人员应当接受安全生产教育和培训，掌握本职工作所需的安全生产知识，提高安全生产技能，增强事故预防和应急处理能力。④ 报告义务。从业人员发现事故隐患或者其他不安全因素，应当立即向现场安全生产管理人员或者本单位负责人报告；接到报告的人员应当及时予以处理。只有每一个从业人员都认真履行自己在安全生产方面的法定义务，生产经营单位的安全生产工作才能得到保证。实践中，许多生产安全事故的发生，都是由于从业人员违章操作，或者不遵守规章制度造成的。因此，从业人员认真履行安全生产义务，是生产经营单位能够真正做到安全生产的非常重要的因素。

【关联法规索引】《安全生产法》第五十二条至第六十一条。

典型案例：某桥隧工程分公司与喻某胜、甲劳务公司劳动争议纠纷案

原告某桥隧工程分公司承建了位于丙县境内的张唐铁路ZTSG-4标段白土山隧道工程。原告某桥隧工程分公司下属张唐铁路项目部工程二队于2010年9月30日与甲劳务公司签订《建筑工程劳务合同》，将ZTSG-4标段白土山隧道进口的劳务作业承包给甲劳务公司。其具体工作内容包括：① 开挖：搭拆开挖作业平台、钻孔、安全警戒、爆破、防尘、找顶，供风、供水及通风管路和照明线路安拆、维护；② 出碴：双方协商确定出碴方式；③ 锚杆制作安装：中空注浆锚杆和砂浆锚杆的加工、场内运输、作业平台搭拆、安装、钻眼、锚固；④ 钢支撑制作安装：加工、场内运输、作业平台焊接与移动、安装、与钢架焊接；⑤ 喷射混凝土：作业平台搭拆、喷射、养生、场地清理；⑥ 钢筋制作安装：加工、场内运输、安装、焊接；⑦ 衬砌：衬砌混凝土(含仰拱、填充、铺底及水沟电缆槽等)浇筑、养生、衬砌台车的行走、定位、维护、场地清理，设计要求的钢筋工程以及预埋件工程，施做防水层、止水条、止水带、排水管；⑧ 拱顶压浆：制浆灌浆；⑨ 盖板：预制安装。喻某胜于2013年3月16日到该工程工地从事隧道开挖工作。高某敏是甲劳务公司负责施工的项目经理。同年4月25日喻某胜在工作中受伤，高某敏将其送到医院抢救并垫付了部分医疗费用。2013年11月14日喻某胜向丙县劳动人事争议调解仲裁委员会提出申请，请求确认喻某胜与某桥隧工程分公司成立劳动法律关系，2013年12月13日丙县劳动人事争议调解仲裁委员会作出〔2013〕丙劳人裁字第52号仲裁裁决，确认喻某胜与某桥隧工程分公司自2013年3月16日起存在事实劳动关系。某桥隧工程分公司不服提起诉讼。

原告某桥隧工程分公司是具有用工资格的法人单位，其下属的张唐铁路项目部工程二队不是独立的法人。甲劳务公司是具有用工资格的法人单位。甲劳务公司建筑业企业资质等级：混凝土作业分包不分等级；砌筑作业分包二级；模板作业分包二级；钢筋作业分包

二级;木工作业分包二级;焊接作业分包二级。

法院认为,根据某桥隧工程分公司张唐铁路项目部工程二队与甲劳务公司签订的《建筑工程劳务合同》,证明甲劳务公司分包了原告某桥隧工程分公司承建张唐铁路ZTSG-4标段白土山隧道进口的劳务作业,高某敏是甲劳务公司的项目经理,并且喻某胜发生事故时甲劳务公司确实在该工地上施工,喻某胜并被高某敏送到医院抢救并垫付医疗费用等事实,故应认定喻某胜与甲劳务公司之间存在事实上的劳动关系。某桥隧工程分公司张唐铁路项目部工程二队将工程分包给甲劳务公司,甲劳务公司与某桥隧工程分公司张唐铁路项目部工程二队之间不是劳务输出关系,而是工程业务的发包与分包关系。甲劳务公司具有用工主体资格,应对喻某胜承担用人单位应承担的用工主体责任。某桥隧工程分公司张唐铁路项目部工程二队与甲劳务公司签订《建筑工程劳务合同》时未对甲劳务公司的建筑资质进行细致审查,将超出甲劳务公司建筑资质范围外的例如爆破等工作交由甲劳务公司施工,导致甲劳务公司超出其资质范围签订合同并实际施工,某桥隧工程分公司张唐铁路项目部工程二队应对合同的签订及履行承担相应的民事责任。某桥隧工程分公司张唐铁路项目部工程二队不具备用工主体资格,故由某桥隧工程分公司来承担。为了保护劳动者的合法权益,根据原劳动和社会保障部《关于确立劳动关系有关事项的通知》(劳社部发〔2005〕12号)第四条规定的精神,喻某胜的用工主体责任应由甲劳务公司和某桥隧工程分公司连带承担。依据《中华人民共和国民事诉讼法》(以下简称《民事诉讼法》)第六十四条第一款、《最高人民法院关于民事诉讼证据的若干规定》第二条第二款、参照原劳动和社会保障部《关于确立劳动关系有关事项的通知》(劳社部发〔2005〕12号)第一条、第二条、第四条的规定,判决如下:被告喻某胜与被告甲劳务公司存在事实劳动关系,被告喻某胜的用工主体责任由原告某桥隧工程分公司和被告甲劳务公司连带承担。本案受理费10元,由甲劳务公司和某桥隧工程分公司连带承担。

裁判要旨:用人单位招用劳动者未订立书面劳动合同,但同时具备下列情形的，劳动关系成立：① 用人单位和劳动者符合法律、法规规定的主体资格；② 用人单位依法制定的各项劳动规章制度适用于劳动者，劳动者受用人单位的劳动管理，从事用人单位安排的有报酬的劳动；③ 劳动者提供的劳动是用人单位业务的组成部分。用人单位未与劳动者签订劳动合同，认定双方存在劳动关系时可参照下列凭证：① 工资支付凭证或记录（职工工资发放花名册）、缴纳各项社会保险费的记录；② 用人单位向劳动者发放的“工作证”“服务证”等能够证明身份的证件；③ 劳动者填写的用人单位招工招聘“登记表”“报名表”等招用记录；④ 考勤记录；⑤ 其他劳动者的证言等。其中，①、③、④项的有关凭证由用人单位负举证责任。建筑施工、矿山企业等用人单位工程（业务）或经营权发包给不具备用工主体资格的组织或自然人，对该组织或自然人招用的劳动者，由具备用工主体资格的发包方承担用工主体责任。

第七条【工会安全生产职责】

工会依法对安全生产工作进行监督。

生产经营单位的工会依法组织职工参加本单位安全生产工作的民主管理和民主监督，维护职工在安全生产方面的合法权益。生产经营单位制定或者修改有关安全生产的规章制度，应当听取工会的意见。

【条文解读】 本条是关于工会安全生产职责的规定。

《安全生产法》中所规定的工会职责与《中华人民共和国工会法》（以下简称《工会法》）相契合。《工会法》中规定，对不提供劳动安全卫生条件等侵犯职工劳动权益的情形，工会应当代表职工与企业、事业单位交涉，要求企业、事业单位采取措施予以改正；企业、事业单位应当予以研究处理并向工会作出答复；企业、事业单位拒不改正的，工会可以请求当地人民政府依法作出处理。

工会发现企业违章指挥、强令工人冒险作业，或者生产过程中发现事故隐患和职业危害，有权提出解决的建议，企业应当及时研究答复；发现危及职工生命安全的情况时，工会有权向企业建议组织职工撤离危险现场，企业必须及时作出处理决定。职工因工伤亡事故和其他严重危害职工健康问题的调查处理，必须有工会参加。《安全生产法》也根据上述规定在具体的制度中明确了工会的职责。

第八条【各级人民政府安全生产职责】

国务院和县级以上地方各级人民政府应当根据国民经济和社会发展规划制定安全生产规划，并组织实施。安全生产规划应当与国土空间规划等相关规划相衔接。

各级人民政府应当加强安全生产基础设施建设和安全生产监管能力建设，所需经费列入本级预算。

县级以上地方各级人民政府应当组织有关部门建立完善安全风险评估与论证机制，按照安全风险管控要求，进行产业规划和空间布局，并对位置相邻、行业相近、业态相似的生产经营单位实施重大安全风险联防联控。

【条文解读】　本条是关于国务院和县级以上地方各级人民政府安全生产职责的规定。

根据本条第一款关于制定安全生产规划的规定，国务院办公厅于 2017 年 1 月 12 日印发了《安全生产“十三五”规划》。

《安全生产“十三五”规划》指出，要大力弘扬安全发展理念，科学统筹经济社会发展与安全生产，坚持改革创新、依法监管、源头防范、系统治理，着力完善体制机制，着力健全责任体系，着力加强法治建设，着力强化基础保障，大力提升整体安全生产水平。到 2020 年，全社会安全文明程度明显提升，事故总量显著减少，重特大事故频发势头得到有效遏制，职业病危害防治取得积极进展，安全生产总体水平与全面建成小康社会目标相适应。

《安全生产“十三五”规划》提出了安全生产工作七个方面主要任务：一是构建更加严密的责任体系。强化企业主体责任，坚持“党政同责、一岗双责、齐抓共管、失职追责”和“管行业必须管安全、管业务必须管安全、管生产经营必须管安全”，强化地方各级党委、政府对安全生产工作的领导，严格目标考核与责任追究。二是强化安全生产依法治理。完善法律法规标准体系，加大监管执法力度，健全审批许可制度，提高监管监察执法效能。三是坚决遏制重特大事故频发势头。在煤矿、非煤矿山、危险化学品、烟花爆竹、工贸行业、道路交通、城市运行安全等 17 个重点领域、重点区域、重点部位、重点环节和重大危险源，采取有效的技术、工程和管理控制措施，加快构建风险等级管控、隐患排查治理两条防线。四是推进职业病危害源头治理。夯实职业病危害防护基础，加强作业场所职业病危害管控，提高防治技术支撑水平。五是强化安全科技引领保障。加强安全科技研发，推动科技成果转化，推进安全生产信息化建设。六是提高应急救援处置效能。健全先期响应机制，增强现场应对能力，统筹应急资源保障。七是提高全社会安全文明程度。强化舆论引导，提升全民安全素质，大力倡导安全文化。

本次修改后的《安全生产法》规定，安全生产规划应当与国土空间等相关规划相衔接。所谓国土空间等相关规划，是指以国土空间规划为核心的规划体系。国土空间规划是国家空间发展的指南、可持续发展的空间蓝图，是各类开发保护建设活动的基本依据。建立国土空间规划体系并监督实施，将主体功能区规划、土地利用规划、城乡规划等空间规划融合为统一的国土空间规划，实现“多规合一”，强化国土空间规划对各专项规划的指导约束作用，是党中央、国务院作出的重大部署。安全生产规划与国土空间规划体系相衔接，既包括安全生产规划中涉及城乡规划的内容应当与城乡规划相衔接，如有关危险化学品的工业园区建设、化工产业布局等，也包括安全生产规划应当与主体功能区规划、土地利用规划相衔接。同时，各级人民政府在编制和落实国土空间规划时，也要考虑安全生产工作。

本法第九条第一款规定，国务院和县级以上地方各级人民政府应当加强对安全生产工作的领导，建立健全安全生产工作协调机制，支持、督促各有关部门依法履行安全生产监督管理职责，及时协调、解决安全生产监督管理中存在的重大问题。根据本款规定，各级人民政府安全生产工作的职责主要包括：

(1) 安全生产基础设施与安全生产监管能力建设。本次《安全生产法》修改专门规定各级人民政府应当加强安全生产基础设施建设和安全生产监管能力建设，所需经费列入本级预算。《安全生产

“十三五”规划》确定了监管监察能力建设、信息预警监控能力建设、风险防控能力建设、职业病危害治理能力建设、城市安全能力建设、科技支撑能力建设、应急救援能力建设、文化服务能力建设等8类重点工程。强调要落实目标责任，完善投入机制，强化政策保障，加强评估考核，健全监督机制，切实提高安全生产水平。各级人民政府应当根据自身情况形成安全生产基础设施建设和安全生产能力建设计划，并逐步落实。

(2) 加强领导。生产经营单位的安全直接关系到从业人员的生命健康，关系到社会公共利益，所以加强对安全生产工作的领导是政府应尽的职责。地方各级人民政府必须充分认识加强对安全生产工作领导的重要性和必要性，依法履行对本地区安全生产工作的领导责任，落实地方各级人民政府安全生产行政首长负责制和领导班子成员安全生产“一岗双责”制度，健全安全生产监管监察体制，认真研究解决本地区安全生产中的重大问题。

(3) 支持、监督有关部门依法履行安全生产监督管理职责。本法第十条确立了各级人民政府应急管理部门和其他依法负有安全生产监督管理职责的部门对安全生产的监督管理职责。县级以上各级人民政府对本级政府所属各有关依法履行安全生产监督管理的职责部门，负有领导和督促的责任。

(4) 建立健全安全生产工作协调机制。对安全生产监管监察中存在的重大问题，及时予以协调、解决。安全生产工作协调机制，主要是通过成立安全生产委员会，对安全生产工作进行协调指导。早在2003年就成立了国务院安委会，目前国务院安委会办公室设在应急管理部，承担国务院安委会的日常工作。其主要职责有：① 在国务院领导下，负责研究部署、指导协调全国安全生产工作。② 研究提出全国安全生产工作的重大方针政策。③ 分析全国安全生产形势，研究解决安全生产工作中的重大问题。④ 必要时，协调武警总部调集部队参加特大生产安全事故应急救援工作。⑤ 完成国务院交办的其他安全生产工作。

本次《安全生产法》修改特别强调了县级以上地方各级人民政府

在安全生产监管工作中的责任，通过建立安全风险评估与论证机制，形成具体的安全风险管控要求，以此为基础，合理进行产业规划和空间布局，对位置相邻、行业相近、业态相似的生产经营单位实施重大安全风险联防联控，形成富有逻辑的安全生产监管机制。

第九条【基层组织安全生产职责】

国务院和县级以上地方各级人民政府应当加强对安全生产工作的领导，建立健全安全生产工作协调机制，支持、督促各有关部门依法履行安全生产监督管理职责，及时协调、解决安全生产监督管理中存在的重大问题。

乡镇人民政府和街道办事处，以及开发区、工业园区、港区、风景区等应当明确负责安全生产监督管理的有关工作机构及其职责，加强安全生产监管力量建设，按照职责对本行政区域或者管理区域内生产经营单位安全生产状况进行监督检查，协助人民政府有关部门或者按照授权依法履行安全生产监督管理职责。

【条文解读】 本条是关于基层组织安全生产工作职责的规定。

2021 年《安全生产法》修改对基层安全生产监管职责落实主体范围列举更为具体，包括乡镇人民政府和街道办事处，以及开发区、工业园区、港区、风景区等机构。上述机构的安全生产方面的职责主要有两个方面：① 对本行政区域内生产经营单位安全生产状况的监督检查。换言之，乡镇人民政府以及地方人民政府派出机关有权对本行政区域内的生产经营单位进行安全生产监督检查，享有检查权。但从《中华人民共和国行政处罚法》（以下简称《行政处罚法》）以及《安全生产法》的规定来看，他们没有行政处罚权。② 协助上级人民政府有关部门依法履行安全生产监督管理。换言之，各类基层管理组织不能充当违法生产经营单位和人员的保护伞，要为负有安全生产监督管理职责的部门依法履行职责提供便利，切实保证本地区的安全生产工作。

2017 年，国务院安委会办公室印发了《关于加强基层安全生产网格化监管工作的指导意见》，为如何进一步贯彻落实基层安全生产工作提出了更为详细的指导，以推动实施加强基层安全生产网格化监管工作，全面提升基层安全生产监管的精细化、信息化和社会化水平。《关于加强基层安全生产网格化监管工作的指导意见》提出实施基层安全生产网格化监管，使安全监管体系延伸到最基层，是新形势下创新安全监管模式、增强安全监管的迫切要求，对提升全社会安全生产综合治理能力，构建全覆盖、齐抓共管的安全监管工作格局意义重大。目前已初步建成运行高效、覆盖所有乡镇(街道)、村(社区)和监督管理对象的基层安全生产网格化监管体系。

基层组织履职的重要抓手在于执法权的赋予。《行政处罚法》第二十条规定，行政机关依照法律、法规或者规章的规定，可以在其法定权限内委托符合本法第二十一条规定条件的组织实施行政处罚。行政机关不得委托其他组织或者个人实施行政处罚。委托行政机关对受委托的组织实施行政处罚的行为应当负责监督，并对该行为的后果承担法律责任。受委托组织在委托范围内，以委托行政机关名义实施行政处罚；不得再委托其他任何组织或者个人实施行政处罚。第二十一条规定，受委托组织必须符合以下条件：① 依法成立并具有管理公共事务职能；② 具有熟悉有关法律、法规、规章和业务并取得行政执法资格的工作人员；③ 需要进行技术检查或者技术鉴定的，应当有条件组织进行相应的技术检查或者技术鉴定。《行政强制法》第十七条规定：行政强制措施由法律、法规规定的行政机关在法定职权范围内实施。行政强制措施权不得委托。依据《行政处罚法》的规定行使相对集中行政处罚权的行政机关，可以实施法律、法规规定的与行政处罚权有关的行政强制措施。行政强制措施应当由行政机关具备资格的行政执法人员实施，其他人员不得实施。

上述法条中，《行政处罚法》第二十条、第二十一条是关于行政处罚权委托的规定，《行政强制法》第十七条是关于行政强制措施权不得委托的规定。根据《安全生产法》第九条第二款的规定，乡镇人民政府以及地方人民政府派出机关有监督检查权，但没有对安全生产违法行为作出行政处罚的职权，也没有查封、扣押等强制措施权。但是，根据《行政处罚法》第二十条、第二十一条的规定，负有安全生产监督管理职责的部门可以将其享有的行政处罚权，依法委托给乡镇人民政府以及地方人民政府派出机关。行政处罚委托是指行政机关依照法律、法规或者规章的规定，在其法定权限内委托其他组织实施行政处罚。受委托组织必须符合《行政处罚法》第二十一条中的有关条件。

【关联法规索引】《行政处罚法》第二十条、第二十一条；《关于加强基层安全生产网格化监管工作的指导意见》。

典型案例：荣某忠与甲镇人民政府行政纠纷案

原告荣某忠在经营乙石材加工厂期间，被告于2014年6月20日以原告存在重大用电安全隐患为由向甲镇供电所下达了《责令停止违法生产经营的通知》，内容为："甲镇供电所：乙石材加工厂（户）存在重大用电安全隐患，违法生产经营，严重违反了《安全生产法》、《无照经营查处取缔办法》和《山东省安全生产条例》等法律法规相关规定，甲镇安委会责令立即停止对其停止电力供应，否则，承担相应法律责任。特此通知"，并加盖了甲镇人民政府的印章。甲镇供电所当日依据该通知停止了原告用电。同年6月30日，被告又向甲镇供电所下达了《关于〈责令甲镇供电所终止向乙石材加工厂供电的函〉的补充说明》（以下简称《补充说明》），内容为："甲镇供电所：2014年6月20日经甲镇安委会研究决定，鉴于乙石材加工厂存在用电安全隐患，向你单位下达了责令终止'乙石材加工厂'供电的函，其中所指的'乙石材加工厂'负责人姓名为'荣某忠'，变压器户号为'0573255×××'。特此通知"，并加盖了甲镇人民政府的印章。被告未向原告下达《责令停止违法生产经营的通知》及《补充说明》，被告也未提供作出该行政行为的事实、程序证据。被告向丙县人民法院提供了丙县安监局文件（丙安监字〔2014〕5号）《关于印发〈丙县开展企业安全生产主体责任落实情况执法检查工作方案〉的通知》及附件（《丙县开展企业安全生产主体责任落实情况执法检查工作方案》），未提交受丙县安监局委托的其他相关证据。甲镇供电所为甲镇安委会成员之一。

丙县人民法院认为，《行政诉讼法》第二十六条第一款规定："公民、法人或者其他组织直接向人民法院提起诉讼的，作出行政行为的行政机关是被告。”第二十六条第五款规定：“行政机关委托的组织所作的行政行为，委托的行政机关是被告。”本案中，被告主张是受丙县安监局委托所作的行政行为，原告起诉的被告主体不适格，并提供了丙县安监局文件（丙安监字〔2014〕5号）及附件（《丙县开展企业安全生产主体责任落实情况执法检查工作方案》），该文件内容不能证明是丙县安监局委托被告所作的行政行为，也未提交有关其他委托证据予以证实，其委托关系不成立，本院不予支持。甲镇人民政府是作出被诉行政行为的行政机关，应为适格被告。《行政诉讼法》第三十四条规定：“被告对作出的行政行为负有举证责任，应当提供作出该行政行为的证据和所依据的规范性文件。被告不提供或者无正当理由逾期提供证据，视为没有相应证据。但是，被诉行政行为涉及第三人合法权益，第三人提供证据的除外。”《山东省行政程序规定》第九条规定：“行政机关实施行政行为，可能影响公民、法人和其他组织合法权益的，除法定情形外，应当书面告知其事实、理由、依据，陈述权、申辩权，以及行政救济的途径、方式和期限。”本案中，被告未向丙县人民法院提供作出被诉行政行为的事实、程序证据，应视为没有相应证据，属于作出被诉行政行为主要证据不足，程序违法，应予撤销。原告要求被告立即通知甲镇供电所给其恢复供电的诉讼请求无法律依据，丙县人民法院不予支持。依据《行政诉讼法》第七十条第（一）、（三）项的规定，判决如下：撤销被告甲镇人民政府于2014年6月20日向甲镇供电所下达的《责令停止违法生产经营的通知》。

裁判主旨：公民、法人或者其他组织直接向人民法院提起诉讼的，作出行政行为的行政机关是被告。行政机关委托的组织所作的行政行为，委托的行政机关是被告。甲镇人民政府受丙县安监局委托所作的行政行为的，应提供委托证据予以证实，不能提供证据证明委托关系存在的，人民法院不予支持。甲镇人民政府是作出被诉行政行为的行政机关，应为适格被告。被告不能提供行政行为的事实、程序证据，应视为没有相应证据，属于作出被诉行政行为主要证据不足，程序违法，应予撤销。

第十条【安全生产监督管理体制】

国务院应急管理部门依照本法，对全国安全生产工作实施综合监督管理；县级以上地方各级人民政府应急管理部门依照本法，对本行政区域内安全生产工作实施综合监督管理。

国务院交通运输、住房和城乡建设、水利、民航等有关部门依照本法和其他有关法律、行政法规的规定，在各自的职责范围内对有关行业、领域的安全生产工作实施监督管理；县级以上地方各级人民政府有关部门依照本法和其他有关法律、法规的规定，在各自的职责范围内对有关行业、领域的安全生产工作实施监督管理。对新兴行业、领域的安全生产监督管理职责不明确的，由县级以上地方各级人民政府按照业务相近的原则确定监督管理部门。

应急管理部门和对有关行业、领域的安全生产工作实施监督管理的部门，统称负有安全生产监督管理职责的部门。负有安全生产监督管理职责的部门应当相互配合、齐抓共管、信息共享、资源共用，依法加强安全生产监督管理工作。

【条文解读】 本条是关于安全生产监督管理体制的规定。

2002年的《安全生产法》第九条第一款中的“国务院负责安全生产监督管理的部门”是指当时由国家经贸委负责管理的国家安全生产监督管理局。2005年国务院办公厅发布《国家安全生产监督管理总局主要职责内设机构和人员编制规定》，根据《国务院关于国家安全生产监督管理局（国家煤矿安全监察局）机构调整的通知》，国家安全生产监督管理局调整为国家安全监管总局（正部级）。国家安全监管总局是国务院主管安全生产综合监督管理的直属机构，对全国安全生产工作实施综合监督管理，其综合监督管理表现在：① 综合监督管理全国安全生产工作，组织起草安全生产方面的综合性法律和行政法规，制定发布工矿商贸行业及有关综合性安全生产规章，研究拟订安全生产方针政策和工矿商贸安全生产标准、规程，并组织实施。负责职责范围内非煤矿矿山企业和危险化学品、烟花爆竹生产企业安全生产许可证的颁发和管理工作。② 依法行使国家安全生产综合监督管理职权，按照分级、属地原则，指导、协调和监督有关部门安全生产监督管理工作,对地方安全生产监督管理部门进行业务指导;制定全国安全生产发展规划;定期分析和预测全国安全生产形势,研究、协调和解决安全生产中的重大问题。③ 负责发布全国安全生产信息,综合管理全国生产安全伤亡事故调度统计和安全生产行政执法分析工作;依法组织、协调特大和特别重大事故的调查处理工作,并监督事故查处的落实情况;组织、指挥和协调安全生产应急救援工作。④ 负责综合监督管理危险化学品和烟花爆竹安全生产工作。⑤ 指导、协调全国和各省、自治区、直辖市安全生产检测检验工作;组织实施对工矿商贸生产经营单位安全生产条件和有关设备(特种设备除外)进行检测检验、安全评价、安全培训、安全咨询等社会中介组织的资质管理工作,并进行监督检查。⑥ 组织、指导全国和各省、自治区、直辖市安全生产宣传教育工作,负责安全生产监督管理人员的安全培训、考核工作,依法组织、指导并监督特种作业人员(煤矿特种作业人员、特种设备作业人员除外)的考核工作和工矿商贸生产经营单位主要经营管理者、安全生产管理人员的安全资格考核工作(煤矿矿长安全资格除外);监督检查工矿商贸生产经营单位安全培训工作。⑦ 负责监督管理中央管理的工矿商贸生产经营单位安全生产工作,依法监督工矿商贸生产经营单位贯彻执行安全生产法律、法规情况及其安全生产条件和有关设备(特种设备除外)、材料、劳动防护用品的安全生产管理工作。⑧ 依法监督检查职责范围内新建、改建、扩建工程项目的安全设施与主体工程同时设计、同时施工、同时投产使用情况;依法监督检查工矿商贸生产经营单位作业场所(煤矿作业场所除外)职业卫生情况,负责职业卫生安全许可证的颁发管理工作;监督检查重大危险源监控、重大事故隐患的整改工作,依法查处不具备安全生产条件的工矿商贸生产经营单位。⑨ 组织拟订安全生产科技规划,组织、指导和协调相关部门和单位开展安全生产重大科学技术研究和技术示范工作。⑩ 组织实施注册安全工程师执业资格制度,监督和指导注册安全工程师执业资格考试和注册工作。⑪ 组织开展与外国政府、国际组织及民间组织安全生产方面的国际交流与合作。⑫ 承办国务院、国务院安委会交办的其他事项。根据国务院规定，管理国家煤矿安全监察局并综合监督管理煤矿安全监察工作。

2018 年 3 月中共中央印发《深化党和国家机构改革方案》，组建应急管理部，隶属于国务院，为正部级。将国家安全监管总局的职责划归应急管理部，不再保留国家安全监管总局。2018 年7 月中共中央办公厅、国务院办公厅发布《应急管理部职能配置、内设机构和人员编制规定》（厅字〔2018〕60 号），依法行使国家安全生产综合监督管理职权，指导协调、监督检查国务院有关部门和各省（自治区、直辖市）政府安全生产工作，组织开展安全生产巡查、考核工作。依据《安全生产法》以及其他相关法律的规定，应急管理部门的主要职责有：① 依照有关法律、行政法规的规定，对有关涉及安全生产的事项进行审批。② 依法对生产经营单位执行有关安全生产法律、法规和国家标准或者行业标准的情况进行监督检查。③ 按照国务院规定的权限组织对生产安全事故的调查处理。④ 对违反《安全生产法》的行为依法给予行政处罚等。

因此，在 2021 年修改《安全生产法》时，将“国务院安全生产监督管理部门”修改为“国务院应急管理部门”，同时将“县级以上地方各级人民政府安全生产监督管理部门”也修改为“县级以上地方各级人民政府应急管理部门”。

本次修订将原第九条第二款中规定的“国务院有关部门”细化为“国务院交通运输、住房和城乡建设、水利、民航等有关部门”，总体上涵盖了除应急管理部外，依照法律、行政法规和国务院有关部门的“三定”方案的规定，对安全生产工作负有监督管理职责的部门。例如，水利部负责指导监督水利工程建设与运行管理。公安部负责烟花爆竹的公共安全管理，许可烟花爆竹运输和确定运输路线，许可焰火晚会燃放，组织销毁处置废旧和罚没的非法烟花爆竹，侦查非法生产、买卖、储存、运输、邮寄烟花爆竹的刑事案件。交通运输部负责交通运输安全监督管理。工业和信息化部指导工业、通信业加强安全生产管理等。根据本条的规定，各行业主管部门在对各自的安全生产工作实行专项监督管理的同时，又负有监督检查和指导协调的职能，这充分体现了专项监管和综合监管相结合的工作原则。地方各级人民政府有关部门也应当依照相关的分工，承担本部门相应的安全生产监督管理的职责。

本条第三款规定，应急管理部门和对有关行业、领域的安全生产工作实施监督管理的部门，统称负有安全生产监督管理职责的部门。根据2015年国务院安委会印发的《国务院安全生产委员会成员单位安全生产工作职责分工》，负有安全监管职责的行业主管部门要按照“管行业必须管安全、管业务必须管安全、管生产经营必须管安全”的要求，做到安全生产责任“五落实”：一是落实“党政同责”，部门党政主要负责人对安全生产工作负总责；二是落实领导班子成员“一岗双责”，部门领导班子成员要在各自分管领域各负其责；三是落实行业领域安全生产监督管理责任，健全工作机构、明确工作职责、充实专业力量；四是落实日常监督检查和指导督促职责，加强本行业领域安全生产监管执法，做好有关事故预防控制，发生重特大事故立即派员到现场指导参与抢险救援、事故调查等工作；五是落实安全生产工作考核奖惩、“一票否决”等制度，建立自我约束、持续改进的安全生产长效机制，按照“谁主管、谁负责”和“谁审批、谁负责”的原则，督促落实企业安全生产主体责任，健全本行业领域安全生产责任体系。

2021年修改后的《安全生产法》增加了安全生产监管的配合机制，要求负有安全生产监督管理职责的部门应当相互配合、齐抓共管、信息共享，依法加强安全生产监督管理工作。对此，《关于加强基层安全生产网格化监管工作的指导意见》提出明确基层安全生产网格化监管功能定位，通过加强信息化管理，实现负有安全生产监督管理职责的部门与网格员的互联互通、互为补充、有机结合；依托既有网格，最大限度协调利用社会管理综合治理网格或其他既有网格资源，积极推动安全生产网格与既有网格资源在队伍建设、工作机制、工作绩效、信息平台等方面的融合对接；根据辖区内的监督管理对象情况，划分为若干个安全生产监管网格，厘清网格内每个监督管理对象对应的负有安全生产监督管理职责的部门；根据工作实际，为相应网格配备专职或兼职网格员，确保每个网格都有对应的网格员，可适度调整网格员的分布，使网格员的配备与当地安全生产监管任务相适应。

【关联法规索引】《深化党和国家机构改革方案》《关于加强基层安全生产网格化监管工作的指导意见》等。

第十一条【安全生产标准制定和执行】

国务院有关部门应当按照保障安全生产的要求，依法及时制定有关的国家标准或者行业标准，并根据科技进步和经济发展适时修订。

生产经营单位必须执行依法制定的保障安全生产的国家标准或者行业标准。

【条文解读】 本条是关于安全生产标准制定和执行的规定。

根据《中华人民共和国标准化法》（以下简称《标准化法》）的规定，国家标准、行业标准分为强制性标准和可以自愿采用的推荐性标准，前者必须强制执行，后者可以自愿采用。保障人体健康、人身和财产安全的标准和法律，行政法规规定强制执行的标准为强制性标准，其他标准为推荐性标准。省、自治区、直辖市标准化行政主管部门制定的工业产品的安全、卫生要求的地方标准，在本行政区域内是强制性标准。

其中对保障人体健康和生命财产安全、国家安全、生态环境安全以及满足经济社会管理基本需要的技术要求，应当制定强制性国家标准。国务院有关行政主管部门依据职责负责强制性国家标准的项目提出、组织起草、征求意见和技术审查。国务院标准化行政主管部门负责强制性国家标准的立项、编号和对外通报。国务院标准化行政主管部门应当对拟制定的强制性国家标准是否符合前款规定进行立项审查，对符合前款规定的予以立项。省、自治区、直辖市人民政府标准化行政主管部门可以向国务院标准化行政主管部门提出强制性国家标准的立项建议，由国务院标准化行政主管部门会同国务院有关行政主管部门决定。社会团体、企业事业组织以及公民可以向国务院标准化行政主管部门提出强制性国家标准的立项建议，国务院标准化行政主管部门认为需要立项的，会同国务院有关行政主管部门决定。强制性国家标准由国务院批准发布或者授权批准发布。法律、行政法规和国务院决定对强制性标准的制定另有规定的，从其规定。

相关专业的行业监管法律中规定了设定标准的具体事项，例如，《矿山安全法》第八条规定："矿山建设工程的设计文件，必须符合矿山安全规程和行业技术规范，并按照国家规定经管理矿山企业的主管部门批准；不符合矿山安全规程和行业技术规范的，不得批准。矿山建设工程安全设施的设计必须有劳动行政主管部门参加审查。矿山安全规程和行业技术规范，由国务院管理矿山企业的主管部门制定。"第九条规定："矿山设计下列项目必须符合矿山安全规程和行业技术规范：① 矿井的通风系统和供风量、风质、风速；② 露天矿的边坡角和台阶的宽度、高度；③ 供电系统；④ 提升、运输系统；⑤ 防水、排水系统和防火、灭火系统；⑥ 防瓦斯系统和防尘系统；⑦ 有关矿山安全的其他项目。"根据《标准化法》的规定，标准化工作的任务是制定标准、组织实施标准和对标准的实施进行监督。国务院标准化行政主管部门应统一管理全国的标准化工作。制定的标准应当有利于保障安全生产和人民的身体健康。本条第二款中生产经营单位必须遵守保障安全生产的国家标准与行业标准的规定，与《标准化法》的规定相互衔接，是保障安全生产的一项重要措施。当前，国务院有关部门已经制定了一系列有关安全生产的国家标准和行业标准，这些标准都是在经过反复认真地研究论证，在吸取安全事故的教训上制定出来的。

第十二条【安全生产强制性国家标准的制定主体及其职责】

国务院有关部门按照职责分工负责安全生产强制性国家标准的项目提出、组织起草、征求意见、技术审查。国务院应急管理部门统筹提出安全生产强制性国家标准的立项计划。国务院标准化行政主管部门负责安全生产强制性国家标准的立项、编号、对外通报和授权批准发布工作。国务院标准化行政主管部门、有关部门依据法定职责对安全生产强制性国家标准的实施进行监督检查。

【条文解读】　本条是关于安全生产强制性国家标准的制定主体

及其职责的规定。

2021 年修改的《安全生产法》特别增加了安全生产强制性国家标准制定和执行的详细规定，尤其明确了安全标准制定过程中各主体的责任范围。

安全生产标准作为涉及人民生命财产安全的重要标准，应当制定强制性国家标准。《标准化法》第十条第一款规定："对保障人身健康和生命财产安全、国家安全、生态环境安全以及满足经济社会管理基本需要的技术要求，应当制定强制性国家标准。"

应急管理部门与标准化行政主管部门分别针对标准的制定承担相应职责。《标准化法》第十条第二款规定："国务院有关行政主管部门依据职责负责强制性国家标准的项目提出、组织起草、征求意见和技术审查。国务院标准化行政主管部门负责强制性国家标准的立项、编号和对外通报。国务院标准化行政主管部门应当对拟制定的强制性国家标准是否符合前款规定进行立项审查，对符合前款规定的予以立项。"

对于如何监督检查标准化的贯彻与落实，《标准化法》第三十二条规定："县级以上人民政府标准化行政主管部门、有关行政主管部门依据法定职责，对标准的制定进行指导和监督，对标准的实施进行监督检查。"

第十三条【安全生产宣传教育】

各级人民政府及其有关部门应当采取多种形式，加强对有关安全生产的法律、法规和安全生产知识的宣传，增强全社会的安全生产意识。

【条文解读】　本条是关于加强安全生产宣传教育的规定。

条文讲解

安全生产工作并非仅仅是国家应急管理部门与生产经营单位的职责，作为安全生产的直接利害关系人——广大的职工与社会公众也应当积极主动地参与。因此，各级人民政府应当采取多种形式加大对安全生产的宣传，建立一个完整统一的社会安全生产观。

第十四条【协会组织职责】

有关协会组织依照法律、行政法规和章程，为生产经营单位提供安全生产方面的信息、培训等服务，发挥自律作用，促进生产经营单位加强安全生产管理。

【条文解读】 本条明确了行业协会、商会等协会组织在安全生产方面的作用。

协会组织是依法成立的社团法人，依据其成员共同制定的章程体现其组织职能。协会组织一般具有以下四个法律特征：公益性、民间性、自律性、法人性。在促进安全生产工作方面，协会组织可发挥以下作用：

（1）沟通协调作用。协会直接面向具体的企业，处于企业和政府之间。政府出台相应的法律法规或者国家标准后，应及时向企业传送政府监管的最新信息，同时，在宣传贯彻的过程中，及时收集企业反馈的信息，形成有建设性的意见反馈给政府部门，起到上传下达的作用，通过服务和督促，提高企业的安全管理水平，为政府的安全监督管理工作提供支持。

（2）提供服务作用。为生产经营单位提供安全生产方面的信息、教育培训等服务，是有关协会组织的一项重要职责。从目前情况看，生产经营单位比较急需的信息有政策法规信息、经营信息、社会环境信息等涉及安全生产工作的各种信息。在培训方面，协会组织既可以提供平台，也可以直接组织或者协助生产经营单位开展培训。通过开展生产经营单位从业人员的安全培训教育工作，可组织协会内企业交流安全生产经验，帮助生产经营单位分析事故原因，研究新时期的安全生产指导思想，提高生产经营单位管理者和职工的安全素质，促进生产经营单位安全管理水平的提高。

（3）发挥自律作用。发挥自律作用是协会组织担负的一项重要职责，包括组织生产经营单位签订自律公约；建立投诉、举报信息系统；制定行业内部的奖惩制度；建立诚信体系，曝光安全生产领域的违法违规行为；对会员单位实行评级等制度，促进生产经营单位加强安全生产管理等。

第十五条【安全生产服务中介机构】

依法设立的为安全生产提供技术、管理服务的机构，依照法律、行政法规和执业准则，接受生产经营单位的委托为其安全生产工作提供技术、管理服务。

生产经营单位委托前款规定的机构提供安全生产技术、管理服务的，保证安全生产的责任仍由本单位负责。

【条文解读】　本条是关于安全生产服务中介机构在安全生产中作用的规定。

条文讲解

从事专业安全生产服务机构必须要符合法律、法规等规定的设立条件，其人员也要有一定的资质条件，以保证能提供专业化的服务。专业安全生产服务机构可以申请专业技术服务资质证书，并在许可的范围内开展活动。

安全生产服务机构开展安全生产技术服务，应当遵守公开、公正、诚信和自愿的原则，按照政府指导价或者行业自律价，与委托方签订委托协议，明确双方的权利和义务。安全生产服务中介机构必须遵守法律、行政法规的有关规定和执业准则，按照生产经营单位的委托，提供有关的安全评价、检测、检验、认证、咨询、培训、管理等服务。生产经营单位对安全生产服务中介机构有自主选择权，有关政府部门不得强令生产经营单位接受其指定机构的服务。

第十六条【事故责任追究制度】

国家实行生产安全事故责任追究制度，依照本法和有关法律、法规的规定，追究生产安全事故责任单位和责任人员的法律责任。

【条文解读】 本条是关于生产安全事故责任追究制度的规定。

本次修改后的《安全生产法》规定，安全生产事故追究责任采取双罚制，既追究生产安全事故责任单位的法律责任，也追究责任人员的法律责任。

引发生产安全事故的原因有很多，有的生产安全事故是由于自然原因引起的，属于灾难，不能追究生产经营单位的责任。例如，交通运输过程中突然遭遇泥石流，造成车毁人亡等。但很多时候，生产安全事故是因为生产经营单位以及从业人员违反生产安全法律、法规、标准和有关技术规程、规范等人为因素造成的。例如，煤矿超产能作业引发生产安全事故，或者管理人员违章指挥、从业人员违章作业等引发生产安全事故等。从导致生产安全事故发生的原因来看，有技术方面的，也有管理方面的，甚至有设施设备方面的。鉴于生产安全事故能够对人民群众生命、财产造成严重损害，对因人为因素造成的责任事故，必须依法追究相关人员的法律责任，达到警示教育的作用。为此，本条明确规定，对生产安全事故实行责任追究制度。

（一）法律责任

法律责任分为民事责任、行政责任和刑事责任等。生产安全事故责任追究则主要强调对行政责任和刑事责任的追究，民事责任则主要体现为事故发生单位对受害人的赔偿。

（1）民事责任。生产经营单位因生产安全事故造成人员伤亡主要分为两种情形：一种是造成从业人员人身伤亡；另一种是造成从业人员之外的其他人的伤亡。生产安全事故造成从业人员伤亡的，因从业人员主要是劳动者，多属于工伤事故的范畴，按照工伤损害赔偿等相关规定对受害人进行赔付。受害人是从业人员之外的其他人的，则按照《中华人民共和国侵权责任法》（以下简称《侵权责任法》）的规定进行赔付。如果生产经营单位造成他人伤亡的，在《侵权责任法》上有特别规定的，适用特别规定承担民事责任。例如，生产经营单位因高度危险作业造成人员伤亡的，应按照《侵权责任法》关于高度危险作业致害的规定承担责任；如果由生产事故造成人员伤亡且不属于特别侵权的，适用《侵权责任法》关于一般侵权行为的规定对受害人承担民事责任。

生产经营单位民事责任赔偿的范围分为人身损害赔偿范围和财产损害赔偿范围。侵害他人造成人身损害的，应当赔偿医疗费、护理费、交通费等为治疗和康复支出的合理费用，以及因误工减少的收入；造成残疾的，还应当赔偿残疾生活辅助器具费和残疾赔偿金；造成死亡的，还应当赔偿丧葬费和死亡赔偿金。侵害他人财产的，财产损失按照损失发生时的市场价格或者其他方式计算。

(2) 行政责任。行政责任是指违反有关行政管理的法律、法规的规定所依法应当承担的法律后果。行政责任一般分为行政处分和行政处罚。行政处分是对国家工作人员及由国家机关委派到企业、事业单位任职人员违法违纪行为给予的制裁性处理。按照《中华人民共和国公务员法》(以下简称《公务员法》)的规定，行政处分主要包括警告、记过、记大过、降级、撤职、开除。行政处罚是对有行政违法行为的单位或者个人给予的行政制裁。按照《行政处罚法》的规定，行政处罚的种类包括警告、通报批评；罚款、没收违法所得、没收非法财物；暂扣许可证件、降低资质等级、吊销许可证件；限制开展生产经营活动，责令停产停业，责令关闭、限制从业；行政拘留；法律、行政法规规定的其他行政处罚。在对生产安全事故调查处理中，必须实事求是地查明事故的责任，对确实为责任事故的，既要查清事故单位责任者的责任，也要查清对安全生产负有监督管理职责的有关部门是否有违法审批或不依法履行监督管理职责的责任，并根据不同情节，分别给予行政处分或者行政处罚。按照《安全生产法》和《生产安全事故报告和调查处理条例》的规定，发生生产安全事故的，对负有责任的生产经营单位以及主要负责人还要分别处以罚款。

(3) 刑事责任。刑事责任是指犯罪人因实施犯罪行为应当承担的法律责任，按刑事法律的规定追究其法律责任，包括主刑和附加刑两种刑事责任。主刑，是对犯罪分子适用的主要刑罚，它只能独立使用，不能相互附加适用。主刑分为管制、拘役、有期徒刑、无期徒刑和死刑。附加刑分为罚金、剥夺政治权利、没收财产。对犯罪的外国人，也可以独立或附加适用驱逐出境。我国《安全生产法》多处规定了对发生生产安全事故负有责任的人需要承担刑事责任，例如《安全生产法》第一百条规定："未经依法批准，擅自生产、经营、运输、储存、使用危险物品或者处置废弃危险物品的，依照有关危险物品安全管理的法律、行政法规的规定予以处罚；构成犯罪的，依照刑法有关规定追究刑事责任。"《中华人民共和国刑法》(以下简称《刑法》)也规定了多个安全生产罪名，例如重大责任事故罪、重大劳动安全事故罪等罪名。

（二）事故发生的调查与处理

《安全生产法》规定了生产安全事故责任追究制度，但同时本法第八十六条规定了事故调查和处理的具体办法由国务院制定。根据本条规定，国务院制定了《生产安全事故报告和调查处理条例》，该条例以《安全生产法》中关于事故责任追究的规定为基础，对生产安全事故责任追究作了更为明确和细化的规定，根据这些规定，生产安全事故责任主要有：

（1）民事赔偿责任，即事故发生单位要对因生产安全事故造成的损失承担赔偿责任。

（2）行政责任。行政责任包括两个方面：

其一，对事故发生单位及其主要负责人的行政处罚。

《安全生产法》第一百一十条规定，生产经营单位的主要负责人在本单位发生生产安全事故时，不立即组织抢救或者在事故调查处理期间擅离职守或者逃匿的，给予降级、撤职的处分，并由应急管理部门处上一年年收入60%至100%的罚款。

《生产安全事故报告和调查处理条例》第三十六条规定，事故发生单位的主要负责人、直接负责的主管人员和其他直接责任人员有下列行为之一的，处上一年年收入60%至100%的罚款：① 谎报或者瞒报事故的；② 伪造或者故意破坏事故现场的；③ 转移、隐匿资金、财产，或者销毁有关证据、资料的；④ 拒绝接受调查或者拒绝提供有关情况和资料的；⑤ 在事故调查中作伪证或者指使他人作伪证的；⑥ 事故发生后逃匿的。

事故发生单位有《生产安全事故报告和调查处理条例》第三十六条规定行为之一的，对事故发生单位处 100 万元以上 500 万元以下的罚款。具体罚款金额可参照《生产安全事故罚款处罚规定（试行）》《安全生产行政处罚自由裁量标准》等规定给予处罚。

事故发生单位对造成 3 人以下死亡，或者 3 人以上 10 人以下重伤（包括急性工业中毒，下同），或者 300 万元以上 1 000 万元以下直接经济损失的一般事故负有责任的，处 20 万元以上 50 万元以下的罚款。事故发生单位发生一般事故且有谎报或者瞒报事故情节的，处 50 万元的罚款。

事故发生单位对较大事故发生负有责任的，依照下列规定处以罚款：① 造成 3 人以上 6 人以下死亡，或者 10 人以上 30 人以下重伤，或者 1 000 万元以上 3 000 万元以下直接经济损失的，处 50 万元以上 70 万元以下的罚款；② 造成 6 人以上 10 人以下死亡，或者30 人以上 50 人以下重伤，或者 3 000 万元以上 5 000 万元以下直接经济损失的，处 70 万元以上 100 万元以下的罚款。事故发生单位对较大事故发生负有责任且有谎报或者瞒报情节的，处 100 万元的罚款。

事故发生单位对重大事故发生负有责任的，依照下列规定处以罚款：① 造成 10 人以上 15 人以下死亡，或者 50 人以上 70 人以下重伤，或者 5 000 万元以上 7 000 万元以下直接经济损失的，处 100 万元以上 300 万元以下的罚款；② 造成 15 人以上 30 人以下死亡，或者 70 人以上 100 人以下重伤，或者 7 000 万元以上 1 亿元以下直接经济损失的，处 300 万元以上 500 万元以下的罚款。事故发生单位对重大事故发生负有责任且有谎报或者瞒报情节的，处 500 万元的罚款。

事故发生单位对特别重大事故发生负有责任的，依照下列规定处以罚款：① 造成 30 人以上 40 人以下死亡，或者 100 人以上120 人以下重伤，或者 1 亿元以上 1.2 亿元以下直接经济损失的，处500 万元以上 1 000 万元以下的罚款；② 造成 40 人以上 50 人以下死亡，或者 120 人以上 150 人以下重伤，或者 1.2 亿元以上 1.5 亿元以下直接经济损失的，处 1 000 万元以上 1 500 万元以下的罚款；③ 造成 50 人以上死亡，或者 150 人以上重伤，或者 1.5 亿元以上直接经济损失的，处 1 500 万元以上 2 000 万元以下的罚款。

事故发生单位对特别重大事故负有责任且有下列情形之一的，处 2 000 万元的罚款：① 谎报特别重大事故的；② 瞒报特别重大事故的；③ 未依法取得有关行政审批或者证照擅自从事生产经营活动的；④ 拒绝、阻碍行政执法的；⑤ 拒不执行有关停产停业、停止施工、停止使用相关设备或者设施的行政执法指令的；⑥ 明知存在事故隐患，仍然进行生产经营活动的；⑦ 一年内已经发生 2 起以上较大事故，或者 1 起重大以上事故，再次发生特别重大事故的；⑧ 地下矿山负责人未按照规定带班下井的。

事故发生单位主要负责人未依法履行安全生产管理职责，导致事故发生的，依照下列规定处以罚款：① 发生一般事故的，处上一年年收入 30%的罚款；② 发生较大事故的，处上一年年收入 40%的罚款；③ 发生重大事故的，处上一年年收入 60%的罚款；④ 发生特别重大事故的，处上一年年收入 80%的罚款。

个人经营的投资人未依照《安全生产法》的规定保证安全生产所必需的资金投入，致使生产经营单位不具备安全生产条件，导致发生生产安全事故的，依照下列规定对个人经营的投资人处以罚款：① 发生一般事故的，处 2 万元以上 5 万元以下的罚款；② 发生较大事故的，处 5 万元以上 10 万元以下的罚款；③ 发生重大事故的，处 10 万元以上 15 万元以下的罚款；④ 发生特别重大事故的，处 15 万元以上 20 万元以下的罚款。

事故发生单位及其有关责任人员有两种以上应当处以罚款的行为的，应急管理部门或者矿山安全监察机构应当分别裁量，合并作出处罚决定。对事故发生负有责任的其他单位及其有关责任人员处以罚款的行政处罚，依照相关法律、法规和规章的规定实施。

其二，如果生产经营单位负责人属于国家工作人员的，除了依法进行罚款等行政处罚外，还可依法给予降级、撤职的处分；构成违反治安管理行为的，由公安机关依法给予治安管理处罚。

事故发生单位是指对事故发生负有责任的生产经营单位。主要负责人是指有限责任公司、股份有限公司的董事长或者总经理或者个人经营的投资人，其他生产经营单位的厂长、经理、局长、矿长（含实际控制人）等人员。事故发生单位主要负责人、直接负责的主管人员和其他直接责任人员的上一年年收入，属于国有生产经营单位的，是指该单位上级主管部门所确定的上一年年收入总额；属于非国有生产经营单位的，是指经财务、税务部门核定的上一年年收入总额。生产经营单位提供虚假资料或者由于财务、税务部门无法核定等原因致使有关人员的上一年年收入难以确定的，按照下列办法确定：① 主要负责人的上一年年收入，按照本省、自治区、直辖市上一年度职工平均工资的5倍以上10倍以下计算；② 直接负责的主管人员和其他直接责任人员的上一年年收入，按照本省、自治区、直辖市上一年度职工平均工资的1倍以上5倍以下计算。《生产安全事故报告和调查处理条例》所称的迟报、漏报、谎报和瞒报，依照下列情形认定：① 报告事故的时间超过规定时限的，属于迟报；② 因过失对应当上报的事故或者事故发生的时间、地点、类别、伤亡人数、直接经济损失等内容遗漏未报的，属于漏报；③ 故意不如实报告事故发生的时间、地点、初步原因、性质、伤亡人数和涉险人数、直接经济损失等有关内容的，属于谎报；④ 隐瞒已经发生的事故，超过规定时限未向安全监管监察部门和有关部门报告，经查证属实的，属于瞒报。

（3）刑事责任。发生生产安全事故，构成犯罪的，依法追究刑事责任。

事故发生单位对事故发生负有责任的，由有关部门依法暂扣或者吊销其有关证照；对事故发生单位负有事故责任的有关人员，依法暂停或者撤销其与安全生产有关的执业资格、岗位证书；事故发生单位主要负责人受到刑事处罚或者撤职处分的，自刑罚执行完毕或者受处分之日起，5年内不得担任任何生产经营单位的主要负责人。

为发生事故的单位提供虚假证明的中介机构，由有关部门依法暂扣或者吊销其有关证照及其相关人员的执业资格；构成犯罪的，依法追究刑事责任。

有关地方人民政府、安全生产监督管理部门和负有安全生产监督管理职责的有关部门有下列行为之一的，对直接负责的主管人员和其他直接责任人员依法给予处分；构成犯罪的，依法追究刑事责任：① 不立即组织事故抢救的；② 迟报、漏报、谎报或者瞒报事故的；③ 阻碍、干涉事故调查工作的；④ 在事故调查中作伪证或者指使他人作伪证的。

【关联法规索引】《公务员法》第六十二条；《侵权责任法》第十六条、第十九条；《生产安全事故罚款处罚规定（试行）》等。

典型案例：张某旗与甲商务酒店生命权、健康权、身体权纠纷案

张某旗于2012年4月22日入职甲商务酒店，担任保安员。2012年4月28日，张某旗在工作期间被人打伤头面部。2013年4月23日，丙市社会保障局认定该次受伤为工伤，2013年5月13日，丙市劳动能力鉴定委员会鉴定张某旗为伤残十级、未达护理等级，不建议安装康复器具。

2012年6月5日，甲商务酒店解除与张某旗之间的劳动关系。其后，张某旗申请劳动仲裁，要求甲商务酒店向其支付工资、一次性伤残补助金、一次性工伤医疗补助金、一次性伤残就业补助金等费用。该案经劳动仲裁裁决后，双方均不服而先后向丙市第二人民法院提起诉讼，该院经审理后于2013年10月18日作出〔2013〕民一初字第772号民事判决书，判决：① 甲商务酒店应向张某旗支付一次性伤残补助金10 706.08元、一次性工伤医疗补助金1 529.44元、一次性伤残就业补助金6 117.76元；② 甲商务酒店应向张某旗支付停工留薪期工资1 886.3元；③ 甲商务酒店应向张某旗支付鉴定费900元；④ 驳回张某旗的其他诉讼请求；⑤ 驳回甲商务酒店的诉讼请求。后双方均不服一审判决，先后向丙市中级人民法院提起上诉，丙市中级人民法院经审理后于2014年3月20日作出〔2014〕民五终字第36号民事判决书，判决：① 维持丙市第二人民法院〔2013〕民一

初字第772号民事判决第①、③项内容以及有关诉讼费负担的决定；② 撤销丙市第二人民法院〔2013〕民一初字第772号民事判决第④、⑤项；③ 变更丙市第二人民法院〔2013〕民一初字第772号民事判决第②项为：甲商务酒店无须向张某旗支付停工留薪期工资1 886.3元；④ 驳回张某旗的其他诉讼请求；⑤ 驳回甲商务酒店的其他诉讼请求。其后，张某旗不服该判决，向G省高级人民法院申请再审，G省高级人民法院于2014年9月15日作出〔2014〕××高法民申字第1508号民事裁定书，裁定：驳回张某旗的再审申请。2013年10月14日，张某旗再次以劳动争议为由起诉甲商务酒店，要求甲商务酒店支付违法收取押金造成的损失1 000元、未签订劳动合同造成的损失6 300元、工伤认定的相关费用及本案诉讼所产生的材料费、食宿费、交通费等20 000元、每天加班1小时停工留薪期费用3 960元、因工资待遇低于最低标准的所有留薪期工资差额赔偿金2 760元。丙市第二人民法院经审理后于2013年11月28日作出〔2013〕民一初字第1595号民事判决书，判决：驳回张某旗的全部诉讼请求。张某旗不服该判决向丙市中级人民法院提起上诉，丙市中级人民法院于2014年3月31日作出〔2014〕民五终字第319号民事判决书，判决：驳回上诉，维持原判。2014年4月30日，张某旗出具一份收据，确认收到甲商务酒店支付〔2013〕民一初字第772号民事判决及〔2014〕民五终字第36号民事判决的一次性伤残补助金10 706.08元、一次性工伤医疗补助金1 529.44元、一次性伤残就业补助金6 117.76元、鉴定费900元，合计19 253.28元，上述民事判决义务已履行完毕。

以上事实，有收据、〔2013〕民一初字第772号民事判决书、〔2014〕民五终字第36号民事判决书、〔2014〕××高法民申字第1508号民事裁定书、〔2013〕民一初字第1595号民事判决书、〔2014〕民五终字第319号民事判决书、当事人的陈述和丙市第二人民法院的庭审笔录等附卷为证。

丙市第二人民法院认为，综合双方的诉辩意见，本案的争议焦点如下：① 张某旗的起诉是否违反了一事不再理的原则；② 张某旗的起诉有无超过诉讼时效;③ 张某旗于2012年4月28日的受伤事件是否构成安全生产事故。

关于争议点一。所谓“一事不再理”原则,是同一当事人,以同一事实与理由,提出同一诉讼请求。本案中,张某旗以其工伤构成生产安全事故而依据《安全生产法》主张一次性伤残赔偿金31 000元、误工费10 000元、后续康复治疗护理及营养费30 000元、精神抚慰金10 000元,以甲商务酒店未尽安全保障义务而依据《最高人民法院关于审理人身损害赔偿案件适用法律若干问题的解释》主张赔偿金40 000元,与其此前以劳动争议为案由提起的两次诉讼,所依据的事实与理由不同,所提的诉讼请求也不同,故张某旗的起诉并未违反“一事不再理”的原则。

关于争议点二。首先,针对张某旗以其工伤构成生产安全事故为由主张的一次性伤残赔偿金31 000元、误工费10 000元、后续康复治疗护理及营养费30 000元、精神抚慰金10 000元是否已经超过诉讼时效的问题。《安全生产法》第五十三条规定:“因生产安全事故受到损害的从业人员,除依法享有工伤保险外,依照有关民事法律尚有获得赔偿的权利的,有权向本单位提出赔偿要求。”本案中,丙市中级人民法院于2014年3月20日作出〔2014〕民五终字第36号民事判决书后,张某旗才知道或应当知道其仍需依据《安全生产法》的相关规定主张赔偿,因此,张某旗于2015年3月20日提起本案诉讼,并未超过法定的诉讼时效。其次,针对张某旗以甲商务酒店未尽安全保障义务为由依据《最高人民法院关于审理人身损害赔偿案件适用法律若干问题的解释》所主张的赔偿金40 000元,因事故发生时间为2012年4月28日,张某旗此时即知道或应当知道其权利有可能遭受损害,但其于2015年3月20日才提起本案诉讼,已经超过法定的诉讼时效,对其主张的赔偿金40 000元,依法不予支持。

关于争议点三。《安全生产法》第五十三条规定:“因生产安全事故受到损害的从业人员,除依法享有工伤保险外,依照有关民事法律尚有获得赔偿的权利的,有权向本单位提出赔偿要求。”本案中,张某旗未能提交证据证明其所受伤害事故属于《安全生产法》第五十三条规定的“生产安全事故”，故其在主张了工伤保险待遇后，再行主张人身损害赔偿，缺乏依据，依法不予支持。

综上所述，依照《中华人民共和国民法通则》第一百三十六条、第一百三十七条，《安全生产法》第五十三条以及《民事诉讼法》第六十四条第一款、第一百四十二条的规定，判决如下：

驳回原告张某旗的全部诉讼请求。

裁判要旨：受害人未能提交证据证明其所受伤害事故属于《安全生产法》规定的“生产安全事故”，故其在主张了工伤保险待遇后，再行主张人身损害赔偿，缺乏依据。

第十七条【安全生产权力和责任清单】

县级以上各级人民政府应当组织负有安全生产监督管理职责的部门依法编制安全生产权力和责任清单，公开并接受社会监督。

【条文解读】 本条是关于安全生产权力和责任清单的规定。

本次《安全生产法》修改新增了安全生产权力和责任清单制度。所谓权力与责任清单，就是把各级政府及其所属工作部门掌握的各项公共权力进行全面统计，并将公民权利与政府责任公之于众，主动接受社会监督。中共中央办公厅、国务院办公厅印发的《关于推行地方各级政府工作部门权力清单制度的指导意见》中指出：分门别类进行全面彻底梳理行政职权，逐项列明设定依据；对没有法定依据的行政职权，应及时取消；依法逐条逐项进行合法性、合理性和必要性审查；在审查过程中，要广泛听取基层、专家学者和社会公众的意见；公布权力清单；积极推进责任清单。

负有安全生产监督管理职责的政府部门在编制安全生产权力和责任清单时，应着眼于依法优化和公开安全生产相关的权力运行流程，致力于形成权责清晰、程序严密、运行公开、监督有效的安全生产权力公开透明的运行机制，以切实有效地解决权力运行中存在的不作为、乱作为、权责交叉、多头执法、相互推诿、监管缺位、暗箱操作、权力寻租等突出问题。

第十八条【安全生产科学技术研究】

国家鼓励和支持安全生产科学技术研究和安全生产先进技术的

推广应用，提高安全生产水平。

【条文解读】 本条是关于安全生产科学技术研究的规定。

条文讲解

安全生产事故虽然有意外性、偶然性和突发性，但也有一定的规律。要达到预防和减少安全事故的目的，需要在安全生产规律的基础上采取科学技术予以防范。因此，生产经营单位一方面应当对具体生产经营过程中的问题进行科学研究，发现相关规律；另一方面应当积极地采取先进生产技术手段保障安全生产。国家要大力推广保障安全生产的新工艺、新设备、新材料等应用以及信息化建设，努力提高生产经营单位的安全防护水平。

第十九条【奖励】

国家对在改善安全生产条件、防止生产安全事故、参加抢险救护等方面取得显著成绩的单位和个人，给予奖励。

【条文解读】 本条是关于安全生产中奖励的规定。

国家对于下述几类情况给予相应奖励：① 在改善安全生产条件方面做出显著成绩的，如发明了新的安全高效的机器、设备、工具等。② 在防止生产安全事故方面做出显著成绩的，如及时发现、消除了事故安全隐患，防止了重大事故的发生；提出了行之有效的事故预防控制方法等。③ 参加抢险救护做出显著成绩的，如在事故的抢险救灾工作中尽职尽责、不畏艰险、见义勇为、不怕牺牲，为抢救国家和人民的生命财产做出重要贡献的。

其中，给予奖励的主体可以是各级人民政府，也可以是政府有关部门。受到奖励的主体，可以是单位，也可以是个人。奖励的方式可以是荣誉奖励，比如授予“安全生产先进单位”或者“先进工作者”等荣誉称号，颁发奖状、奖旗，记功、通令嘉奖等；也可以是物质奖励，如发给奖金等实物。除此之外，安全生产单位也应当按照单位内部的奖励制度，对在安全生产方面做出显著成绩的集体和个人给予奖励。

第二章　生产经营单位的安全生产保障

本章是关于生产经营单位的安全生产保障的规定。本章共32个法律条文，明确了生产经营单位对本单位安全生产工作全面负责的具体内容。生产经营单位从事生产经营活动需要具备安全生产条件，单位主要负责人是安全生产的第一责任人。生产经营单位应当保证安全资金投入，建立安全生产责任制，设立安全生产管理机构，对从业人员进行安全生产教育培训，特种作业人员还要取得特种作业资格证，设置必要的安全警示标志，加强安全设施设备、重大危险源和特种设备的管理，建立事故隐患排查治理制度，为从业人员提供必要的劳动防护用品，发生事故时应立即组织抢救。生产经营单位建设项目的安全设施要做到“三同时”，依法进行安全评价、安全设施设计和安全设施设计审查，特殊建设项目的安全设施应当验收合格。

第二十条【安全生产条件】

生产经营单位应当具备本法和有关法律、行政法规和国家标准或者行业标准规定的安全生产条件；不具备安全生产条件的，不得从事生产经营活动。

【条文解读】　本条是关于生产经营单位应当具备安全生产条件

的规定。

条文讲解

生产经营单位要保证生产经营活动安全顺利地进行，防止和减少生产安全事故的发生，必须在安全设施、设备、人员安全素质、管理制度、采用的工艺和技术等方面达到相应的要求，具备必要的安全生产条件。按照本条的规定，不具备安全生产条件的生产经营单位，不得从事生产经营活动；如果生产经营单位达不到安全生产条件而进行生产经营的，需要承担相应的法律责任。例如，不能保证安全生产所需资金投入的，要根据《安全生产法》第九十三条的规定承担行政或刑事责任；再如，对从业人员教育培训达不到法律、法规规定要求的，要依据《安全生产法》第九十七条第（三）、（四）、（七）项的规定进行相应的行政处罚。

不同的生产经营活动，其危险性各不相同，所以本条规定生产经营单位应当具备《安全生产法》和有关法律、行政法规和国家标准或行业标准规定的安全生产条件。《安全生产法》对生产经营单位的安全生产条件作了规定，除此之外，《建筑法》《消防法》《矿山安全法》等法律也对生产经营单位的安全生产条件进行了规定，生产经营单位不但要具备《安全生产法》规定的安全生产条件，也要具备这些特别法中规定的安全生产条件。例如，《安全生产法》第二十四条、第二十五条和第四十六条对生产经营单位的安全生产管理机构，专、兼职安全生产管理人员的设置作了规定，那么，无论从事何种生产经营活动的生产经营单位都要按照《安全生产法》的规定，设置相应的安全管理机构或者专、兼职安全生产管理人员。就特别法而言，《矿山安全法》对矿山企业安全工作人员进行了针对性的规定；《中华人民共和国煤炭法》（以下简称《煤炭法》）就煤矿企业安全生产许可证的取得作了规定。

生产经营单位除了要遵守《安全生产法》对安全生产条件的一般规定和其相关行业法律的特殊规定外，还要具备行政法规规定的安全生产条件。其中最为重要的行政法规就是《安全生产许可证条例》。《安全生产许可证条例》对安全生产许可证的取证企业、发证机关、取证条件以及安全生产许可证的监督管理和违法责任作了详细的规定。

（1）取证企业。矿山企业、建筑施工企业和危险化学品、烟花爆竹、民用爆炸物品生产企业需要取得安全生产许可证，企业未取得安全生产许可证的，不得从事生产活动。

（2）发证机关。国务院应急管理部门负责中央管理的危险化学品、烟花爆竹生产企业安全生产许可证的颁发和管理。省、自治区、直辖市人民政府应急管理部门负责上述规定以外的非煤矿矿山企业和危险化学品、烟花爆竹生产企业安全生产许可证的颁发和管理，并接受国务院应急管理部门的指导和监督。国家矿山安全监察机构负责中央管理的煤矿企业和非煤矿矿山企业安全生产许可证的颁发和管理。在省、自治区、直辖市设立的煤矿安全监察机构负责上述规定以外的其他煤矿企业安全生产许可证的颁发和管理，并接受国家矿山安全监察机构的指导和监督。省、自治区、直辖市人民政府建设主管部门负责建筑施工企业安全生产许可证的颁发和管理，并接受国务院建设主管部门的指导和监督。省、自治区、直辖市人民政府民用爆炸物品行业主管部门负责民用爆炸物品生产企业安全生产许可证的颁发和管理，并接受国务院民用爆炸物品行业主管部门的指导和监督。

（3）取证条件。企业取得安全生产许可证，应当具备下列安全生产条件：① 建立健全安全生产责任制，制定完备的安全生产规章制度和操作规程；② 安全投入符合安全生产要求；③ 设置安全生产管理机构，配备专职安全生产管理人员；④ 主要负责人和安全生产管理人员经考核合格；⑤ 特种作业人员经有关业务主管部门考核合格，取得特种作业操作资格证书；⑥ 从业人员经安全生产教育和培训合格；⑦ 依法参加工伤保险，为从业人员缴纳保险费；⑧ 厂房、作业场所和安全设施、设备、工艺符合有关安全生产法律、法规、标准和规程的要求；⑨ 有职业危害防治措施，并为从业人员配备符合国家标准或者行业标准的劳动防护用品；⑩ 依法进行安全评价；⑪ 有重大危险源检测、评估、监控措施和应急预案；⑫ 有生产安全事故应急救援预案、应急救援组织或者应急救援人员，配备必要的应急救援器材、设备；⑬ 法律、法规规定的其他条件。

（4）安全生产许可证的延期。安全生产许可证的有效期为3年。安全生产许可证有效期满需要延期的，企业应当于期满前3个月向原安全生产许可证颁发管理机关办理延期手续。企业在安全生产许可证有效期内，严格遵守有关安全生产的法律法规，未发生死亡事故的，安全生产许可证有效期届满时，经原安全生产许可证颁发管理机关同意，不再审查，安全生产许可证有效期延期3年。

（5）法律义务。企业取得安全生产许可证后，不得降低安全生产条件，并应当加强日常安全生产管理，接受安全生产许可证颁发管理机关的监督检查。安全生产许可证颁发管理机关应当加强对取得安全生产许可证的企业的监督检查，发现其不再具备《安全生产许可证条例》规定的安全生产条件的，应当暂扣或者吊销安全生产许可证。企业不得转让、冒用安全生产许可证或者使用伪造的安全生产许可证。

（6）法律责任。① 未取得安全生产许可证擅自进行生产的，责令停止生产，没收违法所得，并处10万元以上50万元以下的罚款；造成重大事故或者其他严重后果，构成犯罪的，依法追究刑事责任。② 安全生产许可证有效期满未办理延期手续，继续进行生产的，责令停止生产，限期补办延期手续，没收违法所得，并处5万元以上10万元以下的罚款；逾期仍不办理延期手续，继续进行生产的，依照未取得安全生产许可证的规定处罚。③ 转让安全生产许可证的，没收违法所得，处10万元以上50万元以下的罚款，并吊销其安全生产许可证；构成犯罪的，依法追究刑事责任；接受转让的，依照未取得安全生产许可证的规定处罚。冒用安全生产许可证或者使用伪造的安全生产许可证的，依照未取得安全生产许可证的规定处罚。

此外，《危险化学品安全管理条例》对危险化学品的生产、经营、运输等安全生产条件作了规定。危险化学品生产企业进行生产前，应当依照《安全生产许可证条例》的规定，取得危险化学品安全生产许可证。生产列入国家实行生产许可证制度的工业产品目录的危险化学品的企业，应当依照《中华人民共和国工业产品生产许可证管理条例》（以下简称《工业产品生产许可证管理条例》）的规定，取得工业产品生产许可证。负责颁发危险化学品安全生产许可证、工业产品生产许可证的部门，应当将其颁发许可证的情况及时向同级工业和信息化主管部门、环境保护主管部门和公安机关通报。生产、储存危险化学品的单位，应当根据其生产、储存的危险化学品的种类和危险特性，在作业场所设置相应的监测、监控、通风、防晒、调温、防火、灭火、防爆、泄压、防毒、中和、防潮、防雷、防静电、防腐、防泄漏以及防护围堤或者隔离操作等安全设施、设备，并按照国家标准、行业标准或者国家有关规定对安全设施、设备进行经常性维护、保养，保证安全设施、设备的正常使用。生产、储存危险化学品的单位，应当在其作业场所和安全设施、设备上设置明显的安全警示标志。生产、储存危险化学品的单位，应当在其作业场所设置通信、报警装置，并保证处于适用状态。

国家对危险化学品经营实行许可制度。未经许可，任何单位和个人不得经营危险化学品。依法设立的危险化学品生产企业在其厂区范围内销售本企业生产的危险化学品，不需要取得危险化学品经营许可。依照《中华人民共和国港口法》（以下简称《港口法》）的规定取得港口经营许可证的港口经营人，在港区内从事危险化学品仓储经营，不需要取得危险化学品经营许可。从事危险化学品经营的企业应当具备下列条件：① 有符合国家标准、行业标准的经营场所，储存危险化学品的，还应当有符合国家标准、行业标准的储存设施；② 从业人员经过专业技术培训并经考核合格；③ 有健全的安全管理规章制度；④ 有专职安全管理人员；⑤ 有符合国家规定的危险化学品事故应急预案和必要的应急救援器材、设备；⑥ 法律、法规规定的其他条件。

从事危险化学品道路运输、水路运输的，应当分别依照有关道路运输、水路运输的法律、行政法规的规定，取得危险货物道路运输许可、危险货物水路运输许可，并向工商行政管理部门办理登记手续。危险化学品道路运输企业、水路运输企业应当配备专职安全管理人员。危险化学品道路运输企业、水路运输企业的驾驶人员、船员、装卸管理人员、押运人员、申报人员、集装箱装箱现场检查员应当经交通运输主管部门考核合格，取得从业资格。具体办法由国务院交通运输主管部门制定。危险化学品的装卸作业应当遵守安全作业标准、规程和制度，并在装卸管理人员的现场指挥或者监控下进行。水路运输危险化学品的集装箱装箱作业应当在集装箱装箱现场检查员的指挥或者监控下进行，并符合积载、隔离的规范和要求；装箱作业完毕后，集装箱装箱现场检查员应当签署装箱证明书。运输危险化学品，应当根据危险化学品的危险特性采取相应的安全防护措施，并配备必要的防护用品和应急救援器材。用于运输危险化学品的槽罐以及其他容器应当封口严密，能够防止危险化学品在运输过程中因温度、湿度或者压力的变化发生渗漏、洒漏；槽罐以及其他容器的溢流和泄压装置应当设置准确、起闭灵活。运输危险化学品的驾驶人员、船员、装卸管理人员、押运人员、申报人员、集装箱装箱现场检查员，应当了解所运输的危险化学品的危险特性及其包装物、容器的使用要求和出现危险情况时的应急处置方法。

生产经营单位从事生产经营活动，必须具备有关国家标准或者行业标准规定的安全生产条件。安全生产的国家标准或者行业标准是关于安全生产的技术规范或管理规范，是保障安全设施、设备、仪器、仪表、器材有效可靠的手段，是政府开展依法行政和履行安全生产监管监察职责的技术依据，是防止和减少生产安全事故，促进安全生产稳定好转的保证。多年来，为搞好安全生产工作，国家制定颁布了一系列安全生产方面的国家标准和行业标准。目前，我国安全生产的国家标准或者行业标准主要包括安全生产技术、管理方面的标准，生产设备、工具的安全标准，生产工艺的安全标准，劳动防护用品的安全标准等。按照《标准化法》的规定，有关安全生产的国家标准或者行业标准都属于强制性标准。生产经营单位从事生产经营活动，需要具备有关国家标准或者行业标准规定的条件，否则不得从事生产经营活动。

【关联法规索引】《煤矿企业安全生产许可证实施办法》《非煤矿矿山企业安全生产许可证实施办法》《危险化学品生产企业安全生

产许可证实施办法》《烟花爆竹生产企业安全生产许可证实施办法》《民用爆炸物品安全生产许可实施办法》《建筑施工企业安全生产许可证管理规定》《安全生产许可证条例》。

典型案例：甲建设公司与丙矿业公司建设工程施工合同纠纷案

甲建设公司因与丙矿业公司建设工程施工合同纠纷一案，不服内蒙古自治区高级人民法院〔2015〕内商终字第××号民事判决，向最高人民法院申请再审。最高人民法院依法组成合议庭对本案进行了审查，现已审查终结。

甲建设公司申请再审称：原审判决对甲建设公司与丙矿业公司签订的《矿山建设施工及采掘工程承包合同》的定性错误，该合同名称与约定权利义务的内容以及实际履行不符。案涉合同包括了建设工程施工合同和采矿合同两部分内容，在区分建设工程施工合同和采矿合同的情况下，本案属以建设工程合同之名掩盖变相出卖矿业权的非法合同，属无效合同。S科贸有限公司作为工程合同涉及的矿业权主体，应当作为必要共同诉讼人参加诉讼以查明合同性质及效力。根据案涉《矿山建设施工及采掘工程承包合同》第二十二条关于因伤亡事故造成的停工停产由丙矿业公司承担责任的约定，原审法院判令甲建设公司承担停工停产的直接损失818 167.28元，没有事实和法律依据。据此，再审申请人甲建设公司根据《民事诉讼法》第二百条第（二）项、第（六）项，向最高人民法院申请再审，请求依法改判，支持其诉讼请求。

被申请人丙矿业公司未提交书面答辩意见。

最高人民法院认为：案件争议焦点问题是，第一，甲建设公司与丙矿业公司签订的《矿山建设施工及采掘工程承包合同》的效力；第二，甲建设公司是否应当承担违约责任。

一、甲建设公司与丙矿业公司签订的《矿山建设施工及采掘工程承包合同》的效力

《中华人民共和国合同法》（以下简称《合同法》）第五十二条规

定，违反法律、行政法规的强制性规定的合同无效。案涉《矿山建设施工及采掘工程承包合同》主要内容是，将内蒙古自治区某铅锌矿的建设施工工程和安全生产施工管理发包给甲建设公司，并未约定转让采矿权的内容。根据合同约定，丙矿业公司一方面将矿区部分建设工程发包给甲建设公司，由其施工；另一方面与甲建设公司约定矿产资源采掘事宜。原审查明，丙矿业公司将部分矿区劳务交由甲建设公司完成，甲建设公司仅从丙矿业公司处取得劳动报酬，并不享有占有、处分和收益其采掘出矿产资源的权利。甲建设公司未取得相应矿产品的所有权，采矿权权属亦未发生改变，因此，案涉《矿山建设施工及采掘工程承包合同》并不违反法律、行政法规的效力性强制性规定，合同履行亦与甲建设公司诉称的采矿权转让无关。甲建设公司以《中华人民共和国矿产资源法》（以下简称《矿产资源法》）为据，主张案涉合同应属无效合同，缺乏事实和法律依据，不予支持。

二、甲建设公司是否应当承担违约责任

《安全生产法》第十七条规定："生产经营单位应当具备本法和有关法律、行政法规和国家标准或者行业标准规定的安全生产条件；不具备安全生产条件的，不得从事生产经营活动。"因此，安全保障义务是生产经营单位的法定义务。安全生产监督管理部门在对检查中发现的事故隐患，应当责令立即排除；重大事故隐患排除前或者排除过程中无法保证安全的，应当责令暂时停产停业或者停止使用相关设施、设备。原审查明，甲建设公司履行合同过程中，发生施工人员坠井身亡事故。内蒙古自治区T县安全生产监督管理局当晚即赴现场组织调查，发现甲建设公司在生产经营过程中存在安全事故隐患，遂责令其暂时停产停业。案涉《矿山建设施工及采掘工程承包合同》第十九条约定"因安全不合格造成停产停工的损失由乙方负责"。根据约定，本案应由甲建设公司承担因停产造成的损失。原审法院依当事人申请，对甲建设公司违约行为给丙矿业公司造成的损失，委托资产评估事务所进行评估，并根据鉴定意见，认定甲建设公司赔偿丙矿业公司直接经济损失818 167.28元，于法有据，应予支持。

综上，甲建设公司的再审申请不符合《民事诉讼法》第二百条第

(二)项、第(六)项规定的情形。依照《民事诉讼法》第二百零四条第一款、《最高人民法院关于适用〈中华人民共和国民事诉讼法〉的解释》第三百九十五条第二款的规定,裁定如下:

驳回甲建设公司的再审申请。

裁判要旨:生产经营单位应当具备《安全生产法》和有关法律、行政法规和国家标准或者行业标准规定的安全生产条件;不具备安全生产条件的,不得从事生产经营活动。所以,安全保障义务是生产经营单位的法定义务。负有安全生产监督管理职责的部门在对检查中发现的事故隐患,应当责令立即排除;重大事故隐患排除前或者排除过程中无法保证安全的,应当责令暂时停产停业或者停止使用相关设施、设备。

第二十一条【单位主要负责人安全生产职责】

生产经营单位的主要负责人对本单位安全生产工作负有下列职责:

(一)建立健全并落实本单位全员安全生产责任制,加强安全生产标准化建设;

(二)组织制定并实施本单位安全生产规章制度和操作规程;

(三)组织制定并实施本单位安全生产教育和培训计划;

(四)保证本单位安全生产投入的有效实施;

(五)组织建立并落实安全风险分级管控和隐患排查治理双重预防工作机制,督促、检查本单位的安全生产工作,及时消除生产安全事故隐患;

(六)组织制定并实施本单位的生产安全事故应急救援预案;

(七)及时、如实报告生产安全事故。

【条文解读】 本条是关于生产经营单位主要负责人安全生产职责的规定。

《安全生产法》第五条对生产经营单位的主要负责人进行了原则上的规定,着重强调其作为安全生产"第一责任人"的重要地位,也给生产经营单位的安全生产工作提出了要求。本条规定的"主要负责人"通常意义上是指在生产经营单位中起决策作用并同时对安全生产工作负全面责任的领导人或负责人，具体要根据实际情况来确定。第一，主要负责人必须是实际领导、指挥本单位生产经营日常活动的决策人。第二，主要负责人是统筹组织安全生产过程中各项具体安全生产制度和措施的落实、完善生产经营单位安全生产条件，对生产经营单位安全生产工作负重要领导责任的负责人。

本条中“生产经营单位的主要负责人”既包括法人组织的法定代表人，如有限责任公司或股份有限公司的董事长，也包括全面负责日常生产经营活动的总经理，以及非法人单位中的依照法律、行政法规和国家相关规定代表单位行使职权的正职领导等。当董事长或者总经理出现长期缺位的情形时，将由其授权或委托的副职或者其他人员全面主持生产经营单位的工作。如果在这种情况下发生安全生产违法行为或者生产安全事故需要追究责任时，将长期缺位的董事长或总经理作为安全生产违法行为或者生产安全事故的责任人既不合情理又难以执行，因此只能追究其授权或委托主持全面工作的实际负责人的法律责任。

第二十二条【全员安全生产责任制】

生产经营单位的全员安全生产责任制应当明确各岗位的责任人员、责任范围和考核标准等内容。

生产经营单位应当建立相应的机制，加强对全员安全生产责任制落实情况的监督考核，保证全员安全生产责任制的落实。

【条文解读】 本条是关于生产经营单位全员安全生产责任制的规定。

生产经营单位要建立健全本单位全员安全生产责任制。主要负责人负责建立健全本单位全员安全生产责任制。生产经营单位主要负责人的安全生产职责除了生产经营单位安全生产责任制中规定的以外，《安全生产法》第二十一条也作了相应规定。值得注意的是，对于生产经营单位安全生产工作的风险排查应当采取安全风险分级管控与隐患排查治理的双重预防工作机制，具体而言，生产经营单位要对辨识出的安全风险进行分类梳理，对不同类别的安全风险，采用相应的风险评估方法确定安全风险等级，安全风险评估过程要突出遏制重特大事故，高度关注暴露人群，聚焦重大危险源、劳动密集型场所、高危作业工序和受影响的人群规模，重大安全风险应填写清单、汇总造册，并从组织、制度、技术、应急等方面对安全风险进行有效管控，要在醒目位置和重点区域分别设置安全风险公告栏，制作安全风险告知卡。

本次修法特别强调建立全员安全生产责任制，根据“管业务必须管安全，管生产经营必须管安全”的原则，生产经营单位应当建立纵向到底、横向到边的全员安全生产责任制，做到安全工作人人有责、各负其责，实现“一岗双责”。安全生产责任制要做到“三定”(定岗位、定人员、定安全生产责任)，即什么人在何岗位，负何种安全生产责任。生产经营单位应当建立完善的全员安全生产责任制监督、考核、奖惩的相关制度，明确安全生产管理机构和人事、财务等相关职能部门的职责。生产经营单位应当建立相应的机制，加强对全员安全生产责任制落实情况的监督考核，保证全员安全生产责任制的落实。对于严格履行安全职责，未超出责任制考核要求的，应当予以奖励；对于弄虚作假、未认真履行安全生产职责或者存在重大事故隐患、发生生产安全事故等超出责任制考核标准要求的，给予严惩。充分发挥工会的作用，鼓励从业人员对安全生产责任制落实情况进行监督。

【关联法规索引】《安全生产法》第十六条、第二十七条等。

典型案例：丙设计中心与甲区安全生产监督管理局行政纠纷案

2015年5月13日，原乙区拥军优属拥政爱民工作领导小组(委托方)与丙设计中心(承揽方)签订了一份业务承揽合同，约定由丙设计中心承揽测评材料盒(精做)、LED-P3高清屏幕、宣传板报(遮光喷绘及二次人工删装)等项内容。丙设计中心的主要负责人曹某将上述合同中的有关宣传板报的悬挂、拆除等项目交由案外人李某文实施，由李某文组织人员施工。2015年6月21日上午，李某文租借了一台存在严重安全隐患的钢管移动脚手架，并且在无施工方案，也无任何安全防护用具的情况下，带领胡某高等5名施工人员至平型关路××号海上文化中心进行现场作业。至11时左右，施工人员胡某高在撕扯贴在墙上的宣传板报时，不慎从3.6 m高的钢管移动脚手架上坠落，致颅脑损伤，后随即被送往医院抢救，但终因伤势过重于2015年6月24日凌晨死亡。

2015年6月21日事发当天，原乙区安全生产监督管理局（因"撤二建一"被撤销，现为甲区安全生产监督管理局，以下简称"原乙区安监局"）即对此事故予以立案调查，期间拍摄了事故现场照片，并制作事故现场图及现场勘验笔录。调查期间，原乙区安监局收集了相关证据及向有关人员了解情况。2015年8月20日，原乙区安监局将该起事故的调查报告呈原乙区人民政府审批。9月14日，原乙区人民政府予以批复。10月15日，原乙区安监局向丙设计中心作出了行政处罚听证告知及行政处罚事先告知。丙设计中心曾提出听证申请，后又撤销了该申请。11月3日，原乙区安监局作出了（乙）安监管罚××号行政处罚决定书，内容为：丙设计中心在承接平型关路××号海上文化中心宣传板报制作施工过程中，未认真履行生产经营单位的安全生产管理职责，未建立健全安全生产责任制和安全生产管理制度，主要负责人和安全生产管理人员以及施工人员均未经过安全生产教育培训，施工作业现场安全管理混乱，高处作业施工人员缺乏个人安全防护用具，用于高处作业的钢管移动脚手架存在严重安全隐患，施工现场负责人及施工人员安全生产责任意识淡薄，最终导致发生"6·21"胡某高高处坠落死亡事故。以上行为分别违反了《安全生产法》第十九条、第二十二条第（二）项和第（五）项及第二十五条第一款的规定，决定对该单位作出罚款人民币（以下币种均为人民币）25万元的行政处罚。依据《行政处罚法》第二十三条的规定，责令该单位立即改正上述违法行为。决定书于当日送达。丙设计中心不服，诉至法院，请求予以撤销。

原审法院认为：根据《安全生产法》第九条第一款、第六十二条第一款第（二）项的规定，原乙区安监局具有对本行政区域内安全生产工作实施综合监督管理并对安全生产违法行为给予行政处罚的法定职权。本案中，原乙区安监局于事发当天及时赶赴现场，并就本起事故进行了立案、调查。在所形成的事故调查报告经批复后，原乙区安监局向丙设计中心进行了处罚前的听证告知及事先告知，并在其提出相关陈述之后，作出了行政处罚决定，其执法程序符合法律规定。在事实认定及法律适用方面，根据原乙区安监局收集的材料及所制作相关人员的笔录均反映，丙设计中心承揽了包括在事发现场对宣传板报进行二次人工删装的施工项目等。然而，丙设计中心作为该施工项目的承揽方，在施工过程中未认真履行生产经营单位的安全生产职责，未建立健全安全生产责任制和安全生产管理制度，相关人员均未经过安全生产教育培训，导致施工现场安全管理混乱，施工人员安全生产责任意识淡薄，违反安全管理规定，以致发生了一人死亡的生产安全事故。因此，丙设计中心对本次生产安全事故应承担相应的责任。原乙区安监局根据《安全生产法》第一百零九条第(一)项的规定，对丙设计中心处以罚款 25 万元的处罚，属认定事实清楚，适用法律正确。

审理中，丙设计中心称，该中心系将所承接的宣传板报挂贴项目委托丁文化传播有限公司具体实施，施工人员也系该公司安排，故丁文化传播有限公司应就此次事故承担相应责任，而丙设计中心应承担较小责任。对此原审法院认为，根据本案的证据材料反映，此次事故中的施工人员系丙设计中心的主要负责人通过案外人李某文联系安排，并无确凿证据证明其系委托丁文化传播有限公司具体施工。何况，即便如丙设计中心所称其将承揽项目委托他人实施，但其作为承揽方对项目的安全生产同样负有相应的责任。因此，丙设计中心的诉辩理由不成立。

综上，原乙区安监局所作行政处罚决定，事实认定清楚，适用法律正确，符合法定程序。丙设计中心的诉讼请求理由不成立，应予驳回。原审遂依照《行政诉讼法》第六十九条的规定，判决驳回丙设计中心的诉讼请求。

判决后，丙设计中心不服，向 H 市第二中级人民法院提起上诉。上诉人丙设计中心上诉称：被上诉人原乙区安监局认定的生产责任单位错误，上诉人虽未与丁文化传播有限公司订立书面合同，但两者间存在口头承揽合同，该公司应作为生产单位。被上诉人原乙区安监局制作的立案审批表存在造假情况，立案审批表落款时间为6月21日，却记载了6月24日的情形。现场勘查无在场人签名，勘查照片未注明拍摄人。部分行政执法人员当时的执法证不在有效期内。被上诉人未充分听取上诉人的陈述和申辩意见，行政处罚程序违反相关规定。被上诉人处罚金额超越原乙区人民政府批复备案的调查报告上确定的数额。被上诉人作出的行政处罚决定错误，原审判决错误，请求撤销原审判决，改判支持上诉人一审的诉讼请求。

被上诉人原乙区安监局辩称：上诉人丙设计中心是施工项目的承揽方，负有安全生产责任。且上诉人与丁文化传播有限公司并无业务往来，不存在因分包部分宣传板报制作施工，而免除安全生产责任。被上诉人的执法人员均有执法资格，部分人员当时处在换证期。2015年6月21日，被上诉人接到事故报告后，及时进行现场勘查，当时处于端午放假期间，等到同月24日正常上班时，才补办立案手续，反映了案件至24日的情况。原乙区人民政府批复的事故责任认定报告中记载的20万元是对事故造成损失的预估。上诉人未履行安全生产义务，根据《安全生产法》第一百零九条的规定，涉案生产安全事故，致1名工人死亡，处罚幅度在20万至50万元。被上诉人经事故调查后，认定上诉人对该起事故负有责任，对其作出行政处罚，认定事实清楚，处罚幅度适用法律正确，程序合法。原审判决正确，请求予以维持。

H市第二中级人民法院经审理查明：原审认定的事实清楚，本院依法予以确认。H市第二中级人民法院认为：根据《安全生产法》第九条第一款、第六十二条第一款第（二）项的规定，被上诉人原乙区安监局具有对本行政区域内安全生产工作实施综合监督管理并对安全生产违法行为给予行政处罚的法定职权。被上诉人在立案审批表的制作上，存在立案时间与案情记录时间不吻合的情况，希望被上诉人在今后的工作中予以注意。上诉人认为被上诉人的现场勘查程序与执法人员资格问题而致程序不合法的理由，缺乏法律依据。上诉人的上诉请求，缺乏事实证据和法律依据，H市第二中级人民法院不予支持。原审判决并无不当。据此，依据《行政诉讼法》第八十九条第一款第（一）项的规定，判决如下：驳回上诉，维持原判。

裁判要旨：施工项目的承揽方，在施工过程中未认真履行生产经营单位的安全生产职责，建立健全安全生产责任制和安全生产管理制度，相关人员均未经过安全生产教育培训，导致施工现场安全管理混乱，施工人员安全生产责任意识淡薄，违反安全管理规定，以致发生了一人死亡的生产安全事故。因此，承揽方对本次生产安全事故应承担相应的责任。

第二十三条【安全生产资金投入】

生产经营单位应当具备的安全生产条件所必需的资金投入，由生产经营单位的决策机构、主要负责人或者个人经营的投资人予以保证，并对由于安全生产所必需的资金投入不足导致的后果承担责任。

有关生产经营单位应当按照规定提取和使用安全生产费用，专门用于改善安全生产条件。安全生产费用在成本中据实列支。安全生产费用提取、使用和监督管理的具体办法由国务院财政部门会同国务院应急管理部门征求国务院有关部门意见后制定。

【条文解读】　本条是关于安全生产资金投入的规定。

资金是安全生产的物质保障。生产经营单位应当具备的安全生产条件所必需的资金投入，由生产经营单位的决策机构、主要负责人或者个人经营的投资人予以保证，并对由于安全生产所必需的资金投入不足导致的后果承担责任。根据《安全生产法》第九十三条的规定，生产经营单位的决策机构、主要负责人或者个人经营的投资人不依照本法规定保证安全生产所必需的资金投入，致使生产经营单位不具备安全生产条件的，责令限期改正，提供必需的资金；逾期未改正的，责令生产经营单位停产停业整顿。有前款违法行为，导致发生生产安全事故的，对生产经营单位的主要负责人给予撤职处分，对个人经营的投资人处2万元以上20万元以下的罚款；构成犯罪的，依照刑法有关规定追究刑事责任。

生产经营单位要保证资金投入，对一些特殊的高危行业，还要提取安全生产费用。安全生产费用是指企业按照规定标准提取在成本中列支，专门用于完善和改进企业或者项目安全生产条件的资金。根据本条的规定，财政部、原国家安全监管总局于2012年2月14日发布《企业安全生产费用提取和使用管理办法》。根据《企业安全生产费用提取和使用管理办法》的规定，在中华人民共和国境内直接从事煤炭生产、非煤矿山开采、建设工程施工、危险品生产与储存、交通运输、烟花爆竹生产、冶金、机械制造、武器装备研制生产与试验(含民用航空及核燃料)的企业以及其他经济组织应该提取安全生产费用。安全生产费用按照“企业提取、政府监管、确保需要、规范使用”的原则进行管理。

煤炭生产企业依据开采的原煤产量按月提取。各类煤矿原煤单位产量安全生产费用提取标准如下：① 煤(岩)与瓦斯(二氧化碳)突出矿井、高瓦斯矿井吨煤30元；② 其他井工矿吨煤15元；③ 露天矿吨煤5元。矿井瓦斯等级划分按现行《煤矿安全规程》和《矿井瓦斯等级鉴定规范》的规定执行。

非煤矿山开采企业依据开采的原矿产量按月提取。各类矿山原矿单位产量安全生产费用提取标准如下：① 石油，每吨原油17元；② 天然气、煤层气(地面开采)，每千立方米原气5元；③ 金属矿山，其中露天矿山每吨5元，地下矿山每吨10元；④ 核工业矿山，每吨25元；⑤ 非金属矿山，其中露天矿山每吨2元，地下矿山每吨4元；⑥ 小型露天采石场，即年采剥总量50万t以下，且最大开采高度不超过50 m，产品用于建筑、铺路的山坡型露天采石场，每吨1元；⑦ 尾矿库按入库尾矿量计算，三等及三等以上尾矿库每吨1元，四等及五等尾矿库每吨1.5元。《企业安全生产费用提取和使用管理办法》下发之日以前已经实施闭库的尾矿库，按照已堆存尾砂的有效库容大小提取，库容100万m^3以下的，每年提取5万元；超过100万m^3的，每增加100万m^3增加3万元，但每年提取额最高不超过30万元。原矿产量不含金属、非金属矿山尾矿库和废石场中用于综合利用的尾砂和低品位矿石。地质勘探单位安全费用按地质勘查项目或者工程总费用的 2%提取。

建设工程施工企业以建筑安装工程造价为计提依据。各建设工程类别安全生产费用提取标准如下：① 矿山工程为 2.5%；② 房屋建筑工程、水利水电工程、电力工程、铁路工程、城市轨道交通工程为 2.0%；③ 市政公用工程、冶炼工程、机电安装工程、化工石油工程、港口与航道工程、公路工程、通信工程为 1.5%。建设工程施工企业提取的安全费用列入工程造价，在竞标时，不得删减，列入标外管理。国家对基本建设投资概算另有规定的，从其规定。总包单位应当将安全生产费用按比例直接支付分包单位并监督使用，分包单位不再重复提取。

危险品生产与储存企业以上年度实际营业收入为计提依据，采取超额累退方式按照以下标准平均逐月提取安全生产费用：① 营业收入不超过1 000万元的，按照 4%提取；② 营业收入超过 1 000 万元至 1 亿元的部分，按照 2%提取；③ 营业收入超过 1 亿元至 10 亿元的部分，按照 0.5%提取；④ 营业收入超过 10 亿元的部分，按照 0.2%提取。

交通运输企业以上年度实际营业收入为计提依据，按照以下标准平均逐月提取安全生产费用：① 普通货运业务按照 1%提取；② 客运业务、管道运输、危险品等特殊货运业务按照 1.5%提取。

冶金企业以上年度实际营业收入为计提依据，采取超额累退方式按照以下标准平均逐月提取安全生产费用：① 营业收入不超过 1 000 万元的，按照 3%提取；② 营业收入超过 1 000 万元至 1 亿元的部分，按照1.5%提取；③ 营业收入超过 1 亿元至 10 亿元的部分，按照 0.5%提取；④ 营业收入超过 10 亿元至 50 亿元的部分，按照 0.2%提取；⑤ 营业收入超过 50 亿元至 100 亿元的部分，按照 0.1%提取；⑥ 营业收入超过 100 亿元的部分，按照 0.05%提取。

机械制造企业以上年度实际营业收入为计提依据，采取超额累退方式按照以下标准平均逐月提取安全生产费用：① 营业收入不超过 1 000 万元的，按照 2%提取；② 营业收入超过 1 000 万元至 1 亿元的部分，按照 1%提取；③ 营业收入超过 1 亿元至 10 亿元的部分，按照 0.2%提取；④ 营业收入超过 10 亿元至 50 亿元的部分，按照 0.1%提取；⑤ 营业收入超过 50 亿元的部分，按照 0.05%提取。

烟花爆竹生产企业以上年度实际营业收入为计提依据，采取超额累退方式按照以下标准平均逐月提取安全生产费用：① 营业收入不超过 200 万元的，按照 3.5%提取；② 营业收入超过 200 万元至 500 万元的部分，按照 3%提取；③ 营业收入超过 500 万元至 1 000 万元的部分，按照 2.5%提取；④ 营业收入超过 1 000 万元的部分，按照 2%提取。

武器装备研制生产与试验企业以上年度军品实际营业收入为计提依据，采取超额累退方式按照以下标准平均逐月提取安全生产费用：① 火炸药及其制品研制、生产与试验企业（包括：含能材料，炸药、火药、推进剂，发动机，弹箭，引信、火工品等）：a. 营业收入不超过 1 000 万元的，按照 5%提取；b. 营业收入超过 1 000 万元至 1 亿元的部分，按照 3%提取；c. 营业收入超过 1 亿元至 10 亿元的部分，按照 1%提取；d. 营业收入超过 10 亿元的部分，按照 0.5%提取。② 核装备及核燃料研制、生产与试验企业：a. 营业收入不超过 1 000 万元的，按照 3%提取；b. 营业收入超过 1 000 万元至 1 亿元的部分，按照 2%提取；c. 营业收入超过 1 亿元至 10 亿元的部分，按照0.5%提取；d. 营业收入超过 10 亿元的部分，按照 0.2%提取；e. 核工程按照 3%提取（以工程造价为计提依据，在竞标时，列为标外管理）。③ 军用舰船（含修理）研制、生产与试验企业：a. 营业收入不超过 1 000 万元的，按照 2.5%提取；b. 营业收入超过 1 000 万元至 1 亿元的部分，按照 1.75%提取；c. 营业收入超过 1 亿元至 10 亿元的部分，按照 0.8%提取；d. 营业收入超过 10 亿元的部分，按照 0.4%提取。④ 飞船、卫星、军用飞机、坦克车辆、火炮、轻武器、大型天线等产品的总体、部分和元器件研制、生产与试验企业：a. 营业收入不超过1 000万元的，按照 2%提取；b. 营业收入超过 1 000 万元至 1 亿元的部分，按照 1.5%提取；c. 营业收入超过 1 亿元至 10 亿元的部分，按照 0.5%提取；d. 营业收入超过 10 亿元至 100 亿元的部分，按照 0.2%提取；e. 营业收入超过 100 亿元的部分，按照0.1%

提取。⑤ 其他军用危险品研制、生产与试验企业：a. 营业收入不超过1 000 万元的，按照 4%提取；b. 营业收入超过 1 000 万元至 1 亿元的部分，按照 2%提取；c. 营业收入超过 1 亿元至 10 亿元的部分，按照0.5%提取；d. 营业收入超过 10 亿元的部分，按照 0.2%提取。

中小微型企业和大型企业上年末安全生产费用结余分别达到本企业上年度营业收入的 5%和 1.5%时，经当地县级以上安全生产监督管理部门、煤矿安全监察机构商财政部门同意，企业本年度可以缓提或者少提安全费用。

新建企业和投产不足一年的企业以当年实际营业收入为提取依据，按月计提安全生产费用。混业经营企业，如能按业务类别分别核算的，则以各业务营业收入为计提依据，按标准分别提取安全生产费用；如不能分别核算的，则以全部业务收入为计提依据，按主营业务计提标准提取安全生产费用。

企业应当将安全生产费用优先用于满足安全生产监督管理部门、煤矿安全监察机构以及行业主管部门对企业安全生产提出的整改措施或者达到安全生产标准所需的支出。企业提取的安全生产费用应当专户核算，按规定范围安排使用，不得挤占、挪用。年度结余资金结转下年度使用，当年计提安全费用不足的，超出部分按正常成本费用渠道列支。主要承担安全管理责任的集团公司经过履行内部决策程序，可以对所属企业提取的安全生产费用按照一定比例集中管理，统筹使用。

企业应当建立健全内部安全生产费用管理制度，明确安全生产费用提取和使用的程序、职责及权限，按规定提取和使用安全生产费用。企业应当加强安全生产费用管理，编制年度安全生产费用提取和使用计划，纳入企业财务预算。企业年度安全生产费用使用计划和上一年安全生产费用的提取、使用情况按照管理权限报同级财政部门、安全生产监督管理部门、煤矿安全监察机构和行业主管部门备案。

未按照规定提取和使用安全生产费用的，要承担相应的法律责任。《企业安全生产费用提取和使用管理办法》第三十六条规定：“企业未按本办法提取和使用安全费用的，安全生产监督管理部门、煤矿安全监察机构和行业主管部门会同财政部门责令其限期改正，并依照相关法律法规进行处理、处罚。建设工程施工总承包单位未向分包单位支付必要的安全费用以及承包单位挪用安全费用的，由建设、交通运输、铁路、水利、安全生产监督管理、煤矿安全监察等主管部门依照相关法规、规章进行处理、处罚。”《安全生产违法行为行政处罚办法》第四十三条规定，生产经营单位的决策机构、主要负责人、个人经营的投资人(包括实际控制人)未依法提取或者使用安全生产费用的，致使生产经营单位不具备安全生产条件的，责令限期改正，提供必需的资金，并可以对生产经营单位处 1 万元以上 3 万元以下罚款，对生产经营单位的主要负责人、个人经营的投资人处 5 000 元以上 1 万元以下罚款；逾期未改正的，责令生产经营单位停产停业整顿。第四十四条规定，导致发生生产安全事故的，依照《生产安全事故罚款处罚规定(试行)》的规定给予处罚。但是，《煤矿重大事故隐患判定标准》第十八条将“未按规定足额提取和使用安全生产费用”作为“煤矿重大事故隐患”处理。根据《国务院关于预防煤矿生产安全事故的特别规定》第十条的规定，煤矿有重大生产安全事故隐患，仍然进行生产的，由县级以上地方人民政府负责煤矿安全生产监督管理的部门或者煤矿安全监察机构责令停产整顿，提出整顿的内容、时间等具体要求，处 50 万元以上 200 万元以下的罚款；对煤矿企业负责人处 3 万元以上 15 万元以下的罚款。

【关联法规索引】《企业安全生产费用提取和使用管理办法》。

第二十四条【安全生产管理机构和人员】

矿山、金属冶炼、建筑施工、运输单位和危险物品的生产、经营、储存、装卸单位，应当设置安全生产管理机构或者配备专职安全生产管理人员。

前款规定以外的其他生产经营单位，从业人员超过一百人的，应当设置安全生产管理机构或者配备专职安全生产管理人员；从业人员在一百人以下的，应当配备专职或者兼职的安全生产管理人员。

【条文解读】　本条是关于生产经营单位设置安全生产管理机构或者配备安全生产管理人员的规定。

本条中的“安全生产管理机构”，是指生产经营单位内部设立的独立主管安全生产管理事务的专门的部门；“专职安全生产管理人员”，是指在生产经营单位中专门从事安全生产管理、不再负责其他工作的人员。与原法条相比，2021 年修改后的《安全生产法》将原来的“道路运输单位”扩展到“运输单位”，并特别将有较大危险性的危险物品的装卸单位纳入高危生产经营单位中，并纳入应当设置安全生产管理机构或者配备专职安全生产管理人员的范畴。在矿山、金属冶炼、建筑施工、运输单位和危险物品的生产、经营、储存、装卸单位从事生产经营过程中，因为危险性比较大，故应当为其设置安全生产管理机构或者配备专职安全生产管理人员。这样修改的目的在于进一步加强了对整个运输行业和危化品行业的安全生产管理，充分体现了对危险性较大的生产经营活动管理的重视，有利于生产经营活动的安全进行。

除矿山、金属冶炼、建筑施工、运输单位和危险物品的生产、经营、储存、装卸单位外，从业人员超过 100 人的其他生产经营单位，多属于人员密集型作业且通常规模较大，如服装加工企业、人工装配企业、包装企业等，这类企业也必须设置安全生产管理机构或者配备专职安全生产管理人员。从业人员在 100 人以下的规模较小的生产经营单位，应当配备专职或者兼职的安全生产管理人员。但从根本上说，生产经营单位设置安全生产管理机构或者配备专职安全生产管理人员应结合本单位的安全生产管理工作和生产经营活动危险性的实际情况进行有针对性的考量。

《安全生产法》中其他法条也对生产经营单位的安全生产管理机构和安全生产管理人员的相关职责进行了规定。其中，第二十五条就规定，生产经营单位的安全生产管理机构以及安全生产管理人员履行下列职责：① 组织或者参与拟订本单位安全生产规章制度、操作规程和生产安全事故应急救援预案；② 组织或者参与本单位安全生产教育和培训，如实记录安全生产教育和培训情况；③ 组织开展危险源辨识和评估，督促落实本单位重大危险源的安全管理措施；④ 组织或者参与本单位应急救援演练；⑤ 检查本单位的安全生产状况，及时排查生产安全事故隐患，提出改进安全生产管理的建议；⑥ 制止和纠正违章指挥、强令冒险作业、违反操作规程的行为；⑦ 督促落实本单位安全生产整改措施。第二十六条规定，生产经营单位的安全生产管理机构以及安全生产管理人员应当恪尽职守，依法履行职责。生产经营单位作出涉及安全生产的经营决策，应当听取安全生产管理机构以及安全生产管理人员的意见。生产经营单位不得因安全生产管理人员依法履行职责而降低其工资、福利等待遇或者解除与其订立的劳动合同。危险物品的生产、储存单位以及矿山、金属冶炼单位的安全生产管理人员的任免，应当告知主管的负有安全生产监督管理职责的部门。

《安全生产法》第二十七条还规定，危险物品的生产、储存、装卸单位以及矿山、金属冶炼单位应当有注册安全工程师从事安全生产管理工作。鼓励其他生产经营单位聘用注册安全工程师从事安全生产管理工作。本条中注册安全工程师，是指取得中华人民共和国注册安全工程师执业资格证书，在生产经营单位从事安全生产管理、安全技术工作或者在安全生产中介机构从事安全生产专业服务工作，并按照本规定注册取得中华人民共和国注册安全工程师执业证和执业印章的人员。从业人员 300 人以上的煤矿、非煤矿矿山、建筑施工单位和危险物品生产、经营单位，应当按照不少于安全生产管理人员 15%的比例配备注册安全工程师；安全生产管理人员在 7 人以下的，至少配备 1 名注册安全工程师。其他生产经营单位，应当配备注册安全工程师或者委托安全生产中介机构选派注册安全工程师提供安全生产服务。安全生产中介机构应当按照不少于安全生产专业服务人员 30%的比例配备注册安全工程师。

此外，生产经营单位的安全生产管理人员应当根据本单位的生产经营特点，对安全生产状况进行经常性检查；对检查中发现的安全问题，应当立即处理；不能处理的，应当及时报告本单位有关负责人，有关负责人应当及时处理。检查及处理情况应当如实记录在案。生产经营单位的安全生产管理人员在检查中发现重大事故隐患，依照前款规定向本单位有关负责人报告，有关负责人不及时处理的，安全生产管理人员可以向主管的负有安全生产监督管理职责的部门报告，接到报告的部门应当依法及时处理。

【关联法规索引】《安全生产法》第二十五条至第二十七条、第四十六条；《注册安全工程师管理规定》《建设工程安全生产管理条例》《烟花爆竹安全管理条例》。

第二十五条【安全生产管理机构和人员的职责】

生产经营单位的安全生产管理机构以及安全生产管理人员履行下列职责：

（一）组织或者参与拟订本单位安全生产规章制度、操作规程和生产安全事故应急救援预案；

（二）组织或者参与本单位安全生产教育和培训，如实记录安全生产教育和培训情况；

（三）组织开展危险源辨识和评估，督促落实本单位重大危险源的安全管理措施；

（四）组织或者参与本单位应急救援演练；

（五）检查本单位的安全生产状况，及时排查生产安全事故隐患，提出改进安全生产管理的建议；

（六）制止和纠正违章指挥、强令冒险作业、违反操作规程的行为；

（七）督促落实本单位安全生产整改措施。

生产经营单位可以设置专职安全生产分管负责人，协助本单位主要负责人履行安全生产管理职责。

【条文解读】 本条是关于安全生产管理机构以及安全生产管理人员职责的规定。

本条主要目的是明确安全生产管理机构以及安全生产管理人员的职责，加强生产经营单位的安全生产管理。生产经营单位的安全生产规章制度和操作规程是根据其自身生产经营范围、危险程度、工作性质及具体工作内容，依照国家有关法律、行政法规、规章和标准，有针对性规定的、具有可操作性的、保障安全生产的工作运转制度及工作方式、方法和操作程序。生产安全事故应急救援预案，是指生产经营单位根据本单位的实际，针对可能发生的事故类别、性质、特点和范围等情况制定的事故发生时组织、技术措施和其他应急措施。安全生产规章制度、操作规程和生产安全事故应急救援预案是保证生产经营单位安全生产，以及事故发生后，及时开展救援，防止事故扩大，最大限度减少人员伤亡的最基本制度和有效手段，是生产经营单位实现科学发展、安全发展的重要保障。

第二十六条【履职要求和履职保障】

生产经营单位的安全生产管理机构以及安全生产管理人员应当恪尽职守，依法履行职责。

生产经营单位作出涉及安全生产的经营决策，应当听取安全生产管理机构以及安全生产管理人员的意见。

生产经营单位不得因安全生产管理人员依法履行职责而降低其工资、福利等待遇或者解除与其订立的劳动合同。

危险物品的生产、储存单位以及矿山、金属冶炼单位的安全生产管理人员的任免，应当告知主管的负有安全生产监督管理职责的部门。

【条文解读】　本条是对生产经营单位的安全生产管理机构以及安全生产管理人员应当恪尽职守，依法履行职责的规定。

条文讲解

恪尽职守是安全生产管理人员最基本的职业素养和工作职责，安全生产管理人员不能玩忽职守，对存在的安全生产问题不闻不问、熟视无睹；不能将自身的监管职责流于表面形式，仅为应付检查；不能“头痛医头、脚痛医脚”，纯粹机械性地解决仅出现问题的地方，而对于存在的安全隐患不管不问。安全生产管理机构负有监管企业内生产安全的职责，对生产经营单位存在的安全隐患或违反安全生产管理制度的行为应积极、严肃地处理，依法依规履行其职责。

安全生产的经营决策，是指对单位实现安全生产经营目标产生影响的战略和决策，主要涉及企业的科学发展、安全生产；而生产经营单位的经营决策，是指单位为实现盈利、长期发展等生产经营目标而制定的战略和策略，主要涉及企业的生产经营方式、理念和规划。这二者本就是息息相关、互为助力的，后者应当与前者保持一致，因为安全生产是企业长期经营发展的基础。那么，涉及企业发展的安全投入计划，新建、改建、扩建建设项目计划，重大设备、设施升级换代计划，重大生产工艺流程改变计划，生产经营布局调整措施，生产经营场所、项目、设备的发包出租计划等的决策都应当听取安全生产管理机构以及安全生产管理人员的意见，这样才能保障安全生产。这是生产经营单位的一项义务，也是加强安全生产工作从企业内部监管调整的必要途径。

本条第三款是保障安全生产管理人员能够充分独立履行职责的必要措施，是使安全生产管理机构的工作能够落到实处的必要保障。若安全生产管理人员依法履行职责而被降低其工资、福利等待遇或者解除与其订立的劳动合同，那么安全生产管理人员必然会畏首畏尾，对于违反法规、制度的行为就可能视而不见，安全监督管理就无从谈起。

本条第四款是关于危险物品的生产、储存单位以及矿山、金属冶炼单位任免安全生产管理人员时应当告知主管的负有安全生产监督管理职责的部门的规定。这里所讲的告知，是一种告知性备案，仅是向主管的负有安全生产监督管理职责的部门告知，不是审批。但安全生产管理人员必须具备《安全生产法》第二十七条的有关规定，即安全生产管理人员必须具备与本单位所从事的生产经营活动相应的安全生产知识和管理能力，并经主管的负有安全生产监督管理职责的部门对其安全生产知识和管理能力考核合格。这样规定，主要是因为危险物品的生产、储存以及矿山、金属冶炼活动的危险性较大、事故发生率高，若发生事故，其财产损失规模大且短时间内无法恢复。因此，安全生产管理人员的责任重大，通过告知，有利于加强生产经营单位和有关主管部门就安全生产工作方面的沟通。

第二十七条【知识和管理能力】

生产经营单位的主要负责人和安全生产管理人员必须具备与本单位所从事的生产经营活动相应的安全生产知识和管理能力。

危险物品的生产、经营、储存、装卸单位以及矿山、金属冶炼、建筑施工、运输单位的主要负责人和安全生产管理人员，应当由主管的负有安全生产监督管理职责的部门对其安全生产知识和管理能力考核合格。考核不得收费。

危险物品的生产、储存、装卸单位以及矿山、金属冶炼单位应当有注册安全工程师从事安全生产管理工作。鼓励其他生产经营单位聘用注册安全工程师从事安全生产管理工作。注册安全工程师按专业分类管理，具体办法由国务院人力资源和社会保障部门、国务院应急管理部门会同国务院有关部门制定。

【条文解读】　本条是对生产经营单位的主要负责人和安全生产管理人员安全生产知识和管理能力的规定。

确定"相应的安全生产知识和管理能力"，需要综合考虑生产经营单位的生产经营范围、经营规模、单位性质、危险程度等因素。① 对于主要负责人和安全生产管理人员的判断标准应当有所区别。生产经营单位的主要负责人应当考察的内容是：对有关安全生产的法律、法规、规章、方针政策以及与本单位有关的安全标准等的熟悉程度；对安全分析、安全决策、事故预测的能力和防护知识的储备；专业领域的知识储备和工作经验；组织管理能力等。安全生产管理人员应当考察的内容是：专业领域的知识储备和对具体安全事项的分析判断能力，受教育程度、专业技能和工作经验等。② 对于专业性、危险性程度不同的领域也应该有不同的判断标准。对于专业性更强、危险性更大的专业领域，安全生产管理人员要比主要负责人有更高的安全素养，接受更高要求的标准考核。

2021 年《安全生产法》修改之后，将原来的"危险物品生产、经营、储存单位"修改为"危险物品生产、经营、储存、装卸单位"，将"道路运输单位"修改为"运输单位"，将"国务院安全生产监督管理部门"修改为"国务院应急管理部门"。一方面扩展了需要对安全生产知识和管理能力进行考核的主要负责人和安全生产管理人员的范围，对高危行业的管理进一步合理化、规范化；另一方面明确了注册安全工程师按专业分类管理具体办法的制定机关，将应急管理部门的职权进一步明确。

第二十八条【安全教育和培训】

生产经营单位应当对从业人员进行安全生产教育和培训，保证从业人员具备必要的安全生产知识，熟悉有关的安全生产规章制度和安全操作规程，掌握本岗位的安全操作技能，了解事故应急处理措施，知悉自身在安全生产方面的权利和义务。未经安全生产教育和培训合格的从业人员，不得上岗作业。

生产经营单位使用被派遣劳动者的，应当将被派遣劳动者纳入本单位从业人员统一管理，对被派遣劳动者进行岗位安全操作规程和安全操作技能的教育和培训。劳务派遣单位应当对被派遣劳动者进行必要的安全生产教育和培训。

生产经营单位接收中等职业学校、高等学校学生实习的，应当对实习学生进行相应的安全生产教育和培训，提供必要的劳动防护用品。学校应当协助生产经营单位对实习学生进行安全生产教育和培训。

生产经营单位应当建立安全生产教育和培训档案，如实记录安全生产教育和培训的时间、内容、参加人员以及考核结果等情况。

【条文解读】　本条是关于生产经营单位安全教育和培训的规定。

条文讲解

生产经营单位负责本单位从业人员安全培训工作。生产经营单位应当按照《安全生产法》和有关法律、行政法规，建立健全安全培训工作制度。生产经营单位教育培训对象包括从业人员、劳务派遣人员、实习的学生等。

从业人员包括生产经营单位的主要负责人、安全生产管理人员、特种作业人员和其他从业人员。对从业人员的安全培训，具备安全培训条件的生产经营单位应当以自主培训为主，也可以委托具备安全培训条件的机构进行安全培训。不具备安全培训条件的生产经营单位，应当委托具有安全培训条件的机构对从业人员进行安全培训。生产经营单位委托其他机构进行安全培训的，保证安全培训的责任仍由本单位负责。

生产经营单位主要负责人安全培训应当包括下列内容：① 国家安全生产方针、政策和有关安全生产的法律、法规、规章及标准；② 安全生产管理基本知识、安全生产技术、安全生产专业知识；③ 重大危险源管理、重大事故防范、应急管理和救援组织以及事故调查处理的有关规定；④ 职业危害及其预防措施；⑤ 国内外先进的安全生产管理经验；⑥ 典型事故和应急救援案例分析；⑦ 其他需要培训的内容。

生产经营单位安全生产管理人员安全培训应当包括下列内容：① 国家安全生产方针、政策和有关安全生产的法律、法规、规章及标准；② 安全生产管理、安全生产技术、职业卫生等知识；③ 伤亡事故统计、报告及职业危害的调查处理方法；④ 应急管理、应急预案编制以及应急处置的内容和要求；⑤ 国内外先进的安全生产管理经验；⑥ 典型事故和应急救援案例分析；⑦ 其他需要培训的内容。

生产经营单位的特种作业人员，必须按照国家有关法律、法规的规定接受专门的安全培训，经考核合格，取得特种作业操作资格证书后，方可上岗作业。特种作业人员，是指直接从事特殊种类作业的从业人员。特种作业，是指容易发生事故，对操作者本人、他人的安全健康及设备、设施的安全可能造成重大危害的作业。特种作业的范围由特种作业目录规定。生产经营单位的特种作业人员必须按照国家有关规定经专门的安全作业培训，取得相应资格，方可上岗作业。

特种作业人员的范围由国务院应急管理部门会同国务院有关部门确定。特种作业人员必须经专门的安全技术培训并考核合格,取得"中华人民共和国特种作业操作证"后,方可上岗作业。特种作业人员的安全技术培训、考核、发证、复审工作实行统一监管、分级实施、教考分离的原则。

从业人员的厂(矿)级岗前安全培训内容应当包括:① 本单位安全生产情况及安全生产基本知识;② 本单位安全生产规章制度和劳动纪律;③ 从业人员安全生产权利和义务;④ 有关事故案例等。煤矿、非煤矿山、危险化学品、烟花爆竹、金属冶炼等生产经营单位厂(矿)级安全培训除包括上述内容外,应当增加事故应急救援、事故应急预案演练及防范措施等内容。车间(工段、区、队)级岗前安全培训内容应当包括:① 工作环境及危险因素;② 所从事工种可能遭受的职业伤害和伤亡事故;③ 所从事工种的安全职责、操作技能及强制性标准;④ 自救互救和急救方法、疏散和现场紧急情况的处理;⑤ 安全设备设施、个人防护用品的使用和维护;⑥ 本车间(工段、区、队)安全生产状况及规章制度;⑦ 预防事故和职业危害的措施及应注意的安全事项;⑧ 有关事故案例;⑨ 其他需要培训的内容。班组级岗前安全培训内容应当包括:① 岗位安全操作规程;② 岗位之间工作衔接配合的安全与职业卫生事项;③ 有关事故案例;④ 其他需要培训的内容。

生产经营单位主要负责人和安全生产管理人员初次安全培训时间不得少于 32 学时。每年再培训时间不得少于 12 学时。煤矿、非煤矿山、危险化学品、烟花爆竹、金属冶炼等生产经营单位主要负责人和安全生产管理人员初次安全培训时间不得少于 48 学时,每年再培训时间不得少于 16 学时。生产经营单位新上岗的从业人员,岗前安全培训时间不得少于 24 学时。煤矿、非煤矿山、危险化学品、烟花爆竹、金属冶炼等生产经营单位新上岗的从业人员安全培训时间不得少于 72 学时,每年再培训的时间不得少于 20 学时。从业人员在本生产经营单位内调整工作岗位或离岗一年以上重新上岗时,应当重新接受车间(工段、区、队)和班组级的安全培训。

生产经营单位实施新工艺、新技术或者使用新设备、新材料时，应当对有关从业人员重新进行有针对性的安全培训。

生产经营单位使用被派遣劳动者的，应当将被派遣劳动者纳入本单位从业人员统一管理，对被派遣劳动者进行岗位安全操作规程和安全操作技能的教育和培训。劳务派遣单位应当对被派遣劳动者进行必要的安全生产教育和培训。

生产经营单位接收中等职业学校、高等学校学生实习的，应当对实习学生进行相应的安全生产教育和培训，提供必要的劳动防护用品。学校应当协助生产经营单位对实习学生进行安全生产教育和培训。

生产经营单位应当建立安全生产教育和培训档案，如实记录安全生产教育和培训的时间、内容、参加人员以及考核结果等情况。

根据《安全生产法》第九十七条的规定，未按照规定对从业人员、被派遣劳动者、实习学生进行安全生产教育和培训，或者未按照规定如实告知有关的安全生产事项的，未如实记录安全生产教育和培训情况的，责令限期改正，处10万元以下的罚款；逾期未改正的，责令停产停业整顿，并处10万元以上20万元以下的罚款，对其直接负责的主管人员和其他直接责任人员处2万元以上5万元以下的罚款。

【关联法规索引】《安全生产法》第二十九条、第三十条、第四十七条、第五十八条；《生产经营单位安全培训规定》《煤矿安全培训规定》《特种作业人员安全技术培训考核管理规定》等。

典型案例：丙纺织机械厂、甲区安全生产监管执法局再审审查与审判监督行政纠纷案

丙纺织机械厂申请再审称：

(1) 电焊工杨某胜(升)并非再审申请人单位人员。杨某升系与再审申请人在同一院落经营的独立单位(个人)，与再审申请人单位无任何关系。再审申请人于2014年12月将其部分厂房租赁给杨某升，2015年5月，杨某升注册成立丁机械厂，经营场所便在再审申请人出租的厂房内。再审申请人已在一审时提交了租赁合同、营业执

照等进行证明。被申请人在执法检查时，不核实杨某升的基本身份信息，将其姓名记载错误为“杨某胜”，而事实上“杨某胜”根本不存在。再审申请人在履行职务时，仅到车间询问“杨某胜”的姓名及有无上岗证件，便将“杨某胜”归入再审申请人单位的工作人员，是工作不尽职、调查不详尽的表现。“杨某胜”是否是其工作人员要根据事实认定，不能依据再审申请人的法人在不明情况下的签字作为依据。再审申请人的法人之所以在调查笔录等材料中签字是因为再审申请人的法人根本不懂其中的区别，也不知道严重后果，以为在其院落需要签字才配合签字。

(2) 被申请人的证据均系违反程序骗得，不能作为合法证据使用。① 被申请人在检查时并未做任何笔录，所有笔录也是在2015年7月20日左右来再审申请人单位要求签署，并未让再审申请人法人看记载的内容，仅告知再审申请人法人签字，再审申请人法人询问是何种材料，仅告知“走个程序”。② 被申请人一直告诉再审申请人不进行处罚。再审申请人在接到处罚告知后的第二日便到被申请人处进行辩解，被申请人处齐局长、徐某林大队长均告知再审申请人“认识好、整改好就行了”，被申请人处赵某高队长还告诉再审申请人出具个书面悔过材料便不进行处罚了，再审申请人于2015年7月24日向被申请人递交书面材料，这也是被申请人让再审申请人书写的，再审申请人根本不知后果，结果却在2015年9月收到了《行政处罚决定书》。被申请人采取了诱骗手段和欺诈行为实施行政管理处罚权，违反《行政处罚法》关于“行政处罚遵循公正、公开的原则”规定。

(3) 再审申请人认为行政机关进行行政处罚行使裁量权必须遵循合理的原则，本案中被申请人直接对再审申请人按照最高的处罚额度进行处罚，再审申请人即使存在违反《安全生产法》之处，但并未产生严重后果，实施行政处罚必须以事实为依据，与社会危害程度相当。综上，依据《行政诉讼法》第九十一条第（四）项的规定，请求：① 撤销Q市中级人民法院〔2016〕行终482号行政判决；② 依法改判撤销（甲）安监管罚〔2015〕33号《行政处罚决定书》；③ 由被申请人承担本案的诉讼费用。

被申请人甲区安全生产监管执法局提交书面陈述意见称，再审申请人在整个调查过程中确实不配合被申请人的调查，很多执法文书的送达都需要采用留置送达的方式完成，被申请人不存在其所述的采用欺骗的方式进行执法。再审申请人被处罚的两项违法行为"未如实记录安全生产教育和培训情况""特种作业人员未按照规定经专门的安全作业培训并取得相应资格，上岗作业"均属于一经发现即"可以"给予行政处罚的事项。但再审申请人即使在收到"责令限期整改指令书"后仍拒不改正两项违法行为，而拒不改正依法是"应当"给予行政处罚的事项。这种拒不改正表明再审申请人并没有反思违法行为、改进企业安全管理、消除企业安全生产隐患的意识。

(1) 被诉处罚决定事实清楚，证据充分。2015 年 6 月 16 日，被申请人到再审申请人厂区进行日常安全生产检查发现存在 9 处安全生产违法行为，其中包括违法行为"未如实记录安全生产教育和培训情况"和"特种作业人员(王某伟、张某磊、杨某胜)未按照规定经专门的安全作业培训并取得相应资格，上岗作业"。被申请人于同日下达了《责令限期整改指令书》。2015 年 7 月 8 日，被申请人依法对整改事项复查时发现上述 2 项违法行为未整改。上述事实有 2015 年 6 月 16 日的现场检查记录、《责令限期整改指令书》、2015 年 7 月 8 日的现场检查记录和整改复查意见书、2015 年 6 月 16 日的询问笔录和 2015 年 7 月 8 日的询问笔录予以证实。上述笔录对象均为再审申请人法定代表人高某宝，其他证据均有高某宝签字确认。而且再审申请人并非从业人员众多的大厂，而是一个从业人数很少的小企业，法定代表人对其从业人员是非常了解的，不可能在上述诸多书面材料中全部记错。

(2) 被诉处罚决定适用法律正确，程序合法。再审申请人未如实记录安全生产教育和培训情况的行为违反《安全生产法》第二十五条第四款；再审申请人特种作业人员无证上岗从事特种作业行为违反了《安全生产法》第二十七条第一款；再审申请人对两项违法行为逾期不整改，应适用该法第九十四条进行处罚。被申请人依据《S 省安全生产行政处罚程序规定》对本案进行了处理,并依法作出行政处罚决定,程序合法。有立案审批表、《行政处罚告知书》、《听证告知书》、案件处理呈批表、《行政处罚决定书》、文书送达回执等证据为证。综上,被申请人作出的被诉行政处罚决定认定事实清楚,适用法律正确,程序合法,自由裁量适当,原审法院判决合法适当。

各方当事人在一、二审中提交的证据已经随案移送S省高级人民法院,经再审审查查证,对原审查明的事实予以认可。

S省高级人民法院认为,本案的争议焦点是被诉行政处罚决定认定事实是否清楚、适用法律是否正确。

《安全生产法》第二十五条第四款规定:"生产经营单位应当建立安全生产教育和培训档案,如实记录安全生产教育和培训的时间、内容、参加人员以及考核结果等情况。"第二十七条第一款规定:"生产经营单位的特种作业人员必须按照国家有关规定经专门的安全作业培训,取得相应资格,方可上岗作业。"第九十四条规定:"生产经营单位有下列行为之一的,责令限期改正,可以处5万元以下的罚款;逾期未改正的,责令停产停业整顿,并处5万元以上10万元以下的罚款,对其直接负责的主管人员和其他直接责任人员处1万元以上2万元以下的罚款:……(四)未如实记录安全生产教育和培训情况的;……(七)特种作业人员未按照规定经专门的安全作业培训并取得相应资格,上岗作业的。"根据原审查明的事实,被申请人在安全生产检查中,发现再审申请人存在多项违法行为,如再审申请人存在未能如实记录安全生产教育和培训情况、3名从事电焊工作人员(电焊工:王某伟、张某磊、杨某胜)未按照规定经专门的安全作业培训并取得相应资格就上岗作业的违法情形,遂对再审申请人进行了调查处理,在被申请人下达限期整改指令书后再审申请人逾期未能整改,再审申请人法定代表人高某宝在被申请人两次制作的现场检查记录和对其询问笔录上均签字确认,高某宝作为完全行为能力人,应当知道在相应的调查材料上签字确认的法律后果。被申请人所作行政处罚经过指令整改、第二次现场检查、立案审批、处罚告知、听证告知、作出处罚决定并送达等程序,符合相关规定。因此,被申请人依据《安全生产法》第九十四条第(四)、(七)项的规定,认定再审申请人有两项违法行为并分别裁量、合并处罚,符合《安全生产违法行为行政处罚办法》第五十三条的规定。原审法院判决认定事实清楚,适用法律正确。再审申请人提交的证据不能证明杨某胜不是在为再审申请人工作,也不能证明被申请人在行政处理过程中欺诈和诱骗了再审申请人的法定代表人,其申请再审的理由不能成立。

综上,丙纺织机械厂的再审申请不符合《行政诉讼法》第九十一条规定的情形。依照《最高人民法院关于适用〈中华人民共和国行政诉讼法〉的解释》第一百一十六条第二款的规定,裁定如下:驳回丙纺织机械厂的再审申请。

裁判要旨:再审申请人存在未能如实记录安全生产教育和培训情况、3名从事电焊工作人员未按照规定经专门的安全作业培训并取得相应资格就上岗作业的违法情形,属于"生产经营单位存在未如实记录安全生产教育和培训情况"和"特种作业人员未按照规定经专门的安全作业培训并取得相应资格,上岗作业的"两种不同的违法行为,被申请人依据《安全生产法》第九十四条第(四)、(七)项的规定,认定再审申请人有两项违法行为并分别裁量、合并处罚,符合《安全生产违法行为行政处罚办法》第五十三条的规定。

第二十九条【技术更新的教育培训】

生产经营单位采用新工艺、新技术、新材料或者使用新设备,必须了解、掌握其安全技术特性,采取有效的安全防护措施,并对从业人员进行专门的安全生产教育和培训。

【条文解读】 本条是关于生产经营单位在技术更新后对从业人员进行安全生产教育和培训的规定。

所谓工艺,是指劳动者利用生产工具通过对各种原材料、半成品进行加工或者处理,如切割、粉碎等,最后使之成为产品的方法,是人类在劳动中积累起来并经过总结的操作技术经验。所谓技术,是指根据生产劳动实践经验和自然科学原理而发展形成的各种工艺操作方法与技能,如焊接技术、石材加工技术等。所谓材料,是指经过人类劳动取得的劳动对象,如开采出来的矿砂是冶炼金属的原料等。

所谓设备，是指可供人们在生产中长期使用，并在反复使用中基本保持原有实物形态和功能的生产资料和物质资料的总称。所谓新工艺、新技术、新材料、新设备，是指在本生产经营单位首次使用的新的工艺、技术、材料、设备。在生产经营单位首次使用的新的工艺、技术、材料、设备前，要充分了解、掌握其安全技术特性，采取有效的安全防护措施，并对从业人员进行专门的安全生产教育和培训，使从业人员熟悉和掌握以上知识，防止在使用新的工艺、技术、材料、设备时发生生产安全事故。

第三十条【特种作业人员从业资格】

生产经营单位的特种作业人员必须按照国家有关规定经专门的安全作业培训，取得相应资格，方可上岗作业。

特种作业人员的范围由国务院应急管理部门会同国务院有关部门确定。

【条文解读】 本条是对特种作业人员从业资格的规定。

特种作业，是指容易发生事故，对操作者本人、他人的安全健康及设备、设施的安全可能造成重大危害的作业。由于特种作业人员所从事的工作潜在危险性较大，一旦发生事故，不仅会给作业人员自身的生命安全造成危害，而且也容易对其他从业人员乃至人民群众的生命和财产安全造成威胁。因此，特种作业人员必须接受与本工种相适应的、专门的安全作业培训，经安全技术理论考核和实际操作技能考核合格，取得特种作业操作证后，方可上岗作业；未经培训，或培训考核不合格者，不得上岗作业。

根据《特种作业人员安全技术培训考核管理规定》第三条规定，特种作业的范围由特种作业目录规定。根据现行特种作业目录，特种作业大致包括：① 电工作业。指对电气设备进行运行、维护、安装、检修、改造、施工、调试等作业（不含电力系统进网作业）。② 焊接与热切割作业。指运用焊接或者热切割方法对材料进行加工的作业（不含《特种设备安全监察条例》规定的有关作业）。③ 高处作业。指专门或经常在坠落高度基础面 2 m 及以上有可能坠落的高处进行的作业。④ 制冷与空调作业。指对大中型制冷与空调设备（制冷量≥58 kW)运行操作、安装与修理的作业。⑤ 煤矿安全作业。指煤矿井下爆破、安全监测监控、瓦斯检查、安全检查、提升机操作、采煤机(掘进机)操作、瓦斯抽采、防突、探放水等作业。⑥ 金属非金属矿山安全作业。指金属非金属矿井通风、安全检查、支护、爆破、无轨胶轮车操作等作业。⑦ 石油天然气安全作业。指司钻作业、钻井司钻作业、井下作业司钻作业等。⑧ 冶金(有色)生产安全作业。指冶金、有色企业内从事煤气生产、储存、输送、使用、维护检修的作业。⑨ 危险化学品安全作业。指从事危险化工工艺过程操作及化工自动化控制仪表安装、维修、维护的作业。⑩ 烟花爆竹安全作业。指从事烟花爆竹生产、储存中的药物混合、造粒、筛选、装药、筑药、压药、搬运等危险工序的作业。⑪ 应急管理部认定的其他作业。直接从事以上特种作业的从业人员,就是特种作业人员。

第三十一条【建设项目安全设施“三同时”】

生产经营单位新建、改建、扩建工程项目(以下统称建设项目)的安全设施,必须与主体工程同时设计、同时施工、同时投入生产和使用。安全设施投资应当纳入建设项目概算。

【条文解读】　本条是关于建设项目安全设施“三同时”的规定。

条文讲解

“三同时”是指生产经营单位的建设项目的安全设施必须与主体工程同时设计、同时施工、同时投入生产和使用。

建设项目安全设施,是指生产经营单位在生产经营活动中用于预防生产安全事故的设备、设施、装置、构(建)筑物和其他技术措施的总称。建设项目安全设施“三同时”工作是从源头上保障从业人员生命健康的有效措施,是保证建设项目安全设施本质安全的必要手段。生产经营单位若要安全生产,首先建设项目必须要有相应的安全设施做保障,才能从根本上预防生产安全事故的发生。生产经营单位是建设项目安全设施建设的责任主体。应急管理部对全国建设项目安全设施“三同时”实施综合监督管理,并在国务院规定的职责范围内承担有关建设项目安全设施“三同时”的监督管理。县级以上地方各级应急管理部门对本行政区域内的建设项目安全设施“三同时”实施综合监督管理，并在本级人民政府规定的职责范围内承担本级人民政府及其有关主管部门审批、核准或者备案的建设项目安全设施“三同时”的监督管理。跨两个及两个以上行政区域的建设项目安全设施“三同时”由其共同的上一级人民政府应急管理部门实施监督管理。上一级人民政府应急管理部门根据工作需要，可以将其负责监督管理的建设项目安全设施“三同时”工作委托下一级人民政府应急管理部门实施监督管理。

生产经营单位应当按照档案管理的规定，建立建设项目安全设施“三同时”文件资料档案，并妥善保存。建设项目安全设施未与主体工程同时设计、同时施工或者同时投入使用的，应急管理部门对与此有关的行政许可一律不予审批，同时责令生产经营单位立即停止施工、限期改正违法行为，对有关生产经营单位和人员依法给予行政处罚。

建设项目概算，是确定建设项目的全部建设费用的总文件，它包括建设项目从筹建到竣工验收交付使用的全部建设费用的计划。安全设施投资纳入建设项目概算，有利于保证安全设施设计、施工所需资金，实现安全设施与主体工程的“三同时”。针对当前一些生产经营单位在项目建设时不重视安全设施建设资金投入的问题，本条有针对性地规定了建设项目的安全设施投资应当纳入建设项目概算。

【关联法规索引】《安全生产法》第三十三条、第三十四条；《建设项目安全设施“三同时”监督管理办法》第二至六条、第三十条等；《危险化学品建设项目安全监督管理办法》等。

典型案例：上诉人叶某与被上诉人甲市城乡建设委员会行政纠纷案

被告甲市城乡建设委员会于2014年6月23日收到原告叶某以信函方式提出的反映信，内容为：反映宸欣家园及宸宜花园的开发商违法施工，无证开挖沉箱式车库，造成小区楼体沉降不均，业主的房屋出现开裂的现象，要求被告履行监督和管理的职责。对违法施工被告应当依法处罚，对多次反映开发商违法建设的情况，被告始终未能明确答复，请求被告核实情况后，给予书面答复。被告经核实，原告反映的宸欣家园项目开发建设单位丙置业发展有限公司于2012年10月19日取得“建设工程规划许可证”，2012年10月25日取得“建筑工程施工许可证”。根据《建设工程质量管理条例》第十三条和《建设工程安全生产管理条例》第十条的规定，被告所属的甲市建设工程质量安全监督管理总队分别于2010年2月4日和4月28日，为宸欣家园项目办理了安全施工措施备案和质量监督手续，其中包括沉箱式机械车位的质量监督手续和安全施工措施备案。在沉箱式车库建设过程中，甲市建设工程质量安全监督管理总队对工程质量和施工安全情况进行了抽查，并针对检查中发现的问题下达了责令整改通知书。被告于2014年7月22日针对原告反映的信访事项作出了《关于宸欣宸宜业主反映宸欣家园、宸宜花园沉箱式车库无证施工等问题的答复》并送达了原告。原告收到答复后提起行政诉讼，请求确认被告不履行监督管理的法定职责行政不作为违法。

原审法院认为，依照《建筑法》的规定，被告具有对建筑活动实施监督管理的法定职责。被告收到原告信访反映该小区的开发商无证施工、野蛮施工等问题的信件后，履行了审查、告知、送达等程序，被告在法定期限内对原告反映的情况予以了答复，并已经对相关的建筑活动履行了监督管理的法定职责。原告提出被告未尽监督管理职责行政不作为的理由不能成立。原告的主张没有事实和法律根据，本院不予支持。综上，依照《最高人民法院关于执行〈中华人民共和国行政诉讼法〉若干问题的解释》第五十六条第（一）项规定，判决驳回原告叶某的诉讼请求。案件受理费50元，由原告叶某负担。

原审法院判决后，上诉人叶某不服向甲市第二中级人民法院提起上诉，请求撤销原审判决，依法改判确认被上诉人对宸欣家园、宸宜花园开发商擅自开挖沉箱式车库未尽监督管理职能违法；诉讼费由被上诉人承担。理由是：① 上诉人自2013年9月开发商在宸宜花园、宸欣家园无证开挖沉箱式车库开始，多次向被上诉人信访反映上述问题，被上诉人一直敷衍，直至2014年7月26日才出具书面答复，原审法院对上诉人多次信访的事实未予认定；② 依据《建筑法》第十条、第十一条，《建筑工程施工许可管理办法》第三条、第八条、第九条的规定，在建工程因故中止施工的，建设单位应当自中止施工之日起一个月内向发证机关报告，并按照规定做好建筑工程的维护管理工作，中止施工满一年的工程恢复施工前，建设单位应当报发证机关核验施工许可证。而本案开发商在楼体竣工、业主入住一年以后，开挖沉箱式车库，违反了上述规定，被上诉人未尽监管职责；③ 推测沉箱式车库开挖深度将超过5 m，属于深基坑管理的范畴，开发商设计及施工不符合《甲市深基坑工程勘察设计监测管理办法》。

被上诉人当庭辩称：① 经被上诉人核查，宸欣家园、宸宜花园项目已于2012年10月分别取得“建设工程规划许可证”和“建筑工程施工许可证”，整个工程包括楼体和沉箱式机械车位，故建设单位建设沉箱式机械车位不属于无证施工；② 根据《建设工程质量管理条例》第十三条和《建设工程安全生产管理条例》第十条的规定，被上诉人所属的甲市建设工程质量安全监督管理总队于2010年2月4日和4月28日，分别为宸宜花园项目办理了安全施工措施备案和工程质量监督手续，其中包括沉箱式机械车位的工程质量监督手续和安全施工措施备案，而且在沉箱式机械车位建设过程中，甲市建设工程质量安全监督管理总队对工程质量和施工安全情况进行了抽查，并针对检查中发现的问题下达了责令整改通知书，被上诉人已依法对工程的质量安全履行了监督管理职责；③ 被上诉人于2014年6月收到上诉人的来信，经调查核实于2014年7月22日出具了书面答复，并依法送达上诉人，不存在不予答复的情形，上诉人的理由不能成立，原审判决认定事实清楚，适用法律正确，故请求驳回上诉，维持原判。

被上诉人向原审法院提交的证据有：① 建筑工程施工许可证；② 建设工程规划许可证；③ 招标文件“工程量清单总价汇总表”；④ 施工总承包合同；⑤ 沉箱式车库劳务分包合同；⑥ 安全施工措施登记表；⑦ 质量监督登记表；⑧ 沉箱式车库平面图和剖面图；

⑨ 2013年9月24日建设工程质量执法检查监督记录及责令整改通知书；⑩ 2013年11月6日建设工程安全、文明施工执法检查监督记录及责令整改通知书；⑪《关于宸欣宸宜业主反映宸欣家园、宸宜花园沉箱式车库无证施工等问题的答复》及快递单。

上诉人向原审法院提交的证据有：① 甲市限价商品住房买卖合同；② 小区及车库现场照片；③ 投诉信、邮件全程跟踪查询及挂号信收据；④ 施工许可证截图；⑤ 甲建房〔2013〕1号文件；⑥《关于宸欣宸宜业主反映宸欣家园、宸宜花园沉箱式车库无证施工等问题的答复》；⑦ 2014年7月4日群众来访情况登记表；⑧ 房屋开裂照片。

二审庭审中，上诉人提交了以下证据：① 群众来访情况登记表4份，证明上诉人6次到被上诉人处信访反映开发商无证开挖沉箱式车库的问题，被上诉人均未予答复；② 〔2013〕北辰建证0016号"建设工程规划许可证"及编号〔2013〕北辰建证申字0014号"建设工程规划许可证"通知书，证明甲市规划局丁区规划分局于2013年2月27日对宸宜花园沉箱式机械车位进行了规划；③ 宸宜花园8号楼"甲市新建住宅商品房准许交付使用证"，证明开发商于2013年2月14日取得准许交付使用证，上诉人可以办理入住。

经庭审质证，上诉人对被上诉人提交的证据②～⑧无异议，认为证据①建筑工程施工许可证颁发日期是2012年7月27日，本案沉箱式车库施工的日期为2013年9月，施工时建筑工程施工许可证超期且未办理延期手续，不合法；证据⑨、⑩怀疑是被上诉人后期制作的；证据⑪真实性没有异议，但对书面答复的内容不认可。被上诉人对上诉人在原审提交的证据①、⑥没有异议；认为证据②、④、⑧不真实，且与本案无关；证据③、⑤、⑦真实性需要核实；认为上诉人在二审庭审中提交的证据均超过举证期限，不属于新证据，法院不应采纳，而且认为证据①不真实，且与本案无关；证据②未提交原件，且本案沉箱式车库已取得施工许可，规划许可与本案无关；证据③与本案无关。

合议庭经评议认为，上诉人在原审提交的证据⑤、⑦与本案无关，甲市第二中级人民法院不予认定；证据④系网络下载材料，缺乏其他证据佐证,甲市第二中级人民法院不予认定;上诉人提交的其他证据及被上诉人提交的证据来源合法,真实有效,与本案具有关联性,甲市第二中级人民法院予以认定;上诉人在二审庭审中提交的证据①、③与本案无关,甲市第二中级人民法院不予认定;证据②系规划许可,与本案施工许可证是否存在不具有关联性,甲市第二中级人民法院亦不予认定。

甲市第二中级人民法院经审理查明的事实与原审一致。

本案争议的焦点是针对上诉人向被上诉人反映的宸欣家园、宸宜花园开发商无证施工开挖沉箱式车库造成上诉人房屋开裂等问题,被上诉人是否已经履行了职责。

甲市第二中级人民法院认为,依据《建筑法》第七条、第四十三条的规定,被上诉人对本辖区内建筑活动具有监督管理的主体资格及法定职权。上诉人向被上诉人反映宸欣家园、宸宜花园开发商无证施工开挖沉箱式车库造成上诉人房屋开裂等问题,要求被上诉人履行监管职责,进行核实并予以书面答复。被上诉人经核实发现,开发商已于 2012 年 10 月 25 日取得了“建筑工程施工许可证”,该施工许可证包括楼体和沉箱式车库项目,因此开发商不存在无证施工的情形;而且开发商已于 2010 年办理了涉案沉箱式车库的质量监督手续和安全施工措施备案,在沉箱式车库建设过程中,被上诉人所属的甲市建设工程质量安全监督管理总队也对工程质量和施工安全情况进行了抽查,并针对检查中发现的问题下达了责令整改通知书,故 2014 年 7 月 22 日被上诉人作出《关于宸欣宸宜业主反映宸欣家园、宸宜花园沉箱式车库无证施工等问题的答复》,将上述情况书面答复上诉人,故被上诉人不存在对上诉人反映的开发商无证施工问题不履行监管职责的情形。关于上诉人提出的规划部门对宸宜花园沉箱式车库项目重新核发了“建设工程规划许可证”,开发商应当重新取得配套的“建筑工程施工许可证”的主张没有相应的法律依据,甲市第二中级人民法院不予支持。关于上诉人提出的开发商在取得施工许可证一年以后开挖沉箱式车库超过法定开工期限施工许可证作废的主张,依据《建筑法》第九条、《建筑工程施工许可管理办法》第八条规定，建设单位应当自领取施工许可证之日起三个月内开工，本案施工许可证包括楼体和沉箱式车库，建设单位在取得施工许可证后已对楼体开工建设，故建设单位未违反上述规定，上诉人提出的该施工许可证因超期已作废的主张不能成立。关于上诉人提出的开发商先办理业主入住再开挖车库违反《安全生产法》第二十八条规定的主张，该条规定的是建设工程的安全设施必须与主体工程同时设计、同时施工、同时投入使用，本案所涉沉箱式车库并不属于该条所指的安全设施，建设单位不违反上述法律规定，上诉人的主张不能成立。关于上诉人提出的开发商停工一年未出具报告，复工时也未核验施工许可证的主张，因上诉人既未向被上诉人反映过上述问题，亦未向甲市第二中级人民法院提交相应的证据证明其主张的事实存在，故对其主张，甲市第二中级人民法院不予支持。此外，被上诉人提交的“建设工程规划许可证”通知书及沉箱式车库剖面图载明，涉案沉箱式车库地下开挖地深度不超过 5 m，不属于《甲市深基坑工程勘察设计监测管理办法》第五条规定的深基坑工程范围，上诉人主张涉案沉箱式车库属于深基坑工程，开发商违反上述法律规定，被上诉人未尽监管职责没有事实依据，甲市第二中级人民法院亦不予支持。综上所述，原审判决认定事实清楚、适用法律正确，应予维持。依照《行政诉讼法》第六十一条第（一）项规定，判决如下：驳回上诉，维持原判。

裁判要旨：建设工程的安全设施必须与主体工程同时设计、同时施工、同时投入使用，本案所涉沉箱式车库并不属于安全设施，建设单位不违反上述法律规定，上诉人的主张不能成立。

第三十二条【特殊建设项目安全评价】

矿山、金属冶炼建设项目和用于生产、储存、装卸危险物品的建设项目，应当按照国家有关规定进行安全评价。

【条文解读】　本法条是关于矿山、金属冶炼建设项目和用于生产、储存、装卸危险物品的建设项目安全评价的规定。

安全评价，亦称危险评价、风险评价，它是探明系统危险、寻求安全对策的一种方法和技术，是安全系统工程的一个重要组成部分。旨在建立必要的安全措施前，掌握系统内可能的危险种类、危险程度和危险后果，并对其进行定量、定性的分析，从而提出有效的危险控制措施。

安全评价按照实施阶段的不同分为安全预评价、安全验收评价和安全现状评价。

条文讲解

（1）安全预评价

在建设项目可行性研究阶段、工业园区规划阶段或生产经营活动组织实施之前，根据相关的基础资料，辨识与分析建设项目、工业园区、生产经营活动潜在的危险、有害因素，确定其与安全生产法律法规、标准、行政规章、规范的符合性，预测发生事故的可能性及其严重程度，提出科学、合理、可行的安全对策措施建议，做出安全评价结论的活动。

（2）安全验收评价

在建设项目竣工后正式生产运行前或工业园区建设完成后，通过检查建设项目安全设施与主体工程同时设计、同时施工、同时投入生产和使用的情况或工业园区内的安全设施、设备、装置投入生产和使用的情况，安全生产管理措施到位情况，安全生产规章制度健全情况，事故应急救援预案建立情况，审查确定建设项目、工业园区建设满足安全生产法律法规、标准、规范要求的符合性，从整体上确定建设项目、工业园区的运行状况和安全管理情况，做出安全验收评价结论的活动。

（3）安全现状评价

针对生产经营活动中、工业园区的事故风险、安全管理等情况，辨识与分析其存在的危险、有害因素，审查确定其与安全生产法律法规、规章、标准、规范要求的符合性，预测发生事故或造成职业危害的可能性及其严重程度，提出科学、合理、可行的安全对策措施建议，做出安全现状评价结论的活动。

安全现状评价既适用于对一个生产经营单位或一个工业园区的评价，也适用于某一特定的生产方式、生产工艺、生产装置或作业场所的评价。

矿山、金属冶炼建设项目和用于生产、储存、装卸危险物品的建设项目，应当按照国家有关规定进行安全评价。

2021 年《安全生产法》修改特别规定，应当按照国家有关规定由具有相应资质的安全评价机构进行安全评价。所谓安全评价机构，是指依法从事安全评价活动的社会中介组织。为加强安全评价机构的管理，规范安全评价行为，建立公正、公平、竞争、有序的安全评价技术服务体系，应急管理部于 2019 年颁布了《安全评价检测检验机构管理办法》对安全评价机构予以管理。安全评价机构的资质分为甲级、乙级两种，根据其专业人员构成、技术条件确定各自的业务范围。甲级资质由省、自治区、直辖市应急管理部门、省级煤矿安全监察机构审核，应急管理部审批、颁发证书；乙级资质由设区的市级应急管理部门、煤矿安全监察分局审核，省级应急管理部门、省级煤矿安全监察机构审批、颁发证书。

根据《安全生产法》第九十八条的规定，生产经营单位未按照规定对矿山、金属冶炼建设项目或者用于生产、储存、装卸危险物品的建设项目进行安全评价的，责令停止建设或者停产停业整顿，限期改正，并处 10 万元以上 50 万元以下的罚款，对其直接负责的主管人员和其他直接责任人员处 2 万元以上 5 万元以下的罚款；逾期未改正的，处 50 万元以上 100 万元以下的罚款，对其直接负责的主管人员和其他直接责任人员处 5 万元以上 10 万元以下的罚款；构成犯罪的，依照刑法有关规定追究刑事责任。

同时，相关行业的法律法规也对安全评价进行了专门规定。《建设项目安全设施“三同时”监督管理办法》第二章对建设项目安全预评价作了规定，即非煤矿矿山建设项目、生产和储存危险化学品建设项目、生产和储存烟花爆竹建设项目、金属冶炼建设项目、使用危险化学品从事生产并且使用量达到规定数量的化工建设项目以及法律、行政法规和国务院规定的其他建设项目在进行可行性研究时，生产经营单位应当按照国家规定，进行安全预评价。生产经营单位应当委托具有相应资质的安全评价机构，对其建设项目进行安全预评价，并编制安全预评价报告。建设项目安全预评价报告应当符合国家标准或者行业标准的规定。生产、储存危险化学品的建设项目和化工建设项目安全预评价报告还应当符合有关危险化学品建设项目的规定。

【关联法规索引】《安全生产法》第九十八条;《建设项目安全设施“三同时”监督管理办法》第七条至第九条、第二十八条、第三十一条;《危险化学品建设项目安全监督管理办法》《安全评价检测检验机构管理办法》。

典型案例:丙加油站与甲市乙区安全生产监督管理局、甲市安全生产监督管理局再审行政纠纷案

再审申请人丙加油站与被申请人甲市乙区安全生产监督管理局(以下简称乙区安监局)行政处罚决定及与被申请人甲市安全生产监督管理局(以下简称甲市安监局)行政复议决定一案,不服甲市中级人民法院〔2018〕终25号行政判决,向S省高级人民法院申请再审。S省高级人民法院依法组成合议庭对本案进行了审查。

丙加油站申请再审称,一、二审判决认定事实错误,适用法律不当。申请人于2016年7月已与丁注册安全工程事务所签订安全生产技术服务合同并交纳了服务费用,后该公司经办人离职;2017年2月17日又与甲市安评公司签订技术服务合同并交纳了服务费,依据规定提交安全评价报告的责任在安评公司,丙加油站的责任是支付安评费用。因此,申请人并未违反《安全生产法》的规定,且提出安评报告的时间也在合理范围内。

S省高级人民法院认为,《危险化学品安全管理条例》第二十二条规定,生产、储存危险化学品的企业,应当委托具备国家规定的资质条件的机构,对本企业的安全生产条件每3年进行一次安全评价,提出安全评价报告。安全评价报告的内容应当包括对安全生产条件存在的问题进行整改的方案。生产、储存危险化学品的企业,应当将安全评价报告以及整改方案的落实情况报所在地县级人民政府安全生产监督管理部门备案。根据《危险化学品安全管理条例》第八十条第一款第(三)项的规定,生产、储存、使用危险化学品的单位未依照本条例规定对其安全生产条件定期进行安全评价的,由安全生产监

督管理部门责令改正，处5万元以上10万元以下的罚款。本案中，丙加油站于2013年3月28日将安全评价报告进行备案，但直至2017年2月未提交新的安全评价报告给所在地安全生产监督管理部门备案。因此，丙加油站的上述行为违反了《危险化学品安全管理条例》第二十二条的规定，乙区安监局决定对其处以60 000元罚款，符合法律规定。乙区安监局在作出涉案处罚决定前，进行立案、调查、告知陈述申辩、举行听证，最后作出处罚决定并送达，程序合法。甲市安监局作出的涉案行政复议决定，认定事实清楚、程序合法。原审判决认定事实清楚，适用法律正确，驳回丙加油站的诉讼请求并无不当。

综上，丙加油站的再审申请不符合《行政诉讼法》第九十一条规定的情形。依照《最高人民法院关于适用〈中华人民共和国行政诉讼法〉的解释》第一百一十六条第二款的规定，裁定如下：驳回丙加油站的再审申请。

裁判要旨：生产、储存危险化学品的企业，应当委托具备国家规定的资质条件的机构，对本企业的安全生产条件每3年进行一次安全评价，提出安全评价报告。安全评价报告的内容应当包括对安全生产条件存在的问题进行整改的方案。生产、储存危险化学品的企业，应当将安全评价报告以及整改方案的落实情况报所在地县级人民政府安全生产监督管理部门备案。生产、储存、使用危险化学品的单位未依法对其安全生产条件定期进行安全评价的，由安全生产监督管理部门责令改正，处5万元以上10万元以下的罚款。

第三十三条【安全设施设计审查】

建设项目安全设施的设计人、设计单位应当对安全设施设计负责。

矿山、金属冶炼建设项目和用于生产、储存、装卸危险物品的建设项目的安全设施设计应当按照国家有关规定报经有关部门审查，审查部门及其负责审查的人员对审查结果负责。

【条文解读】 本条是关于建设项目安全设施的设计审查的规定。

安全设施的设计是工程施工提供据以遵循的技术依据，设计质量的好坏是决定整个安全设施质量的基础。如果设计质量存在问题，整个安全设施的质量也就没有保障。建设项目的安全设施的设计单位及其人员要以对安全设施质量高度负责的态度，认真地做好设计工作，加强对设计过程的质量控制，确保设计工作的质量万无一失。如果由于设计质量出了问题，影响安全设施的质量，则应由设计单位、设计人对因此造成的损失承担责任。因此，建设项目安全设施的设计人、设计单位应当对安全设施设计负责。

矿山、金属冶炼建设项目和用于生产、储存、装卸危险物品的建设项目的危险系数要比一般建设项目的危险系数大很多。仅由安全设施的设计人、设计单位对设计负责不足以保障设计的安全性，因此需要有关部门的专业人员从安全性的角度对安全设施的设计作进一步的审查，审查的内容主要包括建设项目安全设施的设计是否采纳、落实了安全评价报告提出的安全措施和要求，是否符合有关法律、法规以及国家标准或者行业标准的规定等。只有经过了安全审查，才能从源头上保障安全设施的安全性，建设项目才能开始施工。因此，参加审查的有关部门及其负责审查的人员必须明确审查的目的和审查失误的后果，认真负责，严格、谨慎、科学、全面地进行审查。对于符合有关法律、法规、国家标准或者行业标准的、没有可预见安全问题的建设项目安全设施的设计，可予以批准并允许其施工；反之，坚决不能批准并严禁其开工建设，否则审查部门及其负责审查的人员就需要承担失职、渎职的后果，并按照《安全生产法》第八十七条和第九十条的规定追究其法律责任。

根据《安全生产法》第九十八条的规定，矿山、金属冶炼建设项目或者用于生产、储存、装卸危险物品的建设项目没有安全设施设计或者安全设施设计未按照规定报经有关部门审查同意的，责令停止建设或者停产停业整顿，限期改正，并处10万元以上50万元以下的罚款，对其直接负责的主管人员和其他直接责任人员处2万元以上5万元以下的罚款；逾期未改正的，处50万元以上100万元以下的罚款，对其直接负责的主管人员和其他直接责任人员处5万元以上

10 万元以下的罚款；构成犯罪的，依照刑法有关规定追究刑事责任。

此外，《建设项目安全设施“三同时”监督管理办法》第三章对建设项目安全设施设计审查作了规定。根据《建设项目安全设施“三同时”监督管理办法》的规定，生产经营单位在建设项目初步设计时，应当委托有相应资质的设计单位对建设项目安全设施同时进行设计，编制安全设施设计。安全设施设计必须符合有关法律、法规、规章和国家标准或者行业标准、技术规范的规定，并尽可能采用先进适用的工艺、技术和可靠的设备、设施。需要进行安全评价的建设项目，安全设施设计还应当充分考虑建设项目安全预评价报告提出的安全对策措施。安全设施设计单位、设计人应当对其编制的设计文件负责。

建设项目安全设施设计应当包括下列内容：① 设计依据；② 建设项目概述；③ 建设项目潜在的危险、有害因素和危险、有害程度及周边环境安全分析；④ 建筑及场地布置；⑤ 重大危险源分析及检测监控；⑥ 安全设施设计采取的防范措施；⑦ 安全生产管理机构设置或者安全生产管理人员配备要求；⑧ 从业人员安全生产教育和培训要求；⑨ 工艺、技术和设备、设施的先进性和可靠性分析；⑩ 安全设施专项投资概算；⑪ 安全预评价报告中的安全对策及建议采纳情况；⑫ 预期效果以及存在的问题与建议；⑬ 可能出现的事故预防及应急救援措施；⑭ 法律、法规、规章、标准规定需要说明的其他事项。

矿山、金属冶炼建设项目和用于生产、储存、装卸危险物品的建设项目安全设施设计完成后，生产经营单位应当按照规定向应急管理部门提出审查申请，并提交下列文件资料：① 建设项目审批、核准或者备案的文件；② 建设项目安全设施设计审查申请；③ 设计单位的设计资质证明文件；④ 建设项目安全设施设计；⑤ 建设项目安全预评价报告及相关文件资料；⑥ 法律、行政法规、规章规定的其他文件资料。矿山、金属冶炼建设项目和用于生产、储存、装卸危险物品的建设项目以外的建设项目安全设施设计，由生产经营单位组织审查，形成书面报告备查。

建设项目安全设施设计有下列情形之一的，不予批准，并不得开工建设：① 无建设项目审批、核准或者备案文件的；② 未委托具有相应资质的设计单位进行设计的；③ 安全预评价报告由未取得相应资质的安全评价机构编制的；④ 设计内容不符合有关安全生产的法律、法规、规章和国家标准或者行业标准、技术规范的规定的；⑤ 未采纳安全预评价报告中的安全对策和建议，且未作充分论证说明的；⑥ 不符合法律、行政法规规定的其他条件的。建设项目安全设施设计审查未予批准的，生产经营单位经过整改后可以向原审查部门申请再审。

已经批准的建设项目及其安全设施设计有下列情形之一的，生产经营单位应当报原批准部门审查同意；未经审查同意的，不得开工建设：① 建设项目的规模、生产工艺、原料、设备发生重大变更的；② 改变安全设施设计且可能降低安全性能的；③ 在施工期间重新设计的。已经批准的建设项目安全设施设计发生重大变更，生产经营单位未报原批准部门审查同意擅自开工建设的，责令限期改正，可以并处 1 万元以上 3 万元以下的罚款。

矿山、金属冶炼建设项目和用于生产、储存、装卸危险物品的建设项目以外的建设项目有下列情形之一的，对有关生产经营单位责令限期改正，可以并处 5 000 元以上 3 万元以下的罚款：① 没有安全设施设计的；② 安全设施设计未组织审查，并形成书面审查报告的；③ 施工单位未按照安全设施设计施工的；④ 投入生产或者使用前，安全设施未经竣工验收合格，并形成书面报告的。

【关联法规索引】《安全生产法》第九十八条；《建设项目安全设施“三同时”监督管理办法》第十条至第十六条、第二十九条、第三十条；《危险化学品建设项目安全监督管理办法》《关于进一步加强煤矿建设项目安全管理的通知》。

典型案例：甲县安全生产监督管理局与丙金矿公司行政强制执行裁定纠纷案

甲县安全生产监督管理局于 2016 年 2 月 2 日对被申请执行人丙金矿公司作出（甲）安监管罚字〔2016〕第 1 号行政处罚决定后，向甲县人民法院递交了强制执行申请。甲县人民法院依法组成合议庭,对申请执行人的行政处罚决定、行政卷宗材料进行了审查。

经审查查明,甲县安全生产监督管理局于2016年2月2日对被申请执行人丙金矿公司作出(甲)安监管罚字〔2016〕第1号行政处罚决定,认定2016年1月8日,申请执行人对该公司检查时发现丙金矿公司的尾矿库安全设施设计未经安监部门审查,存在边生产边建设的非法行为,申请执行人责令立即停止建设、使用该尾矿库,并补办相关手续。2016年1月25日,申请执行人复查时,发现丙金矿公司的尾矿库设计仍未经安监部门审查,存在使用废石筑坝现象。以上事实违反了《安全生产法》第三十条第二款的规定,申请执行人依据《安全生产法》第九十五条第(二)项、《甲县安全生产监督管理局行政处罚自由裁量标准》的规定,给予被申请执行人责令停止建设该尾矿库、处罚60万元的行政处罚。

甲县人民法院认为,现场检查记录、《现场处理措施决定书》、《整改复查意见书》中被检查单位负责人签名处,签名人均为"张某华",但未提供张某华的身份证明材料,无法证明其是否为丙金矿公司负责人。询问笔录缺少被询问人的身份证明材料,无法核实其是否为丙金矿公司职员。《行政处罚告知书》《听证告知书》《行政处罚决定书》《罚款催缴通知书》等行政执法文书的送达回执中签名处无丙金矿公司公章,仅在送达地点注明公司办公室,无法证实被申请执行人是否收到上述法律文书。另外,(甲)安监管罚字〔2016〕第1号行政处罚决定中载明如果不服该行政处罚决定可以在三个月内依法提起行政诉讼,但《行政诉讼法》第四十六条第一款明确规定,公民、法人或者其他组织直接向人民法院提起诉讼的,应当在知道或者应当知道作出行政行为之日起六个月内提出。《安全生产法》第九十五条规定,生产经营单位有下列行为之一的,责令停止建设或者停产停业整顿,限期改正;逾期未改正的,处50万元以上100万元以下的罚款,对其直接负责的主管人员和其他直接责任人员处2万元以上5万元以下的罚款;构成犯罪的,依照刑法有关规定追究刑事责任。(甲)安监管罚字〔2016〕第1号行政处罚决定仅对生产经营单位即丙金矿公司作出责令停止建设尾矿库、罚款60万元的行政处罚，却未对直接负责的主管人员和其他直接责任人员处以罚款。故依据《行政诉讼法》第九十七条、《行政强制法》第五十八条的规定，裁定如下：

对申请执行人甲县安全生产监督管理局于2016年2月2日作出的(甲)安监管罚字〔2016〕第1号行政处罚决定，不准予强制执行。

裁判要旨：现场检查记录、《现场处理措施决定书》、《整改复查意见书》中被检查单位负责人签名处，安监局无法证明签名人是生产经营单位的负责人。询问笔录缺少被询问人的身份证明材料，无法核实其是否为生产经营单位的职员。《行政处罚告知书》《听证告知书》《行政处罚决定书》《罚款催缴通知书》等行政执法文书的送达回执中签名处无生产经营单位的公章，仅在送达地点注明公司办公室，无法证实被申请执行人是否收到上述法律文书。行政处罚决定中载明如果不服该行政处罚决定可以在三个月内依法提起行政诉讼，但《行政诉讼法》第四十六条第一款明确规定，公民、法人或者其他组织直接向人民法院提起诉讼的，应当在知道或者应当知道作出行政行为之日起六个月内提出。

第三十四条【安全设施施工与验收】

矿山、金属冶炼建设项目和用于生产、储存、装卸危险物品的建设项目的施工单位必须按照批准的安全设施设计施工，并对安全设施的工程质量负责。

矿山、金属冶炼建设项目和用于生产、储存、装卸危险物品的建设项目竣工投入生产或者使用前，应当由建设单位负责组织对安全设施进行验收；验收合格后，方可投入生产和使用。负有安全生产监督管理职责的部门应当加强对建设单位验收活动和验收结果的监督核查。

【条文解读】 本条是关于建设项目安全设施施工与验收的规定。

矿山、金属冶炼建设项目和用于生产、储存、装卸危险物品的建设项目的施工单位在施工过程中，应当严格依照已批准的安全设施设计和施工文件、施工技术规范进行施工，并对安全设施的工程质量负责。任何单位和个人均不得擅自更改已批准的安全设施设计文件或者不按照已批准的安全设施设计文件进行施工。2021 年修改的《安全生产法》特别增加了"装卸危险物品的建设项目安全设施的施工与验收"的规定。

对于建设项目而言，在项目设计、项目勘查符合规定的前提下，项目质量的好坏取决于施工质量。因此施工单位应当对施工质量严格把控，如在施工过程中发现质量问题，应当立即停止施工并进行整改，直至整改合格，方可恢复施工。同时，对于因施工不符合标准造成的质量问题，施工单位应当承担全部责任。

验收工作是建设项目的最后一道程序，其中对于建设项目安全设施的验收应是此项工作的重中之重。矿山、金属冶炼建设项目和用于生产、储存、装卸危险物品的建设项目在施工完毕后，投入生产或者使用前，建设单位应当根据国家有关法律、行政法规的相关规定组织建设项目安全设施的竣工验收和考核工作。验收合格后，建设项目安全设施方可投入生产和使用。同时，建设单位对验收结果负责。

2014 年修订《安全生产法》时，将组织验收的职责交由建设单位，建设单位负责组织对安全设施进行验收；验收合格后，方可投入生产和使用。本次修法特别规定应当由负有安全生产监督管理职责的部门对建设单位验收活动和验收结果进行监督核查，通过监督核查督促建设单位落实验收义务，这一责任并非仅由应急管理部门承担，相应的行业主管部门也应履行监督核查的义务。《矿山安全法》第十二条第二款规定，矿山建设工程安全设施竣工后，由管理矿山企业的主管部门验收，并须有劳动行政主管部门参加；不符合矿山安全规程和行业技术规范的，不得验收，不得投入生产。

【关联法规索引】《安全生产法》第九十八条；《建设项目安全设施"三同时"监督管理办法》第十七条至第二十六条、第三十条等。

典型案例：甲市安全生产监督管理局、丙工贸公司非诉执行审查行政纠纷案

申请执行人甲市安全生产监督管理局（以下简称甲市安监局）于2016 年 6 月 23 日作出（甲）安监管罚〔2016〕11 号行政处罚决定。认

定被执行人丙工贸公司存在以下违法事实：① 年产500万套汽车制动系统精密零部件项目(其中包含金属冶炼工艺)投入生产使用前，安全设施未经验收合格，并由安监部门责令限期整改后逾期未整改。② 对《责令限期整改指令书》中第15、23、26、28项等问题和隐患，经复查逾期未完成整改，并未执行《现场处理措施决定书》的要求暂时停止生产。上述行为违反了《安全生产法》第三十一条第二款、第三十八条第一款的规定。依据《安全生产法》第九十五条第(四)项、第九十九条，《关于持续推进全省安全生产隐患大排查快整治严执法集中行动的通知》的规定，决定给予被执行人：① 处99万元罚款；② 责令停产停业整顿，并处49万元罚款，以上处罚分别裁量，合并处罚。并告知被执行人，罚款自收到本决定书之日起15日内缴至中国工商银行东城支行，到期不缴每日按罚款数额的3%加处罚款。如不服本处罚决定，可以在60日内向甲市人民政府申请行政复议，或者在六个月内向甲市乙区人民法院提起行政诉讼。逾期不申请行政复议、不提起行政诉讼，又不履行的，将依法申请人民法院强制执行或者依照有关规定强制执行。

申请执行人甲市安监局向法院提交了以下证据、依据：① 现场检查记录2份；② 现场处理措施决定书1份；③ 整改复查意见书2份；④ 责令限期整改指令书2份；⑤ 询问通知书4份；⑥ 询问笔录4份；⑦ 行政处罚告知书1份；⑧ 听证告知书1份；⑨ 行政处罚决定书1份；⑩ 罚款催缴通知书1份；⑪ 送达回证2页；⑫ 营业执照复印件1份；⑬ 照片七张；⑭ 立案审批表1份；⑮ 集体讨论笔录1份；⑯ 行政处罚审批表1份；⑰《安全生产法》第三十一条第二款、第三十八条第一款、第九十五条第(四)项、第九十九条，《关于持续推进全省安全生产隐患大排查快整治严执法集中行动的通知》。

经审查查明，申请执行人甲市安监局作出的(甲)安监管罚〔2016〕11号行政处罚决定于2016年6月29日依法送达给被执行人，被执行人丙工贸公司在法定期限内未申请行政复议，也未提起行政诉讼。

法院认为，申请执行人甲市安监局于2016年6月23日作出的

(甲)安监管罚〔2016〕11号行政处罚决定在行政主体、行政权限、行为根据和依据方面合法,且没有明显违法并损害被执行人合法权益的情形。被执行人在法定期限内未复议,也未提起行政诉讼,经催告后仍不履行,申请执行人于2017年3月9日申请法院强制执行,符合法律规定。根据《行政诉讼法》第九十七条、《行政强制法》第五十七条的规定,裁定如下:

对申请执行人甲市安监局作出的(甲)安监管罚〔2016〕11号行政处罚决定中的罚款部分法院予以强制执行。

裁判要旨:生产经营单位的金属冶炼工艺投入生产使用前,安全设施未经验收合格,并由安监部门责令限期整改后逾期未整改,上述行为违反了《安全生产法》关于"金属冶炼建设项目竣工通入生产或者使用前,安全设施须经验收合格后,方可投入生产和使用"的规定,依据《安全生产法》的相关规定,对生产经营单位处50万元以上100万元以下的罚款。

第三十五条【安全警示标志】

生产经营单位应当在有较大危险因素的生产经营场所和有关设施、设备上,设置明显的安全警示标志。

【条文解读】　本条是关于安全警示标志的规定。

设置警示标志的对象为"有较大危险因素的生产经营场所和有关设施、设备上",这里的"危险因素"是指能对人造成伤亡或者对物造成突发性损坏的各种因素。

一般来说,设置安全警示标志有两个目的:一是在有较大危险因素的地方设置警示标志,有助于保障从业人员的知情权,提高从业人员安全防范意识,以达到预防安全事故发生的目的;二是在作业场所入口或显著位置设置安全警示标志,可以让每一名通过或者接近设施、设备的人员能够看到警示标志,从而起到警示作用。当然安全警示标志需要定期更换,不得存在模糊不清的现象。

安全警示标志是表达特定安全信息的标志,一般是由图形符号、安全色、几何形状或者(和)文字组成,它能够警示工作场所或者是周围环境的危险状况,从而提醒人们预防危险,避免事故发生,也可以

提示人们采取正确、有效的措施，防止自身受到伤害。

安全色是表达安全信息的颜色，一般要求醒目、易识别。安全色用途广泛，适用于交通运输、工矿企业等；国际标准化组织和很多国家都对安全色的使用有严格规定，我国国家标准《安全色》(GB 2893—2008)中规定红(表示禁止、停止)、蓝(表示指令、规定)、黄(表示警告、注意)、绿(表示安全、通行)四种颜色作为安全色。安全色的正确使用，可以帮助人员对危险环境迅速作出反应，以防止事故、危害发生。

目前，我国常用的安全警示标志分为禁止标志、警告标志、指令标志、提示标志四类。① 禁止标志，带斜杠的圆形环为禁止标志的几何图形。圆形环与斜杠为红色，图形符号为黑色，其背景为白色。人们习惯用符号"×"表示禁止或不允许。但是，如果在圆环内画上"×"会使图像不清晰，影响视认效果。因此改用"\"来表示"禁止"。这样做也与国际标准化组织的规定是一致的。② 警告标志，"△"是警告标志的几何图形。三角形的边框和图形符号为黑色，其背景为有警告意义的黄色。三角形引人注目，即使光线不佳时也比圆形清楚。③ 指令标志。"○"是指令标志的几何图形。其背景为具有指令含义的蓝色，图形符号为白色。标有指令标志的地方，就是要求人们到达这个地方必须遵守指令标志的规定。例如，进入施工工地，工地附近有“必须戴安全帽”的指令标志，则必须将安全帽戴上，否则就违反了施工工地的安全规定。④ 提示标志。标志的几何图形为长方形，其背景为绿色，图形符号及文字为白色。长方形给人以安定感，另外提示标志也需要有足够的地方书写文字和画出箭头以提示必要的信息，所以用长方形是适宜的。

国家已经颁布了《安全标志及其使用导则》(GB 2894—2008)、《矿山安全标志》(GB 14161—2008)等标准。生产经营单位应当用这些规定设置安全警示标志。

根据《安全生产法》第九十九条的规定，生产经营单位未在有较大危险因素的生产经营场所和有关设施、设备上设置明显的安全警示标志的，责令限期改正，处 5 万元以下的罚款；逾期未改正的，处 5 万元以上 20 万元以下的罚款，对其直接负责的主管人员和其他直接责任人员处 1 万元以上 2 万元以下的罚款；情节严重的，责令停产停业整顿；构成犯罪的，依照刑法有关规定追究刑事责任。

【关联法规索引】　《安全标志及其使用导则》(GB 2894—2008)、《矿山安全标志》(GB 14161—2008)等。

典型案例：丙实业公司不服甲市安全生产监督管理局行政处罚纠纷案

被告甲市安全生产监督管理局于 2012 年 2 月 16 日对原告作出(市)安执罚字〔2012〕第(2-006)号行政处罚决定(以下简称 006 号行政处罚决定)，认定原告违反了《安全生产法》第四条，在“3·15”事故中负有责任，其依据《生产安全事故报告和调查处理条例》第三十七条的规定，对原告处以人民币 10 万元的罚款。被告于 2012 年 7 月 23 日向法院提供了其作出被诉具体行政行为的证据、依据：证据 1～5，分别为原告、乙装饰工程公司、丁建设公司、戊钢构装饰公司、建科公司的法人信息，证明本案所涉及的五家公司均具有相关施工经营资质；证据 6，乙装饰工程公司致原告的投标文件，证明原告系事故发生地“常春藤公寓楼”的发包单位；证据 7，原告与乙装饰工程公司签订的《建筑装饰工程施工合同》、原告的《公寓楼装修工程招标文件》、甲市信息系统公司与乙装饰工程公司签订的《建筑装饰工程施工合同》(以下简称信息公司合同),证明首先原告系工程发包单位,其次发包范围不包括楼梯施工,第三原告提供的信息公司合同系伪造合同;证据8,原告与建科公司签订的《建设工程委托监理合同》,证明后者为“常春藤公寓楼”项目施工监理单位;证据9,付某洁、赵某贵、张某东询问笔录,证明其一付某洁为原告副总经理,其二原告与乙装饰工程公司签订的合同为真、信息公司合同为假,其三2010年9月、12月土建项目竣工后施工现场移交至建设单位,其四“常春藤公寓楼”项目无完整的项目部;证据10~14为杨某继、李某斌、王某生、王某诚、易某文询问笔录,证明其一以上4人为相关单位工程负责人,其二现场移交时有楼梯防护栏,后被原告拆除,其三乙装饰工程公司曾向原告反映安全问题但原告未予处理,其四原告为逃避责任阻挠事故调查,其五现场移交后原告负有安全监管责任;证据15,H城改项目西区土建现场移交表、移交清单,证明其一丁建设公司在公寓楼主体竣工后将公共部位移交给乙装饰工程公司,其二丁建设公司、乙装饰工程公司、建科公司及原告共同签署移交表确认移交,其三现场安全及其他风险责任转移至业主及其他施工方;证据16,H城改项目西区公寓楼移交清单,证明其一丁建设公司已办理楼梯竣工现场移交手续,其二现场移交时楼梯防护已被拆除,该风险及安全责任由原告负责,其三乙装饰工程公司未确认由自己安装楼梯防护;证据17~20,工作联系单,证明乙装饰工程公司多次反映楼梯未安装防护设施问题;证据21,原告会议纪要,证明原告明知项目存在楼梯无防护等重大安全隐患;证据22,安全整改通知、安全隐患整改通知、居民死亡殡葬证,证明多个部门曾向原告提出安全整改通知及王某波死亡的事实;证据23,短信,证明乙装饰工程公司曾向原告反映楼梯防护的安全隐患;证据24,乙装饰工程公司情况说明,证明原告曾阻挠事故调查、隐瞒事故真相;证据25,市监发〔2011〕133号《关于对甲市乙区常春藤公寓楼“3·15”事故的处理决定》,证明事故原因为原告未履行安全管理职责,未及时排除楼梯间临边防护缺失、无明显警示标志,事故性质为盲目违章作业、安全管理不力,并建议对相关人员和单位进行处罚；证据26、28、29为006号行政处罚决定书、告知书，证明其依法对原告进行处罚；证据27为其作出处罚的法律依据，包括《安全生产法》第二十八条、第二十九条、第四十条和第四十一条，《生产安全事故报告和调查处理条例》第三十七条，《〈生产安全事故报告和调查处理条例〉罚款处罚暂行规定》；证据30为事故现场的楼梯间无防护照片，证明事故发生的因果关系；证据31为原告对行政处罚的复核申请，证明原告承认未配合事故调查的事实。

原告诉称，位于兴庆路的"常春藤公寓楼"项目由其开发建设，并发包给乙装饰工程公司进行装饰装修。2011年3月15日上午乙装饰工程公司的一名务工人员发生事故，经抢救无效死亡。乙装饰工程公司是具有施工资质的独立法人单位，且按照双方的合同约定，事故责任由该公司承担。其不是生产经营单位，在事故发生后也已拨打报警电话并责令乙装饰工程公司妥善处理，尽到了法律规定的责任。被告作出的006号行政处罚决定处罚对象错误、适用法律不当，请求法院依法撤销。

被告辩称，原告属于"3·15"事故发生地"常春藤公寓楼"项目的建设单位，负有全面监督、管理建设工程安全的法定义务。原告将楼梯临边防护拆除后，把楼梯制作安装项目发包给戊钢构装饰公司，但事故发生时，戊钢构装饰公司尚未进场施工。乙装饰工程公司曾多次用工作联系单的方式向原告提出楼梯防护缺失的问题，但原告未采取任何措施且在事故发生后隐瞒真相、拒不配合，并胁迫乙装饰工程公司作假。此事故为盲目违章作业、安全管理不力而导致的生产安全责任事故，其处罚认定事实清楚、程序合法、适用法律法规正确，请求法院驳回原告的诉讼请求。

经庭审质证，原告对被告提供的证据意见如下：证据1、2、3、4、5、6、8、11、12、13、17、18、19、20、21、22、23的真实性及证明目的均无异议；证据7真实性认可，信息公司合同曾签订过，虽未履行但不能证明为伪造，故证明目的第三项不予认可，其他证明目的无异议；证据9真实性认可，证明目的第二项不认可，意见同证据7，其他证明目的无异议；证据10真实性认可，杨某继的单方面陈述不能证明其逃避责任的事实，故证明目的第三项不认可，其他无异议；证据14真实性无异议，虽然监理合同中不包括精装修监理，但监理公司理应承担监理职责，故对证明目的第二项不认可，其他无异议；证据15真实性无异议，但施工现场的安全及其他责任不应转移给其，故对证明目的第三项不予认可，其他无异议；证据16真实性无异议，证明目的第一项无异议，第二、三项不认可；证据24为乙装饰工程公司的单方面说明，不能证明事故责任，故对真实性及证明目的均不认可；证据25、26真实性无异议，但本案正在审理当中，事故责任的主体及性质尚未确定，故证明目的不予认可；证据30、31的真实性认可，但照片不是事故发生当时采集，其申请系按照格式制作，故对证明目的不予认可。原告对被告的法律依据本身无异议，但认为其不属于生产经营单位，不应适用此规定。

法院对上述被告的证据作如下确认：被告提供的证据客观真实、来源合法，能够证明事故经过及被告处罚过程、依据，应予以采信。原告虽对被告部分证据的证明目的不予认可，但未提供证据证明，故法院不予采信。

经审理查明，"常春藤公寓楼"项目位于甲市乙区兴庆南路，2009年起由原告进行开发建设。2010年8月25日，原告与乙装饰工程公司签订建筑装饰工程施工合同，约定将该项目的室内装修、洁具安装、电气安装部分等(以招标文件及投标预算为准)发包给乙装饰工程公司施工，发包内容不包括楼梯的护栏安装。同年9月，乙装饰工程公司派员进场施工。2010年9月至12月，该项目的土建单位丁建设公司分批将公寓楼公共部分移交给乙装饰工程公司，但楼梯施工部分乙装饰工程公司未签字确认。2011年1月，为使楼梯制作安装单位尽快进场施工，原告拆除了楼梯防护设施，但楼梯制作安装单位戊钢构装饰公司尚未进场施工，楼梯防护设施遂一直缺失。期间，乙装饰工程公司曾多次以工作联系单、短信的形式告知原告因楼梯防护缺失，施工存在重大安全隐患，"常春藤公寓楼"项目部、监理部及B区城中村改造办公室安监科亦曾向原告发出安全隐患整改通知书，指出了室内楼梯防护未做、存在重大安全隐患的情况。2011

年3月15日9时许，乙装饰工程公司装修工人王某波在17楼施工时不慎坠入无护栏的旋转楼梯中央空档，落到3楼楼梯间上，经医院抢救无效死亡。事故发生后，被告、市监察局、市公安局、市总工会等组成事故调查组对“3·15”事故进行了调查，认定事故发生时，17层楼梯间无临边防护且未设置明显的安全警示标志。2011年2月16日，被告以原告对事故发生负有责任为由作出006号行政处罚决定，对原告处罚款10万元。原告不服，申请复议，复议机关维持了被告作出的行政处罚决定。

法院认为，《安全生产法》第二十八条、第二十九条和第四十一条规定，生产经营单位应当与承包单位、承租单位签订专门的安全生产管理协议，或者在承包合同、租赁合同中约定各自的安全生产管理职责；生产经营单位对承包单位、承租单位的安全生产工作统一协调、管理。同时，应当在有较大危险因素的生产经营场所和有关设施、设备上，设置明显的安全警示标志，应对安全设备进行经常性维护、保养，并定期检测，保证正常运转。本案中原告作为“常春藤公寓楼”项目的开发建设方，属于《安全生产法》中界定的生产经营单位，应当负有相应的安全生产责任，其拆除楼梯防护的行为给施工现场带来重大的安全隐患。现场施工单位、监理单位等多次向原告指出楼梯的安全隐患，且原告的会议记录也反映出其明知存在安全隐患，但一直未予处理，违反了法律关于安全生产的要求。原告作为项目投资方，一直未明确相关参建单位安全管理职责范围，一直未能排除楼梯防护缺失的隐患，且未设置明显的安全警示标志，并最终导致事故发生，故其对此应当承担责任。根据《生产安全事故报告和调查处理条例》第三十七条规定，发生一般事故的，处10万元以上20万元以下的罚款。故被告作出的006号行政处罚决定认定事实清楚，证据确凿，适用法律、法规正确，符合法定程序。依照《行政诉讼法》第五十四条第(一)项规定，判决如下：维持被告甲市安全生产监督管理局于2012年2月16日作出的006号行政处罚决定。

裁判要旨：生产经营单位应当与承包单位、承租单位签订专门的安全生产管理协议，或者在承包合同、租赁合同中约定各自的安全生产管理职责；生产经营单位对承包单位、承租单位的安全生产工作统一协调、管理，并应当在有较大危险因素的生产经营场所和有关设施、设备上，设置明显的安全警示标志，同时还应对安全设备进行经常性维护、保养，并定期检测，保证正常运转。建设单位作为项目投资方，一直未明确相关参建单位安全管理职责范围，一直未能排除楼梯防护缺失的隐患，且未设置明显的安全警示标志，并最终导致事故发生，故其对此应当承担责任。

第三十六条【安全设备管理】

安全设备的设计、制造、安装、使用、检测、维修、改造和报废，应当符合国家标准或者行业标准。

生产经营单位必须对安全设备进行经常性维护、保养，并定期检测，保证正常运转。维护、保养、检测应当作好记录，并由有关人员签字。

生产经营单位不得关闭、破坏直接关系生产安全的监控、报警、防护、救生设备、设施，或者篡改、隐瞒、销毁其相关数据、信息。

餐饮等行业的生产经营单位使用燃气的，应当安装可燃气体报警装置，并保障其正常使用。

【条文解读】 本条是关于生产经营单位对安全设备管理的规定。

生产中人的因素和物的因素是影响安全生产的两大因素。安全设备作为生产经营活动的重要设备，其性能优劣以及使用是否得当，直接关系到生产经营活动的安全性，以及在发生事故时能否及时救援、减少损失。所以，安全设备是实现生产安全重要的物的因素之一。因此，对安全设备从设计到报废的每一个环节都实行标准化管理，这对于保证安全生产具有重要意义。生产经营单位作为安全设备的使用单位，规定其使用过程中的维护、保养、检测等义务，对确保安全设备发挥作用至关重要。

安全设备是指生产经营单位在生产经营活动中，为了将危险、有害因素控制在安全范围内，以及减少、预防和消除危害所配备的装置和设备。常见的安全设备有消防设备、应急救援设备、安全检测设备、设施安全保障设备、个人防护设备等。安全设备对于保护生产经营单位从业人员的安全尤为重要。例如，在发生火灾时运用消防设备进行灭火；发生有毒气体泄漏时戴防毒面具撤离；利用除尘风机排除作业场所粉尘等。

《标准化法》第十条第一款规定："对保障人身健康和生命财产安全、国家安全、生态环境安全以及满足经济社会管理基本需要的技术要求，应当制定强制性国家标准。"因此，《安全生产法》第三十六条第一款规定："安全设备的设计、制造、安装、使用、检测、维修、改造和报废，应当符合国家标准或者行业标准。"这些标准属于强制性标准。《国务院关于预防煤矿生产安全事故的特别规定》第八条第一款也规定："煤矿的通风、防瓦斯、防水、防火、防煤尘、防冒顶等安全设备、设施和条件应当符合国家标准、行业标准……"

安全设备发挥效用主要在于安装后投入使用的环节。安全设备在使用过程中，由于内在和外在因素，不可避免地会出现各种各样的问题。因此，生产经营单位必须对安全设备进行经常性维护、保养，并定期检测，保证正常运转。维护、保养、检测应当作好记录，并由有关人员签字。"经常性"主要是指"维护、保养"的周期，因安全设备不同，这里的"经常性"的具体周期也不同。"定期检测"中的定期也要根据安全设备的不同而有所不同。但都要确保安全设备能够正常运转，发挥应有作用。

记录的内容，一般应当包括经常性维护、保养和定期检测的时间、地点、人员、安全设备的名称，维护、保养、检测的结果，发现的问题以及问题的处理情况等。记录是开展相关工作的见证，是重要的追溯资料，也是相关单位履行义务的凭证。需要在记录上签字的有关人员，包括直接从事维护、保养、检测的技术人员以及相关的安全管理人员，必要时生产经营单位的主要负责人也要签字。这样规定，有利于发生事故时的责任划分，为正确追究有关人员的法律责任提供第一手的证据。

2021 年修法特别增加了两类安全生产设备管理的义务：生产经营单位不得关闭、破坏直接关系生产安全的监控、报警、防护、救生设备、设施，或者篡改、隐瞒、销毁其相关数据、信息；餐饮等行业的生产经营单位使用燃气的，应当安装可燃气体报警装置，并保障其正常使用。据此，《安全生产法》第九十九条增加了相应违法行为的法律责任，即生产经营单位有下列行为之一的，责令限期改正，处5万元以下的罚款；逾期未改正的，处5万元以上20万元以下的罚款，对其直接负责的主管人员和其他直接责任人员处1万元以上2万元以下的罚款；情节严重的，责令停产停业整顿；构成犯罪的，依照刑法有关规定追究刑事责任：

（一）未在有较大危险因素的生产经营场所和有关设施、设备上设置明显的安全警示标志的；

（二）安全设备的安装、使用、检测、改造和报废不符合国家标准或者行业标准的；

（三）未对安全设备进行经常性维护、保养和定期检测的；

（四）关闭、破坏直接关系生产安全的监控、报警、防护、救生设备、设施，或者篡改、隐瞒、销毁其相关数据、信息的；

（五）未为从业人员提供符合国家标准或者行业标准的劳动防护用品的；

（六）危险物品的容器、运输工具，以及涉及人身安全、危险性较大的海洋石油开采特种设备和矿山井下特种设备未经具有专业资质的机构检测、检验合格，取得安全使用证或者安全标志，投入使用的；

（七）使用应当淘汰的危及生产安全的工艺、设备的；

（八）餐饮等行业的生产经营单位使用燃气未安装可燃气体报警装置的。

【关联法规索引】《安全生产法》第九十九条；《矿山安全法》第十五条；《标准化法》第十条；《危险化学品安全管理条例》第二十条；《国务院关于预防煤矿生产安全事故的特别规定》第八条。

典型案例：丙化工公司与S省安全生产监督管理局、国家安全监管总局行政复议二审行政纠纷案

2012年12月28日，丙化工公司取得S省安全生产监督管理局（以下简称S省安监局）颁发的“危险化学品生产企业安全生产许可

证”,有效期为2012年12月28日至2015年12月27日。2015年12月9日,丙化工公司向S省安监局甲工作点提出许可证延期申请,并递交了相关材料。S省安监局甲工作点当场出具了《“危险化学品生产企业安全生产许可证”申请材料登记表》。2015年12月15日,S省安监局甲工作点经形式审查,认为丙化工公司提交的材料齐全、符合法定形式,向丙化工公司出具了《受理通知书》,并于当日送达丙化工公司。在对丙化工公司提交的申请材料进行实质检查时,发现该公司提交的《安全评价报告》第7.1项存在3项安全隐患未整改,分别是:生产装置中的蒸馏釜、压力容器、锅炉及安全阀的检验报告已过有效期。《安全评价报告》第7.3项评价结论是:7.1节所列整改内容完成后,丙化工公司的安全现状“符合安全生产要求”。2016年1月8日,S省安监局作出(S)安危化生(核)字〔2016〕1号《“危险化学品生产企业安全生产许可证”现场核查通知书》,委托乙县安监局对丙化工公司《安全评价报告》中所列3项安全隐患的整改情况进行现场核查。2016年1月12日,乙县安监局对丙化工公司有关情况进行了现场核查。现场核查记录表明,丙化工公司14台属于特种设备的反应釜有12台不在检验有效期内,1台锅炉及2个锅炉安全阀不在检验有效期内。丙化工公司对《安全评价报告》中所列3项安全隐患未及时整改。2016年1月15日,S省安监局作出(S)安危化生(不准)字〔2016〕1号《“危险化学品生产企业安全生产许可证”不予颁发决定书》(以下简称《1号决定》),主要内容为:丙化工公司提交的许可证申请已于2015年12月15日受理。经审查,不符合国务院令第397号第六条和国家安全监管总局令第41号(以下简称《国家安监总局41号令》)第十九条的规定,决定不予颁发“危险化学品生产企业安全生产许可证”。如不服本决定,申请人有申请行政复议或提起行政诉讼的权利。该决定于2016年1月21日送达给丙化工公司。丙化工公司不服,向国家安全监管总局申请行政复议。国家安全监管总局于2016年3月15日依法受理,于2016年5月8日作出安监总行复决〔2016〕3号《行政复议决定书》(以下简称《3号复议决定》),维持S省安监局作出的《1号决定》。丙化工公司不服,诉至法院，请求撤销S省安监局的《1号决定》和国家安全监管总局的《3号复议决定》，批准其“危险化学品生产企业安全生产许可证”的延期申请。

一审法院认为，根据《S省安全生产监督管理规定》第十一条的规定，结合《S省委办公厅、省政府办公厅关于印发〈S省人民政府机构改革实施意见〉的通知》的文件精神，S省安监局的主要职责之一是依法承担非煤矿矿山企业和危险化学品、烟花爆竹生产经营单位安全生产准入管理责任。负责危险化学品安全监督管理综合工作和烟花爆竹安全生产监督管理工作。故S省安监局具有对本辖区内安全生产许可证颁发、审批等安全资格认可的法定职权。国家安全监管总局是S省安监局的上级主管机关，有权对行政相对人不服下级行政机关S省安监局作出的行政行为进行行政复议。

根据《安全生产法》第三十三条第二款的规定“生产经营单位必须对安全设备进行经常性维护、保养，并定期检测，保证正常运转。”以及《危险化学品安全管理条例》第二十条的规定“……按照国家标准、行业标准或国家有关规定对安全设施、设备进行经常性维护、保养，保证安全设施、设备的正常使用……”等，特种设备等法定检测内容未经检验合格投入使用应属较大事故隐患。本案中，根据丙化工公司提交的《安全评价报告》证据中第7.1项存在3项安全隐患未整改。《安全评价报告》第7.3项评价结论是：7.1节所列整改内容完成后，丙化工公司的安全现状“符合安全生产要求”。S省安监局提供的证据材料表明，丙化工公司14台属于特种设备的反应釜有12台不在检验有效期内，1台锅炉及2个锅炉安全阀不在检验有效期内。丙化工公司对《安全评价报告》中所列3项安全隐患未及时整改。由此可知，丙化工公司的生产设备存在安全隐患且未整改，S省安监局根据《安全生产许可证条例》《危险化学品生产企业安全生产许可证实施办法》规定的安全生产条件，作出《1号决定》认定事实清楚。对丙化工公司提出的《1号决定》没有事实根据的主张不予支持。

丙化工公司认为根据《安全生产许可证条例》，其延期申请应该不经审查，自动延期。根据《国家安监总局41号令》第三十三条、第三十四条的规定，直接延期的条件是生产企业未降低安全生产条件，并达到安全生产标准化等级二级以上。同时应在安全生产许可证有效期届满前3个月提出延期申请，并提交申请书及相关资料，由实施机关进行审查，并作出是否准予延期的决定。本案中，丙化工公司于2012年12月28日取得了“危险化学品生产企业安全生产许可证”，其应在2015年9月29日前进行延期申请，而丙化工公司是在2015年12月9日提出申请，不符合提出申请的时限要求。丙化工公司的企业生产设备存在诸多安全隐患且未及时整改，达不到安全生产标准化等级二级以上的条件要求。故对丙化工公司提出的延期申请不需要审查的主张不予支持。

2016年3月15日，国家安全监管总局受理丙化工公司的行政复议申请，并于同年3月18日下达《行政复议受理通知书》，向S省安监局送达《行政复议答复书》。经过审理，查明丙化工公司未按照《安全评价报告》意见完成整改，事故隐患仍然存在。故于同年5月8日作出《3号复议决定》，维持了S省安监局作出的《1号决定》。国家安全监管总局作出的行政复议决定，认定事实清楚，适用法律、法规正确，程序合法。丙化工公司认为复议决定没有事实根据和法律依据的主张，亦不予支持。

综上，丙化工公司的诉请缺乏事实及法律依据，不予支持。S省安监局作出的《1号决定》认定事实清楚，适用法律、法规正确。国家安全监管总局作出的《3号复议决定》认定事实清楚，适用法律、法规正确，程序合法。依照《行政诉讼法》第六十九条的规定，判决：① 驳回丙化工公司要求撤销S省安监局作出的S安危化生（不准）字〔2016〕1号《“危险化学品生产企业安全生产许可证”不予颁发决定书》的诉讼请求；② 驳回丙化工公司要求撤销国家安全监管总局作出的安监总行复决〔2016〕3号《行政复议决定书》的诉讼请求；③ 驳回丙化工公司要求S省安监局依法批准其“危险化学品生产企业安全生产许可证”延期申请的诉讼请求。

上诉人丙化工公司上诉称：① 被上诉人S省安监局作出的

《1号决定》违反法律、法规的规定。上诉人申请的是对安全生产许可证的延期，不是重新颁发新的安全生产许可证。法律法规规定延期申请不再审查，上诉人不存在不符合《国家安监总局41号令》第十九条、《安全生产许可证条例》第六条规定的情形。安全评价报告中列明的隐患整改及评价结论不是安全生产许可证延期的法定条件，特种设备定期检验与安全生产许可证的延期，没有因果关系。被上诉人S省安监局两次受理的行为违反法定许可程序。被上诉人S省安监局的核查行为程序违法，核查主体错误。② 被上诉人国家安全监管总局的复议行为不符合《中华人民共和国行政复议法》(以下简称《行政复议法》)的相关规定。上诉人正在依法办理特种设备检验工作，国家安全监管总局认定上诉人特种设备的申请检验没有事实和法律依据的观点错误。③ 一审法院认定"未检特种设备的使用"行为属较大事故隐患，生产装置中的蒸馏釜、压力容器、锅炉、安全阀的检验报告已过期没有事实和法律依据。请求S省高级人民法院撤销一审判决。

被上诉人S省安监局答辩称：①《1号决定》认定事实清楚、适用法律法规正确。特种设备作为对人身和财产安全有较大危险性的生产设备，法定检测内容未经检验合格投入使用应属较大事故隐患，不符合安全生产相关法律法规规定的标准和要求，上诉人的申请不符合《安全生产许可证条例》第六条和《国家安监总局41号令》第十九条的规定。②《1号决定》程序合法。上诉人向S省安监局提出的申请不属于延期申请，根据《国家安监总局41号令》第三十三条的规定，延期申请应当在安全生产许可证有效期届满前3个月提出，上诉人提出延期申请的时间不符合该规定。即使上诉人的申请属于延期申请，根据《国家安监总局41号令》第三十四条的规定，上诉人的生产条件不符合直接延期的条件。S省安监局于2015年12月9日收到上诉人的申请，12月15日出具《受理通知书》并于当日送达，不存在两次受理的情形。③ S省安监局委派乙县安监局工作人员现场核查合法有效。请求S省高级人民法院驳回上诉，维持原判。

被上诉人国家安全监管总局坚持一审答辩意见，认为已按照法律规定的程序对上诉人的行政复议申请进行了认真审查，作出的《3号复议决定》合法有效，请求S省高级人民法院驳回上诉人的诉讼请求。

S省高级人民法院庭审中，上诉人丙化工公司认为一审判决认定的2016年1月8日，S省安监局委托乙县安监局对丙化工公司进行现场核查有误。2016年1月12日，乙县安监局对丙化工公司的行为不是现场核查。对一审判决认定的其他案件事实的客观真实性无异议。被上诉人S省安监局和国家安全监管总局对一审判决认定的案件事实客观真实性无异议。S省高级人民法院经审查认为，被上诉人S省安监局于2016年1月8日作出的《"危险化学品生产企业安全生产许可证"现场核查通知书》、乙县安监局于2016年1月12日"现场检查记录"可以证明，2016年1月12日，乙县安监局工作人员对上诉人丙化工公司进行的现场核查系受被上诉人S省安监局指派。上诉人丙化工公司的异议不能成立。S省高级人民法院经审理查明的事实与一审判决认定的事实一致，依法予以确认。

S省高级人民法院庭审中，上诉人丙化工公司提交了安全阀校验报告4份，用以证明公司拥有的安全阀已经办理了检验。S省高级人民法院经审查，该4份校验报告的签发时间为2016年3月7日，系在本案被诉的《1号决定》作出之后，该证据与被诉的行政行为之间无关联性，依法不予采信。

S省高级人民法院认为：本案上诉人丙化工公司已在2012年12月28日取得了被上诉人S省安监局核发的"危险化学品生产企业安全生产许可证"，该许可证有效期为2012年12月28日至2015年12月27日。2015年12月9日，上诉人丙化工公司向被上诉人S省安监局甲工作点提出了该许可证的延期申请，并递交了相关材料，被上诉人S省安监局甲工作点亦出具了《受理通知书》，故应当认定上诉人丙化工公司向被上诉人S省安监局提出的申请属于许可证延期申请。被上诉人S省安监局认为上诉人丙化工公司未在原许可证有效期届满前3个月提出申请即不属于许可证延期申请的主张，缺乏事实根据和法律依据。

危险化学品生产事关公共安全，我国现行法律规范规定了严格的危险化学品生产企业的生产条件，实行了严格的许可和审查制度。危险化学品生产企业无论是新申领“危险化学品生产企业安全生产许可证”或者在原许可证有效期届满前申请延期，均应符合法定条件。有关管理部门亦应依照相关法律规范进行严格的审查。本案上诉人丙化工公司的申请属于延期申请，根据《国家安监总局41号令》第三十三条的规定以及第九条第二项的规定，本案被上诉人S省安监局在审查上诉人丙化工公司提交的申请材料时，发现上诉人丙化工公司存在安全隐患未整改，即指派工作人员就有关问题进行现场核查，发现丙化工公司14台属于特种设备的反应釜有12台不在检验有效期内，1台锅炉以及2个锅炉安全阀不在检验有效期内。故《1号决定》认为上诉人丙化工公司不符合取得安全生产许可证条件，认定事实清楚。

《国家安监总局41号令》第二十五条第一款第(十)项规定，企业申请安全生产许可证时，应当提交具备资质的中介机构出具的安全评价报告。第十九条规定，企业应当依法委托具备国家规定资质的安全评价机构进行安全评价，并按照安全评价报告的意见对存在的安全生产问题进行整改。第三十四条规定，企业延期申请可以不提交安全评价报告的前提是经原实施机关同意，且符合“严格遵守有关安全生产的法律、法规和本办法；取得安全生产许可证后，加强日常安全生产管理，未降低安全生产条件，并达到安全生产标准化等级二级以上”等条件，本案上诉人丙化工公司申请许可证延期时不符合上述规定的条件，且未得到原实施机关即被上诉人S省安监局的同意，因此上诉人丙化工公司关于《安全评价报告》所列的隐患整改及评价结论不是申请许可的条件之一的主张缺乏法律依据。本案中，上诉人丙化工公司于2015年12月9日向被上诉人S省安监局提出许可证延期申请，并递交相关材料。被上诉人S省安监局出具了《“危险化学品生产企业安全生产许可证”申请材料登记表》，该表备注部分写有：“如不告知你要补正的，视为自收件之日起自动受理”。2015年12月15日，被上诉人S省安监局认为丙化工公司提交的材料齐全、符合法定形式，出具了《受理通知书》。故被上诉人S省安监局受理上诉人丙化工公司许可证延期申请日期应为2015年12月9日，《受理通知书》中表述受理时间为2015年12月15日不符合《国家安监总局41号令》第二十六条第一款第(四)项的规定，但此并未损害上诉人丙化工公司的合法权益。《国家安监总局41号令》第二十七条规定："安全生产许可证申请受理后，实施机关应当组织对企业提交的申请文件、资料进行审查。对企业提交的文件、资料实质内容存在疑问，需要到现场核查的，应当指派工作人员就有关内容进行现场核查。工作人员应当如实提出现场核查意见。"本案被上诉人S省安监局根据具体工作情况，指派上诉人丙化工公司所在地的乙县安监局工作人员进行现场核查，并不违反上述规定。被上诉人S省安监局在进行了相关审查后作出《1号决定》，行政程序符合《国家安监总局41号令》的相关规定。

依法行政不仅要求行政行为认定事实清楚，行政程序合法，而且要求适用法律正确。本案被上诉人S省安监局作出的《1号决定》在最终的处理上对上诉人丙化工公司的申请不予许可，但未适用和援引《国家安监总局41号令》第三十三条的规定，且《1号决定》在告知诉权时，将起诉期限限定为3个月，属适用法律错误。被上诉人国家安全监管总局作出的《3号复议决定》认定事实清楚，程序合法，但对《1号决定》中存在的上述问题未予指出并予以纠正，作出维持《1号决定》的行政复议决定，实属不当。

综上，上诉人丙化工公司在申领许可证时存在安全隐患未予整改，其申请"危险化学品生产企业安全生产许可证"延期，不符合法定条件。被上诉人S省安监局《1号决定》认定事实清楚，行政程序合法，但适用法律错误。被上诉人国家安全监管总局作出的《3号复议决定》结果不当。一审判决对本案的审理，认定事实清楚，审判程序合法，但判决驳回丙化工公司诉讼请求的结果错误，应予纠正。上诉人丙化工公司要求撤销一审判决的上诉理由成立，依法应予支持。依据《行政诉讼法》第八十九条第一款第(二)项、第七十四条第一款第(一)项的规定，判决如下：

① 撤销S省T市中级人民法院〔2016〕行初282号行政判决的第一项、第二项；

② 维持S省T市中级人民法院〔2016〕行初282号行政判决的第三项；

③ 确认S省安监局于2016年1月15日作出的《1号决定》，国家安全监管总局于2016年5月8日作出的《3号复议决定》违法。

裁判要旨：安全生产许可证直接延期的条件是生产企业未降低安全生产条件，并达到安全生产标准化等级二级以上。同时应在安全生产许可证有效期届满前3个月提出延期申请，并提交申请书及相关资料，由实施机关进行审查，并作出是否准予延期的决定。生产经营单位必须对安全设备进行经常性维护、保养，并定期检测，保证正常运转。所以，对于特种设备等法定检测内容未经检验合格投入使用应属较大事故隐患，实施机关有权决定不予延期。

第三十七条【特种设备管理】

生产经营单位使用的危险物品的容器、运输工具，以及涉及人身安全、危险性较大的海洋石油开采特种设备和矿山井下特种设备，必须按照国家有关规定，由专业生产单位生产，并经具有专业资质的检测、检验机构检测、检验合格，取得安全使用证或者安全标志，方可投入使用。检测、检验机构对检测、检验结果负责。

【条文解读】　本条是对特种设备管理的规定。

条文讲解

危险物品的容器、运输工具和特种设备，由于其危害性较大，在实际工作中与其他生产经营所使用的工具有较大的区别，一般实行特殊管理，在生产、检测、检验方面都有严格的要求。所谓危险物品是指易燃易爆物品、危险化学品、放射性物品等能够危及人身安全和财产安全的物品。这些物品的容器、运输工具对保障危险物品的储存、运输安全至关重要，需要进行特殊的管理，国家对其实行安全生产许可制度。

目前《特种设备安全法》对多数特种设备安全管理已经作出了明确规定。同时根据管理体制的需要，《特种设备安全法》对部分特种

设备的监督管理作了例外规定，本法将涉及人身安全、危险性较大的海洋石油开采特种设备和矿山井下使用的部分特种设备的监督管理予以明确，就是为了与《特种设备安全法》的例外规定做好衔接。《特种设备安全法》对特种设备的范围以及特种设备的生产（包括设计、制造、安装、改造、修理）、经营、使用、检验、检测和特种设备安全的监督管理作出了严格规定，并明确特种设备是指对人身和财产安全有较大危险性的锅炉、压力容器（含气瓶）、压力管道、电梯、起重机械、客运索道、大型游乐设施、场（厂）内专用机动车辆，以及法律、行政法规规定适用该法的其他特种设备。特种设备实行目录管理，纳入目录的特种设备实行特殊的管理，有效地解决了管理对象的问题。

第三十八条【工艺、设备淘汰制度】

国家对严重危及生产安全的工艺、设备实行淘汰制度，具体目录由国务院应急管理部门会同国务院有关部门制定并公布。法律、行政法规对目录的制定另有规定的，适用其规定。

省、自治区、直辖市人民政府可以根据本地区实际情况制定并公布具体目录，对前款规定以外的危及生产安全的工艺、设备予以淘汰。

生产经营单位不得使用应当淘汰的危及生产安全的工艺、设备。

【条文解读】 本条是关于生产安全的工艺、设备实行淘汰目录制度的规定。

在生产经营活动中，很多的生产安全事故都是由使用落后的工艺、设备引发的，因此2010年国务院下发的《关于进一步加强企业安全生产工作的通知》中强调，要强制淘汰落后技术产品。对于不符合有关安全标准、安全性能低下、职业危害严重、危及安全生产的落后技术、工艺和装备要列入国家产业结构调整指导目录，予以强制性淘汰。

2021年修法对于本条第一款的改动并不大，主要是将“国务院安全生产监督管理部门”修改为“应急管理部门”，其他主要内容不变，仍是对国务院下发的《关于进一步加强企业安全生产工作的通知》中内容的继承和发展，其中对于“严重危及生产安全”的界定，成为判断是否实行淘汰制度的基础。“严重危及生产安全的工艺、设备”是指有极高的概率引起生产安全事故的发生，已无法满足生产安全要求的工艺、设备。对于此种严重危及生产安全的工艺、设备应由国务院应急管理部门会同国务院有关部门制定并公布具体的淘汰目录。例如，工业和信息化部印发的《部分工业行业淘汰落后生产工艺装备和产品指导目录（2010年本）》和应急管理部办公厅印发的《淘汰落后危险化学品安全生产工艺技术设备目录（第一批）》中就有非常明晰的淘汰目录列举。至于法律、行政法规对目录的制定另有规定的，如《中华人民共和国固体废物污染环境防治法》（以下简称《固体废物污染环境防治法》）第三十三条中的特殊规定，则适用其规定。

本条第二款中涉及的其他危及生产安全的工艺、设备，是指危险性虽没有“严重危及生产安全的工艺、设备”的高，但依然存在较高的危险性且危及生产安全的工艺、设备。对于这些危及生产安全的工艺、设备，因各地经济发展程度和技术装备水平不同，当前国家还不能“一刀切”全部淘汰。但对于一些经济发展程度较高的省、自治区、直辖市，可以根据本地区实际情况制定并公布淘汰这些危及生产安全的工艺、设备的目录。例如，《广东省公路水运工程拟淘汰的落后施工工艺、设备、材料目录》《江苏省化工产业结构调整限制、淘汰和禁止目录(2020 年本)》等。

本条第三款规定“生产经营单位不得使用应当淘汰的危及生产安全的工艺、设备”,这是禁止性的规定,生产经营单位必须执行,不得使用应当淘汰的危及生产安全的工艺、设备,也不得转让给他人使用,否则要承担相应的法律责任。《消防法》中也有类似的规定,其中第二十四条就规定“禁止生产、销售或者使用不合格的消防产品以及国家明令淘汰的消防产品”。禁止性规定的提出,对相应的生产经营单位产生约束作用,为明确主体责任,单独以法条的一款予以警示。

根据《安全生产法》第九十九条的规定,生产经营单位使用应当淘汰的危及生产安全的工艺、设备的,责令限期改正,处 5 万元以下的罚款;逾期未改正的,处 5 万元以上 20 万元以下的罚款,对其直接负责的主管人员和其他直接责任人员处 1 万元以上 2 万元以下的罚款;情节严重的,责令停产停业整顿;构成犯罪的,依照刑法有关规定追究刑事责任。

【关联法规索引】《安全生产法》第九十九条;《固体废物污染环境防治法》第三十三条。

典型案例:刘某太、甲建筑公司建筑设备租赁合同纠纷案

2010 年 3 月 6 日,原告甲建筑公司员工李某海在 W 县泉河花园 12 号楼与被告丙开发公司、刘某太签订了塔机租赁合同,被告刘某太在承租方项目经理处签字。该合同第一条约定,租赁物名称为“临清建机 QTZ250”一台,日租金 160 元,设备现价 12 万元。第二条约定,签订合同时,甲方(原告)收取乙方(被告)押金 1 万元,以甲方出纳员开具的正式收据为准。待合同履行完毕最后结算时再行退还或冲抵乙方的租赁费。如乙方违约,其交押金不再退还,不再冲抵乙方的租赁费。第三条约定,乙方须于每月的最后一天前到甲方交纳租金,若逾期不交,甲方有权终止合同,并按照租赁物提货单“说明栏”内第 3 项规定加收乙方的滞纳金(未还设备均同样计取租赁费)至欠款还清为止。第五条约定,租赁物的进出场、装卸、运输及发生的一切费用均由乙方承担。租赁物若毁损致无法修复或丢失,双方

即按照租赁物品提货单"说明栏"内第 2 项的规定处理。第九条约定,本合同经甲乙双方协议商定,若单方撕毁,须向另一方支付违约金 2 000 元。原告于 2010 年 3 月 7 日向被告交付了"临清建机 QTZ250"一台,提货单显示租金起算时间为 2010 年 3 月 10 日,提货单"说明栏"第 2 条物品如丢失、损坏,按照物品原价值的 150%赔偿,"说明栏"第 3 条租金每月结算一次,逾期不结算的加收 35%滞纳金。原告以被告未支付租赁费,也未交付租赁物,被告构成违约为由,诉至原审法院。

原审法院另查明,原告提交的租赁合同中记载的塔机号与提货单中记载的塔机型号不符,属提货单记载的塔机型号书写错误,实际交付的塔机型号为"临清 QTZ250"。原告诉讼请求第一项中要求的 2010 年 3 月 10 日至 2011 年 7 月 18 日期间的租金实际上应为 79 040元,起诉时计算错误,原告仍按 69 440 元主张权利,不再变更诉讼请求。

原审法院认为,原被告签有书面租赁合同,该合同签订地点在被告承建的工地,合同内容不违反法律规定,对于双方存在设备租赁关系及合同的有效性,原审法院予以采信。根据合同约定,被告没有按约定向原告支付租赁费,其行为已构成违约,对原告要求被告支付拖欠租赁费及租赁费违约金的诉讼请求,予以支持。原告要求被告按照合同第九条约定的单方毁约给付违约金 2 000 元,原审法院认为,本院已支持原告要求被告给付 35%的违约金,故对该项请求不再支持。因被告至今未向原告交付租赁物,根据合同及提货单的约定,被告应赔偿该租赁物本身的损失,对于原告要求被告赔偿塔机损失的请求,予以支持。二被告经法院合法传唤,拒不到庭应诉,视为二被告在一审对自己诉讼权利的放弃。依照《合同法》第六十条、第一百零七条,《民事诉讼法》第一百四十四条规定,判决如下:① 被告丙开发公司、刘某太于判决生效之日起 7 日内给付原告甲建筑公司 2010 年3 月 10 日至 2011 年 7 月 18 日期间的租赁费69 440 元,违约金 24 304 元,共计人民币 93 744 元。② 被告丙开发公司、刘某太自 2011 年 7 月 19 日起至本院确定的履行期限届满之日止按照每天

160 元的租金向原告甲建筑公司计付租赁费，并按照租赁费的 35% 支付违约金。③ 被告丙开发公司、刘某太于判决生效之日起 7 日内赔偿原告甲建筑公司塔机损失 180 000 元。④ 驳回原告甲建筑公司的其他诉讼请求。如果未按本判决指定的期间履行给付金钱义务，应当依照《民事诉讼法》第二百五十三条规定，加倍支付迟延履行期间的债务利息。案件受理费 3 940 元，由被告丙开发公司、刘某太承担。

再审申请人刘某太申请再审称：① 原审认定事实缺乏证据证明。塔机只使用了 20 多天便出现故障，被申请人来 W 县工地拉塔机，因租赁费问题双方产生矛盾。塔机当时没有拉走，随后丙开发公司让中间介绍人将塔机拉走。介绍人多次打电话让被申请人拉走塔机，被申请人不知什么原因至今没有拉走塔机，不拉走塔机是被申请人自身造成的，所以，此后的期间就不应再计算租赁费。况且本案是 2011 年立案，一直到 2016 年才作出判决，这 5 年的租赁费也不应由申请人承担。申请人只是公司项目经理，不应独立对外承担民事责任。② 原审判决的违约金过分高于被申请人实际损失，原审不予调整是适用法律错误。③ 被申请人电话一直畅通，并非下落不明，原审采取公告送达违反法定程序，剥夺了被申请人的辩论权利。申请人请求撤销原审判决。申请人庭审中补充如下申请理由：涉案的塔机没有随机资料不符合国家安全标准，违反了《建设工程安全生产管理条例》第十六至十九条的强制性规定，同时也违反了《安全生产法》的强制性规定，涉案塔机签订的合同属于无效合同，原告无权就该合同主张违约金及租赁费；被申请人在 2010 年 3 月底就知道申请人不会再继续租赁涉案的塔机，应当采取适当措施防止损失扩大，对中间人翟某钢、焦某平通知拉走塔机置之不理，根据《合同法》第一百一十九条的规定被申请人不得就 2010 年 3 月以后的租赁费及违约金主张权利；涉案塔机属于国家明令淘汰的设备，根据《安全生产法》第三十五条第三款的规定涉案塔机不能再继续使用，因而被申请人不能就涉案塔机主张租赁费，且当时拉塔机时已交给被申请人 10 000 元的押金。

被申请人甲建筑公司答辩称：①答辩人与被答辩人及被告丙开发公司签有书面的租赁合同，合同第三条明确约定“未还设备同样计取租赁费，至欠款还清为止”。被答辩人至今仍未归还答辩人的租赁设备，所以完全能够认定被答辩人仍继续履行合同，应按合同约定计付租金。合同中租赁方的签名为刘某太，提货单中的周某征是刘某太派去的工作人员，如果没与刘某太签有书面合同，没有核实周某征与刘某太之间的关系，答辩人不可能将租赁的设备让周某征拉走，所以周某征拉走设备的行为即是代表刘某太的行为。况且在被答辩人提出再审前，与答辩人李经理联系，明确认可塔吊还在他那里，要求给答辩人协商解决，再审再否认此事实违背客观事实。因此，一审法院据此判决被答辩人按约定偿付租金的裁决完全符合客观事实和法律规定。②答辩人将塔机租给被答辩人后，一直由被答辩人使用，至于至今被答辩人为什么没有归还我们并不清楚，但这期间并没有通知答辩人去拉运租赁物，按照租赁合同第七条约定，租赁合同履行完毕或终止合同后，乙方（租赁方）需按甲方（出租方）指定地点，自备车辆、自付费用将租赁物交还给甲方。也就是说，交付租赁物的义务归属被答辩人，而不是答辩人，不交付租赁物所产生的后果根据合同第三条约定应由被答辩人承担。至于本案答辩人于2011年7月份起诉，当时写清了送达地址及联系方式并提交了相应证据材料，为什么到2016年作出判决，答辩人也不清楚，直至法院后来让答辩人缴纳公告费，通知开庭，所以这期间虽时间长，但作为被答辩人来讲，事实上仍然没有将租赁物交付答辩人，所以这期间给答辩人造成的损失也应由被答辩人承担，如果被答辩人及时交付，也不可能出现这样的后果和损失。③租赁合同中租赁方一栏落款是丙开发公司和刘某太，但没有加盖公司的公章，当时刘某太以该公司的名义租赁建筑设备，不论他们之间具体是什么关系，二者均应承担偿还租金的支付责任或连带责任，所以法院判决二者共同支付没有任何错误，刘某太在租赁该设备时并不是职务行为，他是以该公司的名义共同租赁的，所以都要承担责任。④合同中所写出租方是“甲建筑公司设备分公司”，实际上该公司不存在，也没有工商登记，其只是甲建筑公司下属的一个设备科室，本身不是法律意义上的诉讼主体，应以甲建筑公司的名义进行诉讼。

法律适用问题。租赁合同第三条及提货单“说明栏”明确约定，如逾期应支付35%滞纳金（实为违约金），虽然该约定高于法律规定的限额，但根据《合同法》第一百一十四条的规定，要求减少是应当事人的要求而减少的，本案被答辩人拒不到庭，应视为对其权利的放弃，法院以双方的约定裁决不违反法律规定。

送达程序问题。答辩人认为，申请人在向法院起诉时，已向法院书写了被答辩人电话号码，留下了联系方式，在长时间联系不上的情况下，无法向被答辩人送达，法院才让答辩人缴纳了公告费，进入公告程序，至于当时为什么联系不到被答辩人，很明显就是被答辩人自己的原因，手机打不通，又不在家居住，玩失踪，无奈之下才走公告程序，没有法律上的错误，现在手机通，并不代表当时这个号码能联系上被答辩人，所以，被答辩人的理由不能成立。其再审理由不能成立，请求驳回其再审申请。

庭审中，被申请人补充答辩如下：双方签订的租赁合同并没有约定租赁该塔机时需附带该塔机的相关资料，同时申请人所租赁的塔机完全符合质量要求，并不存在违反法律强制性规定的情况，所以申请人的这一理由没有事实根据，对于造成塔机损失我们认为主要是由于申请人及丙开发公司不及时履行交付租赁物的义务所致，所以该损失是由申请人及丙开发公司造成的，应当由他们承担。

原审被告丙开发公司答辩称：从合同上可以看出本案的租赁方是刘某太而不是公司，刘某太不是公司的职工，只是负责本案的泉河花园项目，该项目早已建完，塔机现在由中间人焦某平拉走扔到某停车场。

再审审理过程中，再审申请人向J市中级人民法院提供了以下证据：① 国家发展和改革委员会于2005年12月2日发布的《产业结构调整指导目录(2005年本)》，证明2006年年底前应当对TQ60、TQ80塔式起重机，QT16、QT20、QT25井架简易塔式起重机进行淘汰，并且认为上述淘汰的产品中QT25包含本案中的QTZ25型起重机。② 国质检特函〔2011〕369号《关于注销新列入淘汰目录的特种设备制造许可证的通知》规定：根据2011年6月1日实施的《产业结构调整指导目录（2011年本）》，TQ60、TQ80塔式起重机，QT16、QT20、QT25井架简易塔式起重机……停止相关产品的制造许可并做好相关企业制造许可证的注销工作。被申请人对上述证据与本案的关联性不予认可，认为QT25井架简易塔式起重机与本案的QTZ25型起重机不是同一型号，不属于淘汰的起重机型号。庭审中，再审申请人还申请焦某平、翟某强、尹某涛等出庭作证，以证明塔机的使用情况及现状。被申请人对上述证人证言不予认可，并认为上述证言证明的行为与合同约定不符，即使出现设备故障问题也应当是进入维修而不是直接解除合同，申请人所说合同的理由亦不能成立。

被申请人向J市中级人民法院提供了下列证据：① 涉案起重机的合格证。生产企业是丁建筑机械厂，产品型号是QTZ25型塔式起重机，起重力矩250 kN·m，额定起重量为0.633～2.5 t，幅度为2.5～3.6 m，起升高度为28 m，整机质量14 700 kg，检验日期为2006年3月18日。"特种设备制造许可证明细表许可事项"载明："型式：普通塔式起重机；型号及参数：QTZ40及以下；审批机关：山东省质量技术监督局；有限期至2008年10月27日；发证日期：2004年10月28日"。"山东省建设工业产品登记备案证明"载明："产品名称：塔式起重机 QTZ40、QTZ31.5、QTZ25、QTZ20、QTG20；有效期：2004年10月12日至2006年12月31日"。②《工矿产品购销合同》载明："签订时间：2006年4月29日；供方：丁建筑机械厂；需方：甲建筑公司；产品名称：QTZ25塔吊；单价：18.2万元；交货时间：2006年4月30日提"。丁建筑机械厂收据载明："收款18.2万元"。③《特种设备型式实验报告》载明："型号规格：QTZ25；实验结论：该样机所有检查和实验项目单向全部合格，综合判定型式试验合格"。④ J市建筑施工安全监督站文件《关于转发省安监站〈关于认真贯彻落实建设部第659号公告的通知〉的通知》载明："《关于认真贯彻落实建设部第659号公告的通知》要求公告涉及建设事业节能、环保、安全、质量等技术推广领域共计359项，其中限制使用技术37项，禁止使用技术32项。各级建筑施工安全监督机构要求按照公告推进新技术的推广应用，防止违反规定使用限制使用技术和禁止使用技术，凡违反工程建设强制性标准的，对有关单位进行处罚。”禁止使用技术部分第29项QTG20、QTG25、TG30等型号的塔式起重机，说明内容为：自行安装的固定式塔式起重机，由于无顶升套架及机构，无高处安装作业平台，安装拆卸工况差，安全无保证。第27项QT60、QT80塔机，说明内容为：20世纪七八十年代生产的动臂式塔机，安全装置不齐全，安全性能差。第28项井架简易塔式起重机，说明内容为：塔身结构由杆件用螺栓连接，受力不明确，非标准节形式，起重臂无风标效应，安全性能差，安全装置不齐全，稳定性差。被申请人提供上述证据拟证明：被申请人交付申请人的塔机属于合格的产品，涉案塔机不属于申请人所说的被淘汰的或者是被禁用的塔机，且涉案的塔机属于限制使用当中的第33项规定的630 kN·m以下的塔机，使用时间最长为10年。再审申请人对被申请人提供的证据是否与本案具有关联性提出异议，但是没有提供证据反驳。

J市中级人民法院再审审理过程中，对涉案塔机存放的地点进行了勘查。该塔机长期存放于某农田，且在勘查中没有发现提供自升功能的机械部件“套筒”，本案没有证据证明该塔机仍具有机械使用价值。

J市中级人民法院再审查明的事实与原审审理查明的事实基本一致。J市中级人民法院再审另查明：涉案QTZ25塔机不属于国家明令淘汰或禁止使用的产品，且其使用年限不超过10年。

J市中级人民法院再审认为：① 本案的案由为租赁合同纠纷。该合同不违反法律、法规的强制性规定，应当认定为有效合同。该合同没有丙开发公司的公章，庭审中，申请人刘某太虽然述称其是丙开发公司工作人员，但是对于丙开发公司否认其是该公司工作人员，其没有提供证据反驳，被申请人作为利害关系人也没有举证证明刘某太是原审被告丙开发公司的工作人员，合同中仅有刘某太的个人签名，故本案合同关系的双方应当认定为甲建筑公司与刘某太，原审法院判决丙开发公司与刘某太共同承担合同责任，没有事实和法律依据。J市中级人民法院再审驳回了被申请人对原审被告丙开发公司的诉讼请求。② 本案租赁合同约定按日160元支付租赁费，但未约定租赁期限。庭审中，再审申请人陈述因质量问题要求解除合同，但其要求解除合同的意思表示没有充足的证据证明到达被申请人，且即使有该意思表示也不符合双方合同第六条约定的解除合同的方式，合同乙方刘某太也没有按照合同第七条的约定交还租赁物，故本案不能认定再审申请人刘某太按约解除合同。本案被申请人向原审法院提起诉讼的时间，应当视为被申请人要求解除合同的时间，法院应当判决解除合同，此后的租赁费不应当判决继续计算。故对被申请人要求在提起诉讼后继续计算租金及违约金的诉讼请求，应予驳回。本案刘某太逾期交纳租金，应当承担所交押金不再退还、逾期不结算支付一定的滞纳金的违约责任。本案被申请人原审请求支付租金的起算点为2010年3月10日至2011年7月18日，请求支付的数额为69 440元(实际应为79 040元)，原审法院判决刘某太承担此69 440元的租赁费并无不当，但原审按租赁费的35%加收滞纳金，明显过高，J市中级人民法院应当根据《最高人民法院关于适用〈中华人民共和国合同法〉若干问题的解释(二)》的规定，根据当事人的实际损失、合同的履行情况、当事人的过错程度以及预期利益等因素，按照该解释第二十九条的规定予以适当减少。③ 本案证明租赁物没有“丢失、损坏”的举证义务应当由再审申请人刘某太承担，经现场勘查，涉案塔机没有证据证明仍有机械使用价值，且在刘某太处置该塔机期间，其已超过国家明令规定的使用期限，故原审法院判决其承担租赁物灭失的损失并无不当，但原审按提货单说明第二项的约定，按照物品原价值的150%赔偿，承担的损失数额仍属过高，J市中级人民法院应当根据《最高人民法院关于适用〈中华人民共和国合同法〉若干问题的解释(二)》的规定予以适当减少。J市中级人民法院判决再审申请人承担全部塔机损失后，涉案塔机的所有权应当由再审申请人刘某太享有，刘某太有权按照国家对涉案塔机的管理规定，按报废产品进行处理。再审申请人认为QT25井架简易塔式起重机与本案的QTZ25塔式起重机是同一型号，属于国家明令淘汰的起重机型号，与国家规定不符，其主张合同无效的观点，J市中级人民法院不予采纳；再审申请人主张的塔机存在质量问题，在电话通知被申请人工作人员，被申请人工作人员没有拉走，而改由案外人焦某平拉走另行存放的处理方式，不符合合同的约定，由此造成的损失应由申请人承担。但原审法院在推定涉案塔机"灭失、损毁"的情况下，仍然判决支付租赁费，该判决结果不当，应予纠正。再审申请人的部分申请理由成立，应予支持。

依照《合同法》第六十条、第一百零七条、第一百一十三条、第二百一十二条、第二百二十六条、第二百二十七条，《最高人民法院关于适用〈中华人民共和国合同法〉若干问题的解释（二）》第二十九条，《民事诉讼法》第二百零七条、第一百七十条第一款第（二）项的规定，判决如下：

① 撤销×县人民法院〔2011〕民初字第965号民事判决。

② 再审申请人刘某太在本判决生效后10日内，向被申请人甲建筑公司支付2010年3月10日起至2011年7月18日止的租赁费69 440元及违约金（违约金的计算方法为：以79 040元为基数，乘以银行同期借款利息的130%，自2011年7月18日计算至本判决生效后10日）。

③ 再审申请人刘某太在本判决生效后10日内，向被申请人甲建筑公司支付塔机损失费132 000元（120 000+120 000×10%）。

④ 驳回被申请人甲建筑公司的其他诉讼请求。

裁判要旨：建筑施工安全监督机构要积极推进新技术的推广应用，防止违反规定使用限制使用技术和禁止使用技术。本案的QTZ25塔式起重机与QT25井架简易塔式起重机非同一型号，不属于国家明令淘汰的起重机型号，再审申请人主张合同无效的观点不予支持。

第三十九条【危险物品的监管】

生产、经营、运输、储存、使用危险物品或者处置废弃危险物品的，由有关主管部门依照有关法律、法规的规定和国家标准或者行业标准审批并实施监督管理。

生产经营单位生产、经营、运输、储存、使用危险物品或者处置废弃危险物品，必须执行有关法律、法规和国家标准或者行业标准，建立专门的安全管理制度，采取可靠的安全措施，接受有关主管部门依法实施的监督管理。

【条文解读】　本条是关于生产、经营、运输、储存、使用危险物品或者处置废弃危险物品的监督管理的规定。

条文讲解

危险物品的生产、经营、运输、储存、使用、处置废弃具有很大的危险性，一旦发生事故，将会对国家和人民群众的生命财产安全造成重大伤害。所以，要对危险物品从生产开始一直到最终处置废弃，都实行规范管理，制定相应的法律、法规和标准，采取必要的监管措施，可以有效降低危险物品发生事故的概率。目前，我国制定了大量关于危险物品的法律，主要有《固体废物污染环境防治法》《中华人民共和国产品质量法》《道路交通安全法》《中华人民共和国环境保护法》《中华人民共和国放射性污染防治法》等。此外还有《公路安全保护条例》《危险化学品安全管理条例》《易制毒化学品管理条例》《烟花爆竹安全管理条例》《民用爆炸物品安全管理条例》《中华人民共和国监控化学品管理条例》《农药管理条例》《城镇燃气管理条例》《放射性物品运输安全管理条例》《中华人民共和国民用核设施安全监督管理条例》《核电厂核事故应急管理条例》《中华人民共和国核材料管制条例》《民用核安全设备监督管理条例》《放射性同位素与射线装置安全和防护条例》《放射性物品运输安全管理条例》《放射性废物安全管理条例》等行政法规，以及有关的部门规章、地方性法规等。

因为危险物品的种类比较多，涉及危险物品的生产、经营、运输、存储、使用和处置废弃等多个环节，许多法律、法规和标准对危险物品相关活动的监管均有规定，按照这些规定，除政府应急管理部门外，对应的主管部门要根据危险物品相关活动的特点，进行审批并实施监督管理。危险物品的审批和监管主要涉及安监、公安、交通运输、市场管理、环境保护等部门。例如，根据《危险化学品安全管理条例》第六条的规定，对危险化学品的生产、储存、使用、经营、运输实施安全监督管理的有关部门，依照下列规定履行职责：① 安全生产监督管理部门负责危险化学品安全监督管理综合工作，组织确定、公布、调整危险化学品目录，对新建、改建、扩建生产、储存危险化学品（包括使用长输管道输送危险化学品，下同）的建设项目进行安全条件审查，核发危险化学品安全生产许可证、危险化学品安全使用许可证和危险化学品经营许可证，并负责危险化学品登记工作。② 公安机关负责危险化学品的公共安全管理，核发剧毒化学品购买许可证、剧毒化学品道路运输通行证，并负责危险化学品运输车辆的道路交通安全管理。③ 质量监督检验检疫部门负责核发危险化学品及其包装物、容器（不包括储存危险化学品的固定式大型储罐，下同）生产企业的工业产品生产许可证，并依法对其产品质量实施监督，负责对进出口危险化学品及其包装实施检验。④ 环境保护主管部门负责废弃危险化学品处置的监督管理，组织危险化学品的环境危害性鉴定和环境风险程度评估，确定实施重点环境管理的危险化学品，负责危险化学品环境管理登记和新化学物质环境管理登记；依照职责分工调查相关危险化学品环境污染事故和生态破坏事件，负责危险化

学品事故现场的应急环境监测。⑤ 交通运输主管部门负责危险化学品道路运输、水路运输的许可以及运输工具的安全管理，对危险化学品水路运输安全实施监督，负责危险化学品道路运输企业、水路运输企业驾驶人员、船员、装卸管理人员、押运人员、申报人员、集装箱装箱现场检查员的资格认定。铁路监管部门负责危险化学品铁路运输及其运输工具的安全管理。民用航空主管部门负责危险化学品航空运输以及航空运输企业及其运输工具的安全管理。⑥ 卫生主管部门负责危险化学品毒性鉴定的管理，负责组织、协调危险化学品事故受伤人员的医疗卫生救援工作。⑦ 工商行政管理部门依据有关部门的许可证件，核发危险化学品生产、储存、经营、运输企业营业执照，查处危险化学品经营企业违法采购危险化学品的行为。⑧ 邮政管理部门负责依法查处寄递危险化学品的行为。

按照本条的规定，对危险物品负有安全监督管理职责的部门对危险物品的监管主要通过审批和实施监督管理实现。行政审批是从源头上管理危险物品相关生产、经营、运输等活动的有效方式。生产经营单位必须按照相关法律、法规的规定取得相应的行政许可后，方可从事危险物品有关的活动。例如，新建、改建、扩建生产、储存危险化学品的建设项目，应当由负有安全监督管理职责的部门进行安全条件审查。危险化学品生产企业进行生产前，应当依照《安全生产许可证条例》的规定，取得危险化学品安全生产许可证。使用危险化学品从事生产并且使用量达到规定数量的化工企业，应当依法取得危险化学品安全使用许可证。国家对危险化学品经营（包括仓储经营）实行许可制度。未经许可，任何单位和个人不得经营危险化学品。从事危险化学品道路运输、水路运输的，应当分别依照有关道路运输、水路运输的法律、行政法规的规定，取得危险货物道路运输许可、水路运输许可，并向工商行政部门办理登记手续。有关主管部门对危险物品生产、经营、运输、储存、使用或者处置废弃进行审批时，必须严格按照法律、法规、标准规定的条件和程序进行，对不符合条件的，不得批准，不能降低条件，放松要求。对经过审批从事与危险物品有关的活动的单位和个人要加强监督管理，及时进行严格的监督检查。

根据本条的规定，生产、经营、运输、储存、使用危险物品或处置废弃危险物品生产经营单位的义务主要有 4 项：① 必须严格执行有关法律、法规和国家标准或者行业标准。② 建立专门的安全管理制度。安全管理制度是法律、法规和标准在生产经营单位安全管理方面的具体体现，是法律、法规和标准在生产经营单位的具体化。所以本条规定，生产经营单位生产、经营、运输、储存、使用危险物品或者处置废弃危险物品，必须执行有关法律、法规和国家标准或者行业标准，建立专门的安全管理制度。③ 采取可靠的安全措施。生产经营单位应当根据危险物品的种类、危险特性等采取有针对性的安全措施。例如，托运放射性物品的，托运人应当持有生产、销售、使用或者处置放射性物品的有效证明，使用与所托运的放射性物品类别相适应的运输容器进行包装，配备必要的辐射监测设备、防护用品和防盗、防破坏设备，并编制运输说明书、核与辐射事故应急响应指南、装卸作业方法、安全防护指南。运输说明书应当包括放射性物品的品名、数量、物理化学形态、危害风险等内容。④ 接受有关部门依法实施的监督管理。有关主管部门依法对危险物品的生产经营单位实施监督检查，生产经营单位应当积极配合，不得拒绝或阻挠。《安全生产法》第一百零八条规定：违反本法规定，生产经营单位拒绝、阻碍负有安全生产监督管理职责的部门依法实施监督检查的，责令改正；拒不改正的，处 2 万元以上 20 万元以下的罚款；对其直接负责的主管人员和其他直接责任人员处 1 万元以上 2 万元以下的罚款；构成犯罪的，依照刑法有关规定追究刑事责任。

根据《安全生产法》第一百条的规定，未经依法批准，擅自生产、经营、运输、储存、使用危险物品或者处置废弃危险物品的，依照有关危险物品安全管理的法律、行政法规的规定予以处罚；构成犯罪的，依照刑法有关规定追究刑事责任。根据《安全生产法》第一百零一条的规定，生产经营单位生产、经营、运输、储存、使用危险物品或者处置废弃危险物品，未建立专门安全管理制度、未采取可靠的安全措施的，责令限期改正，处 10 万元以下的罚款；逾期未改正的，责令停产停业整顿，并处10万元以上20万元以下的罚款，对其直接负责的主管人员和其他直接责任人员处2万元以上5万元以下的罚款；构成犯罪的，依照刑法有关规定追究刑事责任。

【关联法规索引】《固体废物污染环境防治法》《中华人民共和国产品质量法》《道路交通安全法》《公路安全保护条例》《危险化学品安全管理条例》《易制毒化学品管理条例》《烟花爆竹安全管理条例》《民用爆炸物品安全管理条例》《中华人民共和国监控化学品管理条例》《农药管理条例》《城镇燃气管理条例》《放射性物品运输安全管理条例》《中华人民共和国民用核设施安全监督管理条例》《核电厂核事故应急管理条例》《中华人民共和国核材料管制条例》《民用核安全设备监督管理条例》《放射性同位素与射线装置安全和防护条例》《放射性物品运输安全管理条例》《放射性废物安全管理条例》。

典型案例：上诉人丙烟花爆竹经营部与被上诉人甲市安全生产监督管理局质量监督其他行政行为纠纷二审行政纠纷案

2017年1月16日，甲市安全生产监督管理局(以下简称甲市安监局)联合公安部门对丙烟花爆竹经营部存储烟花爆竹的地点进行检查，制作了现场检查记录，拍摄了现场照片。甲市安监局认为丙烟花爆竹经营部涉嫌销售非法生产、经营的烟花爆竹，经行政机关负责人批准后，作出涉案的先行登记保全证据通知书，并明确7日内依法作出处理决定，要求丙烟花爆竹经营部于次日到甲市安监局接受对先行登记保全证据的处理决定。甲市安监局同时制作了询问通知书，要求丙烟花爆竹经营部于次日9时携带相关材料到甲市安监局接受询问调查。2017年1月17日，甲市安监局对沈某柏、朱某荣进行了询问。甲市安监局根据调查的事实，认为丙烟花爆竹经营部有涉嫌非法运输爆炸性危险物质(烟花爆竹)的行为，违反了《中华人民共和国治安管理处罚法》(以下简称《治安管理处罚法》)第三十条的规定，案件已超出甲市安监局管辖范围，根据《安全生产法》第三十六条的规定，于2017年1月17日作出案件移送书，移送甲市公安局处理。2017 年 1 月 19 日，甲市公安局治安警察大队签收了甲市安监局提交的相关材料。2017 年 1 月 20 日，丙烟花爆竹经营部的经营者、保管人、办案民警分别在证据保全清单上签字。2017 年 1 月 16 日，甲市安监局对先行登记保全证据的物品进行交接，因此对于上述物品一直未作出处理。丙烟花爆竹经营部不服，提起本案诉讼，请求判令甲市安监局作出先行登记保存证据通知书后怠于履行处理的行政行为违法，判令甲市安监局立即返回扣押的财物，赔偿损失 1 元，并承担本案诉讼费用。

一审法院认为，根据《安全生产法》第六十二条、《烟花爆竹安全管理条例》第四条的规定，甲市安监局负责辖区内烟花爆竹的安全生产监督管理，有权和其他负有安全生产监督管理职责的部门依法开展安全生产行政执法工作，对生产经营单位执行有关安全生产的法律、法规和国家标准或者行业标准的情况进行监督检查。

根据《行政处罚法》第三十七条第二款的规定，行政机关在收集证据时，在证据可能灭失或者以后难以取得的情况下，经行政机关负责人批准，可以先行登记保存，并应当在 7 日内及时作出处理决定。本案中，甲市安监局在监督检查中发现丙烟花爆竹经营部有涉嫌销售非法生产、经营的烟花爆竹行为，为确保调查取证工作，经负责人批准，对现场 18 类烟花爆竹物品采取先行登记保存措施，不违反上述规定。甲市安监局实施上述行为的同时，要求丙烟花爆竹经营部于次日到甲市安监局接受对先行登记保全证据的处理决定，并制作了询问通知书，要求丙烟花爆竹经营部于次日 9 时携带相关材料到甲市安监局接受询问调查，不存在丙烟花爆竹经营部主张的怠于履行处理行为的情形。

根据《烟花爆竹安全管理条例》第四条、第五条的规定，公安部门负责烟花爆竹的公共安全管理，且公安、安全生产监督管理等部门应当按照职责分工，组织查处非法生产、经营、储存、运输、邮寄烟花爆竹以及非法燃放烟花爆竹的行为。根据《安全生产法》第六十六条的规定，负有安全生产监督管理职责的部门在监督检查中，应当互相配合，实行联合检查，发现存在的安全问题应当由其他有关部门进行处理的，应当及时移送其他有关部门并形成记录备查，接受移送的部门应当及时进行处理。本案中，甲市安监局根据查处的情况，结合询问辖区内烟花爆竹批发企业相关负责人的情况，认为丙烟花爆竹经营部的行为涉嫌违反《烟花爆竹安全管理条例》第二十二条、《治安管理处罚法》第三十条的规定，非法运输爆炸性危险物质（烟花爆竹），该行为超出了甲市安监局管辖范围，遂根据《安全生产法》第三十六条的规定，将案件移送公安部门进行审理，不违反法律规定。根据甲市安监局提供的证据，其于2017年1月19日向甲市公安局治安警察大队移送了涉案的相关证据材料，治安警察大队于2017年1月20日接管了涉案证据保全清单的物品，丙烟花爆竹经营部的经营者亦签字确认。即甲市安监局在进行先行登记保存后的7日内已作出处理，且丙烟花爆竹经营部已知晓。故甲市安监局不存在以保存证据之名扣押丙烟花爆竹经营部财物的行为，丙烟花爆竹经营部主张返还的诉讼请求依法不予支持。

丙烟花爆竹经营部主张的甲市安监局扣押其烟花爆竹经营（零售）许可证、甲市安监局行为造成损失等事实，未能提供任何证据予以佐证，其要求甲市安监局返还许可证、赔偿损失1元的诉讼请求，没有任何事实和法律依据，依法不予支持。

综上，一审法院依照《行政诉讼法》第六十九条的规定，判决：驳回丙烟花爆竹经营部的全部诉讼请求。案件受理费50元，由丙烟花爆竹经营部负担。

丙烟花爆竹经营部不服一审判决，向甲市中级人民法院提起上诉，请求撤销一审判决，依法改判，由甲市安监局承担本案一、二审诉讼费用。主要理由为：① 一审认定甲市安监局不存在怠于履行处理行为错误。根据《安全生产违法行为行政处罚办法》的规定，对于先行登记保存的证据，如违法事实不成立，或者依法不应当予以没收、扣留、封存的，应当在7日内作出处理决定，解除登记保存。而甲市安监局在没有证据证明丙烟花爆竹经营部正在“运输”烟花爆竹的情况下，随意向公安部门移送案件，不履行本应由其解除登记保存的职责，属于怠于履行处理行为。甲市安监局的执法动机是对丙烟花爆竹经营部举报行为的打击报复，构成滥用职权。② 一审程序违法，认定有关事实错误。第一，一审不允许丙烟花爆竹经营部当庭变更诉请错误。第二，一审不同意追加甲市公安局为共同被告错误。第三，一审在未核实2017年1月20日证据保全清单原件的情况下认定有关事实违反法律规定。第四，一审拒绝丙烟花爆竹经营部要求甲市安监局出示执法仪以查证是否扣押许可证的事实，导致相关事实未能查清。

甲市安监局二审答辩认为，一审判决正确，请求驳回上诉，维持一审判决。

二审中，丙烟花爆竹经营部提交了下列证据：① 2017年7月12日，甲市公安局治安警察大队呈请移送退回案件报告书；② 甲市公安局退回案件通知书；③ 情况说明；④ 执法现场录像光盘。甲市安监局质证认为：证据①～③不属于新证据，且与本案无关联；证据④不能证明执法中存在违法情形。甲市中级人民法院认为：本案审理的是甲市安监局对先行登记保存的涉案物品是否履行了处理的法定职责，丙烟花爆竹经营部提供的证据①～③与本案没有关联；证据④不能证明甲市安监局扣押了丙烟花爆竹经营部的烟花爆竹经营（零售）许可证。

二审另查明，甲市安监局对先行登记保存的物品进行交接的时间为2017年1月20日，交接对象为甲市公安局。一审认定"2017年1月16日甲市安监局对先行登记保全证据的物品进行交接"应系笔误，甲市中级人民法院予以纠正。

除此之外，甲市中级人民法院经审理查明的事实与一审判决认定的事实一致，甲市中级人民法院予以确认。

甲市中级人民法院认为，本案二审争议焦点：一是先行登记保存物品是否包括烟花爆竹经营（零售）许可证；二是甲市安监局对先行登记保存的涉案物品是否履行了处理的法定职责。

关于争议焦点一，丙烟花爆竹经营部认为先行登记保存的物品除2017年1月16日先行登记保存证据清单载明的物品外，还包括烟花爆竹经营（零售）许可证，甲市安监局予以否认。从本案证据来看，荣某铨拒绝在先行登记保存证据清单上签字，一审庭审中丙烟花爆竹经营部陈述执法后许可证不见了，推定甲市安监局进行了扣押或者由其他闲杂人员擅自拿走了。甲市中级人民法院认为，丙烟花爆竹经营部认为先行登记保存物品包括烟花爆竹经营(零售)许可证没有证据予以支持，且丙烟花爆竹经营部二审中提供的执法现场录像光盘亦不能达到其证明目的，故先行登记保存物品应当以先行登记保存证据清单载明物品为准，不包括烟花爆竹经营(零售)许可证。

关于争议焦点二，《行政处罚法》第三十七条第二款规定："行政机关在收集证据时，可以采取抽样取证的方法；在证据可能灭失或者以后难以取得的情况下，经行政机关负责人批准，可以先行登记保存，并应当在7日内及时作出处理决定，在此期间，当事人或者有关人员不得销毁或者转移证据。"

《安全生产违法行为行政处罚办法》第二十七条规定："安全生产行政执法人员在收集证据时，可以采取抽样取证的方法；在证据可能灭失或者以后难以取得的情况下，经本单位负责人批准，可以先行登记保存，并应当在7日内作出处理决定：(一) 违法事实成立依法应当没收的，作出行政处罚决定，予以没收；依法应当扣留或者封存的，予以扣留或者封存。(二) 违法事实不成立，或者依法不应当予以没收、扣留、封存的，解除登记保存。"由此可见，对于先行登记保存的物品，应根据违法事实是否成立而采取不同措施。

《烟花爆竹安全管理条例》第三十八条第二款规定："从事烟花爆竹零售的经营者销售非法生产、经营的烟花爆竹，或者销售按照国家标准规定应由专业燃放人员燃放的烟花爆竹的，由安全生产监督管理部门责令停止违法行为，处1 000元以上5 000元以下的罚款，并没收非法经营的物品及违法所得；情节严重的，吊销烟花爆竹经营许可证。"据此，安全生产监督管理部门具有查处销售非法生产、经营的烟花爆竹的法定职责。

《安全生产法》第六十六条规定："负有安全生产监督管理职责的部门在监督检查中，应当互相配合，实行联合检查；确需分别进行检查的，应当互通情况，发现存在的安全问题应当由其他有关部门进行处理的，应当及时移送其他有关部门并形成记录备查，接受移送的部门应当及时进行处理。"《烟花爆竹安全管理条例》第四条规定："安全生产监督管理部门负责烟花爆竹的安全生产监督管理；公安部门负责烟花爆竹的公共安全管理；质量监督检验部门负责烟花爆竹的质量监督和进出口检验。"

本案中，甲市安监局对丙烟花爆竹经营部的涉案物品先行登记保存的理由为丙烟花爆竹经营部涉嫌销售非法生产、经营的烟花爆竹。其后甲市安监局在处理该案的过程中，发现丙烟花爆竹经营部涉嫌非法运输爆炸性危险物质（烟花爆竹），遂决定将涉案物品移送甲市公安局，应视为甲市安监局认为丙烟花爆竹经营部涉嫌销售非法生产、经营的烟花爆竹的违法事实不能成立，甲市安监局将先行登记物品移交给甲市公安局，是对涉案物品作出的处理行为。该处理行为符合上述法律规定。丙烟花爆竹经营部认为甲市安监局对先行登记保存的涉案物品未履行法定处理职责的观点甲市中级人民法院不予采纳。

至于丙烟花爆竹经营部上诉的其他理由，甲市中级人民法院认为：第一，关于一审不允许丙烟花爆竹经营部当庭变更诉讼请求的问题，《最高人民法院关于执行〈中华人民共和国行政诉讼法〉若干问题的解释》第四十五条规定："起诉状副本送达被告后，原告提出新的诉讼请求的，人民法院不予准许，但有正当理由的除外。"丙烟花爆竹经营部在没有正当理由的情况下当庭变更诉讼请求，一审不予准许不违反法律规定。第二，关于一审不同意追加甲市公安局为共同被告的问题。因本案审理的是甲市安监局对先行登记保存的涉案物品是否履行了处理的法定职责，甲市公安局并非先行登记保存的主体，一审不同意追加不违反法律规定。第三，关于丙烟花爆竹经营部提出的一审在未核实 2017 年 1 月 20 日证据保全清单原件的情况下认定有关事实的问题。经查，一审庭审笔录中丙烟花爆竹经营部在对甲市安监局提交证据进行质证时明确表示"对事实部分的证据三性均无异议"，因此，一审对证据的采信不违反法律规定。

综上，甲市安监局对丙烟花爆竹经营部的涉案物品进行先行登记保存后已按规定移送其他监管部门，履行了法定职责；先行登记保存物品不包括烟花爆竹经营（零售）许可证；丙烟花爆竹经营部的上诉理由不能成立，甲市中级人民法院不予支持。依照《行政诉讼法》第八十九条第一款第（一）项的规定，判决如下：驳回上诉，维持原判决。

裁判要旨：行政机关在收集证据时，可以采取抽样取证的方法；在证据可能灭失或者以后难以取得的情况下，经行政机关负责人批准，可以先行登记保存，并应当在7日内及时作出处理决定，在此期间，当事人或者有关人员不得销毁或者转移证据。安全生产监督管理部门负责烟花爆竹的安全生产监督管理；公安部门负责烟花爆竹的公共安全管理；质量监督检验部门负责烟花爆竹的质量监督和进出口检验。

第四十条【重大危险源的管理】

生产经营单位对重大危险源应当登记建档，进行定期检测、评估、监控，并制定应急预案，告知从业人员和相关人员在紧急情况下应当采取的应急措施。

生产经营单位应当按照国家有关规定将本单位重大危险源及有关安全措施、应急措施报有关地方人民政府应急管理部门和有关部门备案。有关地方人民政府应急管理部门和有关部门应当通过相关信息系统实现信息共享。

【条文解读】 本条是对重大危险源管理的细化规定。

生产经营单位对重大危险源应当登记建档，进行定期检测、评估、监控，并制定应急预案，告知从业人员和相关人员在紧急情况下应当采取的应急措施。本次修法特别规定有关地方人民政府应急管理部门和有关部门应当通过相关信息系统实现信息共享，这与《安全生产法》第十条的修订形成呼应，即负有安全生产监督管理职责的部门应当相互配合、齐抓共管、信息共享、资源共用，依法加强安全生产监督管理工作。

第四十一条【安全风险分级管控和隐患排查治理】

生产经营单位应当建立安全风险分级管控制度，按照安全风险分级采取相应的管控措施。

生产经营单位应当建立健全并落实生产安全事故隐患排查治理制度，采取技术、管理措施，及时发现并消除事故隐患。事故隐患排查治理情况应当如实记录，并通过职工大会或者职工代表大会、信息公示栏等方式向从业人员通报。其中，重大事故隐患排查治理情况应当及时向负有安全生产监督管理职责的部门和职工大会或者职工代表大会报告。

县级以上地方各级人民政府负有安全生产监督管理职责的部门应当将重大事故隐患纳入相关信息系统，建立健全重大事故隐患治理督办制度，督促生产经营单位消除重大事故隐患。

【条文解读】 本条是关于安全风险分级管控和隐患排查治理（双重预防机制）的规定。

本条主要包括三个方面的内容：其一，明确生产经营单位应当建立安全风险分级管控制度并采取相应的管控措施；其二，明确生产经营单位是生产安全事故隐患排查治理的主体；其三，明确县级以上地方各级人民政府负有安全生产监督管理职责的部门对重大事故隐患治理的督办责任。

（一）安全风险分级管控

本条第一款是2021年修法新增内容，正式将安全风险分级管控纳入了法律。安全风险是指发生危险事件或有害暴露的可能性，与随之引发的人身伤害或财产损失等危害后果的组合。风险管控是指风险辨识、分析、评价、控制并持续改进的动态过程。风险管控不到位会形成隐患，隐患治理不及时也会提高风险等级，提高事故发生的可能性、加重事故发生的严重程度。风险分级管控应当与隐患排查治理有机结合，实施双重预防。生产经营单位应当建立安全风险分级管控制度，采取合理可行的措施，排查、辨识、分析、确认、控制、消除或降低安全风险。

（1）风险辨识是动态发现、筛选并记录各类安全风险的过程。风险辨识的范围包括可能导致人身伤害、健康伤害或财产损失的根源、状态或行为，或它们的组合。根源是指具有能量（有害物质）或产生、释放能量（有害物质）的物理实体；状态包括物的状态和作业环境的状态;行为包括决策人员、管理人员以及从业人员的决策行为、管理行为以及作业行为。生产经营单位应当组织全体员工辨识生产工艺、设备设施、作业环境、人员行为和管理体系等方面存在的安全风险。

(2) 风险分析是在风险辨识的基础上,选择适用的定性、定量或定性定量相结合等方法,对危险发生的可能性和后果严重性进行估计和预测,为风险评价提供支持。可能性分析包括系统脆弱性、现有控制措施的符合性和有效性以及缺陷、不足等,后果严重性包括危险引发事故发生时可能造成的人身伤害、健康伤害或财产损失。生产经营单位应当对辨识出的安全风险,综合考虑起因物、引起事故的诱导性原因、致害物、伤害方式等进行分类梳理和分析。

(3) 风险评价是对比风险分析结果和风险准则,确定风险等级的过程。风险等级从高到低划分为重大风险、较大风险、一般风险和低风险四个级别,分别用红、橙、黄、蓝四种颜色标示。

(4) 生产经营单位根据风险评价结果,针对风险特点,从组织、制度、技术、应急、操作、教育等方面对风险进行有效控制。对存在重大风险的生产经营系统、区域或岗位,应当设置明显的警示标志,强化危险源监测和预警,并及时制定措施,明确责任部门、人员,实施重点管控。对无法有效管控的重大风险,应当依法及时采取停产、停业等措施,撤离现场作业人员及影响范围内的人员,划定禁区,防止重大风险失控引发事故。

(二) 安全生产事故隐患排查治理

安全生产事故隐患,是指生产经营单位违反安全生产法律、法规、规章、标准、规程和安全生产管理制度的规定,或者因其他因素在生产经营活动中存在可能导致事故发生的物的危险状态、人的不安全行为和管理上的缺陷。事故隐患分为一般事故隐患和重大事故隐患。一般事故隐患,是指危害和整改难度较小,发现后能够立即整改排除的隐患。重大事故隐患,是指危害和整改难度较大,应当全部或者局部停产停业,并经过一定时间整改治理方能排除的隐患,或者因外部因素影响致使生产经营单位自身难以排除的隐患。有些行政法规对重大事故隐患的认定作了规定。例如,《国务院关于预防煤矿生产安全事故的特别规定》第八条规定,煤矿有下列重大安全生产隐患和行为的,应当立即停止生产,排除隐患:① 超能力、超强度或者超定员组织生产的;② 瓦斯超限作业的;③ 煤与瓦斯突出矿井,未依照规定实施防突出措施的;④ 高瓦斯矿井未建立瓦斯抽放系统和监控系统,或者瓦斯监控系统不能正常运行的;⑤ 通风系统不完善、不可靠的;⑥ 有严重水患,未采取有效措施的;⑦ 超层越界开采的;⑧ 有冲击地压危险,未采取有效措施的;⑨ 自然发火严重,未采取有效措施的;⑩ 使用明令禁止使用或者淘汰的设备、工艺的;⑪ 年产6 万 t以上的煤矿没有双回路供电系统的;⑫ 新建煤矿边建设边生产,煤矿改扩建期间,在改扩建的区域生产,或者在其他区域的生产超出安全设计规定的范围和规模的;⑬ 煤矿实行整体承包生产经营后,未重新取得安全生产许可证和煤炭生产许可证,从事生产的,或者承包方再次转包的,以及煤矿将井下采掘工作面和井巷维修作业进行劳务承包的;⑭ 煤矿改制期间,未明确安全生产责任人和安全管理机构的,或者在完成改制后,未重新取得或者变更采矿许可证、安全生产许可证和营业执照的;⑮ 有其他重大安全生产隐患的。

建立健全生产安全事故隐患排查治理制度,生产经营单位主要负责人对本单位事故隐患排查治理工作全面负责。生产经营单位是事故隐患排查、治理和防控的责任主体。生产经营单位应当建立健全事故隐患排查治理和建档监控等制度,逐级建立并落实从主要负责人到每个从业人员的隐患排查治理和监控责任制。生产经营单位应当保证事故隐患排查治理所需的资金,建立资金使用专项制度。生产经营单位应当定期组织安全生产管理人员、工程技术人员和其他相关人员排查本单位的事故隐患。对排查出的事故隐患,应当按照事故隐患的等级进行登记,建立事故隐患信息档案,并按照职责分工实施监控治理。

生产经营单位应当建立事故隐患报告和举报奖励制度,鼓励、发动职工发现和排除事故隐患,鼓励社会公众举报。对发现、排除和举报事故隐患的有功人员,应当给予物质奖励和表彰。生产经营单位将生产经营项目、场所、设备发包、出租的，应当与承包、承租单位签订安全生产管理协议，并在协议中明确各方对事故隐患排查、治理和防控的管理职责。生产经营单位对承包、承租单位的事故隐患排查治理负有统一协调和监督管理的职责。生产经营单位应当每季、每年对本单位事故隐患排查治理情况进行统计分析，并分别于下一季度15日前和下一年1月31日前向安全监管监察部门和有关部门报送书面统计分析表。统计分析表应当由生产经营单位主要负责人签字。

对于重大事故隐患，生产经营单位除依照前款规定公示外，应当及时向安全监管监察部门和有关部门报告。重大事故隐患报告内容应当包括：① 隐患的现状及其产生原因；② 隐患的危害程度和整改难易程度分析；③ 隐患的治理方案。对于一般事故隐患，由生产经营单位（车间、分厂、区队等）负责人或者有关人员立即组织整改。对于重大事故隐患，由生产经营单位主要负责人组织制定并实施事故隐患治理方案。重大事故隐患治理方案应当包括以下内容：① 治理的目标和任务；② 采取的方法和措施；③ 经费和物资的落实；④ 负责治理的机构和人员；⑤ 治理的时限和要求；⑥ 安全措施和应急预案。

2021年修法特别规定了事故隐患排查治理情况的公示方式，即应当通过职工代表大会或者职工大会、信息公示栏等方式向从业人员通报。其中，重大事故隐患排查治理情况应当及时向负有安全生产监督管理职责的部门和职工大会或者职工代表大会报告。

生产经营单位在事故隐患治理过程中，应当采取相应的安全防范措施，防止事故发生。事故隐患排除前或者排除过程中无法保证安全的，应当从危险区域内撤出作业人员，并疏散可能危及的其他人员，设置警戒标志，暂时停产停业或者停止使用；对暂时难以停产或者停止使用的相关生产储存装置、设施、设备，应当加强维护和保养，防止事故发生。生产经营单位应当加强对自然灾害的预防。对于因自然灾害可能导致事故灾难的隐患，应当按照有关法律、法规、标准和《安全生产事故隐患排查治理暂行规定》的要求排查治理，采取可靠的预防措施，制定应急预案。在接到有关自然灾害预报时，应当及时向下属单位发出预警通知；发生自然灾害可能危及生产经营单位和人员安全的情况时，应当采取撤离人员、停止作业、加强监测等安全措施，并及时向当地人民政府及其有关部门报告。

生产经营单位违反《安全生产事故隐患排查治理暂行规定》，有下列行为之一的，由安全监管监察部门给予警告，并处3万元以下的罚款：① 未建立安全生产事故隐患排查治理等各项制度的；② 未按规定上报事故隐患排查治理统计分析表的；③ 未制定事故隐患治理方案的；④ 重大事故隐患不报或者未及时报告的；⑤ 未对事故隐患进行排查治理擅自生产经营的；⑥ 整改不合格或者未经安全监管监察部门审查同意擅自恢复生产经营的。

生产经营单位事故隐患排查治理过程中违反有关安全生产法律、法规、规章、标准和规程规定的，依法给予行政处罚。

事故隐患排查治理首先要强调生产经营单位的主体责任，同时也离不开政府部门的监管。因此，本条规定县级以上地方各级人民政府负有安全生产监督管理职责的部门应当建立健全重大事故隐患治理督办制度，督促生产经营单位消除重大事故隐患。这里所说的"督办"，是指监管部门要对发现的或者有关单位和个人报告的重大事故隐患登记建档，督促生产经营单位及时采取措施消除隐患。要对重大事故隐患治理全程督办，从过程到结果都要负责，确保消除重大事故隐患。

安全监管监察部门应当建立事故隐患排查治理监督检查制度，定期组织对生产经营单位事故隐患排查治理情况开展监督检查；应当加强对重点单位的事故隐患排查治理情况的监督检查。对检查过程中发现的重大事故隐患，应当下达整改指令书，并建立信息管理台账。必要时，报告同级人民政府并对重大事故隐患实行挂牌督办。安全监管监察部门应当配合有关部门做好对生产经营单位事故隐患排查治理情况开展的监督检查，依法查处事故隐患排查治理的非法和违法行为及其责任者。安全监管监察部门发现属于其他有关部门职责范围内的重大事故隐患的，应该及时将有关资料移送有管辖权的有关部门，并记录备查。已经取得安全生产许可证的生产经营单位，在其被挂牌督办的重大事故隐患治理结束前，安全监管监察部门应当加强监督检查。必要时，可以提请原许可证颁发机关依法暂扣其安全生产许可证。安全监管监察部门应当会同有关部门把重大事故隐患整改纳入重点行业领域的安全专项整治中加以治理，落实相应责任。对挂牌督办并采取全部或者局部停产停业治理的重大事故隐患，安全监管监察部门收到生产经营单位恢复生产的申请报告后，应当在 10 日内进行现场审查。审查合格的，对事故隐患进行核销，同意恢复生产经营；审查不合格的，依法责令改正或者下达停产整改指令。对整改无望或者生产经营单位拒不执行整改指令的，依法实施行政处罚；不具备安全生产条件的，依法提请县级以上人民政府按照国务院规定的权限予以关闭。

地方人民政府或者安全监管监察部门及有关部门挂牌督办并责令全部或者局部停产停业治理的重大事故隐患，治理工作结束后，有条件的生产经营单位应当组织本单位的技术人员和专家对重大事故隐患的治理情况进行评估；其他生产经营单位应当委托具备相应资质的安全评价机构对重大事故隐患的治理情况进行评估。经治理后符合安全生产条件的，生产经营单位应当向安全监管监察部门和有关部门提出恢复生产的书面申请，经安全监管监察部门和有关部门审查同意后，方可恢复生产经营。申请报告应当包括治理方案的内容、项目和安全评价机构出具的评价报告等。

根据《安全生产法》第一百零一条的规定，未建立安全风险分级管控制度或者未按照安全风险分级采取相应管控措施的，或者生产经营单位未建立事故隐患排查治理制度的，责令限期改正，处 10 万元以下的罚款；逾期未改正的，责令停产停业整顿，并处 10 万元以上 20 万元以下的罚款，对其直接负责的主管人员和其他直接责任人员处 2 万元以上 5 万元以下的罚款；构成犯罪的，依照刑法有关规定追究刑事责任。

【关联法规索引】《安全生产法》第一百零一条；《安全生产事故隐患排查治理暂行规定》。

典型案例：丙包装公司与甲市乙区安全生产监督管理局、甲市乙区人民政府质量监督检验检疫行政管理行政纠纷案

被告甲市乙区安全生产监督管理局(以下简称被告区安监局)于2016年4月6日作出(乙)安监管罚〔2016〕005号《行政处罚决定书》，查明2016年2月26日，被告的执法人员对原告进行安全检查，发现该公司存在“未按规定上报2015年各季度事故隐患排查治理统计分析表”的行为，违反了《安全生产事故隐患排查治理暂行规定》第十四条第一款的规定，依据《安全生产事故隐患排查治理暂行规定》第二十六条第一款第(二)项的规定，对原告作出警告并处罚款人民币3万元。原告不服，向被告甲市乙区人民政府(以下简称被告区政府)申请行政复议，被告区政府于2016年6月7日作出政复决字〔2016〕第6号《行政复议决定书》，维持了被告区安监局作出的(乙)安监管罚〔2016〕005号《行政处罚决定书》的行政行为。

被告区安监局向乙区人民法院提交如下证据及法律依据：① 现场检查记录一份，证明被告于2016年2月26日到原告处进行安全检查，对其现场存在问题和处理意见进行了记录，原告的现场负责人于某明认可原告存在安全生产方面的违法事实；②《责令限期整改指令书》一份，证明被告针对原告存在的安全生产违法行为采取的现场处理措施；③ 专家参与安全检查记录表一份，证明行政执法过程中，安全生产专家陈某礼参与检查所做的记录；④ 安全生产专家陈某礼聘书复印件一份，证明安全生产专家陈某礼参加2016年2月26日被告对原告的执法检查；⑤ 原告的隐患照片一份，证明检查中发现的生产车间现场安全问题和隐患；⑥《询问通知书》一份，证明为进一步调查取证，执法人员下达了《询问通知书》，要求企业主要负责人于2016年2月26日15时接受询问；⑦ 文书送达回执一份，证明公司现场负责人于某明亲自签收了《询问通知书》；⑧ 公司营业执照(副本)复印件一份，证明原告公司营业执照(副本)；⑨ 询问笔录(姜某秋)一份，证明原告公司副总经理姜某秋代表公司接受了执法人员询问原告存在安全生产方面的违法事实；⑩ 姜某秋身份证复印

件一份,证明姜某秋身份;⑪ 授权委托书一份,证明原告授权姜某秋代表公司接受询问;⑫ 行政法律文书送达地址确认书一份,证明原告填写的法律文书已送达;⑬ 立案审批表一份,证明对原告违法行为立案查处的审批;⑭ 行政处罚案件调查报告一份,证明对原告违法行为处罚意见的审批;⑮《行政处罚告知书》一份,证明对原告作出行政处罚之前,向原告送达《行政处罚告知书》,告知原告作出行政处罚决定的事实、理由及依据,并告知原告依法享有陈述和申辩的权利;⑯《听证告知书》一份,证明对原告作出行政处罚之前,向原告送达《听证告知书》,告知原告作出行政处罚决定的事实、理由及依据,并告知当事人依法享有听证的权利;⑰ 现场检查记录一份,证明执法人员于 2016 年 3 月 21 日到原告处进行复查,对其现场检查情况的记录;⑱ 整改复查意见书一份,证明被告对原告处进行复查后出具了整改意见书,9 项问题均已整改完毕;⑲ 隐患整改照片一份,证明原告处的现场隐患均已整改完毕;⑳ 安全生产专家包某升聘书复印件一份,证明安全专家包某升参加 2016 年 3 月 21 日被告对原告的复查检查;㉑《听证申请书》一份,证明原告在规定时间内提出听证申请;㉒《行政处罚听证会公告》一份,证明被告对行政处罚案举行听证会的公告;㉓《听证会通知书》一份,证明被告告知原告听证会有关事项;㉔ 法定代表人身份证明书复印件一份,证明原告法定代表人于某波的身份;㉕ 授权委托书一份,证明原告对董某华的授权;㉖ 董某华工作证复印件一份,证明董某华的身份;㉗ 听证主持人邀请函一份,证明邀请江某清同志担任丙包装公司行政处罚案听证主持人;㉘ 听证主持人证复印件一份,证明江某清同志具备听证主持人资格;㉙《听证笔录》一份,证明 2016 年 3 月 25 日召开听证会,原告委托代理人与案件调查人员对行政处罚事项进行的陈述、申辩;㉚《听证会报告书》一份,证明听证报告维持拟处罚意见;㉛ 案件处理呈批表一份,证明对原告最终处罚意见的审批;㉜《行政处罚决定书》一份,证明被告对原告作出行政处罚决定;㉝ 文书送达回执一份,证明执法人员送达相关文书的回执,公司授权代理人姜某秋拒收《行政处罚决定书》和“S 省非税收入通用票据”,由曹某文现场见证;㉞ 留置送达照片两份,证明公司授权代理人姜某秋拒收执法人员送达的法律文书,执法人员留置送达拍摄的照片,由曹某文现场见证;㉟ 执法人员执法资格证书6份,证明执法人员均取得S省执法人员资格证书;㊱ S省非税收入通用票据一份,证明原告于2016年4月25日到华夏银行缴纳了3万元的行政处罚款;㊲《甲市乙区人民政府安全生产监督管理局安全生产行政处罚裁量基准》一份,证明被告按照甲市乙区人民政府下发的安全生产行政处罚裁量基准对本案作出行政处罚裁量,不存在"有违人性化执法原则,处罚显失公平并且错误地援引了有关规定"的情形;㊳ 被告的关于印发《乙区安全监管局2015年度安全生产监管执法工作计划》的通知一份,证明原告不在被告2015年度执法检查计划内,被告不存在"惰政"行为;㊴ 关于印发《乙区安全监管局2016年度安全生产监管执法工作计划》的通知一份,证明被告2016年度执法检查计划,其中附件2第10家企业为原告,被告不存在"钓鱼执法""以罚代管"行为;㊵ 法律依据:《安全生产法》第四条、第五十九条、第六十二条第二项、第六十三条,《安全生产监管监察职责和行政执法责任追究的规定》第六条、第九条,《安全生产事故隐患排查治理暂行规定》第十四条、第二十六条,《安全生产违法行为行政处罚办法》第二十九条,《S省生产经营单位安全生产主体责任规定》第四条,《甲市乙区人民政府安全生产监督管理局安全生产行政处罚裁量基准》。

被告区政府提交如下证据及依据:① 案件受理审批表一份,证明原告申请行政复议一案经过被告区政府内部审批情况;②《行政复议申请书》一份,证明原告向被告区政府申请复议提交申请书情况;③《受理通知书》及送达回证各一份,证明被告区政府受理原告申请行政复议一案,对原告作出《受理通知书》及依法送达情况;④ 提交材料清单、行政处罚决定书复印件、营业执照复印件、法定代表人身份证明书、授权委托书、地址确认书、法律服务工作者执业证、法律服务所出庭函各一份,身份证复印件两份,证明原告申请行政复议时提交材料情况;⑤《提出答复通知书》一份,证明被告区政府对被告区安监局作出《提出答复通知书》情况;⑥ 送达回证一份,证明被告区政府依法送达《提出答复通知书》和《行政复议申请书》(副本)情况;⑦ 授权委托书、法定代表人身份证明书各一份,证明被告区安监局向被告区政府提交部分材料情况;⑧《行政复议答复书》一份,证明被告区安监局向被告区政府提交答辩状情况;⑨ 案件处理审批表一份,证明被告区政府履行内部审批情况;⑩《行政复议决定书》一份、送达回证两份,证明被告区政府对原告申请行政复议一案依法作出《行政复议决定书》及送达情况。

原告丙包装公司诉称:① 2015 年原告单位负责企业事故隐患排查治理统计分析报表的工作人员因家人罹患重病,没有正常上班,也未告知原告未上报,而非故意不报。② 被告区安监局安全生产监督缺失也是事发的重要原因。该局作为本行政区安全生产监督管理部门,在长达一年多的时间内未告知原告整改,不履行职责,安全生产监督缺失即惰政,因此该局有过错。③ 被告区安监局"以罚代管",涉嫌"钓鱼执法"。该局无日常监管,即长时间不作为,遇到上级安全生产大检查却一罚了之,是典型的"以罚代管"。被告区政府对安全生产采取网格化监管系统监管,被告区安监局有条件在第一时间内知道或应当知道原告未及时上报,因此,应推定被告区安监局发现问题存在,却长时间不处理,放任后果发生,搞秋后算账,涉嫌"钓鱼执法"。④ 被告区安监局的处罚决定有违人性化执法原则,处罚显失公平,并且错误地援引了有关规定,因此应予撤销。被告区安监局应当帮助企业及时发现问题,督促安全生产,但被告一味地处罚,治标不治本,也违反人性化执法原则,不尊重客观事实,滥用职权,并且错误援引有关规定,对原告顶额处罚,显失公平。被告区安监局送达行政处罚决定后,原告向被告区政府申请行政复议,被告区政府维持了被告区安监局的行政处罚决定。原告认为,被告区政府认定的事实与实际不符,其裁决结果与法律相悖。请求:① 撤销被告区安监局作出的(乙)安监管罚〔2016〕005 号《行政处罚决定书》的行政行为;② 根据事实和法律,正确裁决。在庭审过程中,原告当庭撤回第②项诉讼请求。

原告向乙区人民法院提交如下证据:①《甲市乙区人民政府安

全事故隐患排查办法》，证明对原告的处罚应当在5 000元以下；②《甲市乙区人民政府安全生产监督管理局安全生产行政处罚裁量基准》第三百八十七条，证明最多也是处以5 000元罚款，因此被告区安监局对原告处以3万元罚款显属错误。

被告区安监局辩称：

(1) 被告作出的行政处罚决定有事实依据和法律依据，程序合法。① 2016年2月26日，被告依法、依程序对原告实施了安全生产检查。根据法律规定，执法人员现场下达了《责令限期整改指令书》，责令该公司对存在的安全生产问题和隐患于2016年3月12日前整改完毕。② 原告对本公司存在的违法事实认可。③ 被告依法对原告存在的安全生产违法行为予以立案查处，经研究，依法予以立案，拟对该公司“给予警告、并处罚款人民币3万元的行政处罚”的处罚意见。2016年3月10日，被告按法定程序向该公司书面送达了《行政处罚告知书》和《听证告知书》。④ 2016年3月14日，原告提出听证申请；3月18日，被告给原告送达了《听证会通知书》，并于3月25日举行了听证；4月1日，听证主持人将《听证会报告书》报经审查，被告主要负责人批准了该听证处理意见。⑤ 2016年4月6日，被告将《行政处罚决定书》留置送达给原告。2016年4月25日，原告缴纳了3万元的罚款。

(2) 原告的诉讼理由不成立。

① 原告称2015年度原告单位企业事故隐患排查治理统计分析报表人张某峰因其家人罹患重症，没正常上班，也未告知公司该统计分析报表上报事宜，导致原告未上报，而非故意不报，恳请酌情考虑该客观事实理由不成立。根据《安全生产事故隐患排查治理暂行规定》第十四条第一款的规定，原告未按照规定上报事故隐患排查治理统计分析表，完全是该公司企业管理缺失、安全生产管理工作不到位造成的。② 原告称被告安全生产监督缺失即惰政是事发的重要原因的事实不成立。根据《S省生产经营单位安全生产主体责任规定》第四条的规定，按时上报生产经营单位事故隐患排查治理统计分析表，是生产经营单位履行安全生产主体责任的重要举措，是企业法定

的安全生产义务，而不是要等到监管部门通知或是经受执法检查后再行报告或整改。安全生产网格化监管系统是监督平台，也是便民平台，原告在起诉状中提出网格化监管系统的运用问题，恰恰说明原告不清楚该系统平台的功能，也说明其未正常使用该系统平台，更别谈本企业依托平台履行安全生产主体责任等问题。被告严格按照年度执法检查计划对企业开展安全生产监督执法，不存在惰政行为。因此，被告的执法检查完全是依照区政府批复的年度安全生产执法监管工作计划进行的，对于没有列入年度执法监管工作计划的企业，不在执法检查范围内，因此被告不存在惰政问题。③ 原告称“以罚代管、钓鱼执法”的问题与事实不符。因原告纳入了《乙区安全监管局2016年度安全生产监管执法工作计划》，被告于2016年2月26日对该公司实施了执法检查。被告在执法检查中发现原告存在上述行为，被告对原告实施处罚，符合规定，因此不存在“以罚代管、钓鱼执法”的情况。④ 原告称“有违人性化执法原则，处罚显失公平并且错误地援引了有关规定”与事实不符。被告对原告存在的违法行为，依据《甲市乙区人民政府安全生产监督管理局安全生产行政处罚裁量基准》的规定，对原告给予警告，并处3万元的罚款不存在“有违人性化执法原则，处罚显失公平”的情形。综上所述，被告区安监局依法作出的《行政处罚决定书》，认定事实清楚，程序合法，适用法律正确，裁量适当，故请求法院驳回原告的诉讼请求，维持被告作出的行政处罚决定。

被告区政府辩称：① 被告区政府所作《行政复议决定书》认定事实清楚。被告区安监局按照《安全生产事故隐患排查治理暂行规定》第十四条第一款、第二十六条第（二）项，《安全生产监管监察职责和行政执法责任追究的规定》第九条第（二）项规定，作出的《行政处罚决定书》，事实清楚、证据确凿、程序合法、适用法律正确。原告所主张的所谓“有违人性化执法原则，处罚显失公平，并且错误地援引了有关规定，因此应予撤销”依法不能成立。② 原告主张“被告认定的事实与实际不符，其裁决结果，与法律相悖”缺乏事实和法律依据，依法不能成立。根据《S省生产经营单位安全生产主体责任规定》第四条的规定，原告作为安全生产的责任主体，按规定按时上报生产经营单位事故隐患排查治理统计分析表是原告的法定义务，原告所主张未上报的理由是其自身管理所造成的，并非法定不予处罚或减轻处罚的理由。原告按规定按时向甲市乙区人民政府安全生产网格化监管系统上报生产经营单位事故隐患排查治理统计分析表是原告的法定义务，原告所主张的被告区安监局存在所谓“惰政”“钓鱼执法”依法不能成立。被告区安监局根据《安全生产法》第五十九条第二款的规定，依照年度执法检查上报计划对企业开展安全生产监督执法，并无不妥。原告所主张的所谓“以罚代管”依法不能成立。③ 被告区政府所作的《行政复议决定书》程序合法。在受理原告申请行政复议一案后，被告区政府将《提出答复通知书》并连同《行政复议申请书》依法进行了送达，在对案件进行审查并经内部审批后，在法定期限内作出《行政复议决定书》并依法送达当事人，因此行政复议决定书程序合法。④ 被告区安监局对原告所作行政处罚认定事实清楚，证据确凿，适用法律准确，程序合法，被告区政府依据《行政复议法》第二十八条第一款第（一）项规定所作《行政复议决定书》适用法律准确。综上所述，被告区政府所作《行政复议决定书》认定事实清楚，适用法律准确，程序合法，请求依法驳回原告的诉讼请求。

庭审过程中，原告对被告区安监局及区政府的所有证据无异议。被告区政府对被告区安监局的证据及法律依据均无异议，被告区安监局对被告区政府的证据及法律依据均无异议。原告对被告区安监局的法律依据有异议，认为被告区安监局的法律依据只是部门规章，发布日期为 2007 年 12 月 28 日，被告区安监局引用该规章违反了属地化管理原则，甲市乙区人民政府在 2013 年 1 月 21 日已经颁布《甲市乙区人民政府安全生产事故隐患排查办法》，应当适用该法，且根据新法优于旧法原则，本案应该适用该办法第三十一条。原告对被告区政府的法律依据无异议，但认为被告区政府适用法律错误。两被告对原告证据本身无异议，但是证明不了原告主张，处罚背景不一致。

经庭审质证，乙区人民法院对上述证据作如下确认：被告区安监局的证据㉜、被告区政府证据⑩中的《行政复议决定书》均是被诉行政行为本身，不能作为证明其合法性的证据使用。原告及两被告的其他证据均符合证据的相关规定，可以作为有效证据使用。两被告的法律依据合法有效。

经审理查明，2016年2月26日，被告区安监局对原告进行安全检查，发现该公司存在“未按规定上报2015年各季度事故隐患排查治理统计分析表”等违法行为，现场下达了《责令限期整改指令书》，责令该公司对存在的安全生产问题和隐患于2016年3月12日前整改完毕。因原告的行为违反了《安全生产事故隐患排查治理暂行规定》第十四条第一款的规定，被告区安监局于2016年3月2日立案查处，3月10日，被告区安监局向原告送达了《行政处罚告知书》和《听证告知书》，原告于同日向被告区安监局申请听证，被告于3月25日组织了听证。根据《安全生产事故隐患排查治理暂行规定》第二十六条第一款第（二）项的规定，被告区安监局于2016年4月6日作出（乙）安监管罚〔2016〕005号《行政处罚决定书》，对原告作出警告并处罚款人民币3万元。原告于2016年4月25日向银行缴纳了罚款。原告对该处罚决定不服，于2016年4月13日向被告区政府申请行政复议，经审查，被告区政府于2016年6月7日作出政复决字〔2016〕第6号《行政复议决定书》，维持了被告区安监局作出的（乙）安监管罚〔2016〕005号《行政处罚决定书》的行政行为。

乙区人民法院认为，根据《安全生产法》第九条的规定，被告区安监局作为县级安全生产监督管理部门，具有对本辖区内安全生产违法行为作出行政处罚的职权。被告区安监局调查核实后，在作出数额较大罚款的行政处罚前，书面告知原告违法的事实、理由、依据以及所享有的陈述、申辩的权利，并且告知原告享有申请听证的权利，在原告申请听证后进行了听证，其执法主体适格，程序合法，乙区人民法院予以确认。

《安全生产事故隐患排查治理暂行规定》（2008年2月1日起实施）和《甲市乙区人民政府安全生产事故隐患排查办法》（2013年3月1日起实施）均属于规章，而《甲市乙区人民政府安全生产事故隐患排查办法》第三十条规定："生产经营单位违反本办法规定的行为，法律、法规、规章已有处罚规定的，从其规定。"因此，被告依据《安全生产事故隐患排查治理暂行规定》作出行政处罚并无不当，原告认为被告适用法律错误的主张，乙区人民法院不予支持。

《安全生产法》第四条规定："生产经营单位必须遵守本法和其他有关安全生产的法律、法规，加强安全生产管理，建立、健全安全生产责任制和安全生产规章制度，改善安全生产条件，推进安全生产标准化建设，提高安全生产水平，确保安全生产。"《安全生产事故隐患排查治理暂行规定》第八条第一款规定："生产经营单位是事故隐患排查、治理和防控的责任主体。"第十四条规定："生产经营单位应当每季、每年对本单位事故隐患排查治理情况进行统计分析，并分别于下一季度15日前和下一年1月31日前向安全监管监察部门和有关部门报送书面统计分析表。统计分析表应当由生产经营单位主要负责人签字。"可见，按时上报企业事故隐患排查治理统计分析报表是原告应当积极主动履行的法定义务，因此，原告认为被告惰政等主张，不能成为免除其责任的理由，乙区人民法院不予支持。

根据《行政复议法》第十二条第一款"对县级以上地方各级人民政府工作部门的具体行政行为不服的，由申请人选择，可以向该部门的本级人民政府申请行政复议，也可以向上一级主管部门申请行政复议"的规定，原告对属于被告区政府工作部门的安监局作出的行政行为不服申请行政复议，被告区政府有权受理，其执法主体适格，乙区人民法院予以确认。本案中，被告区政府受理原告的行政复议申请后，在法定期限内将原告的行政复议申请送达被告区安监局，并通知其提交作出行政行为的证据和依据，审查后作出《行政复议决定书》，并送达原告及被告区安监局，符合法定程序。

综上，被告区安监局作出的(乙)安监管罚〔2016〕005号《行政处罚决定书》和被告区政府作出的政复决字〔2016〕第6号《行政复议决定书》符合法定程序，证据确凿，适用法律、法规正确，原告的诉讼请求无事实和法律依据，应予驳回。依照《行政诉讼法》第六十九条、第七十九条的规定，判决如下：驳回原告丙包装公司的诉讼请求。

裁判主旨：生产经营单位是事故隐患排查、治理和防控的责任主体。生产经营单位应当每季、每年对本单位事故隐患排查治理情况进行统计分析，并分别于下一季度15日前和下一年1月31日前向安全监管监察部门和有关部门报送书面统计分析表。统计分析表应当由生产经营单位主要负责人签字。按时上报企业事故隐患排查治理统计分析报表是原告应当积极主动履行的法定义务，违反该义务的，要受到相应的行政处罚。

第四十二条【生产经营场所和员工宿舍安全要求】

生产、经营、储存、使用危险物品的车间、商店、仓库不得与员工宿舍在同一座建筑物内，并应当与员工宿舍保持安全距离。

生产经营场所和员工宿舍应当设有符合紧急疏散要求、标志明显、保持畅通的出口、疏散通道。禁止占用、锁闭、封堵生产经营场所或者员工宿舍的出口、疏散通道。

【条文解读】 本条是关于生产经营场所和员工宿舍的安全管理规定。

本条第一款是在总结大量事故经验教训的基础上作出的规定。一些生产经营单位为了节省开支，不顾员工的生命安全，将危险物品的生产车间、仓库和员工宿舍混设在同一座建筑物内，导致群死群伤的恶性事故。例如，1993年11月，广东某玩具厂火灾造成87人死亡、51人受伤；1993年12月，福建某纺织有限公司发生火灾，造成61人死亡、7人受伤；1997年，福建某鞋厂发生火灾，造成32人死亡、4人受伤；2011年1月，湖北某服装厂发生火灾，造成14人死亡、4人受伤。此外，因危险物品的车间、商店、仓库与员工宿舍距离过近而导致的伤亡事故也时有发生。因此本条明确规定，生产、经营、储存、使用危险物品的车间、商店、仓库与员工宿舍不得在同一座建筑物内，并应当与员工宿舍保持安全距离。所谓安全距离，是指在这个距离之外，即使发生事故，也不致损害宿舍内员工的人身安全，具体标准需要根据危险物品的性质以及生产、储存的规模确定。生产经营单位不得以任何理由违反上述规定，员工也应当提高自我保护意识，拒绝使用生产经营单位提供的违反安全要求的宿舍，并有权向有关部门检举和控告。

本条第二款也是根据实践中血的教训作出的规定。实践中，一些生产经营单位的生产经营场所或者员工宿舍的建设不符合安全要求，不设紧急出口；有的虽然设了紧急出口，但标志不明显或者不能保持畅通，发生事故时员工无法紧急疏散；也有一些生产经营单位出于各种目的，占用、锁闭、封堵生产经营场所或者员工宿舍的出口，致使发生事故时员工不能及时疏散，逃生无门，造成大量人员伤亡。2013 年 6 月，吉林省某禽业有限公司发生的主厂房特别重大火灾爆炸事故，共造成 121 人死亡、76 人受伤。造成重大人员伤亡的主要原因之一是主厂房内逃生通道复杂，且南部主通道西侧安全出口和另一直通室外的安全出口被锁闭，火灾发生时人员无法及时逃生。所以，生产经营场所和员工宿舍在建设时就要考虑好疏散通道、安全出口，出口应当有明显标志，即标志应在容易看到的地方，并保证标志清晰、规范、易于识别。出口应随时保持畅通，不得堆放有碍通行的物品，更不能以任何理由、任何方式占用、锁闭、封堵生产经营场所或者员工宿舍的出口、疏散通道。

2021 年修法特别区分了出口与疏散通道，出口是指各种公共场合的逃生出口；疏散通道是引导人们向安全区域撤离的专用通道。

通常疏散通道指的是专用的通道，而安全出口指特定出入口，各类标准中对安全出口与疏散通道的规定各有不同，例如，消防技术标准中消防通道和疏散通道没有规定数量，而安全出口的数量在每一层不应少于2个。

根据《安全生产法》第一百零五条的规定，生产经营单位有下列行为之一的，责令限期改正，处5万元以下的罚款，对其直接负责的主管人员和其他直接责任人员可以处1万元以下的罚款；逾期未改正的，责令停产停业整顿；构成犯罪的，依照刑法有关规定追究刑事责任：① 生产、经营、储存、使用危险物品的车间、商店、仓库与员工宿舍在同一座建筑内，或者与员工宿舍的距离不符合安全要求的；② 生产经营场所和员工宿舍未设有符合紧急疏散需要、标志明显、保持畅通的出口、疏散通道，或者占用、锁闭、封堵生产经营场所或者员工宿舍出口、疏散通道的。

【关联法规索引】《安全生产法》第一百零五条。

典型案例：丙酒厂与甲市乙区安全生产监督管理局行政强制措施决定二审行政纠纷案

2015年12月14日，被告甲市乙区安全生产监督管理局(以下简称乙区安监局)联合乙区工商、消防、质检、食药监、丁乡政府等部门进行联合执法检查，发现丙酒厂存在以下安全隐患问题：存酒量较大；对编号17号酒坛度数抽样检测大于60度；同一建筑内还有其他生产单位和宿舍；存酒无手续，未在相关部门审查备案；生产、储存区域电气线路搭建不规范；现场有易燃杂物。丙酒厂现场负责人杜某在现场检查记录上签字。针对发现的问题，被告向原告下达了《责令限期整改指令书》，要求原告在2015年12月15日前整改消除安全隐患，达到有关法律、法规、规章和标准规定的要求。因原告无人签收，被告将现场检查记录和《责令限期整改指令书》留置送达原告办公室。2015年12月16日，被告再次对原告进行现场检查，因原、被告双方发生冲突，原告负责人及相关工作人员被公安机关带走调查。被告检查后，发现原告尚存在无法保障安全生产的问题，随即向原告下达了《强制措施决定书》,内容为:"丙酒厂:我局在现场检查时,发现你单位(现场)存在下列问题:1. 未经相关行政部门许可,非法储存高度白酒且数量巨大,构成重大安全隐患;2. 非法储存高度白酒场所与其他生产单位、仓库、居民及职工宿舍在同一建筑物内。以上存在的问题无法保障安全生产,依据《安全生产法》第六十二条、第一百零二条的规定,决定采取以下强制措施:1. 立即扣押非法储存白酒至2016年1月15日;2. 在排除非法储存白酒重大安全隐患过程中,责令撤出危险区域内所有人员,并停止使用相关设备、设施,确保隐患整治过程的安全。"该决定书加盖了行政单位印章,并告知了申请复议及诉讼的权利,见证人吴某波、曾某云在"强制措施(查封、扣押)清单"上签名。因原告负责人及相关工作人员被公安机关带走调查,原告厂方无工作人员在执法现场,被告将《强制措施决定书》及扣押清单以留置送达方式张贴在原告厂区大门上,并采取录像的方式记录张贴过程。随后,被告将原告储存的酒坛及坛内白酒搬离原告厂区,由乙区丁乡政府暂存。2016年1月27日,丙酒厂负责人杜某德从丁乡政府领回大酒坛73坛、小酒坛10坛、瓶装酒517件。

一审法院认为,乙区安监局强制措施的作出和送达有充分的事实依据,且程序合法,判决驳回丙酒厂诉讼请求。

上诉人丙酒厂向甲市中级人民法院提起上诉,请求撤销一审判决,确认被上诉人作出的《强制措施决定书》违法。主要理由如下:① 一审中,被上诉人仅出示了行政强制措施前的调查环节相关书面、视频资料,没有证据证实执法人员现场执法时出示了执法证件,也没有制作现场笔录。② 被上诉人没有出示2015年12月16日被上诉人实施行政强制措施的证据,不能证明被上诉人严格依照《行政强制法》第十八条的规定实施了行政强制措施,被上诉人没有通知上诉人到场,没有告知上诉人强制措施理由,没有保障上诉人的陈述及申辩权,没有邀请见证人到场,没有制作现场笔录。③ 被上诉人扣押上诉人物品没有制作扣押决定书,仅仅制作了扣押清单违法,并且《强制措施决定书》载明扣押期限至2016年1月15日,但上诉人1月27日才领回扣押物品,扣押超期。④ 被上诉人《强制措施决定书》送达程序违法，本案不属于留置送达的情形，并且被上诉人录制的视频资料中张贴文书的人员故意遮住面部，不知是什么人在张贴。

被上诉人乙区安监局答辩称：① 在实施行政强制措施过程中，上诉人相关人员有强烈的对抗行为，相关人员被公安机关带走，故被上诉人在执行时失去了告知对象和出示证件的对象，并只能采取留置送达的方式送达。② 上诉人是企业，不可能存在同住近亲属可以送达，并且上诉人负责人被行政拘留而不是监禁，故不能适用民事诉讼委托监管机关送达。③ 扣押期限届满前就通知上诉人领取扣押物品，故没有超过扣押期限。

甲市中级人民法院认为，《行政诉讼法》第四十六条第一款规定："公民、法人或者其他组织直接向人民法院提起诉讼的，应当自知道或者应当知道作出行政行为之日起六个月内提出。法律另有规定的除外。"安定性是行政行为所追求的最重要价值之一，《行政诉讼法》规定的起诉期限制度是保障行政行为安定性的重要制度，必须严格执行。本案中，《强制措施决定书》于 2015 年 12 月 16 日作出，并于当日以张贴的方式向上诉人进行了送达，虽然送达时上诉人相关人员被公安机关带走，但当其返回丙酒厂时是能够看到被上诉人张贴的文书，并知晓被上诉人作出了《强制措施决定书》的。上诉人向一审人民法院提起诉讼的时间是 2016 年 11 月 3 日，远远超过了六个月的起诉期限。

综上，丙酒厂提起诉讼超过了法定起诉期限，一审法院不应当受理。甲市中级人民法院依照《行政诉讼法》第八十九条第一款第(二)项、《最高人民法院关于执行〈中华人民共和国行政诉讼法〉若干问题的解释》第七十九条第(一)项的规定，裁定如下：① 撤销甲市乙区人民法院〔2016〕川 0411 行初 8 号行政判决书；② 驳回丙酒厂的起诉。

裁判要旨：生产经营单位将高度白酒存放室与其他生产单位和宿舍设置在同一建筑物内，现场有易燃杂物，构成重大安全隐患，以上存在的问题无法保障安全生产，因此安监部门决定采取强制措施。

第四十三条【危险作业的现场安全管理】

生产经营单位进行爆破、吊装、动火、临时用电以及国务院应急管理部门会同国务院有关部门规定的其他危险作业，应当安排专门人员进行现场安全管理，确保操作规程的遵守和安全措施的落实。

【条文解读】 本条是关于爆破、吊装等危险作业的现场安全管理的规定。

爆破、吊装等作业存在很大的危险性，非常容易发生事故，而且一旦发生事故，对作业人员和有关人员造成损害的可能性极大。因此，在安全生产事故防范中，国务院应急管理部门应当会同国务院有关部门，规定安全生产中危险作业的具体范围。生产经营单位进行危险作业时应当安排专门人员进行作业场所的安全管理，确保生产经营范围内操作规程的遵守和安全措施的落实，进而达到防止生产安全事故发生的目的。专门从事安全管理的工作人员要检查作业场所各项安全措施的落实情况，监督从事危险作业的人员严格按照有关的操作规程进行操作，做好安全生产作业场所各项作业的协调工作，做到发现事故隐患及时采取措施进行消除。

对于危险作业的现场安全管理应根据危险作业目录来进行。不同的危险作业，现场安全管理的内容也有所不同。例如爆破作业的现场安全管理在《爆破安全规程》中就有具体的要求：进行爆破器材加工和爆破作业人员禁止穿化纤衣服；在大雾天、雷雨时、黄昏、夜晚，禁止进行爆破；在道路不安全或道路阻塞时禁止进行爆破作业等。危险作业除了爆破、吊装、动火、临时用电作业外，还有许多其他的危险作业，如有限空间作业、地下挖掘作业、悬吊作业、临近高压线作业等。本条法律通过授权的方式明确规定，其他危险作业由国务院应急管理部门会同国务院有关部门规定，这样规定的目的是通过制定发布危险作业目录的形式，列明危险作业的类型，及时调整危险作业的范围，实现对危险作业的动态管理，有利于安全生产工作的顺利开展。

第四十四条【从业人员的安全管理】

生产经营单位应当教育和督促从业人员严格执行本单位的安全生产规章制度和安全操作规程；并向从业人员如实告知作业场所和

工作岗位存在的危险因素、防范措施以及事故应急措施。

生产经营单位应当关注从业人员的身体、心理状况和行为习惯，加强对从业人员的心理疏导、精神慰藉，严格落实岗位安全生产责任，防范从业人员行为异常导致事故发生。

【条文解读】　本条是关于从业人员的安全管理的规定。

安全生产规章制度主要有安全生产管理规章制度和安全生产技术规章制度，其作用是明确各岗位安全职责、规范安全生产行为、建立和维护安全生产秩序。它是一个生产经营单位规章制度的重要组成部分，是保证生产经营活动安全、顺利地进行的重要手段。安全操作规程是指在生产活动中，为消除能导致人身伤亡或造成设备、财产破坏以及危害环境的因素而制定的具体技术要求和实施程序的统一规定。安全生产规章制度和安全操作规程，是保证生产经营活动安全进行的制度保障，从业人员在进行作业时必须严格执行。实践中，一些企业不制定安全生产规章制度，或者不教育和督促从业人员严格执行安全生产规章制度和安全操作规程，使得从业人员盲目操作，从而导致生产安全事故的发生。生产经营单位应当向从业人员告知作业场所和工作岗位的危险因素、防范措施以及事故应急措施，这是保障从业人员知情权的重要内容，也是生产经营单位强制性的法定义务，生产经营单位必须遵守。

2021 年修法特别规定，生产经营单位应当关注从业人员的身体、心理状况和行为习惯。安全管理主要在于防范风险产生中人的因素，这一要素的主观性较强，直接与从业人员的身体、心理状况和行为习惯相关，因此，加强对从业人员的心理疏导、精神慰藉，能够更直接地落实岗位安全生产责任，防范从业人员行为异常导致事故发生。

第四十五条【劳动防护用品】

生产经营单位必须为从业人员提供符合国家标准或者行业标准的劳动防护用品，并监督、教育从业人员按照使用规则佩戴、使用。

【条文解读】　本条是关于生产经营单位提供劳动防护用品的规定。

劳动防护用品是为了保护从业人员在生产过程中的安全和健康而发给劳动者个人使用的防护用品。根据具体操作过程中的不同需要,应供给工人的防护用品主要有工作服、工作帽、围裙、口罩、手套、护腿、防毒面具、防护眼镜、防护药膏、防寒用品、防晒用品、防雨用品等。按照防护部位,劳动防护用品分为以下九类:① 头部护具类。主要用于保护头部,如防撞击和挤压伤害、防物料喷溅、防粉尘等的护具。② 呼吸护具类。主要是预防尘肺和职业病的护具。③ 眼防护具。主要用来保护作业人员的眼睛、面部,防止外来伤害,例如焊接用眼防护具。④ 听力护具。长期在 90 dB(A)以上或短时在 115 dB(A)以上环境中工作时,应使用听力护具保护听力。⑤ 防护鞋。主要用于防止足部伤害。⑥ 防护手套。主要用于手部保护。⑦ 防护服。主要用于保护从业人员免受劳动环境中的物理、化学因素的伤害。⑧ 防坠落护具。主要用于防止坠落事故发生,主要有安全带、安全绳和安全网。⑨ 护肤用品。主要用于外露皮肤的保护。

关于劳动防护用品的规定,1996 年原劳动部制定了《劳动保护用品管理规定》,但在 2010 年原国家安全监管总局以安监总政法〔2010〕135 号文件对该法作出废止通知。2005 年原国家安全生产监管总局发布了《劳动防护用品监督管理规定》,但 2015 年 2 月 26 日原国家安全监管总局局长办公会议审议通过的《国家安全监管总局关于废止和修改劳动防护用品和安全培训等领域十部规章的决定》,废止了《劳动防护用品监督管理规定》。之所以废止上述两个部门规章,主要是因为国家对劳动防护用品的产品质量指标和技术条件,制定了一系列技术标准。例如,安全帽、防冲击眼护具等均制定了国家标准,并根据情况适时修订。生产经营单位必须为从业人员提供符合国家标准或者行业标准的劳动防护用品,只有这样,才能真正起到防护用品应该具有的防护效果和作用。生产经营单位应当提供劳动防护用品,而不得以货币或者其他物品替代应当配备的劳动防护用品。生产经营单位应当安排用于配备劳动防护用品的经费,不得让从业人员承担劳动防护用品的费用,也不得以这些费用为名克扣从业人员的工资等。

劳动防护用品具有保护从业人员人身安全的功能，但许多防护用品的佩戴等较为烦琐，因此有的从业人员由于缺乏相关操作知识、安全意识不强、图省事等，不按照规定佩戴或者使用相关的劳动防护用品，这可能造成很大的事故隐患。所以，本条规定生产经营单位应监督、教育从业人员按照使用规则佩戴、使用劳动防护用品。

根据《安全生产法》第九十九条的规定，生产经营单位未为从业人员提供符合国家标准或者行业标准的劳动防护用品的，责令限期改正，处5万元以下的罚款；逾期未改正的，处5万元以上20万元以下的罚款，对其直接负责的主管人员和其他直接责任人员处1万元以上2万元以下的罚款；情节严重的，责令停产停业整顿；构成犯罪的，依照刑法有关规定追究刑事责任。

【关联法规索引】《安全生产法》第四十七条。

典型案例：丙砖厂与甲市安全生产监督管理局行政处罚再审审查与审判监督行政纠纷案

再审申请人丙砖厂申请再审称，原审判决认定事实错误。再审申请人建立了安全生产管理制度，落实了职工安全教育培训，也为职工发放了劳动保护用品，被申请人甲市安全生产监督管理局（以下简称甲市安监局）刻意忽视并隐瞒这一事实，对再审申请人进行行政处罚，不符合客观事实。再审申请人不是矿山企业，更不是非煤矿山，不能适用对非煤矿山管理规定予以处罚，被申请人所作出的行政处罚违法。根据《行政处罚法》规定，除法律、行政法规、地方性法规和规章以外，规范性文件无创设行政处罚的权限。被申请人依据《国务院安委会办公室关于贯彻落实〈国务院关于进一步加强企业安全生产工作的通知〉精神进一步加强非煤矿山安全生产工作的实施意见》（以下简称《实施意见》）进行处罚，没有法律效力。请求：撤销原审错误判决，改判撤销甲市安监局对再审申请人的行政处罚。

M自治区高级人民法院认为，依据原审查明的事实，被申请人甲市安监局在联合检查过程中，发现丙砖厂没有建立安全管理机构和安全生产制度，未对职工进行安全生产教育培训并建档，也没有为职工发放劳动防护用品，根据现场检查记录及询问笔录，能够认定上述事实的存在，也能够证明该砖厂使用黏土烧制红砖的事实。因此，被申请人甲市安监局依据《实施意见》，对再审申请人作出《行政处罚决定书》并无不当。关于再审申请人诉称，被诉行政处罚决定所依据的《实施意见》无设定行政处罚权限的问题，该文件规定的"立即停止生产，消除隐患"的处罚种类并未超出《行政处罚法》第九条第（四）项"责令停产停业"的范畴，并未新创设行政处罚种类，对再审申请人的该项主张，M自治区高级人民法院不予支持。

综上，原审判决驳回丙砖厂的诉讼请求并无不当。再审申请人的再审申请不符合《行政诉讼法》第九十一条规定的情形。依照《最高人民法院关于适用〈中华人民共和国行政诉讼法〉的解释》第一百一十六条第二款的规定，裁定如下：驳回丙砖厂的再审申请。

裁判要旨：生产经营单位没有建立安全管理机构和安全生产制度，未对职工进行安全生产教育培训并建档，也没有为职工发放劳动防护用品，甲市安监局依据《实施意见》中"立即停止生产，消除隐患"的处罚种类并未超出《行政处罚法》第九条第（四）项"责令停产停业"的范畴，并非新创设行政处罚种类。

第四十六条【安全检查和报告】

生产经营单位的安全生产管理人员应当根据本单位的生产经营特点，对安全生产状况进行经常性检查；对检查中发现的安全问题，应当立即处理；不能处理的，应当及时报告本单位有关负责人，有关负责人应当及时处理。检查及处理情况应当如实记录在案。

生产经营单位的安全生产管理人员在检查中发现重大事故隐患，依照前款规定向本单位有关负责人报告，有关负责人不及时处理的，安全生产管理人员可以向主管的负有安全生产监督管理职责的部门报告，接到报告的部门应当依法及时处理。

【条文解读】　本条是关于生产经营单位的自我检查与重大事故隐患报告的规定。

条文讲解

所谓对安全生产状况进行经常性检查，主要是指检查安全生产规章制度是否健全、完善，安全设备、设施是否处于正常的运行状态，从业人员是否具备必要的安全知识和操作技能，从业人员在工作中是否严格遵守安全生产规章制度和操作规程，从业人员的劳动防护用品是否符合标准以及是否有其他事故隐患等。安全生产管理人员对检查中发现的安全问题，应当立即处理，如发现从业人员没有穿戴安全防护用品等，应当立即要求改正；不能处理的，如设施不合格，需要改建等情况，应当及时报告本单位有关负责人，有关负责人应当及时处理。所谓如实记录在案，是指生产经营单位的安全生产管理人员应当将安全检查的情况，包括检查的时间、范围、内容、发现的问题及其处理情况等都详细地记录在案。生产经营单位的安全生产管理人员在检查中发现重大事故隐患，应依照本条文第一款规定向本单位有关负责人报告，但是可能由于各种原因，比如侥幸心理、资金困难、维修困难等，负责人采取不予处理或者不立即处理的态度，针对这种情况，本条法律赋予安全生产管理人员报告重大事故隐患的权利，即安全生产管理人员可以向主管的负有安全生产监督管理职责的部门报告，主管的负有安全生产监督管理职责的部门接到报告后，应当依法及时处理。所谓及时处理，是指依照本法和其他有关法律、法规和规章的规定及时进行处理。

第四十七条【经费保障】

生产经营单位应当安排用于配备劳动防护用品、进行安全生产培训的经费。

【条文解读】 本条是关于生产经营单位保障用于配备劳动防护用品、进行安全生产培训的经费的规定。

条文讲解

设置专门配备劳动防护用品和进行安全生产培训的经费,是生产经营单位开展经营活动的基础。只有为劳动者提供必要的安全保障并培养其拥有安全生产的知识和技能,才能在事故发生时最大程度上保障劳动者的生命安全。《矿山安全法》也有类似的规定,如第二十八条就规定矿山企业必须向职工发放保障安全生产所需的劳动防护用品。

生产经营单位安全生产经费的投入,是关系到本法条内容能否得到有效实施的一个重要保障。如果经费没有保障,配备劳动防护用品、进行安全生产培训实际上就是一句空话。除了规定保障用于配备劳动防护用品、进行安全生产培训的经费外,《安全生产法》还规定生产经营单位多项资金保障要求,如为劳动者购买保险费用、加强安全生产基础设施建设和安全生产监管能力建设的费用等。《矿山安全法》中更是有"矿山企业必须从矿产品销售额中按照国家规定提取安全技术措施专项费用。安全技术措施专项费用必须全部用于改善矿山安全生产条件,不得挪作他用"的规定,要求生产经营单位安排一定的经费用于安全生产工作。

对于本条内容,实践中有两点需要注意:

(1)生产经营单位安排用于配备劳动防护用品和进行安全生产培训的经费,不得挪作他用,这是法律、法规及具有强制性效力规范的强制要求,生产经营单位必须遵守。但实践中有时还会出现安全专项资金调剂的现象,这是非常不可取的,是一种违法行为,特别是那些从事危险性作业的生产经营单位,如果安全专项资金不稳定投入,一旦发生生产安全事故,生产经营单位主要负责人将面临刑事处罚。

(2)为从业人员配备劳动防护用品、进行安全生产培训是生产经营单位的法定义务,生产经营单位应积极主动承担此项费用,不得让从业人员缴纳劳动防护用品费、培训费等费用，更不得以这些费用为由克扣从业人员的工资、福利等待遇。

《中华人民共和国劳动法》（以下简称《劳动法》）第五十四条规定，用人单位必须为劳动者提供符合国家规定的劳动安全卫生条件和必要的劳动防护用品，对从事有职业危害作业的劳动者应当定期进行健康检查。

【关联法规索引】《劳动法》第五十四条。

第四十八条【安全生产管理协议】

两个以上生产经营单位在同一作业区域内进行生产经营活动，可能危及对方生产安全的，应当签订安全生产管理协议，明确各自的安全生产管理职责和应当采取的安全措施，并指定专职安全生产管理人员进行安全检查与协调。

【条文解读】 本条是关于两个以上生产经营单位在同一作业区域进行生产经营活动时安全管理的规定。

实践中，同一作业区域有两个以上生产经营单位进行生产经营活动的现象比较多，如果其中一个单位发生生产安全事故，会直接威胁到其他单位的安全生产，在同一工作区域的多家生产经营单位协调做好安全生产工作具有重要意义。本条虽然是一个强制性规定，但对其适用有一个前提条件，即“可能危及对方生产安全的”，才适用本条的规定。安全管理的手段包括两个方面：其一，签订安全生产管理协议；其二，指定专职安全生产管理人员进行安全检查与协调。

安全生产管理协议是同一作业区域内两个以上生产经营单位为了处理和协调安全生产方面的关系而签订的协议。安全生产管理协议的主要内容不仅包括各生产经营单位生产的特点、作业场所存在的危险因素和防范措施、事故应急措施，还包括各自的安全生产管理职责和应该采取的安全措施，做到职责清楚，分工明确。安全生产管理协议是各生产经营单位履行安全生产职责的依据，也是判定生产安全事故责任的重要依据。

为了使安全生产管理协议真正得到贯彻，保障作业区域内的生产安全，各生产经营单位还应当指定专职的安全生产管理人员，对作业区域内的安全生产状况进行检查，对检查中发现的安全生产问题及时进行协调、解决。

根据《安全生产法》第一百零四条的规定，两个以上生产经营单位在同一作业区域内进行可能危及对方安全生产的生产经营活动，未签订安全生产管理协议或者未指定专职安全生产管理人员进行安全检查与协调的，责令限期改正，处5万元以下的罚款，对其直接负责的主管人员和其他直接责任人员处1万元以下的罚款；逾期未改正的，责令停产停业。

【关联法规索引】《安全生产法》第一百零四条。

典型案例：刘某兴与X市安全生产监督管理局、Q省安全生产监督管理局行政复议再审审查与审判监督纠纷案

刘某兴申请再审称：① 本次火灾事故属于甲汽修厂的安全事故，与丙铝型材厂无关，不应当承担责任。消防大队火灾事故认定书并未认定丙铝型材厂为本次火灾事故的责任主体且认定起火原因为配电柜发生电气故障引燃周围可燃物，故谁导致配电柜发生电气故障和在配电柜周围堆放可燃物，谁就要承担责任。本案中，丙铝型材厂与甲汽修厂签订房屋租赁合同，合同对承租房屋的安全用电和消防安全约定由甲汽修厂负责。因此，甲汽修厂对配电柜负有管理和维护的责任。专家意见及甲汽修厂工作人员笔录均可以证实，起火原因为甲汽修厂在配电柜周围堆放可燃杂物。综上，配电柜及汽修车间的消防、维护责任系甲汽修厂承担，堆放可燃物系甲汽修厂所为，甲汽修厂是引发本次火灾事故的责任主体，应承担相应责任。丙铝型材厂与甲汽修厂系合法的租赁关系，系平等的民事主体，其对甲汽修厂没有管理权，法律亦没有规定在租赁关系中，出租方要对承租方负管理责任。消防大队对甲汽修厂的《行政处罚决定书》亦能证明丙铝型材厂对甲汽修厂不承担管理责任。因此，甲汽修厂在其造成火灾后应当独立承担责任，丙铝型材厂不应对甲汽修厂的过错负责。X市安全生产监督管理局（以下简称X市安监局）认定丙铝型材厂没有尽到管理责任于法无据，且丙铝型材厂与甲汽修厂的合同明确

约定,租赁房屋及其附属设施的管理维护由甲汽修厂负责,其应当负责该房屋消防安全。甲汽修厂在使用租赁房屋及设施中,因使用不当或管理不善造成故障引发火灾,应自行承担责任。X市安监局提交的相关证据表明,再审申请人履行了作为出租方的安全管理职责。② 从X市人民政府的批复及火灾事故调查组的调查报告可以看出,对于此次火灾事故,丙铝型材厂与甲汽修厂均负有责任,且根据《火灾事故认定书》,直接责任主体是甲汽修厂,但X市安监局依据不同法律条文作出不同处罚决定明显"同事不同罚",违背了处罚公正的基本原则。火灾事故认定及调查报告说明X市安监局对丙铝型材厂及甲汽修厂作出处罚基于同一违法事实,系因甲汽修厂的原因引发火灾。调查报告并未针对再审申请人及甲汽修厂作出两个不同违法事实、性质认定。二审法院认定甲汽修厂的违法事实、性质与申请人不同明显违背调查报告的认定,其对甲汽修厂行政处罚与本案无关的认定错误。而在对法定代表人进行处罚时,仅对申请人进行处罚,并未对甲汽修厂公司的法定代表人进行处罚,违反公平原则。请求撤销一、二审判决及X市安监局的行政处罚决定,本案诉讼费用由被申请人承担。

X市安监局答辩称:① 依据《安全生产法》第四十六条的规定,生产经营单位对承包单位、承租单位的安全生产工作统一协调、管理,定期进行安全检查,发现安全问题的,应当及时督促整改。本案中,丙铝型材厂与承租单位没有安全生产管理协议,在租赁合同中也没有约定各自的安全生产管理职责,更没有定期的统一协调、管理。丙铝型材厂作为多个承租方的统一协调、管理者安全管理不到位,存在以租代管现象,未履行对承租单位的安全生产工作统一协调管理,定期进行安全检查职责,应承担事故责任。《生产安全事故报告和调查处理条例》第二条、第五条规定,对生产安全事故由县级以上人民政府组成事故调查组进行调查。本案是由X市人民政府组成事故调查组进行调查,调查组查明了事故经过、事故发生原因和损失,查明了事故性质,认定了事故责任,提出了对事故责任者的处理建议,并形成事故调查报告提交X市人民政府批复结案的。X市人民政府批复认定“1·31”火灾事故是一起较大生产安全责任事故，且丙铝型材厂属本起事故的责任单位。该批复是该起生产安全较大事故处理的法定依据。《生产安全事故报告和调查处理条例》第三十二条、第四十二条、第四十三条规定，有关机关应当按照人民政府的批复对事故发生单位和有关人员进行处罚，罚款由安全生产监督管理部门决定。丙铝型材厂是该起事故发生的责任主体，应当承担相应的法律责任。② X市人民政府批复认定“1·31”火灾事故是一起较大生产安全责任事故，且再审申请人属本起事故的责任单位，造成经济损失2 537.54万元。《安全生产法》第九十二条规定，生产经营单位的主要负责人未履行本法规定的安全生产管理职责，导致发生生产安全事故的，由安全生产监督管理部门依照下列规定处以罚款：“发生较大事故的，处上一年年收入百分之四十的罚款”。X市安监局对刘某兴处44 424元罚款是公正公平合法的。甲汽修厂没有对多个承租人统一协调管理的职责，二者之间没有可比性。综上，一、二审判决认定事实清楚，证据确凿，适用法律、法规正确，程序合法。请求驳回再审申请。

Q省安全生产监督管理局答辩认为：① X市人民政府的批复及火灾事故调查报告已认定丙铝型材厂“1·31”较大火灾事故是一起责任事故，丙铝型材厂存在安全生产主体责任落实不到位，没有指定专职人员、专职部门负责监督检查仓储厂房安全生产工作等违法事实，建议X市安监局依据有关法律规定，对事故发生单位丙铝型材厂及其有关责任人员依法给予行政处罚。X市安监局按照X市人民政府的批复及行政处罚程序的相关规定，依据《安全生产法》的相关规定对丙铝型材厂及其法定代表人刘某兴作出行政处罚并无不当。刘某兴所称本次火灾事故属于甲汽修厂的安全事故，其不应承担责任的理由不能成立。② 丙铝型材厂作为多个承租方的统一协调、管理者，未能完全履行其应当承担的安全生产监督管理的法定义务，依法应当承担相应责任。甲汽修厂的违法事实、性质均与其不同，二者不具有可比性，其所主张违反公正原则的理由不能成立。③ Q省安全生产监督管理局根据《行政复议法》的相关规定，保证复议程序合法、结果公正。请求驳回再审申请。

Q省高级人民法院认为，根据《安全生产法》第二条、第九条、第八十三条、第一百零九条及《生产安全事故报告和调查处理条例》第四十三条和《行政复议法》第十二条第一款的规定，X市安监局作为安全生产监督管理部门，依法具有作出被诉行政处罚决定的法定职权，Q省安全生产监督管理局具有行政复议的法定职权。《生产安全事故报告和调查处理条例》对事故报告、事故调查、事故处理等作出具体要求，第五条、第十九条、第二十五条、第三十二条、第四十三条明确规定：县级以上人民政府应当严格履行职责，及时、准确完成事故调查处理工作；事故调查组负责查明事故发生的经过、原因、人员伤亡情况及直接经济损失，认定事故的性质和事故责任，提出对事故责任者的处理建议，总结事故教训，提出防范和整改措施，提交事故调查报告；有关机关应当按照人民政府的批复对事故发生单位和有关人员进行行政处罚；罚款由安全生产监督管理部门决定。本案中，2015年1月31日凌晨火灾发生后，X市人民政府依据《安全生产法》《生产安全事故报告和调查处理条例》的相关规定成立“1·31”火灾事故调查组，全面负责火灾事故调查工作。调查组查清了事故发生原因、事故造成的直接财产损失，认定了事故性质及责任，提出了对事故责任人员、责任单位的处理建议和整改防范措施，并形成事故调查报告提交X市人民政府。X市人民政府批复同意该报告对事故责任单位、责任人员的责任认定和处理意见。X市人民政府的批复及调查组的调查报告认定丙铝型材厂“1·31”较大火灾事故是一起责任事故。丙铝型材厂存在安全生产主体责任落实不到位，没有指定专职人员、专职部门负责监督检查仓储厂房安全生产工作；安全管理不到位，以租代管，未排查和督促整改事故隐患，未履行对各承租户安全生产工作统一协调、管理职责；未能及时发现和有效处置初期火灾，导致火势蔓延等违法事实。建议X市安监局对事故发生单位丙铝型材厂及其有关责任人员依法给予行政处罚。故，一、二审法院认定丙铝型材厂对此次火灾事故承担责任，刘某兴作为丙铝型材厂的负责人，X市安监局按照X市人民政府的批复及行政处罚相关程序，依据《安全生产法》《生产安全事故报告和调查处理条例》的相关规定对其作出本案被诉行政处罚决定并无不当，并驳回刘某兴的诉讼请求并无不妥。刘某兴所持本次火灾事故属于甲汽修厂的安全事故，与其无关，不应当承担责任的申请再审理由不能成立，不应支持。

遵循公正的原则是行政处罚的基本原则。公正就是指公平正义、不偏不私。而所谓显失公正，是指行政机关在法律、法规规定的范围和幅度内，所作出的行政处罚明显不适当。同责不同罚是其中一种情形，即对同样责任者给予不同轻重的行政处罚。本案中，X市人民政府的批复及调查组的调查报告认定丙铝型材厂、甲汽修厂及乙钢型材有限公司等相关单位对于此次火灾事故均负有责任，但从该调查报告可以看出，丙铝型材厂和甲汽修厂在此次事故中的违法事实、性质及所应承担的责任显然不同。那么，作为单位负责人所应承担的责任亦不相同。因此，X市安监局基于丙铝型材厂和甲汽修厂不同的违法事实作出不同的行政处罚决定并无不妥。且就再审申请人刘某兴而言，其虽是丙铝型材厂的负责人，但就X市安监局对丙铝型材厂所作的行政处罚决定，其无权以自己的名义申请行政复议或提起诉讼，其亦无权以“该行政处罚决定违反公正原则”作为理由申请再审。《安全生产法》第九十二条规定，生产经营单位的主要负责人未履行本法规定的安全生产管理职责，导致发生生产安全事故的，由安全生产监督管理部门依照下列规定处以罚款：“发生较大事故的，处上一年年收入百分之四十的罚款”。刘某兴作为丙铝型材厂的法定代表人，系该企业负责人。丙铝型材厂将部分厂房租赁给甲汽修厂等单位从事生产经营，但未履行法定的安全生产管理责任，应当对事故承担安全生产管理责任。故一、二审法院认定X市安监局对刘某兴作出的行政处罚决定正确并无不当。刘某兴所持X市安监局同事不同罚，违背了处罚公正基本原则的申请再审理由不能成立，不应支持。

综上，刘某兴的再审申请不符合《行政诉讼法》第九十一条规定的情形。依照《最高人民法院关于执行〈中华人民共和国行政诉讼法〉若干问题的解释》第七十四条，裁定如下：驳回刘某兴的再审申请。

裁判要旨：发包方存在安全生产主体责任落实不到位，没有指定专职人员、专职部门负责监督检查仓储厂房安全生产工作；安全管理不到位，以租代管，未排查和督促整改事故隐患，未履行对各承租户安全生产工作统一协调、管理职责；未能及时发现和有效处置初期火灾，导致火势蔓延等违法事实，应当对事故承担安全生产管理责任。

第四十九条【发包或出租的安全生产责任】

生产经营单位不得将生产经营项目、场所、设备发包或者出租给不具备安全生产条件或者相应资质的单位或者个人。

生产经营项目、场所发包或者出租给其他单位的，生产经营单位应当与承包单位、承租单位签订专门的安全生产管理协议，或者在承包合同、租赁合同中约定各自的安全生产管理职责；生产经营单位对承包单位、承租单位的安全生产工作统一协调、管理，定期进行安全检查，发现安全问题的，应当及时督促整改。

矿山、金属冶炼建设项目和用于生产、储存、装卸危险物品的建设项目的施工单位应当加强对施工项目的安全管理，不得倒卖、出租、出借、挂靠或者以其他形式非法转让施工资质，不得将其承包的全部建设工程转包给第三人或者将其承包的全部建设工程支解以后以分包的名义分别转包给第三人，不得将工程分包给不具备相应资质条件的单位。

【条文解读】 本条是关于生产经营项目、场所、设备发包或者出租的安全管理规定。

根据本条第一款的规定，生产经营单位将生产经营项目、场所、设备发包或者出租的，承包人或者承租人必须具备安全生产条件或者相应资质，不得将其发包、出租给不具备安全生产条件或者相应资质的单位或者个人。《安全生产法》第二十条规定，生产经营单位应当具备本法和有关法律、行政法规和国家标准或者行业标准规定的安全生产条件；不具备安全生产条件的，不得从事生产经营活动。法律、行政法规和国家标准或者行业标准规定生产经营单位应具备安全生产条件的目的在于确保生产安全，生产经营单位将生产经营项目、场所、设备发包或者出租的，承包人或者承租人是生产经营活动人，应该具备法律、行政法规和国家标准或者行业标准规定的安全生产条件。

生产经营活动的种类很多，不同的生产经营活动其规模、复杂程度、危险程度也不同。因此，在我国很多法律中对从事某些生产经营活动的单位需要相关资质，甚至对同类生产经营活动根据其复杂性、危险性划定了不同的资质等级。例如《建筑法》第二十六条规定，承包建筑工程的单位应当持有依法取得的资质证书，并在其资质等级许可的业务范围内承揽工程。禁止建筑施工企业超越本企业资质等级许可的业务范围或者以任何形式用其他建筑施工企业的名义承揽工程。禁止建筑施工企业以任何形式允许其他单位或者个人使用本企业的资质证书、营业执照，以本企业的名义承揽工程。第二十九条第三款还规定，禁止总承包单位将工程分包给不具备相应资质条件的单位。禁止分包单位将其承包的工程再分包。

根据《安全生产法》第一百零三条的规定，生产经营单位将生产经营项目、场所、设备发包或者出租给不具备安全生产条件或者相应资质的单位或者个人的，责令限期改正，没收违法所得；违法所得10万元以上的，并处违法所得2倍以上5倍以下的罚款；没有违法所得或者违法所得不足10万元的，单处或者并处10万元以上20万元以下的罚款；对其直接负责的主管人员和其他直接责任人员处1万元以上2万元以下的罚款；导致发生生产安全事故给他人造成损害的，与承包方、承租方承担连带赔偿责任。

安全生产管理协议是指将生产经营项目、场所、设备发包或者出租的，为了保障生产安全发包单位或出租单位与承包单位或承租单位签订的确定双方安全生产管理职责的协议。安全生产管理协议有两种存在形式：其一，专门的书面的安全生产管理协议；其二，以承包合同、租赁合同中安全生产管理职责条款的形式存在，即承包合同、租赁合同中关于各自的安全生产管理职责的约定。但不论以何种形式存在，安全生产管理协议必须包括三部分内容：发包单位、出租单位的安全生产管理职责;承包单位、承租单位的安全生产管理职责;发包单位、出租单位对承包单位、承租单位的安全生产工作管理要求。

安全生产管理协议属于合同,具备合同效力的相对性,只对协议当事人发生效力。生产经营单位不能以与承包单位、承租单位签订的安全生产管理协议为由,拒绝履行安全生产职责。因此,生产经营单位对外包或者出租的项目、场所的安全生产全面负责。生产经营单位对承包单位、承租单位的安全生产工作统一协调、管理,定期进行安全检查,发现安全问题的,应当及时督促整改。

生产经营单位未与承包单位、承租单位签订专门的安全生产管理协议或者未在承包合同、租赁合同中明确各自的安全生产管理职责,或者未对承包单位、承租单位的安全生产统一协调、管理的,责令限期改正,可以处 5 万元以下的罚款,对其直接负责的主管人员和其他直接责任人员可以处 1 万元以下的罚款;逾期未改正的,责令停产停业整顿。

如果该生产经营项目、场所有违反安全生产法律法规关于安全生产的管理规定的行为,应当由生产经营单位承担相应的责任;如果发生了生产安全事故,生产经营单位应承担相应的责任。生产经营单位在承担了相应的责任后,可以根据安全生产管理协议的约定,追究承包单位、承租单位的责任。

2021 年修法特别规定特殊行业分包与出租的限制。本条第三款作出规定:矿山、金属冶炼建设项目和用于生产、储存、装卸危险物品的建设项目的施工单位应当加强对施工项目的安全管理,不得倒卖、出租、出借、挂靠或者以其他形式非法转让施工资质,不得将其承包的全部建设工程转包给第三人或者将其承包的全部建设工程支解以后以分包的名义分别转包给第三人,不得将工程分包给不具备相应资质条件的单位。这一限制应当注意两个方面的内容:一方面,施工资质作为经过行政权力予以认可的许可凭证,各类专门行业不得倒卖、出租、出借、挂靠或者以其他形式非法转让,否则是对行政资质管理制度的违反;另一方面,矿山、金属冶炼建设项目和用于生产、储存、装卸危险物品的建设项目的施工单位，不得将其承包的全部建设工程转包给第三人或者将其承包的全部建设工程支解以后以分包的名义分别转包给第三人，不得将工程分包给不具备相应资质条件的单位，其中全部建设工程是指与矿山、金属冶炼建设项目和用于生产、储存、装卸危险物品业务有关的全部项目，其中与业务无关的如员工宿舍建设等工程能否转包还需进一步的明确与区分，目前采取托管、股权入股方式进行的项目经营方式并非违法的转包、分包，在实际的监管监察中应当予以区分。

【关联法规索引】《安全生产法》第一百零三条；《建筑法》第二十六条；《最高人民法院关于审理人身损害赔偿案件适用法律若干问题的解释》第十一条。

典型案例：李某奇与甲煤矿、乙矿业公司合同纠纷申诉、申请民事裁定纠纷案

再审申请人李某奇依据《民事诉讼法》的规定，申请再审称二审判决认定"从合同内容来看，该合同内容不违反法律及行政法规的强制性、禁止性规定。因此，涉案合同系合同双方真实意思表示，当属有效"为适用法律错误。① 李某奇与甲煤矿于 2014 年 1 月 10 日签订的《甲煤矿管理团队安全、生产聘用合同》实为承包合同。《安全生产法》第四十六条第一款明确规定：生产经营单位不得将生产经营项目、场所、设备发包或者出租给不具备安全生产条件或者相应资质的单位或者个人。安全生产条件对煤矿而言指的是采矿许可证和安全生产许可证。而相应资质指的是采掘工程资质。显而易见，这些证件和资质李某奇是没有的，也就是说李某奇是不具备承包煤矿资格的。该合同违反了《安全生产法》强制性、禁止性的规定，属无效合同。② 双方签订合同时，甲煤矿的采矿许可证和安全生产许可证均已过期，而且自 2012 年 10 月 7 日以来一直处于被责令停产整顿期，甲煤矿不具备对外承包煤矿进行生产的资格。甲煤矿隐瞒了停产整顿以及两证失效的事实，并在合同中强令李某奇年产32 万 t煤炭，违反了《煤炭法》第二十二条的规定，应为无效合同。二审判决认定合

同有效，适用法律错误。请求重新查明事实，依法确认李某奇与甲煤矿签订的承包合同无效。

最高人民法院经审查认为，李某奇与甲煤矿于2014年1月10日签订的《甲煤矿管理团队安全、生产聘用合同》应为无效。《安全生产法》第十七条规定，生产经营单位应当具备本法和有关法律、行政法规和国家标准或者行业标准规定的安全生产条件，不具备安全生产条件的，不得从事生产经营活动。《煤炭法》第二十二条规定，煤矿投入生产前，煤矿企业应当依照有关安全生产的法律、行政法规的规定取得安全生产许可证。未取得安全生产许可证的，不得从事煤炭生产。本案中，李某奇与甲煤矿签订的《甲煤矿管理团队安全、生产聘用合同》虽名为聘用合同，但从双方所约定的事项及合同具体内容而言，该合同的性质应认定为承包经营合同。合同签订时，甲煤矿的采矿许可证和安全生产许可证均已过期，依法不能进行正常生产经营，合同签订后，又没有按合同约定办理矿井各种证照，故双方签订的《甲煤矿管理团队安全、生产聘用合同》因违反上述法律规定，应认定无效。再审申请人李某奇关于二审法院认定合同有效错误，认定事实及适用法律不当的申请理由成立。

但从结果上看，二审判决判令甲煤矿返还李某奇保证金100万元，并由乙矿业公司承担连带责任，结果并无不当。根据《最高人民法院关于适用〈中华人民共和国民事诉讼法〉审判监督程序若干问题的解释》第三十七条的规定，原判决、裁定在认定事实、适用法律、阐述理由方面虽有瑕疵，但裁判结果是正确的，人民法院应在再审判决、裁定中纠正上述瑕疵后予以维持。综上，最高人民法院依照《民事诉讼法》第二百零四条第一款的规定，裁定如下：驳回李某奇的再审申请。

裁判要旨：《甲煤矿管理团队安全、生产聘用合同》虽名为聘用合同，但从双方所约定的事项及合同具体内容而言，该合同的性质应认定为承包经营合同。合同签订时，甲煤矿的采矿许可证和安全生产许可证均已过期，依法不能进行正常生产经营，合同签订后，又没有按合同约定办理矿井各种证照，故双方签订的《甲煤矿管理团队安全、生产聘用合同》因违反上述法律规定，应认定无效。

第五十条【主要负责人组织事故抢救职责】

生产经营单位发生生产安全事故时，单位的主要负责人应当立即组织抢救，并不得在事故调查处理期间擅离职守。

【条文解读】　本条是关于主要负责人组织事故抢救职责的规定。

生产经营单位的主要负责人是生产经营活动的决策者和指挥者，是生产经营单位的最高领导者和管理者。生产经营单位的主要负责人对本单位的安全生产工作全面负责。“全面负责”是指对本单位安全生产工作的各个方面、各个环节都要负责，而不是仅仅负责某些方面或者部分环节。从建立健全全员安全生产责任制、组织制定安全生产规章制度和操作规程、组织制定并实施安全生产教育和培训计划、保证安全生产投入的有效实施，到督促、检查本单位安全生产工作，及时消除生产安全事故隐患，组织制定并实施本单位的生产安全事故应急救援预案以及事故抢救等，都要负起责任。“立即”说明主要负责人组织事故抢救的时效性，不得拖延事故抢救。生产经营单位发生生产安全事故后，事故现场有关人员应当立即报告本单位负责人。单位负责人接到事故报告后，应当迅速采取有效措施，组织抢救，防止事故扩大，减少人员伤亡和财产损失。

生产经营单位主要负责人作为本生产经营单位安全生产的第一责任人，对本单位的场地、布局、设备、人员通信、生产经营状况比较熟悉，由其在现场参加、组织救援，可以比较顺利地进行事故抢救，所以在事故发生后生产经营单位的主要负责人应当坚守岗位，立即组织事故抢救。主要负责人作为生产经营单位安全生产的第一责任人，应当对单位发生的生产安全事故负责，特别是如果发生重特大生产安全责任事故，有关人员的行为会涉嫌构成重大责任事故罪、重大劳动安全事故罪以及其他犯罪。因此，事故发生后，生产经营单位的主要负责人不得擅离职守，而应坚守岗位，并积极配合有关部门的事故调查处理。

根据《安全生产法》第一百一十条的规定，生产经营单位的主要负责人在本单位发生生产安全事故时，不立即组织抢救或者在事故调查处理期间擅离职守的，给予降级、撤职的处分，并由应急管理部门处上一年年收入百分之六十至百分之一百的罚款。

【关联法规索引】《安全生产法》第一百一十条。

典型案例：甲区安全生产监督管理局、张某尧非诉执行审查行政纠纷案

申请执行人甲区安全生产监督管理局于2017年5月4日作出(甲)安监罚〔2017〕YD001号行政处罚决定，认为2016年10月14日被执行人张某尧的公司发生一起生产安全事故，被执行人张某尧作为丙装饰公司法人代表，负责公司全面工作，对事故发生负直接责任，作为主要负责人，在事故发生后未立即组织抢救。以上事实违反了《安全生产法》第四十七条、第八十条第二款规定，根据《安全生产法》第一百零六条第一款的规定，决定给予被执行人张某尧以下行政处罚：处上一年年收入100%即人民币14 520元罚款。后经催告，被执行人张某尧至今未履行(甲)安监罚〔2017〕YD001号行政处罚决定，2017年6月27日申请执行人甲区安全生产监督管理局作出(甲)安监加罚〔2017〕YD002号行政处罚决定，决定对被执行人张某尧加处罚款14 000元。现申请执行人甲区安全生产监督管理局申请强制执行：①(甲)安监罚〔2017〕YD001号行政处罚决定；②(甲)安监加罚〔2017〕YD002号行政处罚决定。申请执行人甲区安全生产监督管理局向甲区人民法院提交以下证据：张某尧身份证复印件、营业执照、立案审批表、《行政处罚决定书》及送达回执、《缴纳罚款催告书》及送达回执、《加处罚款决定书》及送达回执、《行政强制执行事先催告书》及送达回执、行政处罚集体讨论记录、案件处理呈批表、行政强制审批表、甲区人民政府《关于丙装饰公司“10·14”高处坠落事故调查情况报告的批复》、《丙装饰公司“10·14”高处坠落事故调查报告》、甲区人民政府丙装饰公司“10·14”高处坠落事故调查组成员签名表、《行政处罚告知书》及送达回执、《行政处罚听证告知书》及送达回执、送达地址确认书、询问笔录、樊某艳身份证复印件。

法院裁决：申请执行人甲区安全生产监督管理局申请执行该局作出的（甲）安监罚〔2017〕YD001 号行政处罚决定及（甲）安监加罚〔2017〕YD002 号行政处罚决定，符合法律规定的强制执行条件，可准予执行。依据《行政诉讼法》第九十七条的规定，裁定如下：① 准予强制执行甲区安全生产监督管理局（甲）安监罚〔2017〕YD001 号行政处罚决定（个人），罚款 14 520 元。② 准予强制执行甲区安全生产监督管理局（甲）安监加罚〔2017〕YD002 号行政处罚决定，罚款 14 000 元。

裁判要旨：公司法人代表，负责公司全面工作，对事故发生负直接责任，作为主要负责人，在事故发生后未立即组织抢救，负有安全生产监督管理职责的部门决定给予其处上一年年收入 100％罚款的行政处罚。行政处罚程序合法、证据齐全，人民法院决定对罚款和加处罚款予以强制执行。

第五十一条【工伤保险和安全生产责任保险】

生产经营单位必须依法参加工伤保险，为从业人员缴纳保险费。

国家鼓励生产经营单位投保安全生产责任保险；属于国家规定的高危行业、领域的生产经营单位，应当投保安全生产责任保险。具体范围和实施办法由国务院应急管理部门会同国务院财政部门、国务院保险监督管理机构和相关行业主管部门制定。

【条文解读】　本条是关于工伤保险和安全生产责任保险的规定。

一旦发生生产安全事故，不但会造成从业人员人身伤亡，还有可能造成生产经营单位周围群众的生命财产损失。而事故的发生同时也会造成生产经营单位巨额财产损失，导致生产经营单位丧失赔付能力。因此，本条分两款分别对工伤保险和安全生产责任保险进行了规定。

本条第一款是关于工伤保险的规定。工伤保险，是指劳动者在工作中或在规定的特殊情况下，遭受意外伤害或患职业病导致暂时或永久丧失劳动能力以及死亡时，劳动者或其遗属从国家和社会获得物质帮助的一种社会保险制度。为了保障因工作遭受事故伤害或者患职业病的职工获得医疗救治和经济补偿，促进工伤预防和职业康复，分散用人单位的工伤风险，2004 年 1 月 1 日国务院制定的《工伤保险条例》开始施行，2010 年该条例进行了修改。工伤保险的价值之一是一旦发生事故，对从业人员构成工伤且适用《工伤保险条例》规定的，便可获得工伤保险赔付，确保工伤受害者能够得到及时赔付。所以，中华人民共和国境内的企业、事业单位、社会团体、民办非企业单位、基金会、律师事务所、会计师事务所等组织和有雇工的个体工商户应当依照《工伤保险条例》的规定参加工伤保险，为本单位全部职工或者雇工缴纳工伤保险费。中华人民共和国境内的企业、事业单位、社会团体、民办非企业单位、基金会、律师事务所、会计师事务所等组织的职工和个体工商户的雇工，均有依照《工伤保险条例》的规定享受工伤保险待遇的权利。工伤保险费的征缴按照《社会保险费征缴暂行条例》关于基本养老保险费、基本医疗保险费、失业保险费的征缴规定执行。工伤保险费根据“以支定收、收支平衡”的原则，确定费率。国家根据不同行业的工伤风险程度确定行业的差别费率，并根据工伤保险费使用、工伤发生率等情况在每个行业内确定若干费率档次。行业差别费率及行业内费率档次由国务院社会保险行政部门制定，报国务院批准后公布施行。用人单位应当按时缴纳工伤保险费。职工个人不缴纳工伤保险费。用人单位缴纳工伤保险费的数额为本单位职工工资总额乘以单位缴费费率之积。对难以按照工资总额缴纳工伤保险费的行业，其缴纳工伤保险费的具体方式，由国务院社会保险行政部门规定。工伤保险基金存入社会保障基金财政专户，用于《工伤保险条例》规定的工伤保险待遇，劳动能力鉴定，工伤预防的宣传、培训等费用，以及法律、法规规定的用于工伤保险的其他费用的支付。工伤预防费用的提取比例、使用和管理的具体办法，由国务院社会保险行政部门会同国务院财政、卫生行政、应急管理等部门规定。任何单位或者个人不得将工伤保险基金用于投资运营、兴建或者改建办公场所、发放奖金，或者挪作其他用途。

为更好地保障职工的生命安全和健康，促进用人单位做好工伤预防工作，降低工伤事故伤害和职业病的发生率，规范工伤预防费的使用和管理，2017 年 8 月，人社部、财政部、卫计委、原国家安全监管总局联合印发《工伤预防费使用管理暂行办法》，就工伤预防费使用管理工作作出部署。《工伤预防费使用管理暂行办法》规定，工伤预防费用于工伤事故和职业病预防宣传及培训。在保证工伤保险待遇支付能力和储备金留存的前提下，工伤预防费的使用原则上不得超过统筹地区上年度工伤保险基金征缴收入的3%。因工伤预防工作需要，经省级人社部门和财政部门同意，可以适当提高工伤预防费的使用比例。工伤预防费使用实行预算管理。统筹地区社会保险经办机构按照上年度预算执行情况，根据工伤预防工作需要，将工伤预防费列入下一年度工伤保险基金支出预算。《工伤预防费使用管理暂行办法》提出，由统筹地区人社部门会同财政、卫生计生、安监等部门以及本辖区内负有安全生产监督管理职责的部门，共同确定每年工伤预防的重点领域，由行业协会和大中型企业等社会组织在确定的重点领域内提出拟实施的项目，再由人社部门会同有关部门共同确定下一年度安排实施的项目。纳入年度计划的工伤预防实施项目，原则上由提出项目的行业协会和大中型企业等社会组织负责组织实施。面向社会和中小微企业的工伤预防项目，可由人社、卫生计生、安全监管部门参照《中华人民共和国政府采购法》(以下简称《政府采购法》)等相关规定，从具备相应条件的社会、经济组织以及医疗卫生机构中选择提供工伤预防服务的机构，推动组织项目实施。《工伤预防费使用管理暂行办法》还对提供工伤预防服务的社会组织应具备的条件、项目的验收评估以及违反规定应承担的责任等方面作出规定。

由于一些煤矿主要负责人常常在矿难发生后躲避逃逸，不履行事故抢险救灾和善后处理的经济义务和社会责任，而是将其全部推给当地政府，造成了“矿主发财，政府发丧”的局面。为扭转这一局面，切实将企业安全生产责任落到实处，保证煤矿生产安全事故应急抢险救灾及善后处理工作的顺利进行，根据《国务院关于进一步加强安全生产工作的决定》，财政部会同原国家安全监管总局颁布了《煤矿企业安全生产风险抵押金管理暂行办法》，建立了强制煤矿企业向经安全监管部门及同级财政部门指定的代理银行存储风险抵押金制度。《煤矿企业安全生产风险抵押金管理暂行办法》对缴纳主体、存储标准、风险抵押金的使用范围和监督管理进行了规定。为了强化企业安全生产意识，落实安全生产责任，保证生产安全事故抢险、救灾工作的顺利进行，2006 年 7 月，财政部、原国家安全监管总局、人民银行联合制定下发了《企业安全生产风险抵押金管理暂行办法》。安全生产风险抵押金是指企业以其法人或合伙人名义将本企业资金专户存储，用于本企业生产安全事故抢险、救灾和善后处理的专项资金。省级安全监管部门及同级财政部门要结合企业产量、销售收入等综合因素，确定风险抵押金的具体存储金额：小型企业不低于 30 万元；中型企业不低于 100 万元；大型企业不低于 150 万元；特大型企业不低于 200 万元。风险抵押金最高存储金额原则上不超过 500 万元。

2016 年 12 月 18 日，《中共中央 国务院关于推进安全生产领域改革发展的意见》提出了“取消企业安全生产风险抵押金制度，建立健全安全生产责任保险制度”。2017 年 6 月 12 日，财政部、原国家安全监管总局、人民银行印发了《关于取消企业安全生产风险抵押金制度的通知》，取消了安全生产风险抵押金制度。《关于取消企业安全生产风险抵押金制度的通知》要求存储安全生产风险抵押金的企业，自本通知印发之日起不再存储。风险抵押金专户中仍有资金结余的，根据地方实际情况，按照自愿原则，可从以下处理方式中任选一种：一是自本通知印发之日起 3 个月内将风险抵押金转入企业其他同名银行结算账户，同时通过安全生产责任保险等市场化风险分担机制继续做好安全生产预防和控制工作；二是直接将风险抵押金转为安全生产责任保险等市场化风险分担机制。具体办法由省级财政部门会同同级安全监管等有关部门研究制定。按上述方式处理后，相应撤销风险抵押金专户，并做好风险抵押金与市场化风险分担机制的过渡衔接工作。

2021 年修法特别规定属于国家规定的高危行业、领域的生产经营单位，应当投保安全生产责任保险。根据国家关于推进安全生产责任保险的有关规定，在矿山、危险化学品、烟花爆竹、交通运输、建筑施工、民用爆炸物品、金属冶炼、渔业生产等高危行业、领域强制实施安全生产责任保险制度。

安全生产责任保险，是指保险机构对投保的生产经营单位发生的生产安全事故造成的人员伤亡和有关经济损失等予以赔偿，并且为投保的生产经营单位提供生产安全事故预防服务的商业保险。2018年1月1日，由原国家安全监管总局、保监会、财政部联合制定的《安全生产责任保险实施办法》开始施行。

根据《安全生产责任保险实施办法》的规定，煤矿、非煤矿山、危险化学品、烟花爆竹、交通运输、建筑施工、民用爆炸物品、金属冶炼、渔业生产等高危行业、领域的生产经营单位应当投保安全生产责任保险。鼓励其他行业领域生产经营单位投保安全生产责任保险。各地区可针对本地区安全生产特点，明确应当投保的生产经营单位。

《安全生产责任保险实施办法》还明确了工伤保险赔偿权利与安全生产责任保险之间的关系：按照《安全生产责任保险实施办法》规定请求的经济赔偿，不影响参保的生产经营单位从业人员（含劳务派遣人员）依法请求工伤保险赔偿的权利。

安全生产责任保险的保险责任包括投保的生产经营单位的从业人员人身伤亡赔偿，第三者人身伤亡和财产损失赔偿，事故抢险救援、医疗救护、事故鉴定、法律诉讼等费用。

生产经营单位应当及时将赔偿保险金支付给受伤人员或者死亡人员的受益人（以下统称受害人），或者请求保险机构直接向受害人赔付。生产经营单位怠于请求的，受害人有权就其应获赔偿部分直接向保险机构请求赔付。

【关联法规索引】《工伤保险条例》《安全生产责任保险实施办法》《工伤预防费使用管理暂行办法》《国务院关于进一步加强安全生产工作的决定》等。

典型案例：甲财产保险公司乙分公司与丙建材公司保险合同纠纷再审民事纠纷案

申诉人甲财产保险公司乙分公司因与被申诉人丙建材公司保险合同纠纷一案，不服G市中级人民法院〔2016〕民终606号民事判决，向检察机关申诉。S省人民检察院作出民事抗诉书，提出抗诉。

S省人民检察院抗诉认为，G市中级人民法院〔2016〕民终606号民事判决认定事实缺乏证据证明，适用法律错误。理由如下：

(1) 二审判决甲财产保险公司乙分公司对死者张某一的损害向丙建材公司承担保险责任，违反了法律规定及保险合同约定。《平安安全生产责任保险条款》第三条约定："在保险期间内，被保险人在本保险单载明的地点范围内依法从事生产、经营、储存等活动过程中，因意外事故造成其雇员或者第三者人身伤亡……保险人按照本保险合同约定负责赔偿。"本案中，被保险人丙建材公司以列明雇员名单的方式进行投保，在丙建材公司向甲财产保险公司乙分公司提交的雇员名单中未列有白某军和张某一，故二人不属于保险单中载明的雇员。关于第三者的赔偿责任，根据《保险法》第六十五条第四款"责任保险是指以被保险人对第三者依法应负的赔偿责任为保险标的的保险"的规定，保险人只对被保险人给第三者造成的损害承担赔偿责任。而本案中造成张某一死亡的宁×××号事故车辆登记在白某军名下，张某一是白某军雇佣驾驶该车辆的司机，并对该起事故负全部责任。白某军虽系丙建材公司的法定代表人，但该公司委托诉讼代理人在一审庭审中明确表明白某军雇佣张某一驾驶车辆拉运石料的行为属于个人行为与公司无关，所以该起事故并非是由丙建材公司造成，张某一不属于保险单中载明的第三者。综上，因张某一不属于保险单中载明的雇员和第三者，依据保险合同约定，甲财产保险公司乙分公司对张某一的损害不应承担保险责任。

(2) 二审判决甲财产保险公司乙分公司向丙建材公司支付保险赔偿款27万元无事实和法律依据。本案中，即使法院认定张某一属于保险单中载明的第三者，甲财产保险公司乙分公司应对张某一的损害向丙建材公司承担保险责任，但关于赔偿款，其中的20万元理赔款，因张某一的赔偿是由白某军支付，丙建材公司并未向张某一履行赔偿责任，根据《保险法》第六十五条第三款"责任保险的被保险人给第三者造成损害，被保险人未向该第三者赔偿的，保险人不得向被保险人赔偿保险金"的规定以及《平安安全生产责任保险条款》第二十七条“被保险人给第三者造成损害，被保险人未向该第三者赔偿的，保险人不负责向被保险人赔偿保险金”的约定，法院判决支持丙建材公司起诉主张的20万元理赔款既没有事实依据，也没有法律依据；关于5万元事故抢险救援费和2万元事故调查勘验费，保险单中明确约定每次事故抢险救援费用赔偿限额为5万元、每次事故调查勘验费用赔偿限额为2万元，合同中对保险赔偿金的约定是限额而不是定额，保险人只对被保险人的实际损失和实际的合理支出予以赔偿，赔偿额不能大于限额，但不必然等于限额，对上述两项费用二审判决按照限额进行赔偿没有事实和法律依据，同时也违反了《最高人民法院关于民事诉讼证据的若干规定》第二条“当事人对自己提出的诉讼请求所依据的事实或者反驳对方诉讼请求所依据的事实有责任提供证据加以证明。没有证据或者证据不足以证明当事人的事实主张的，由负有举证责任的当事人承担不利后果”的规定。

(3) 二审判决认定事故发生地属于石料厂内的事实缺乏证据证明。双方签订的保险单中约定被保险范围为“开发区本公司石料厂内”，涉案事故发生后交警部门出具的《道路交通事故认定书》认定事故发生在行驶离开石料厂30 m处下坡路段，二审法院实地勘验后认为丙建材公司石料厂无围墙，系开放性厂区，事故发生地在拉运该石料厂石料的专属道路上，因投保单中约定的厂区范围不明，结合丙建材公司采矿开采范围坐标认定事故发生地属于石料厂内。经核实二审卷宗，丙建材公司的两份《采矿许可证》复印件，有效期分别为2011年6月20日至2013年4月28日和2016年9月6日至2018年3月6日，均不是丙建材公司签订保险合同及发生事故的2014年期间的《采矿许可证》。且上述两份《采矿许可证》中注明的开采范围坐标不同，矿区面积也不同，说明不同时期内，相关行政部门许可丙建材公司的矿区面积及厂区范围不一致。所以上述两份《采矿许可证》中的开采范围坐标无法证实2014年丙建材公司厂区四至，故二审法院认定事故发生地属于石料厂内的事实缺乏证据证明。

(4) 二审判决认为投保单中对被保险范围的约定属于格式条款，并作出不利于甲财产保险公司乙分公司的解释属适用法律错误。

《合同法》第三十九条第二款规定："格式条款是当事人为了重复使用而预先拟定，并在订立合同时未与对方协商的条款。"本案中，双方当事人签订的保险单中被保险范围为"开发区本公司石料厂内"的内容系人工填写，是甲财产保险公司乙分公司与丙建材公司双方协商达成，且只针对双方，不符合格式条款的特征，故二审法院将该条款内容认定为格式条款，并作出不利于甲财产保险公司乙分公司的解释属适用法律错误。

申诉人甲财产保险公司乙分公司再审请求：撤销二审判决，改判驳回丙建材公司的诉讼请求。理由如下：① 二审判决认定涉案事故发生在石料厂区内，属证据不足。② 二审判决认定涉案事故为生产安全事故，属证据不足。③ 本案中向死者张某一亲属赔偿的主体是被保险人丙建材公司的法定代表人白某军，而不是被保险人丙建材公司，二审判决认定丙建材公司承担了事故的赔偿责任，属认定事实错误。④ 死者张某一是否属于保险合同中约定的雇员还是第三者，二审判决没有作出明确认定。⑤ 二审判决由甲财产保险公司乙分公司赔偿丙建材公司事故抢险救援费5万元、事故调查勘验费2万元错误。

丙建材公司辩称：① 双方当事人在保险合同以及投保单中并没有明确约定石料厂区的四至，二审法院根据格式条款的规定作出对保险公司不利的解释，认定本案事故发生在石料厂内，并不违反法律规定。② 本案属于生产安全事故，二审庭审中G市Y区安全生产监督管理局已经派员出庭对其出具的证明以及没有再行调查的原因进行了说明。③ 丙建材公司已经履行了赔偿责任，是由其法定代表人白某军经办的，白某军的行为是代表公司的职务行为。④ 甲财产保险公司乙分公司拒赔的理由是死者张某一并非丙建材公司的雇员，并没有提及死者张某一是第三者的身份。⑤ 二审法院按照保险合同约定的赔偿限额判决由甲财产保险公司乙分公司承担事故抢险救援费5万元、事故调查勘验费2万元并无不当。请求再审法院维持二审判决。

2015年1月7日，丙建材公司向G市Y区人民法院起诉请求：

由甲财产保险公司乙分公司支付保险赔偿金20万元，事故抢险救援费5万元，事故调查勘验费2万元，共计27万元；本案诉讼费由甲财产保险公司乙分公司负担。

一审法院经审理查明，2014年7月21日，丙建材公司在甲财产保险公司乙分公司为其经营的石料厂投保了一份平安安全生产责任保险，保险期间自2014年7月22日0时起至2015年7月21日24时止，每次事故赔偿限额为100万元，其中雇员每人人身伤亡赔偿限额为20万元，第三者每人人身伤亡赔偿限额为20万元，每次事故抢险救援费用赔偿限额为5万元，每次事故调查勘验费用赔偿限额为2万元，丙建材公司缴纳保险费12 160元。丙建材公司购买该保险时，甲财产保险公司乙分公司向丙建材公司提供了一份《平安安全生产责任保险条款》及附加条款，并向丙建材公司详细介绍了条款的具体内容，特别是就该条款中有关免除保险人责任的条款以及付费约定的内容作了明确说明，丙建材公司已完全理解，同意投保，并在投保人签名(盖章)栏内加盖了丙建材公司印章。《平安安全生产责任保险条款》在保险责任第三条约定："在保险期间内，被保险人在本保险单载明的地点范围内依法从事生产、经营、储存等活动过程中，因意外事故造成其雇员或者第三者的人身伤亡，且经县级以上安全生产监督管理部门认定为生产安全事故，依照中华人民共和国法律(不包括港澳台地区法律)应由被保险人承担的经济赔偿责任，保险人按照本保险合同约定负责赔偿。"该条款责任免除第七条第(七)项约定："下列原因造成的损失、费用和责任，保险人不负责赔偿：各种交通事故，但不包括场内机动车辆事故"。2014年10月10日7时许，张某一驾驶白某军所有的宁×××号重型货车(载石料)从丙建材公司石料厂出发前往青石工地，当行驶离开石料厂30 m处下坡路段时，车辆发生故障，张某一下车进行检查时，车辆在下坡路段移动将在货车下检查的张某一碾压致伤，张某一经医院抢救无效于当日死亡。事故发生后，丙建材公司未向甲财产保险公司乙分公司报案，只向J县公安局交通警察大队报案，该大队作出《道路交通事故认定书》，认定"张某一持B2驾驶证驾驶宁×××号重型货车从丙建材公司石料厂(载石料 15 t)出发前往青石工地,行驶离开丙建材公司石料厂30 m处下坡路段时,车辆在下坡路段前移将在货车下检查的张某一碾压致伤,张某一被送往G市人民医院经抢救无效于当日死亡、车辆损坏的道路交通事故。”并认定张某一负此起道路交通事故的全部责任。因张某一系白某军雇佣的宁×××号重型自卸货车驾驶员,张某一发生交通事故死亡后,白某军与张某一亲属张某、张某二达成调解协议,由白某军一次性支付张某一亲属死亡丧葬费及死亡赔偿金共计 55 万元,白某军实际向死者亲属支付赔偿金 52 万元。丙建材公司于 2014 年 10 月 10 日向 T 吊运有限公司支付车辆施救费13 000 元。后丙建材公司要求甲财产保险公司乙分公司理赔,甲财产保险公司乙分公司以张某一驾驶的宁×××号重型货车发生事故时已驶离石料厂,且张某一不在丙建材公司投保的平安安全生产责任保险投保雇员名单中予以拒赔。

另查明,2014 年 11 月 10 日,丙建材公司向 G 市 Y 区安全生产监督管理局报案,该局依据《道路交通事故认定书》记载的内容以及事后派员现场了解情况,但未作出调查报告及对相关责任人进行处罚的情况下于 2014 年 11 月 28 日向丙建材公司出具了一份证明,证明涉案事故为一起生产安全事故。后经单位负责人在证明上签字确认。G 市 Y 区安全生产监督管理局在本案审理中对其出具的证明又作出了书面说明,庭审时也派员出庭对其作出的两份材料进行了解释说明。

一审法院认为,丙建材公司在甲财产保险公司乙分公司为其经营的石料厂投保平安安全生产责任保险的行为系双方签订保险合同的行为,该合同是在双方当事人充分协商的基础上达成的一致意见,是双方当事人的真实意思表示,且该合同不违反法律、行政法规的强制性规定,合法有效。合同签订后,丙建材公司依约履行了向甲财产保险公司乙分公司支付保险费的义务,保险事故发生后,甲财产保险公司乙分公司应履行向丙建材公司支付赔偿金的义务。本案的焦点是:① 涉案事故是否发生在石料厂内;② 该事故是否经过县级以上安全生产监督管理部门认定为生产安全事故。首先,根据J县公安局交通警察大队的现场勘查后作出的《道路交通事故认定书》，死者张某一系驾车从丙建材公司石料厂出发前往青石工地，当行驶离开丙建材公司石料厂30 m处下坡路段时发生的事故，此时已经驶离石料厂，而平安安全生产责任保险投保单上确认的保险地点为“开发区本公司石料厂内”，该投保单对保险地点作出了严格限制，因此涉案事故没有发生在丙建材公司石料厂内。其次，要认定涉案事故为一起生产安全事故，根据国务院颁发的《生产安全事故报告和调查处理条例》的相关规定，必须由负有生产安全事故的主管部门出具调查笔录、调查报告，上报至设区的市级人民政府安全生产监督管理部门和负有安全生产监督管理职责的有关部门，并对责任人进行处罚等相关措施。而涉案事故发生后，G市Y区安全生产监督管理局仅以证明的形式出具说明涉案事故为一起生产安全事故，未作出生产安全事故认定或报告，后虽对该证明作出书面说明，庭审中又派员就有关问题进一步作出解释说明，并由单位负责人在其出具的证明上签字确认了生产安全事故认定的真实性，但均不具备生产安全事故认定的形式要件，仅具有情况说明的性质。因此本案涉及的事故未经县级以上安全生产监督管理部门认定。故丙建材公司主张要求甲财产保险公司乙分公司支付保险赔偿金的请求既无事实根据，又无法律依据，其主张不予支持。依照《合同法》第四十四条、第六十条第一款，《保险法》第十条，《民事诉讼法》第六十四条第一款，《最高人民法院关于民事诉讼证据的若干规定》第二条规定，一审法院于2016年4月8日作出〔2015〕民商初字第17号民事判决：驳回丙建材公司的诉讼请求。案件受理费5 350元，由丙建材公司负担。

丙建材公司不服一审判决，向G市中级人民法院上诉请求：撤销一审判决，改判支持丙建材公司一审诉讼请求。

二审法院经审理查明，甲财产保险公司乙分公司未有充分证据证明，其对保险合同内容已向丙建材公司履行明确说明义务。一审认定“甲财产保险公司乙分公司向丙建材公司提供《平安安全生产责任保险条款》及附加条款时向丙建材公司详细介绍了条款的具体内容，特别是就该条款中有关免除保险人责任的条款以及付费约定的内容作了明确说明，丙建材公司已完全理解，同意投保”的事实有误。一审查明的其他事实正确，二审予以确认。

二审法院认为，本案主要争议焦点是：① 涉案事故是否发生在石料厂内；② 涉案事故是否为生产安全事故。

关于涉案事故是否发生在石料厂内的问题。经二审实地勘验，该石料厂并无围墙，系开放性厂区，且事故发生地系在拉运该石料厂石料的专属道路上，并非公用道路。甲财产保险公司乙分公司提供的投保单虽约定被保险范围为“开发区本公司石料厂内”，但该约定未有明确具体的“厂内”四至，“厂内”范围约定不明。故J县公安局交通警察大队认定事故发生地为“离开丙建材公司石料厂30 m处”无事实依据，应不予采信。一审据此确认涉案事故发生在该石料厂外不当。现双方当事人对事故是否发生在石料厂内发生争议，而投保单约定的厂区范围不明，该约定系格式条款，应作出不利于格式条款提供一方的解释。结合G市Y区安全生产监督管理局出具的采矿开采范围坐标等证据，应认定事故发生地属于石料厂内。

关于涉案事故是否为生产安全事故的问题。丙建材公司提供由G市Y区安全生产监督管理局出具，并由该单位负责人签字确认的证明，认定涉案事故为一起生产安全事故。该认定虽在程序上有一定瑕疵，但该证明系由国家行政机关出具，并由该行政机关负责人签字确认，由该局相关工作人员出庭说明情况。根据《最高人民法院关于适用〈中华人民共和国民事诉讼法〉的解释》第一百一十五条规定，单位向人民法院提出的证明材料，应当由单位负责人及制作证明材料的人员签名或者盖章，并加盖单位印章。人民法院就单位出具的证明材料，可以向单位及制作证明材料的人员进行调查核实。必要时，可以要求制作证明材料的人员出庭作证。故甲财产保险公司乙分公司在未有其他证据能够推翻的情况下，依据前述法律规定，该证明应作为本案认定事实的依据，故涉案事故应为一起生产安全事故。二审法院于2016年11月3日作出〔2016〕民终606号民事判决：① 撤销一审判决；② 甲财产保险公司乙分公司于判决生效后五日内支付丙建材公司赔偿金27万元。

S省高级人民法院再审查明，根据J县公安局交通警察大队出具的《道路交通事故认定书》的内容，死者张某一驾驶的宁×××号重型自卸货车，车辆所有人系白某军，该车辆投保了机动车第三者责任强制保险和第三者责任商业保险，发生交通事故时，保险有效。S省高级人民法院再审过程中，就涉案车辆投保的机动车第三者责任强制保险和第三者责任商业保险理赔问题，白某军认可相关保险公司已经按照车辆保险合同的约定在法律规定的范围内予以了赔偿。

S省高级人民法院再审查明的其他事实与一、二审法院查明的事实一致，S省高级人民法院再审予以确认。

根据检察机关的抗诉意见和当事人的诉辩主张，本案的争议焦点是：甲财产保险公司乙分公司应否对涉案事故向被保险人丙建材公司承担保险赔偿责任。

S省高级人民法院再审认为，丙建材公司与甲财产保险公司乙分公司签订的保险合同是双方当事人真实意思表示，内容不违反法律、行政法规的强制性规定，属有效合同，双方均应按照合同约定享有权利，承担义务。双方签订的《平安安全生产责任保险条款》第三条约定："在保险期间内，被保险人在本保险单载明的地点范围内依法从事生产、经营、储存等活动过程中，因意外事故造成其雇员或者第三者的人身伤亡，且经县级以上安全生产监督管理部门认定为生产安全事故，依照中华人民共和国法律（不包括港澳台地区法律）应由被保险人承担的经济赔偿责任，保险人依照本保险合同约定负责赔偿"。本案中，被保险人丙建材公司以列明雇员名单的方式向保险人甲财产保险公司乙分公司进行投保，死者张某一是被保险人丙建材公司的法定代表人白某军雇佣的司机，在丙建材公司向甲财产保险公司乙分公司提交的雇员名单中未列有白某军和张某一，故白某军和死者张某一均不属于保险单中载明的雇员。S省高级人民法院再审庭审中，丙建材公司明确表明死者张某一系保险单中载明的第三者，S省高级人民法院认为，根据《平安安全生产责任保险条款》的约定内容，第三者应指丙建材公司列明的雇员名单以外的任何人，故死者张某一属于保险单中载明的第三者。

关于第三者的赔偿责任,《保险法》第六十五条第四款规定:“责任保险是指以被保险人对第三者依法应负的赔偿责任为保险标的的保险”,该条第三款规定“责任保险的被保险人给第三者造成损害,被保险人未向该第三者赔偿的,保险人不得向被保险人赔偿保险金”,双方签订的《平安安全生产责任保险条款》第二十七条也约定:“被保险人给第三者造成损害,被保险人未向该第三者赔偿的,保险人不负责向被保险人赔偿保险金”,故保险人只对被保险人给第三者造成的损害承担赔偿责任。本案中,保险人系甲财产保险公司乙分公司,被保险人系丙建材公司,死者张某一系被保险人丙建材公司法定代表人白某军雇佣的司机,涉案车辆系登记在白某军名下。涉案事故发生后,被保险人丙建材公司未向保险人甲财产保险公司乙分公司报案,只向J县公安局交通警察大队报案,该大队作出《道路交通事故认定书》,认定死者张某一系驾车从丙建材公司石料厂出发前往青石工地,在车辆行驶离开丙建材公司石料厂30 m处下坡路段时,车辆在下坡路段前移将在货车下检查的张某一碾压致死,死者张某一负此次道路交通事故的全部责任。《道路交通事故认定书》作出后,白某军与死者张某一的亲属均未提出异议,并且在交警部门的主持下双方达成《道路交通事故损害赔偿调解书》,由白某军一次性支付死者张某一亲属各种赔偿款55万元,白某军实际支付赔偿款52万元。后丙建材公司于2014年11月10日向G市Y区安全生产监督管理局报案,该局虽出具证明说明涉案事故为一起生产安全事故,后对该证明又作出书面说明,庭审中还派员就有关问题进一步作出解释和说明,并由单位负责人在其出具的证明上签字,但该局并未依照法定程序作出生产安全事故责任认定或报告。S省高级人民法院再审认为,涉案事故虽然发生在张某一拉运丙建材公司石料厂砂石料的运输过程中,但造成张某一死亡的涉案车辆系登记在白某军名下,白某军并非本案的被保险人,故造成张某一死亡的损害后果,并非由被保险人丙建材公司所造成。且就涉案车辆投保的机动车第三者责任强制保险和第三者责任商业保险,相关保险公司已经按照车辆保险合同的约定在法律规定的范围内予以了赔偿。但与死者张某一亲属签订调解协议以及支付赔偿款的主体均是白某军个人，并非被保险人丙建材公司，丙建材公司认为白某军向死者张某一亲属支付道路交通事故赔偿款的行为是代表丙建材公司履行职务行为的抗辩理由不能成立，S省高级人民法院再审不予采信。

综上，本案张某一死亡的损害后果并非由被保险人丙建材公司所造成，向死者张某一亲属进行赔偿的主体也不是被保险人丙建材公司，丙建材公司要求甲财产保险公司乙分公司承担保险赔偿责任的再审主张，不符合保险法的相关规定和双方签订的保险合同的约定，S省高级人民法院再审不予支持。二审判决认定事实错误，适用法律不当，应予纠正。一审判决理由虽欠妥，但判决结果正确，应予维持。检察机关的抗诉意见及甲财产保险公司乙分公司的申诉意见成立。依照《保险法》第十条，《合同法》第四十四条第一款、第六十条第一款，《民事诉讼法》第一百七十条第一款第一项、第二项，第二百零七条第一款的规定，判决如下：① 撤销G市中级人民法院〔2016〕民终606号民事判决；② 维持G市Y区人民法院〔2015〕民商初字第17号民事判决。

裁判要旨：在保险期间内，被保险人在本保险单载明的地点范围内依法从事生产、经营、储存等活动过程中，因意外事故造成其雇员或者第三者人身伤亡，且经县级以上安全生产监督管理部门认定为生产安全事故，依照中华人民共和国法律（不包括港澳台地区法律）应由被保险人承担的经济赔偿责任，保险人依照保险合同约定负责赔偿。这里的"第三者"是指雇员之外的第三人。在列明投保的雇员名单之后，未列入名单的雇员属于第三者。保险人只对被保险人给第三者造成的损害承担赔偿责任，第三者伤亡非被保险人的生产安全事故造成的，保险人不承担责任保险金的赔付。

第三章　从业人员的安全生产权利义务

本章是关于从业人员安全生产权利义务的规定。《安全生产法》中的从业人员是一个含义非常广泛的概念，既包括主要负责人，也包括劳务派遣人员甚至不合法的用工关系中的“劳动者”。劳动合同中应当载明有关保障从业人员劳动安全、防止职业危害的事项，以及依法为从业人员办理工伤保险的事项，生产经营单位与从业人员签订的“生死协议”无效。从业人员享有安全生产知情权，批评、检举、控告、拒绝权，紧急避险权，获得赔偿权等安全权利，但同时要承担服从安全管理、接受安全生产教育培训、发现事故隐患和不安全因素时要报告等义务。

第五十二条【劳动合同中的安全条款】

生产经营单位与从业人员订立的劳动合同，应当载明有关保障从业人员劳动安全、防止职业危害的事项，以及依法为从业人员办理工伤保险的事项。

生产经营单位不得以任何形式与从业人员订立协议，免除或者减轻其对从业人员因生产安全事故伤亡依法应承担的责任。

【条文解读】　本条是关于劳动合同中安全必备事项以及禁止性约定的规定。

（一）劳动合同中必备的安全事项

条文讲解

《劳动法》第十六条规定，劳动合同是劳动者与用人单位确立劳动关系、明确双方权利和义务的协议。建立劳动关系应当订立劳动合同。根据《劳动合同法》的规定，用人单位招用劳动者时，应当如实告知劳动者工作内容、工作条件、工作地点、职业危害、安全生产状况、劳动报酬，以及劳动者要求了解的其他情况；用人单位有权了解劳动者与劳动合同直接相关的基本情况，劳动者应当如实说明。劳动合同应当具备以下条款：① 用人单位的名称、住所和法定代表人或者主要负责人；② 劳动者的姓名、住址和居民身份证或者其他有效身份证件号码；③ 劳动合同期限；④ 工作内容和工作地点；⑤ 工作时间和休息休假；⑥ 劳动报酬；⑦ 社会保险；⑧ 劳动保护、劳动条件和职业危害防护；⑨ 法律、法规规定应当纳入劳动合同的其他事项。劳动合同除上述必备条款外，用人单位与劳动者可以约定试用期、培训、保守秘密、补充保险和福利待遇等其他事项。《劳动法》第十九条也规定，劳动合同应当以书面形式订立，并具备劳动保护和劳动条件条款。《安全生产法》第五十二条第一款的规定，是对《劳动法》《劳动合同法》相关规定的进一步深化，明确要求“生产经营单位与从业人员订立的劳动合同，应当载明有关保障从业人员劳动安全、防止职业危害的事项，以及依法为从业人员办理工伤保险的事项”。本款规定属于强制性规定，用人单位不能违反。

（二）禁止性约定

实践中，有大量高危行业的用人单位与劳动者订立劳动合同时，约定“工伤概不负责”或者“生死合同”。早在 1988 年 10 月，《最高人民法院关于雇工合同“工伤概不负责”是否有效的批复》中就明确“对劳动者实行劳动保护，在我国宪法中已有明文规定，这是劳动者所享有的权利。张学珍、徐广秋身为雇主，对雇员理应依法给予劳动保护，但他们却在招工登记表中注明‘工伤概不负责’。这种行为既不符合宪法和有关法律的规定，也严重违反了社会主义公德，应属于无效的民事行为”。《劳动合同法》第二十六条规定，用人单位免除自己的法定责任、排除劳动者权利的约定无效。《安全生产法》第五十二条第二款的规定是对上述规定的进一步明确。本款规定的含义如下：其一，订立这种合同违法，属于法律禁止的合同或者合同条款。其二，无论生产经营单位采取单独订立协议还是在劳动合同中用条款特别约定等何种形式，“免除或者减轻其对从业人员因生产安全事故伤亡依法应承担的责任”都在禁止的行列。其三，订立了这种合同的或者合同条款的，合同或者合同条款无效，不免除生产经营单位的赔偿责任。生产经营单位与从业人员订立协议，免除或者减轻其对从业人员因生产安全事故伤亡依法应承担的责任的，该协议无效；对生产经营单位的主要负责人、个人经营的投资人处2万元以上10万元以下的罚款。

【关联法规索引】《安全生产法》第一百零六条，《劳动合同法》第八条、第二十六条，《劳动法》第十六条、第十八条、第十九条，《最高人民法院关于雇工合同“工伤概不负责”是否有效的批复》（〔1988〕民他字第1号）。

典型案例：王某江诉甲装饰公司等提供劳务者受害责任纠纷二审民事纠纷案

被告甲装饰公司大连分公司，在大连大东沟012工地大东沟产业园内将安装GRC构件工程承包给被告田某波。被告田某波找到被告付某力，被告付某力找到原告王某江等人为该工程提供劳务。庭审中，被告甲装饰公司提交了与被告田某波签订的《GRC构件安装施工承包合同》一份，旨在证明该工程已承包给被告田某波，称在此合同中已经对双方各自的权利、义务进行了详细的约定，被告向田某波支付相应的费用，该费用中明确包括了施工现场人员的工伤与意外伤害保险费用。因被告田某波并不具备安装此工程的建筑资质，在签订合同时被告甲装饰公司对此未进行审查，该涉案工程发包人被告甲装饰公司在明知实际施工人没有资质的情况下将工程发包给被告田某波，依照《最高人民法院关于审理人身损害赔偿案件适用法律若干问题的解释》第十一条第二款的规定，发包人甲装饰公司应该承担连带赔偿责任。2011年6月21日下午5点左右原告在大连市大东沟012工地大东沟产业园内安装GRC,因GRC不合格,原告切割构管时,GRC里的铁屑飞入原告眼里,原告当即被送往大连市春柳中医院进行救治,住院3天后转入大连市第三人民医院住院14天,先后进行两次手术,共计住院17天,花费医疗费共计15 819.13元。以上事实有在原审卷宗用药清单和票据、住院病历等证据佐证,虽被告称不知情,但未提出反驳的证据支持其主张,本庭应予采信。因原审鉴定是在被告甲装饰公司提出管辖权异议过程中作出的,且被告甲装饰公司有异议,2015年11月10日原告王某江向绥化市中级人民法院递交了鉴定申请,绥化市中级人民法院通知原、被告于2015年11月23日来本院,由绥化市中级人民法院技术室书面委托黑龙江新讼司法鉴定中心对原告伤情进行了医学鉴定。2015年12月11日黑龙江新讼司法鉴定中心出具了黑新讼司鉴中心〔2015〕临鉴字第6-589号司法鉴定意见书。鉴定意见为:① 王某江的损伤评定为七级伤残。② 医疗终结时间为伤后6个月。③ 伤后需一人护理2个月。此鉴定意见当庭质证,原、被告均无异议,本庭予以支持。庭审中,被告甲装饰公司认为原告主张的误工费过高,根据当地同行业标准,最高支持150元/天,原告主张的280元/天明显高于同行业标准,因原告在庭审中只提交了付某力的陈述一份,无其他证据证实其工资标准为280元/天,因此,本庭支持原告王某江的误工费为150元/天。上述事实,有当事人陈述、病历资料、出院小结、医疗费收据、用药明细、鉴定意见、鉴定费票据等证据证明,绥化市中级人民法院予以确认。

原审法院判决认为,公民的健康权受法律保护。原告王某江是在被雇佣劳务的过程中受伤,应当根据《侵权责任法》和《最高人民法院关于审理人身损害赔偿案件适用法律若干问题的解释》的相关规定认定赔偿责任主体及确定赔偿数额。关于赔偿责任主体问题,第一,被告甲装饰公司为该工程的发包人,与被告田某波签订承包合同,将工程施工发包给没有施工资质的田某波,田某波通过付某力雇佣王某江在该工地进行工作,王某江在从事雇佣活动中遭受人身伤害，雇主应承担赔偿责任。因此，应当认定被告田某波与原告王某江形成雇佣关系，被告甲装饰公司作为发包人应当承担连带赔偿责任。根据法律规定，工程承包企业在内部承包合同中约定将劳动者工伤风险转给实力有限的自然人承担，该约定损害劳动者合法权益，属无效约定。因此，虽被告甲装饰公司与田某波的承包合同中约定由田某波承担工伤和意外伤害保险等费用，因双方的约定损害了劳动者王某江的合法权益，故属无效约定。第二，原告遭受人身伤害并非施工安全生产事故造成的，用人企业未按《劳动法》的相关规定对劳动者进行劳动就业培训和指导工人采取有效的安全防护措施及提供安全作业的工具。在庭审过程中，被告甲装饰公司既无证据证实对原告王某江进行安全生产培训、采取有效安全防护措施，又无证据证实王某江的受伤是其故意或重大过失造成的，因此，应认定原告王某江无责任。

原告王某江支出的医疗费按票据已经确认的 15 819.13 元认定。伙食补助费按当地干部旅差费报销标准，每天 100 元，其住院 17 天，计 1 700 元。营养费平均每日 50 元，计 3 000 元。王某江误工费为 27 000 元(180 天×150 元/天)，按照当时当地同行业标准酌情认定。护理费，按鉴定意见，护理人员参照黑龙江省统计局 2014 年居民服务业和其他服务业年 52 333 元计算，每天 143.38 元，计8 580 元(60 天×143 元/天×1 人)。伤残赔偿金 83 624 元(原告经鉴定为七级伤残，20 年×10 453 元/年×0.4)。精神抚慰金 9 000 元(原告构成七级伤残)。鉴定费 4 718.45 元，有鉴定费发票予以证实，属必要的合理支出，应予以支持。以上赔偿项目与数额绥化市中级人民法院予以确认。交通费 1 748.50 元，有交通费票据在原审卷宗。以上费用合计 155 190.08 元，由被告田某波承担，由被告甲装饰公司承担连带赔偿责任，被告付某力与原告王某江不形成雇佣关系，因此，其不应该承担赔偿责任。因本案属涉诉案件，案件受理费由本案当事人按赔偿数额承担，根据《诉讼费用交纳办法》第二条、第二十九条规定的标准计收，按赔偿的比例负担。综上所述，依照《侵权责任法》第十六条、第二十二条、第三十五条，《最高人民法院关于审理人身损害赔偿案件适用法律若干问题的解释》第十七条、第十八条、第十九条、第二十条、第二十一条、第二十二条、第二十三条、第二十四条、第二十五条的规定，判决如下：① 被告田某波于本判决生效后10日内再赔偿原告王某江155 190.08元。② 被告甲装饰公司对上述判项承担连带赔偿责任。③ 驳回原告其他诉讼请求。案件受理费3 944元由被告田某波负担，被告甲装饰公司负担连带责任。

判后，原审被告甲装饰公司不服，向绥化市中级人民法院提起上诉。其上诉的主要理由为：① 一审判决没有任何证据支持被上诉人王某江每天150元误工费；② 一审判决将上诉人与原审被告田某波签订的合同中关于施工现场人员工伤与意外伤害保险费用问题的约定条款认定为无效条款，没有法律依据且损害了上诉人的追偿权益。法律规定发包方没有尽到选任有合法资质的劳务公司的情况下承担连带责任，但是并未明文禁止发包方将工程发包给没有资质的施工队。上诉人与原审被告田某波签订的《GRC构件安装施工承包合同》是对双方权利义务的约定，并不损害被上诉人王某江的利益。

经审理，绥化市中级人民法院二审确认前述一审法院判决认定的事实。

绥化市中级人民法院认为，处理本案双方当事人争议需要解决两个问题。

(1) 关于被上诉人王某江误工费标准问题。根据《最高人民法院关于审理人身损害赔偿案件适用法律若干问题的解释》第二十条规定："……受害人有固定收入的，误工费按照实际减少的收入计算。受害人无固定收入的，按照其最近三年的平均收入计算；受害人不能举证证明其最近三年的平均收入状况的，可以参照受诉法院所在地相同或者相近行业上一年度职工的平均工资计算。"本案中，一审法院判决按照黑龙江新讼司法鉴定中心鉴定意见支持被上诉人王某江误工180天正确，但每天误工费150元没有依据。被上诉人王某江不能举示工资结算凭证等证据证明其收入状况。其收入应当按照黑龙江省2014年居民服务和其他服务业标准每年52 333.00元计算较为合理。即王某江误工费应为25 808.40元(143.38元/天×

180天)。

(2)关于上诉人甲装饰公司与原审被告田某波签订《GRC构件安装施工承包合同》中关于“包干单价95元/平方米包含现场施工人员工伤与意外伤害保险费用”的约定是否有效问题。最高人民法院于1988年10月14日作出的《关于雇工合同应当严格执行劳动保护法规问题的批复》中“工伤概不负责任”免责条款无效的司法原则,是指雇主与雇员约定“工伤概不负责任”不符合宪法和有关法律规定,也严重违反了社会主义公德,应认定为无效。本案上诉人与田某波签订合同中的该约定是合同相对方当事人对双方权利义务的约定,是双方对合同单价包含项目的具体说明。因该约定是合同相对方的真实意思表示,对合同相对方产生约束力。但对于雇员王某江来讲,其约定将劳动者工伤风险转给实力有限的自然人承担,可能会造成王某江赔偿权益无法全部实现。因此,劳动者与雇主之间仍应按照《最高人民法院关于审理人身损害赔偿案件适用法律若干问题的解释》第十一条第二款“雇员在从事雇佣活动中因安全生产事故遭受人身损害,发包人、分包人知道或者应当知道接受发包或者分包业务的雇主没有相应资质或者安全生产条件的,应当与雇主承担连带赔偿责任”的规定处理。一审判决引用法律遗漏该法条,应当纠正。但一审判决由原审被告田某波承担赔偿责任,由上诉人甲装饰公司承担连带责任的判决结果并无不当。上诉人承担责任后可依据其与田某波的约定另行主张。

综上,原审判决认定事实清楚,证据充分,但适用法律不当。依照《民事诉讼法》第一百七十条第一款第(一)项的规定,判决如下:① 维持一审判决第二项、第三项,即“被告甲装饰公司对上述判项承担连带赔偿责任”“驳回原告其他诉讼请求”;② 变更一审判决第一项“被告田某波于判决生效后十日内赔偿原告王某江155 190.08元”为“原审被告田某波于判决生效后十日内赔偿被上诉人王某江153 998.48元”。

裁判要旨:工程承包企业在内部承包合同中约定将劳动者工伤风险转给实力有限的自然人承担,该约定损害劳动者合法权益,属无效约定，这时应该适用《最高人民法院关于审理人身损害赔偿案件适用法律若干问题的解释》第十一条第二款的规定。

第五十三条【知情权和建议权】

生产经营单位的从业人员有权了解其作业场所和工作岗位存在的危险因素、防范措施及事故应急措施，有权对本单位的安全生产工作提出建议。

【条文解读】 本条是关于从业人员知情权和建议权的规定。

条文讲解

（一）从业人员有权了解其作业场所和工作岗位存在的危险因素、防范措施及事故应急措施

知情权是指知悉获取信息的自由和权利，是每个公民的基本权利。只有从业人员对作业场所和工作岗位的危险因素、防范措施和事故应急措施有充分且详尽的了解才能保护从业人员的健康权、生命权，这是重要前提。从业人员对以下三个方面的内容具有了解和知悉的权利：

一是危险因素。根据《生产过程危险和有害因素分类与代码》(GB/T 13861—2009)的规定将生产过程危险和有害因素分为以下4大类：

(1) 人的因素，如心理、生理性危险和有害因素、行为性危险有害因素。

(2) 物的因素，如物理性危险和有害因素、化学性危险和有害因素、生物性危险和有害因素。

(3) 环境因素，如室内作业场所环境不良、室外作业场所环境不良、地下（含水下）作业环境不良、其他作业环境不良。

(4) 管理因素，如职业安全卫生组织机构不健全、职业安全卫生责任制未落实、职业安全卫生管理规章制度不完善、职业安全卫生投入不足、职业健康管理不完善、其他管理因素缺陷。

二是防范措施。安全事故的防范措施主要有：首先落实安全责任、实施责任管理，明确各级人员的安全责任，抓责任落实、制度落实。其次，要定期、频繁地进行安全检查，安全检查是发现危险源的

重要途径，是消除事故，预防事故发生的重要方法。再次，要进行安全教育与训练。管理人员与操作人员应具备相应的安全生产的基本条件与素质，经过安全教育培训合格后方能上岗作业。特种作业人员必须经过专门培训，考试合格并取得特种作业上岗证才可独立进行特种作业。最后，要进行标准化的作业。按照科学的作业标准，规范各岗位、各工种作业人员的行为，是减少作业人员的不安全行为，防范事故发生的有效措施。

三是事故应急措施。事故应急措施是各个生产经营单位根据本单位的实际情况，针对可能发生的生产安全事故事先制定的发生事故时的救援、组织等应急措施。

从业人员要对这三方面知识有充分的了解，这不仅对于提高从业人员的安全防范意识有重要作用，还能够减少事故发生，并且减少事故发生后从业人员所受到的伤害。由于从业人员在信息获取方面的弱势性，很多生产经营信息无法自己获取，这就需要赋予从业人员以知情权，生产经营单位在从业人员向其了解情况时不得故意隐瞒或者欺骗。

（二）从业人员有权对本单位的安全生产工作提出建议

从业人员作为生产经营活动的主体，是生产经营活动的直接参加者和危险的承受者，其切身体会和经历能够使其为本单位提出合理的、有建设性的建议，他们对于生产经营单位的情况最具有发言权。从业人员针对生产经营单位提出的建议与意见，生产经营单位应当重视并且尊重，认真审查筛选，针对有建设性的合理的意见应当采纳，对于不予采纳的意见也应当及时作出回复，认真解释不予采纳的原因和理由。

第五十四条【批评、检举、控告、拒绝权】

从业人员有权对本单位安全生产工作中存在的问题提出批评、检举、控告；有权拒绝违章指挥和强令冒险作业。

生产经营单位不得因从业人员对本单位安全生产工作提出批评、检举、控告或者拒绝违章指挥、强令冒险作业而降低其工资、福利等待遇或者解除与其订立的劳动合同。

【条文解读】　本条是有关从业人员批评、检举、控告、拒绝权的规定。

条文讲解

（1）从业人员有权对本单位安全生产工作中存在的问题提出批评、检举、控告，有权拒绝违章指挥和强令冒险作业。

批评权是指从业人员对于本单位的安全生产工作中存在的问题提出要求克服改正的权利。

检举权是指从业人员对于安全生产中的相关人员的违法失职行为向有关机关进行揭发和举报的权利。

控告权是指从业人员对于安全生产中相关机构及其工作人员的侵权行为有提出指控与请求有关机关对违法失职者予以制裁的权利。

法律对从业人员批评权、检举权、控告权的规定，有助于从业人员加强对安全生产中相关机构和人员的监督，及时处理违法行为，从而保护从业人员的身体健康和生命安全；有利于推动生产经营单位不断改进、提高安全生产工作质量，从而减少生产安全事故的发生，保障生产经营安全，实现生产经营活动的安全、顺利进行。

违章指挥主要是指生产经营单位的生产经营者违反安全生产方针、政策、法律、条例、规程、制度和有关规定指挥生产的行为。违章指挥具体包括：不遵守安全生产规程、制度和安全技术措施或擅自变更安全工艺和操作程序，指挥者未经培训上岗，使用未经安全培训的劳动者或无专门资质认证的人员；指挥工人在安全防护措施或设备有缺陷、隐患未解决的条件下冒险作业；发现违章行为不制止等。强令冒险作业，是指生产经营单位的领导者、指挥者、调度者等明知进行该作业存在较大风险而不顾劳动者反对仍然强制命令劳动者进行该作业的行为。不论是违章指挥，还是强令冒险作业，都不利于生产经营单位安全生产活动的正常开展，也给从业人员的身体健康和生命安全带来了极大的威胁。《劳动法》第五十六条第二款规定，劳动者对用人单位管理人员违章指挥、强令冒险作业，有权拒绝执行；对危害生命安全和身体健康的行为，有权提出批评、检举和控告。在我国,约有60%的安全事故是由违章指挥和强令冒险作业所造成的。赋予从业人员拒绝违章指挥和强令冒险作业的权利是保障其生命权和健康权的重要措施,能够有效保障从业人员的生命安全。因此,生产经营单位一旦出现违章指挥和强令冒险作业的行为,从业人员有权拒绝。

(2) 生产经营单位不得因从业人员对本单位安全生产工作提出批评、检举、控告或者拒绝违章指挥、强令冒险作业而降低其工资、福利等待遇或者解除与其订立的劳动合同。

本条第二款是在第一款的基础上对生产经营单位进行了限制,强调了对从业人员行使批评、检举控告、拒绝权等权利的保护。本条第二款包含了四方面的含义。一是生产经营单位不得因从业人员对本单位安全生产工作提出批评、检举、控告而降低其工资、福利等待遇;二是生产经营单位不得因从业人员拒绝违章指挥、强令冒险作业而降低其工资、福利等待遇;三是生产经营单位不得因从业人员对本单位安全生产工作提出批评、检举、控告而解除与其订立的劳动合同;四是生产经营单位不得因从业人员拒绝违章指挥、强令冒险作业而解除与其订立的劳动合同。《劳动合同法》第三十二条第一款规定,劳动者拒绝用人单位管理人员违章指挥、强令冒险作业的,不视为违反劳动合同。《劳动合同法》第三十八条第二款规定,用人单位违章指挥、强令冒险作业危及劳动者人身安全的,劳动者可以立即解除劳动合同,不需事先告知用人单位。

从业人员的批评权、检举权、控告权以及拒绝违章指挥、强令冒险作业的权利是法定的,任何单位和个人都不得通过任何形式的报复措施来妨碍从业人员权利的行使。对于生产经营单位阻碍从业人员行使正当权利的行为应当进行处罚。《劳动法》第九十三条规定,用人单位强令劳动者违章冒险作业,发生重大伤亡事故,造成严重后果的,对责任人员依法追究刑事责任。《劳动合同法》第八十八条还规定,用人单位违章指挥或者强令冒险作业危及劳动者人身安全的,依法给予行政处罚;构成犯罪的,依法追究刑事责任;给劳动者造成损害的,应当承担赔偿责任。

【关联法规索引】　《劳动法》第五十六条、第九十三条，《劳动合同法》第三十二条、第三十八条、第八十八条。

第五十五条【紧急撤离权】

从业人员发现直接危及人身安全的紧急情况时，有权停止作业或者在采取可能的应急措施后撤离作业场所。

生产经营单位不得因从业人员在前款紧急情况下停止作业或者采取紧急撤离措施而降低其工资、福利等待遇或者解除与其订立的劳动合同。

【条文解读】　本条是对于从业人员紧急撤离权的规定。

条文讲解

(1) 从业人员发现直接危及人身安全的紧急情况时，有权停止作业或者在采取可能的应急措施后撤离作业场所。

此款即通常所说的“紧急避险权”，从业人员行使此项权利的前提条件是“发现直接危及人身安全的紧急情况”，如果不采取措施和行动将会直接危及从业人员的人身健康安全。然而，法律没有明确规定“直接危及人身安全的紧急情况”具体包括哪些情

况。一般认为，是否发生“直接危及人身安全的紧急情况”不是根据是否现实地发生安全事故，而是从多数人的角度来判断，在多数人看来此种情形直接危及人身安全并且有充足的理由相信此种情形十分危险，那么就应当被认定为属于“直接危及人身安全的紧急情况”。人的生命是十分宝贵的，设立“紧急避险权”十分必要。它能够最大程度上保障从业人员的生命安全。但是，从业人员在依法行使紧急避险权时首先也要履行好自己的职责，按照法律法规的有关规定来行使。法律赋予从业人员有权采取的特定措施包括停止作业或者在采取可能的应急措施后再撤离作业场所。采取何种措施的选择权在从业人员，不能要求其在采取可能的应急措施后或者在征得有关负责人员同意后再撤离作业场所。

(2) 生产经营单位不得因从业人员在前款紧急情况下停止作业或者采取紧急撤离措施而降低其工资、福利等待遇或者解除与其订立的劳动合同。

从业人员行使“紧急避险权”是保障自身生命安全的重要措施，企业应当给予充分的尊重和理解，不得因其行使合法权利而降低其工资、福利等待遇或者解除与其订立的劳动合同。《劳动法》以及《劳动合同法》规定，有法律、行政法规规定的其他情形的，用人单位不得解除劳动合同。这里就属于《安全生产法》规定的不得解除劳动合同的情形。

第五十六条【损害赔偿请求权】

生产经营单位发生生产安全事故后，应当及时采取措施救治有关人员。

因生产安全事故受到损害的从业人员，除依法享有工伤保险外，依照有关民事法律尚有获得赔偿的权利的，有权提出赔偿要求。

【条文解读】　本条是关于生产安全事故损害赔偿的规定。

2021年修改后的《安全生产法》特别规定生产经营单位发生生产安全事故后，应当及时采取措施救治有关人员。民法典应该逐步增加有关未采取措施救治人员的惩罚性赔偿，以便实现本条的法律效果。惩罚性赔偿是由补偿性赔偿部分加惩罚性赔偿部分组成，因此，它除具有一般赔偿损失的功能外，还有着自己独特的功能，主要体现在两方面：一是对受害人的损失赔偿功能；二是对不法行为人的惩罚、遏制功能。

根据本条的规定，因生产安全事故造成损害的，除了享有工伤损害赔偿之外，依照其他民事法律规定尚有获得赔偿的权利的，有权向单位提出损害赔偿请求。一旦发生工伤事故或者第三人侵权致害，受害人依据上述法律、法规获得社会保险金赔付之后，再基于侵权而对用人单位或侵权人主张损害赔偿请求权时，在确定用人单位或侵权人赔偿数额时是否需要扣除社会保险金，是我国目前实务界普遍关注的问题。

（一）工伤保险赔付之后，受害人还能否向用人单位主张损害赔偿请求权

《最高人民法院关于审理人身损害赔偿案件适用法律若干问题的解释》第十一条和第十二条对工伤损害赔偿的请求权做了规定。依据第十一条规定，工伤者可以要求雇主（用人单位）承担损害赔偿责任；依据第十二条规定，工伤者按照《工伤保险条例》规定，享有工伤保险请求权；而第十一条第三款又规定："属于《工伤保险条例》调整的劳动关系和工伤保险范围的，不适用本条规定。"《安全生产法》第五十六条规定："因生产安全事故受到损害的从业人员，除依法享有工伤保险外，依照有关民事法律尚有获得赔偿的权利的，有权提出赔偿要求。"从上述规定来看，依法应当参加工伤保险统筹的用人单位的劳动者，因工伤事故遭受人身损害，劳动者或者其近亲属应首先按照《工伤保险条例》规定，主张工伤保险赔付。工伤保险赔付之后，受害人还能否向用人单位主张损害赔偿请求权？如果可以向用人单位主张损害赔偿请求权，用人单位能否主张"损益相抵"，扣除工伤保险赔偿金？针对上述两个问题，理论界主要有择一说、补充说、聚合说等。通过对人民法院相关裁判案例的分析，在我国实践中，主要有"唯一说""损害赔偿请求权补充说"。

（1）唯一说

唯一说认为，发生工伤的，受害者只能根据《工伤保险条例》规

定，主张工伤赔付而不能要求用人单位承担侵权责任。在张某勇与湖北荆洪生物科技股份有限公司生命权、健康权、身体权纠纷案（湖北省高级人民法院民事裁定书〔2015〕鄂民申字第02605号），滕某文与中天建设集团有限公司、杭州稳顺电梯销售有限公司纠纷案（浙江省高级人民法院民事判决书〔2017〕浙民再47号）等案件中，人民法院认为，发生工伤事故，属于用人单位责任的，工伤职工应当按照《工伤保险条例》的规定享受工伤保险待遇，虽然《安全生产法》第五十六条规定“受到损害的从业人员，除依法享有工伤保险外，依照有关民事法律尚有获得赔偿的权利的，有权提出赔偿要求”，但现行民事法律并未规定受害者享有获得赔偿的权利。且《最高人民法院关于审理人身损害赔偿案件适用法律若干问题的解释》第十一条第三款明确规定：“属于《工伤保险条例》调整的劳动关系和工伤保险范围的，不适用本条规定。”所以，发生工伤事故造成人身损害的，受害人只能要求工伤赔偿，而不能向用人单位主张损害赔偿，也就不涉及工伤保险金的损益相抵问题。

（2）损害赔偿请求权补充说

损害赔偿请求权补充说认为，工伤保险请求权和损害赔偿请求权并存，工伤者在主张工伤保险请求权获得赔偿后，如果还有其他损失的，可以向用人单位主张损害赔偿请求权。但因对《安全生产法》第五十六条的理解不同，法院在不同的案件中作出了不同的判决。在冉某、深圳巴士集团股份有限公司生命权、健康权、身体权纠纷案（广东省高级人民法院民事裁定书〔2016〕粤民申1829号），张某林与鸿富晋精密工业（太原）有限公司劳动争议案（山西省高级人民法院民事裁定书〔2018〕晋民申630号）等案件中，虽然没有安监部门对生产安全事故的认定，但人民法院仍根据《安全生产法》第五十六条的规定，在对工伤保险赔付金扣除后，支持了受害者对用人单位就其他经济损失和精神损害赔偿的侵权损害赔偿请求，这实际上承认了工伤保险赔付金的损益相抵。

广东省各地法院根据《广东省高级人民法院、广东省劳动人事争议仲裁委员会关于审理劳动人事争议案件若干问题的座谈会纪要》

第五条规定:“劳动者因生产安全事故发生工伤或被诊断患有职业病,劳动者或者其近亲属已享受工伤保险待遇,又依据《最高人民法院关于确定民事侵权精神损害赔偿责任若干问题的解释》的规定向人民法院请求用人单位承担精神损害赔偿责任的,应予支持。”认为受害者要求用人单位赔偿损失的范围限于精神损害赔偿,且受害人需要提供证据证明因“安全生产事故”导致工伤,否则难以得到法院支持,如唐某胜、艺升宝石工艺品(深圳)有限公司生命权、健康权、身体权纠纷案(广东省高级人民法院民事裁定书〔2016〕粤民申 1813 号)等案。在清远市清新区华威农业科技有限公司、赖某新生命权、健康权、身体权纠纷案(广东省清远市中级人民法院民事判决书〔2016〕粤 18 民终 672 号)中,人民法院在查明存在生产安全事故责任认定的前提下,支持了受害人的精神损害赔偿请求,而对物质性损失则认为属于工伤保险的范畴。当然,在广东省外的其他省市的很多人民法院也认为,如果不存在安全生产事故认定时,受害人要求用人单位赔偿精神损失的,通常难以得到法院的支持,如胡某于与江苏宏强船舶重工有限公司、杨某周一般人格权纠纷案(江苏省高级人民法院民事裁定书〔2016〕苏民申 4749 号),缪某磊与南京鼎瑞测绘科技有限公司提供劳务者受害责任纠纷案(江苏省高级人民法院民事裁定书〔2016〕苏民申 3728 号),王某武与连云港黄海勘探技术有限公司工伤赔偿纠纷案(江苏省高级人民法院民事裁定书〔2016〕苏民申 1943 号),张某文与沈阳铸锻工业有限公司劳动争议纠纷案(辽宁省沈阳市中级人民法院民事判决书〔2016〕辽 01 民终 3797 号)等案件。在重庆南桐矿业有限责任公司与傅某敏、梁某越等生命权纠纷案中,人民法院在查明存在生产安全事故责任认定后,支持了受害者的精神损害赔偿请求。因这些判决中没有涉及物质性损失的赔偿,难以得出“损益相抵”的结论。

在确定用人单位赔偿数额时,作者认为,工伤保险赔付金的损益相抵,除了上述法律的逻辑推理之外,还有另外两个重要原因:其一,从工伤保险制度目的来看,工伤保险具有责任保险的性质,保险金一旦被给付,雇佣人即在此补偿额度内被免除责任,当民法上的损害赔偿额超过灾害补偿额时，雇佣人必须对超过部分进行赔偿。其二，工伤保险费用多由用人单位承担，其当然享有支付工伤保险费所获得的利益，就工伤保险赔付金予以抵扣，也符合民法上的公平原则。

（3）“生产安全事故”认定不是适用《安全生产法》第五十六条的前提条件

表面看，《安全生产法》第五十六条适用的范围限于“生产安全事故”，即在被认定为生产安全事故之后，受害者才可以在要求工伤保险赔付之后，再依据其他民事法律的规定，向用人单位主张赔偿。受害者向用人单位主张赔偿的民事法律依据主要有《侵权责任法》《最高人民法院关于确定民事侵权精神损害赔偿责任若干问题的解释》《最高人民法院关于审理人身损害赔偿案件适用法律若干问题的解释》等。然而，按照《生产安全事故报告和调查处理条例》第三条的规定来看，因生产安全事故造成轻伤的，则不需要进行事故调查，也就不存在生产安全事故的认定问题。这时，如果将生产安全事故认定作为适用《安全生产法》第五十六条的前提，实际上是对该条进行了限缩解释，缩小了本条的适用范围，限制了轻伤受害人基于《安全生产法》第五十六条要求赔偿的权利。生产安全事故致人轻伤的，也属于生产安全事故，这属于事实问题，不能因没有生产安全事故认定就否定了受害人根据《安全生产法》第五十六条要求赔偿的权利，受害人在工伤赔付之后仍可以根据该条规定要求用人单位对受害者尚未获得赔偿的部分加以赔偿。例如，在蒂森电梯有限公司北京分公司与杨某祥劳动争议案（北京市第三中级人民法院民事判决书〔2018〕京 03 民终 2903 号）、北京市西城区少年儿童业余体校与肖某洋劳动争议案（北京市第二中级人民法院民事判决书〔2018〕京 02 民终 3556 号）两个案件中，北京市第三中级人民法院和北京市第二中级人民法院皆在判决中将《安全生产法》第五十六条作为相关法律依据，判决由用人单位负担工伤保险赔付之外的医疗费。

（二）第三人承担赔偿责任时工伤保险赔偿金能否抵扣

工伤事故由第三人造成时，受害者享有对第三人的损害赔偿请求权，同时也享有工伤保险请求权。在确定第三人赔偿数额时，工伤保险赔偿金是否可损益相抵，在实践中主要形成了三种不同的判决：① 不能扣除；② 能够扣除；③ 工伤保险金能否被损益相抵，应区分财产性损失和精神性损失而确定。观点③在实质上与观点②一致，即可以扣除。

（1）工伤保险不能损益相抵的理由

在恩平市全圣陶瓷有限公司、梁某法申请撤销仲裁裁决特别程序民事裁决案（广东省江门市中级人民法院民事裁定书〔2017〕粤07民特56号），修正药业集团股份有限公司与王某臣劳动争议案（吉林省高级人民法院民事判决书〔2015〕吉民提字第23号）等案件中，人民法院认为，第三人导致工伤事故发生的，受害人从工伤保险机构获得的工伤保险金，侵权人不能主张抵扣。主要理由如下：

① 雇主之外的第三人侵权行为以致伤残死亡者，因工伤保险机构对侵权人无代位行使赔偿请求权的规定，自然不能抵扣。

② 我国立法上并没有禁止工伤保险请求权和侵权损害赔偿请求权的并用。《最高人民法院关于审理人身损害赔偿案件适用法律若干问题的解释》第十二条第二款规定："因用人单位以外的第三人侵权造成劳动者人身损害，赔偿权利人请求第三人承担民事赔偿责任的，人民法院应予支持。"根据本条规定，受害人提出的民事损害赔偿请求与工伤保险请求属于两个相互独立的请求权，现行法律法规及相关的司法解释并没有规定当事人只能选择其中一种救济方式。且根据民法理论中"法无禁止即允许"的理念，应理解为受侵害者在享有工伤保险救济机制的同时，享有请求侵权人承担赔偿责任的权利。

③ 工伤保险请求权和损害赔偿请求权属于两种不同性质的权利。根据《工伤保险条例》的规定，用人单位应当为本单位全体职工缴纳工伤保险费，因工伤事故受到人身损害的职工有权获得工伤保险赔偿、享受工伤待遇，它属于社会保障的范畴，属于公法范畴。而基于侵权事实的存在，受伤职工作为被侵权人，与侵权人之间形成侵权之债的法律关系，有权向侵权人主张人身损害赔偿，属于私法范畴。第三人侵权赔偿与工伤赔偿机制，是两种不同的赔偿机制，源于

不同的法律关系，两份赔偿款的法律性质不同，相应的内容不能相互减除，受害人即使得到双份重合赔偿，亦与法不悖。

④ 财产保险实行“损益相抵”原则，财产损失多少赔偿多少，不能重复获赔，而人身保险则不适用“损益相抵”原则，所以工伤保险对人身损害的赔偿是无条件的，体现了对人身损害最大限度保护的精神。

（2）工伤保险能够损益相抵的理由

在张某勤、中国电信股份有限公司合肥分公司与国网安徽省电力公司合肥供电公司、皖能合肥发电有限公司、合肥发电厂、安徽省通信产业服务有限公司、安徽省通信产业服务有限公司国信分公司、合肥四方通信有限责任公司侵权责任纠纷案（安徽省合肥市中级人民法院民事判决书〔2015〕合民一终字第00939号），黄某伟、黄某付健康权纠纷案（福建省南平市中级人民法院民事判决书〔2014〕南民终字第1002号），向某亮、浙江东阳建工集团有限公司物件脱落、坠落损害责任纠纷案（广东省云浮市中级人民法院民事判决书〔2016〕粤53民终257号），王某成等诉侍某飞机动车交通事故责任纠纷案（内蒙古自治区阿拉善盟中级人民法院民事判决书〔2016〕内29民终199号），日立电梯（中国）有限公司湖南分公司与湘潭湘军建设有限公司追偿权纠纷案（湖南省株洲市中级人民法院民事判决书〔2014〕株中法民一终字第85号）等案中，人民法院认为，第三人造成工伤事故，在确定第三人赔偿数额时，应扣除工伤保险机构支付的工伤保险金。该种观点认为，《最高人民法院关于审理人身损害赔偿案件适用法律若干问题的解释》第十二条虽然没有明确工伤保险请求权与侵权损害赔偿请求权之间的关系，但根据我国民法损益相抵原则，受害人不得基于同一法律事实获得重复赔偿。受害人主张工伤保险赔偿并获得工伤保险赔偿之后，因其遭受的损失依法得到了“填平”，因此其不能基于本次事故再向侵权人主张侵权责任，否则受害人将因侵权而受益。但侵权人对于受害人的受伤的确存在过错，如不依法承担侵权责任，有悖公平原则，因此，应赋予社会保险机构向第三人追偿的权利。

（3）工伤保险有限制的损益相抵的理由

在宗某海与枣庄市安城水泥有限公司劳动争议案（山东省枣庄市中级人民法院民事判决书〔2014〕枣民五终字第247号），林某伟与陈某义、玉林市玉州区陈氏货运服务部劳动争议案（广西壮族自治区玉林市中级人民法院民事判决书〔2014〕玉中民二终字第40号），蔡某春与长春市绿园区环境卫生保洁管理处劳动争议案（吉林省长春市中级人民法院民事判决书〔2015〕长民五终字第300号）等案件中，人民法院在区分财产性损失和精神性损失后分别确定是否适用损益相抵。在性质相同的物质性赔偿项目上，因工伤保险进行了赔付，所以无法兼得工伤保险待遇与侵权赔偿，但对精神性损失的补偿不可以抵扣。具体而言，医疗费用、伙食补助费、停工留薪期间的护理费、停工留薪期间的工资、鉴定费用等直接财产性损失，应该适用损益相抵规则，即工伤保险机构已经支付了上述直接财产性损失的，在确定侵权人的赔偿责任时，应当予以扣除。但对于一次性伤残补助金或者一次性死亡补助金，基于人身无价的原则，其仍可重复受偿。

受害者在主张工伤保险后，仍有其他经济损失，例如超出工伤保险诊疗项目目录、工伤保险药品目录、工伤保险住院服务标准而支出的医疗费，也属正常。这部分医疗费由用人单位承担还是工伤职工自负，当前法律法规未作直接明确的规定。之所以有些法院认为应当由用人单位赔偿，而有些法院认为应当由受害者自己承担，问题的主要症结在于对《最高人民法院关于审理人身损害赔偿案件适用法律若干问题的解释》第十一条第三款理解上的分歧。《最高人民法院关于审理人身损害赔偿案件适用法律若干问题的解释》第十一条第三款规定："属于《工伤保险条例》调整的劳动关系和工伤保险范围的，不适用本条规定。"本款仅说明工伤保险请求权的优先性，即受害者应依据《工伤保险条例》的规定主张工伤保险赔付。而对于超过工伤保险范围的损失，受害者仍可以依据《最高人民法院关于审理人身损害赔偿案件适用法律若干问题的解释》第十一条第一款的规定，要求用人单位赔偿损失，但在赔偿损失时，应当扣除工伤保险范围内的损失，即本条的规定尚隐含了工伤保险金的损益相抵规则。所以，在蒂森电梯有限公司北京分公司与杨某祥劳动争议案（北京市第三中级人民法院民事判决书〔2018〕京 03 民终 2903 号）、北京市西城区少年儿童业余体校与肖某洋劳动争议案（北京市第二中级人民法院民事判决书〔2018〕京 02 民终 3556 号）两个案件中，北京市第三中级人民法院和北京市第二中级人民法院在判决中详细分析了工伤保险立法精神、相关法律和司法解释，并运用法理逻辑对案件进行综合的体系考量，判决由用人单位负担超过工伤保险赔付范围的医疗费，非常值得法学实务者和研究者认真研判。

典型案例：王某华、陈某娇工伤保险待遇纠纷再审民事纠纷案

王某华、陈某娇、欧某辉是死者陈某元第一顺序的法定继承人，陈某元生前系甲镇中心小学职工。2016 年 2 月 26 日 15 时 40 分许，陈某元在下班途中骑摩托车与第三者龙某刚驾驶的小汽车碰撞，造成陈某元当场死亡。2016 年 3 月 21 日四川省江油市公安局交通警察大队作出江公交认字〔2016〕第 0582 号《道路交通事故认定书》，认定龙某刚承担事故全部责任。2016 年 4 月 1 日，王某华、陈某娇、欧某辉与龙某刚就侵权赔偿事宜达成协议，由龙某刚赔偿王某华、陈某娇、欧某辉各项损失 510 468.5 元（王某华、陈某娇、欧某辉已领取）。2016 年 5 月 16 日，四川省绵阳市人力资源和社会保障局作出绵人社工伤〔2016〕5063 号《认定工伤决定书》，认定陈某元受到的事故伤害属于工伤认定范围，为因工受伤。2017 年 3 月 27 日，四川省江油市社会保险事业管理局工伤保险基金审核拨付王某华、陈某娇、欧某辉工伤丧葬补助金和一次性工亡补助金差额 186 760.02 元（该金额依照 2016 年度全国城镇居民可支配收入计算）、欧某辉供养亲属抚恤金差额 6 122.95 元。2017 年 6 月 25 日，甲镇中心小学按四川省绵阳市人力资源和社会保障局审核结果通知王某华、陈某娇、欧某辉，王某华、陈某娇、欧某辉至今未领取。

2017 年 7 月 11 日，王某华、陈某娇、欧某辉向四川省江油市劳动人事争议仲裁委员会申请仲裁，请求裁决：① 甲镇中心小学一次

性支付丧葬补助金24 908.52元、一次性工亡补助金672 320元；②甲镇中心小学每月支付供养亲属抚恤金2 869.18元(王某华1 639.53元、欧某辉1 229.65元)。2017年8月16日，四川省江油市劳动人事争议仲裁委员会作出江劳人仲案〔2017〕116号仲裁裁决，裁决补助甲镇中心小学丧葬补助金、一次性工亡补助金差额138 340.02元，支付欧某辉供养亲属抚恤金差额6 122.95元。

另查明，2016年上年度绵阳市统筹地区职工月平均工资为4 151.42元；2016年上年度全国城镇居民可支配收入为31 195元，陈某元遭受事故前12个月月均缴费工资为4 098.83元。

再查明，王某华系死者陈某元之妻，在陈某元去世时年龄为50岁零6个月；陈某娇系死者陈某元之女，在陈某元去世时年龄为28岁零3个月；欧某辉系死者陈某元之母，在陈某元去世时年龄为79岁。从2017年4月起，工伤保险基金已按月支付欧某辉供养亲属抚恤金1 229.65元。

一审法院认为，国务院制定《工伤保险条例》的立法目的，是保障因工作遭受事故伤害或者患职业病的职工获得医疗救治和经济补偿，促进工伤预防和职业康复，分散用人单位的工伤风险。《四川省人民政府关于贯彻〈工伤保险条例〉的实施意见》第十条规定："职工上下班途中受到交通机动车事故伤害，或者履行工作职责和完成工作任务过程中遭受意外伤害，按《工伤保险条例》规定认定为工伤和视同工伤的，如第三方责任赔偿的相关待遇已经达到工伤保险相关待遇标准的，用人单位或社会保险经办机构不再支付相关待遇；如第三方责任赔偿低于工伤保险相关待遇，或因其他原因使工伤职工未获得赔偿的，用人单位或社会保险经办机构应按照规定补足工伤保险相关待遇"。陈某元在上班途中发生交通事故，所受损伤已被劳动保障行政部门认定为工伤，并从第三方获得了相应的赔偿。根据以上规定，王某华、陈某娇、欧某辉无权要求甲镇中心小学全额支付工伤保险待遇，甲镇中心小学只应承担补足差额部分工亡保险待遇的责任。

根据2016年上年度绵阳市统筹地区职工平均工资，王某华、陈某娇、欧某辉应当享受的丧葬补助金为 24 908.52 元(4 151.42 元/月×6 月);根据 2016 年上年度全国城镇居民可支配收入,王某华、陈某娇、欧某辉应获得的一次性工亡补助金为 623 900 元(31 195 元/年×20 年)。上述两项共计 648 808.52 元,扣减王某华、陈某娇、欧某辉已获得的第三方赔偿款 510 468.5 元,差额为 138 340.02 元。

根据《因工死亡职工供养亲属范围规定》第三条规定:下列人员可按规定申请供养亲属抚恤金:工亡职工配偶男年满 60 周岁、女年满 55 周岁的;工亡职工父母男年满 60 周岁、女年满 55 周岁的;工亡职工子女未满 18 周岁的。欧某辉符合工亡职工父母供养条件,其应当享受的供养亲属抚恤金由工伤保险基金按月支付,在 2016 年 3 月至 2017 年 3 月期间总额应为 15 985.44 元(4 098.83 元/月×30%×13 个月),扣减第三方赔偿款 8 887.5 元,差额为 7 097.94 元。

综上,王某华、陈某娇、欧某辉的诉讼请求部分成立,予以支持。依照《中华人民共和国保险法》第三十八条,《工伤保险条例》第三十九条、第六十四条,《四川省人民政府关于贯彻〈工伤保险条例〉的实施意见》第十条,《因工死亡职工供养亲属范围规定》第二条第三项规定判决:① 甲镇中心小学在判决生效之次日起三日内支付王某华、陈某娇、欧某辉丧葬补助金、一次性工亡补助金差额 138 340.02 元;② 甲镇中心小学在判决生效之次日起三日内支付欧某辉 2016 年 3 月至 2017 年 3 月期间的供养亲属抚恤金差额 7 097.94 元;③ 驳回王某华、陈某娇、欧某辉的其他诉讼请求。本案受理费减半收取 5 元,由王某华、陈某娇、欧某辉负担。

王某华、陈某娇、欧某辉不服,向四川省绵阳市中级人民法院提起上诉,请求撤销原判,支持其诉讼请求。

二审法院查明的事实与一审法院查明的事实一致。

另查明,甲镇中心小学提交四川省江油市社会保险事业管理局文件《关于更正陈某元一次性工亡补助金的函》一份,载明四川省江油市社会保险事业管理局之前计算工亡待遇错误,已更正后追回多拨付的赔偿款 48 420 元。王某华、陈某娇、欧某辉认可证据的真实性。

二审法院认为，本案争议焦点为：依照《四川省人民政府关于贯彻〈工伤保险条例〉的实施意见》相关规定判令甲镇中心小学承担补充赔偿责任是否正确。

《工伤保险条例》对于第三人侵权造成职工工伤、工亡引发的工伤保险待遇纠纷情况无明确规定。依据《工伤保险条例》第四十条“伤残津贴、供养亲属抚恤金、生活护理费由统筹地区社会保险行政部门根据职工平均工资和生活费用变化等情况适时调整。调整办法由省、自治区、直辖市人民政府规定”的规定，《四川省人民政府关于贯彻〈工伤保险条例〉的实施意见》中对于第三人侵权造成工伤的情况赔偿办法有详细规定。一审法院适用《四川省人民政府关于贯彻〈工伤保险条例〉的实施意见》判令甲镇中心小学承担补充赔偿责任并无不当。

综上，王某华、陈某娇、欧某辉的上诉理由不成立，不予支持；一审判决认定事实清楚，适用法律正确，予以维持。依照《民事诉讼法》第一百七十条第一款第（一）项规定，判决：驳回上诉，维持原判。二审案件受理费 10 元，由王某华、陈某娇、欧某辉负担。

王某华、陈某娇、欧某辉申请再审称，依据《民事诉讼法》第二百条第六项的规定，申请再审。原判适用法律错误。本案应适用《工伤保险条例》相关规定，而《工伤保险条例》并未对第三人侵权引发工伤赔偿的情况作出限制性规定。原判的意见与最高人民法院司法解释相冲突。本案系工伤保险待遇支付法律关系，与侵权法律关系不同，王某华、陈某娇、欧某辉获得侵权人的赔偿不影响三人享受工伤保险待遇，全国范围内已有大量支持双重赔偿的生效案例，本案理应同案同判。

甲镇中心小学未到庭发表意见。

四川省绵阳市中级人民法院二审判决认定的事实，四川省高级人民法院予以确认。

再审庭审中，王某华、陈某娇、欧某辉的特别授权委托诉讼代理人确认，因甲镇中心小学已向欧某辉补足供养亲属抚恤金8 887.50 元，且已向欧某辉支付了 2017 年 4 月至 2018 年 12 月每月的供养亲属抚恤金1 229.65元，所以再审请求变更为：① 撤销四川省绵阳市中级人民法院〔2017〕川07民终3144号民事判决；② 甲镇中心小学向王某华、陈某娇、欧某辉支付工伤保险待遇510 468.50元；③ 甲镇中心小学从2019年1月起每月向欧某辉支付供养亲属抚恤金1 229.65元；④ 由甲镇中心小学负担一、二审诉讼费。

王某华、陈某娇、欧某辉书面说明，已收到甲镇中心小学支付的丧葬补助金、一次性工亡补助金差额138 340.02元。

四川省高级人民法院再审认为：

一、工伤保险待遇与侵权赔偿责任竞合时，如劳动者执行任务时因第三人原因受伤，一方面可依据《侵权行为法》向侵权人请求损害赔偿，另一方面可依据《工伤保险条例》请求保险给付，两者请求权基础不同，归责原则和权利的保护范围不同，互不排斥。工伤保险实行无过错责任原则，只要发生工伤，单位和职工履行了缴纳工伤保险费用的义务，就应享有工伤保险待遇。所以即使劳动者获得双重赔偿，亦未损害单位或侵权人的权益。

二、《最高人民法院关于因第三人造成工伤的职工或其亲属在获得民事赔偿后是否还可以获得工伤保险补偿问题的答复》(〔2006〕行他字第12号)规定“根据《安全生产法》第四十八条以及《最高人民法院关于审理人身损害赔偿案件适用法律若干问题的解释》第十二条的规定，因第三人造成工伤的职工或其近亲属，从第三人处获得民事赔偿后，可以按照《工伤保险条例》第三十七条的规定，向工伤保险机构申请工伤保险待遇补偿”。于2014年发布的《最高人民法院关于审理工伤保险行政案件若干问题的规定》第八条也规定“职工因第三人的原因导致工伤，社会保险经办机构以职工或者其近亲属已经对第三人提起民事诉讼为由，拒绝支付工伤保险待遇的，人民法院不予支持，但第三人已经支付的医疗费用除外”，所以除医疗费等直接费用之外，劳动者可以在有限范围获得双重赔偿。

本案中，王某华、陈某娇、欧某辉应当获得的丧葬补助金和一次性工亡补助金共计648 808.52元，因甲镇中心小学已支付138 340.02元，还应支付510 468.50元，不应当扣减其已获得的第三方赔偿款金额 510 468.50 元，王某华、陈某娇、欧某辉应当享有获得上述两项工伤保险待遇全部金额的权利。

综上，二审判决适用法律错误，应予纠正。王某华、陈某娇、欧某辉的再审申请理由成立，应予支持。依照《最高人民法院关于审理人身损害赔偿案件适用法律若干问题的解释》第十二条，《最高人民法院关于审理工伤保险行政案件若干问题的规定》第八条，《民事诉讼法》第一百四十四条、第一百七十条第一款第二项、第二百零七条第一款的规定，判决如下：① 撤销四川省绵阳市中级人民法院〔2017〕川 07 民终 3144 号民事判决；② 甲镇中心小学于本判决生效之日起十日内向王某华、陈某娇、欧某辉支付工伤保险待遇 510 468.5 元；③ 甲镇中心小学从 2019 年 1 月起按月向欧某辉支付供养亲属抚恤金1 229.65 元；④ 驳回王某华、陈某娇、欧某辉的其他诉讼请求。

裁判要旨：工伤保险待遇与侵权赔偿责任竞合时，如劳动者执行任务时因第三人原因受伤，一方面可依据侵权行为法向侵权人请求损害赔偿，另一方面可依据《工伤保险条例》请求保险给付，两者请求权基础不同，归责原则和权利的保护范围不同，互不排斥。工伤保险实行无过错责任原则，只要发生工伤，单位和职工履行了缴纳工伤保险费用的义务，就应享有工伤保险待遇。除医疗费等直接费用之外，劳动者可以在有限范围获得双重赔偿。

第五十七条【服从安全管理义务】

从业人员在作业过程中，应当严格落实岗位安全责任，遵守本单位的安全生产规章制度和操作规程，服从管理，正确佩戴和使用劳动防护用品。

【条文解读】　本条是对服从安全管理义务的规定。

安全生产规章制度是以安全生产责任制为核心的，指引和约束人们在安全生产方面的行为，是安全生产的行为准则。其作用是明确各岗位安全职责、规范安全生产行为、建立和维护安全生产秩序。其内容包括安全生产制和基本的安全生产管理制度。安全操作规程是生产工人操作设备、处置物料、进行生产作业时所必须遵守的安全规则，应包括作业前安全检查的内容、方法和安全要求，安全操作的步骤、要点和安全注意事项，作业过程中巡查设备运行的内容和安全要求，故障排除方法，事故应急处理措施，作业场所、作业布置、个人防护的安全要求，作业结束的现场清理，以及特殊作业场所作业时的安全防护要求等内容。安全生产规章制度和操作规程对防止生产操作中不安全行为具有重要作用，从业人员严格遵守本单位的安全生产规章制度和操作规程不仅能够保障安全生产作业活动顺利进行，而且还能够保障自身的生命健康安全。生产经营活动是环环相扣的，每一环对生产活动来说都至关重要，只有每个人都在自己的岗位上遵守制度，服从管理，才能保证生产经营活动安全和有序。

劳动防护用品是为了保护工人在生产过程中的安全和健康而发给劳动者个人使用的防护用品，用于防护有灼伤、烫伤或者容易发生机械外伤等危险的操作，在强烈辐射或者低温条件下的操作，散放毒性、刺激性、感染性物质或者大量粉尘的操作以及经常使衣服腐蚀、潮湿或者特别肮脏的操作等。劳动防护用品在保护从业人员身体健康上发挥着重要作用，对从业人员来说发挥着不可或缺的作用。《劳动防护用品监督管理规定》对于劳动防护用品的使用有着专门的规定，“从业人员在作业过程中，必须按照安全生产规章制度和劳动防护用品使用规则，正确佩戴和使用劳动防护用品；未按规定佩戴和使用劳动防护用品的，不得上岗作业”。对于从业人员来说，要珍惜并且依规定使用劳动防护用品；对于生产经营单位来说，要按照规定发放质量合格的劳动防护用品，不得发放次品、劣品，不得削减发放。

第五十八条【接受安全生产教育培训义务】

从业人员应当接受安全生产教育和培训，掌握本职工作所需的安全生产知识，提高安全生产技能，增强事故预防和应急处理能力。

【条文解读】 本条是关于从业人员应当接受安全生产教育培训的规定。

安全教育培训是指以提高生产经营单位从业人员的安全素质为目的的教育培训活动。生产经营单位从业人员是指生产经营单位主要负责人、安全生产管理人员、特种作业人员及其他从业人员。根据本条

条文讲解

的规定，从业人员要有主动接受教育培训的安全意识。安全教育培训包括安全意识教育、安全知识教育和安全技能教育。安全意识教育包括思想认识教育和劳动纪律教育两个方面的内容。安全知识教育主要包括生产经营单位的基本生产概况、生产过程、作业方法或者工艺流程、专业安全技术操作规程、安全防护基本知识和注意事项等。安全技能教育的内容包括设备的性能、作用和一般结构原理、事故预防和处置、设备的使用、维护和维修等。

从业人员的安全教育培训不局限于特定的形式，主要实行“三级”安全教育培训。“三级”培训是指厂（矿）级安全生产教育，车间（工段、区、队）级安全教育，班组级安全教育。通过教育培训，增强从业人员事故预防和应急处理能力。从业人员的不安全行为不但影响到自身的安全，也会影响生产经营单位以及其他从业人员的生产安全。因此，本条属于强制性规定，从业人员应当接受安全生产教育培训。

典型案例：高某林与甲港务公司、乙装卸公司生命权、健康权、身体权纠纷二审民事纠纷案

2010年8月1日，乙装卸公司与高某林签订劳动合同书，约定乙装卸公司安排高某林从事装卸工作；试用期满后，乙装卸公司根据高某林完成的生产任务情况，按多劳多得的分配原则，以核定的定额工时单价计算工资，并以现金形式按月足额支付；乙装卸公司按照甲港务集团的有关规定，为高某林办理养老、工伤、医疗等社会保险，高某林按照规定缴纳个人应当承担的社会保险费；其他保险福利待遇，可参照甲港务集团有关规定执行；合同还约定了其他事项；合同期限自2010年8月1日至2012年7月31日。

2011年5月27日，甲港务公司与乙装卸公司签订2011年度《装卸劳务合同书》。合同约定，甲港务公司将港口指定的货物卸船、装船、装车、卸车等各类装卸作业任务外包给乙装卸公司，乙装卸公司必须按照甲港务公司安全操作规程及工艺流程优质高效地完成生产任务；乙装卸公司从业人员的年龄需在18周岁至55周岁之间；甲

港务公司为乙装卸公司制定基准人数为48人，乙装卸公司通过合理的人才流动确保人员规模，基准人数偏差不超过5%，若甲港务公司因生产需要对乙装卸公司制定的基准人数变化时，乙装卸公司应在接到甲港务公司通知之日起半个月内将相应人员规模调整到位；乙装卸公司应按照规定要求落实好相关劳务人员的工资结算和社会保险的购买；甲港务公司应按时结算并向乙装卸公司支付装卸业务外包相关费用；乙装卸公司应自觉遵守甲港务公司货物装卸安全操作规程，禁止野蛮和违章作业，按照甲港务公司货物装卸工艺标准和各项措施组织生产，确保工班计划或任务的完成；合同还约定了其他事项；合同有效期自2011年5月27日至2012年5月31日。

在签订《装卸劳务合同书》的当天，甲港务公司与乙装卸公司还签订了《安全生产管理协议》，作为合同的补充部分。协议约定，乙装卸公司按国家规定办理好从业人员工伤保险与劳动保护有关的社会保险，负责定期对从业人员进行符合港口作业安全管理要求的教育与培训，保证从业人员具备必要的安全生产知识，熟悉有关安全规章制度和安全操作规程，掌握本岗位的安全操作技能，提高从业人员对安全隐患的辨识能力和防范技能；特种作业岗位人员必须取得特种作业操作资格证书，方可上岗作业，严禁无证操作；甲港务公司有权对乙装卸公司在装卸作业过程中的安全措施布置落实和从业人员遵章守纪情况进行监督检查，对三违人员进行安全教育，建立违章违纪档案；对乙装卸公司的安全生产状况进行经常性检查，对检查中发现的安全问题有权按有关规定如实处理；在双方配合作业过程中，发生安全、质量、设备设施及责任工亡等事故，由双方按责承担事故经济损失。

乙装卸公司与甲港务集团的多家分公司及控股公司均有装卸业务往来，甲港务公司系甲港务集团下属的控股公司，乙装卸公司与甲港务公司之间的装卸业务是乙装卸公司与甲港务集团业务往来中的一部分。

2011年11月6日，丙运输公司所属“良×”轮停靠在甲港务公司集装箱码头19泊位卸货，当日10:00许卸货完毕。11:30许，“良

×”轮申请离泊，甲港务集团指派“凯×拖1”轮对“良×”轮进行拖带作业。甲港务公司安排高某林、舒某岭担任“良×”轮离泊解缆工作。11:40许，高某林、舒某岭两人将“良×”轮系在码头带缆桩上的头缆、尾缆解掉后，正准备去解带位于码头前沿32 m处缆桩上的倒缆时，“良×”轮驶离码头将倒缆拉断并击中高某林头部，高某林受伤倒地，随即被送往张家港广和中西医结合医院抢救，后转入上海华山医院、华山医院宝山分院、华山医院永和分院等医院进行治疗。经治疗，上海华山医院永和分院于2012年9月5日出具病情介绍，载明：患者高某林，男性，41岁，因“头部外伤致神志不清发热痰多2月余”，于2012年2月1日入我院。入院诊断：① 颅脑损伤术后；② 气管切开术后；③ 两肺肺炎；④ 继发性癫痫。完善相关辅助检查予消炎祛痰、营养神经改善脑细胞代谢、控制癫痫、缓解肌张力、对症支持治疗及康复治疗，病情较前好转，目前患者仍神志不清，处于植物状态，痰多，留置气切套管，胃管鼻饲饮食。长期卧床，需要陪护照顾，无民事行为能力，需继续醒脑康复治疗。

2011年11月8日，甲港务公司向丙运输公司提交《关于“11·06”事故责任确认函》，载明：贵司所属的“良×”轮停靠在我司19泊位码头，于2011年11月6日10:00卸货完毕，11:30左右，“良×”轮申请离泊，码头水手高某林、舒某岭两人担任“良×”轮离泊解缆工作。11:40左右，高某林、舒某岭两人将码头带缆桩上的“良×”轮的头缆、尾缆解掉，准备去解带缆桩上的倒缆(位于码头前沿32 m处)。由于“良×”轮船方原因，倒缆突然发生断裂，高某林往后避让过程中被断裂的缆绳击中头部后昏迷不醒，现高某林正在抢救之中。鉴于该起事故性质严重，张家港市安全监督局、张家港市海事局均对该起事故进行了调查，认为“良×”轮应对高某林致伤事故负全部责任，并承担事故的全部损失。贵司予以确认后，我司将及时通知张家港市海事局放船。丙运输公司在该确认函上加盖公章并批注：同意上述安全主管部门对事故的责任鉴定并承担相应的赔偿责任。

一审法院经调查发现没有任何主管机关对事故原因和责任作出结论。

“凯×拖1”轮拖带“良×”轮以拖头方式进行，两船按照《拖轮操作规程》及港口拖带的行业习惯，由“良×”轮指挥“凯×拖1”轮进行拖带作业。因“良×”轮船身体积均高出“凯×拖1”轮，“凯×拖1”轮操作人员视线被“良×”轮阻挡而无法清楚观察到高某林和舒某岭解缆时的情况。高某林、舒某岭在为“良×”轮离泊解缆时并排站立，高某林站在船舶倒缆缆桩与码头成90°方向、距离缆桩约0.5 m位置，“凯×拖1”轮拖带“良×”轮缆绳绷紧时恰好与码头成90°方向，与高某林正好成180°方向。高某林当时站立的位置距离缆桩过近，极其危险，在缆绳绷紧时不能迅速撤离到安全位置，其身体受到缆绳击中时安全帽脱落，遂受伤倒地。涉案事故发生后，“良×”轮在拖轮工作签证单上签章并正常交纳拖带费用，未对“凯×拖1”轮在拖带过程中的操作行为提出任何异议。

“良×”轮为钢质多用途船，船舶所有权人及经营人均为丙运输公司。“凯×拖1”轮为钢质拖船，所有权人为陈某央，船舶经营人为丁海洋公司。

高某林为码头装卸工人，并非码头水手和系解缆工。

上海鉴定中心接受上海市锦天城（南京）律师事务所的委托，于2012年10月31日作出第2075号《鉴定意见书》，对高某林因受伤而导致的伤残程度、营养、护理、休息期限、护理依赖等级、所需护理人数以及后续康复治疗费用进行评定。该鉴定意见为：高某林被缆绳击伤所致颅脑损伤后植物状态已构成一级伤残；其伤后可予以休息至今、营养至今、终生护理，护理人数应为2人；依据高某林目前状态，应继续维持目前治疗方案。

2013年7月8日，上海鉴定中心再次接受上海市锦天城（南京）律师事务所委托作出第1083号《鉴定意见书》，对高某林在华山医院永和分院后续康复治疗方案及费用的合理性以及其后续康复治疗的时间和费用进行鉴定。该鉴定意见为：① 高某林目前在华山医院永和分院后续康复治疗方案及费用是合理的；② 高某林自本鉴定意见书签发之日起可继续维持目前华山医院永和分院的康复治疗方案，时间不超过一年半，一年半后建议将其转回其居住地的医疗机构维持必要的基本治疗手段，费用为每月 1 万元，治疗维持时间自第 2075 号《鉴定意见书》签发之日 2012 年 10 月 31 日起共 20 年。

2011 年 12 月 13 日，张家港人社局作出（张）工伤认字〔2011〕第 03575 号《工伤认定决定书》，认定高某林受到的伤害是工伤。

2013 年 11 月 22 日，高某林的配偶赵某英与乙装卸公司就赔偿事宜签订协议书，约定：乙装卸公司负责办理高某林的工伤申报、劳动能力鉴定以及今后的工伤待遇等手续，高某林享受的相关待遇以人力资源和社会保障局待遇发放为准；乙装卸公司一次性补偿高某林 25 万元（包括工伤期间工资、护理费等所有费用），并帮助高某林报销此后的医疗费用，报销差额由高某林承担；协议签订后，就高某林工伤事宜，双方再无其他任何瓜葛。

2013 年 12 月 31 日，苏州市劳动能力鉴定委员会作出〔2014〕工（张）第 00001 号《苏州市劳动能力鉴定结论通知书》，鉴定结论为：伤残等级为一级，护理等级为完全护理依赖。2011 年 12 月 29 日、2012 年 4 月 9 日、2013 年 12 月 16 日，乙装卸公司分别为高某林向张家港人社局核报工伤医疗费和住院伙食补助费 84 650.5 元、130 574.3 元、471 981.4 元。2014 年 2 月 24 日，乙装卸公司为高某林向张家港人社局核报一次性伤残补助金 61 511.4 元，同日核报定期伤残津贴、生活护理费 4 994.08 元。2014 年 3 月 4 日，高某林的配偶赵某英收到乙装卸公司补偿款 25 万元。

就涉案同一人身损害赔偿事宜，高某林曾于 2012 年 10 月 9 日起诉丙运输公司，即〔2012〕武海法事字第 00060 号案（下称 60 号案），甲港务公司、陈某央和丁海洋公司作为第三人参加诉讼。诉讼过程中，高某林撤回对甲港务公司的起诉，一审法院作出〔2012〕武海法事字第 00060-1 号民事裁定书予以准许。高某林与丙运输公司、陈某央和丁海洋公司达成调解协议。一审法院于 2013 年 10 月 15 日作出〔2012〕武海法事字第 00060 号调解书对调解协议予以确认：丙运输公司再行一次性支付给高某林 265 万元（已扣除丙运输公司先行支付的 30 万元），丁海洋公司和陈某央共同一次性支付高某林 10 万元，上述四方之间涉案纠纷就此了结；高某林收到上述款项后，放弃就涉案纠纷对丙运输公司、丁海洋公司、陈某央的任何索赔权利。调解书确定的给付内容现已履行完毕。

2013年11月10日，高某林的配偶赵某英出具《收据和免除责任确认书》，确认收到丙运输公司支付的295万元，作为丙运输公司就本次事故对高某林及其近亲属等已经发生的、将要发生的任何费用的最终赔偿；无论高某林伤情变化如何，其本人及其近亲属等不再以任何理由、任何方式就本次受伤事故向丙运输公司及“良×”轮的承租人、经营人、管理人、代理人、承继人、保险人和保赔协会等利益相关方提出索赔。

另查明：高某林的户别为非农业家庭户籍。江苏省2014年度城镇居民人均可支配收入为34 346元。

一审法院认为：本案系通海水域人身损害责任纠纷。高某林在通海水域进行作业时遭受人身损害，有权就事故所致损失提起侵权之诉。根据查明的案件事实以及双方当事人的诉、辩主张，本案争议焦点是：① 高某林是否有权对甲港务公司提起侵权之诉；② 涉案事故的侵权责任人及过错责任程度；③ 高某林主张的赔偿数额是否合理。

（一）高某林是否有权对甲港务公司提起侵权之诉

甲港务公司辩称本案程序违法，违反“一事不再理”的原则，高某林无权对甲港务公司再次提起侵权之诉的理由不能成立。

首先，《最高人民法院关于审理人身损害赔偿案件适用法律若干问题的解释》（下称《人损解释》）第十二条第二款规定：“因用人单位以外的第三人侵权造成劳动者人身损害，赔偿权利人请求第三人承担民事赔偿责任的，人民法院应予支持。”本案中，高某林以甲港务公司未尽到安全管理和防护义务为由，要求其承担侵权责任。高某林虽然已获得工伤保险待遇，但并不影响其依照该条规定和《侵权责任法》的有关规定向一审法院提起侵权之诉。

其次，高某林从未放弃向甲港务公司主张赔偿的权利。60号案中，甲港务公司否认自己构成侵权，拒绝承担责任。为了尽快得到赔偿，及时治疗，高某林对甲港务公司撤诉，并与丙运输公司、丁海洋公司、陈某央达成调解协议。一审法院作出的〔2012〕武海法事字第00060号调解书只是确认调解协议的效力,并不意味着高某林放弃了追究甲港务公司侵权损害赔偿责任的权利。

再次,60号案中,高某林撤回对甲港务公司的起诉并不意味着永远放弃诉权。《民事诉讼法》第一百二十四条第(五)项规定:"对判决、裁定、调解书已经发生法律效力的案件,当事人又起诉的,告知原告申请再审,但人民法院准许撤诉的除外"。60号案中,高某林并未与甲港务公司达成调解,而是对其撤诉,撤诉之后当然有权再对其起诉。《最高人民法院关于适用〈中华人民共和国民事诉讼法〉的解释》第二百一十四条第一款规定:"原告撤诉或者人民法院按撤诉处理后,原告以同一诉讼请求再次起诉的,人民法院应予受理。"高某林在本案中的诉讼请求与60号案中的诉讼请求并不完全相同,一审法院应当受理此案。高某林在60号案中自愿与丙运输公司、丁海洋公司、陈某央达成调解协议并对甲港务公司撤诉,不仅没有丧失诉权,而且部分解决了纠纷,同时中断了诉讼时效。

最后,60号案以调解方式结案是当事人在法律规定的范围内处分自己的民事权利和诉讼权利的结果。一审法院没有对甲港务公司作出实体裁判。一审法院在60号案中裁定准许高某林撤回对甲港务公司的起诉也并没有影响甲港务公司的实体权利。60号案最终没有确定甲港务公司的责任并不妨碍一审法院在本案审理中进行责任认定和划分。

综上所述,虽然本案与60号案针对的是同一事故,但高某林在两案中提起诉讼的对象不相同,诉讼请求亦不完全相同,因此两案并非同一案件。高某林对甲港务公司既享有实体上的民事权利,也享有程序上的诉讼权利,本案不违反"一事不再理"的原则。

(二)涉案事故的侵权责任人及其过错责任程度

丙运输公司对高某林受伤的后果应承担相应的过错责任。船舶在经拖船拖离泊位过程中,应当综合并充分考虑港口设施、水文条件、船舶性能等情况,并保持本船与拖船操作人员、本船与在岸操作人员的沟通,尽到谨慎义务,防止安全事故的发生。本案中,丙运输公司所属“良×”轮的操作人员未谨慎操控船舶，疏忽观察，未能保持本船与拖船操作人员、本船与解缆人员的沟通，在倒缆未能解除的情况下盲目离泊，导致缆绳因受力过大发生断裂而击伤高某林的后果。“良×”轮驾驶人员在船舶离泊操作过程中的过失，是导致本次事故发生的主要原因。丙运输公司基于“良×”轮船舶所有人和经营人的身份占有和控制船舶，雇佣船员驾驶船舶并根据自己的意志开展营运活动，最大限度地发挥船舶使用价值以获得经济效益，在行使权利的同时也应当负有保证船舶安全航行或作业的义务。尽管上述侵权行为是由操纵船舶的雇佣人员的过失所致，但丙运输公司作为雇主仍应承担替代责任。所以，丙运输公司对“良×”轮在离泊过程中造成高某林人身损失，应依法承担相应侵权损害赔偿责任。

陈某央和丁海洋公司无须对高某林的损失承担侵权赔偿责任。根据交通运输部《拖轮操作规程》(JT/T 300—2009)第 7.10.3.2 条款的规定，拖船在拖带船舶离泊过程中应在被拖船指令下操作，用车速度及角度应听从被拖船指挥。“凯×拖 1”轮拖带“良×”轮以拖头方式进行，其在拖带中接受“良×”轮指挥，涉案事故发生后，“良×”轮在拖轮工作签证单上签章并正常交纳拖带费用，未对“凯×拖 1”轮在拖带过程中的操作行为提出任何异议。由此可以看出，并无证据显示“凯×拖 1”轮在涉案拖带过程中有违反“良×”轮指令的行为，故“凯×拖 1”轮对高某林受伤没有过错。

高某林与乙装卸公司、甲港务公司之间的法律关系明确。乙装卸公司系高某林的用人单位，二者之间存在劳动合同关系；甲港务公司与乙装卸公司之间存在劳务外包合同关系，高某林实际上是直接为甲港务公司的利益从事港口装卸及系解缆工作，三者之间存在密切的利益关系。虽然高某林作为乙装卸公司的员工已经享受工伤保险待遇，但工伤保险和侵权损害赔偿并不完全冲突，仍有必要判断乙装卸公司、甲港务公司的行为是否构成侵权。

乙装卸公司无须对高某林承担侵权赔偿责任。乙装卸公司与甲港务公司所签《装卸劳务合同书》并未明确约定装卸作业是否包括系解缆工作。两者之间附带签订的《安全生产管理协议》约定双方对装卸作业均负有安全生产管理责任，由于《安全生产管理协议》的适用范围限于《装卸劳务合同》约定的劳务范围，即只针对装卸作业而不包括船舶系解缆，所以高某林超越乙装卸公司的装卸劳务范围为甲港务公司进行系解缆作业时受伤，不能归咎于乙装卸公司。况且，高某林与乙装卸公司之间的纠纷已经和解，高某林也未提交证据证明乙装卸公司构成侵权，所以不应认定乙装卸公司应对高某林的损失承担侵权责任。

甲港务公司应对高某林的损失承担相应的过错责任。甲港务公司作为专门从事港口经营的公司，应当按照法律规定和交通行业职业技术要求对从业人员进行安全生产教育和培训，教育和督促从业人员严格执行本单位的安全生产规章制度和安全操作规程，并向从业人员告知作业场所和工作岗位存在的危险因素、防范措施以及事故应急措施。交通部《交通行业职业技能要求港口 第10部分 港口系缆工》(JT/T 29.10—2004)对港口系缆工的技术等级及职业技能要求作了明确规定，中国港口协会集装箱分会行业在《操作标准》中亦要求水手、系解缆工应当经过相关培训并获得资质后方可上岗。本案中，甲港务公司与乙装卸公司明确约定外包给乙装卸公司的装卸作业并不包括系解缆工作，甲港务公司却经常安排高某林从事系解缆工作。甲港务公司在明知高某林为码头装卸工而非系解缆工的情况下，令其从事港口系缆工方能从事的解缆作业，导致发生安全事故的可能性增大。在高某林解缆时站立的位置极其危险的情况下，甲港务公司未能及时发现存在的安全隐患，对涉案事故的发生具有过失，其行为违反了《安全生产法》第二十一条关于“生产经营单位应当对从业人员进行安全生产教育和培训，保证从业人员具备必要的安全生产知识，熟悉有关的安全生产规章制度和安全操作规程，掌握本岗位的安全操作技能。未经安全生产教育和培训合格的从业人员，不得上岗作业”的规定，故甲港务公司对高某林受伤的后果应当承担一定过错责任。甲港务公司称中国港口协会集装箱分会行业制定的《操作标准》属于行业规范，不应成为法院审理案件的依据。对此，一审法院认为，该行业规范与交通部相关法规并不相悖，是对交通部相关法规的进一步细化，遵守该行业规范有利于维护行业秩序，维护从业人员的合法利益，该行业规范可以作为法院审理案件的参考，一审法院对甲港务公司的抗辩不予支持。

高某林在事故发生前作为一个完全民事行为能力人，对港口系解缆过程中可能存在的危险没有充分的认识和准备。高某林的行为违反了《安全生产法》第五十条关于“从业人员应当接受安全生产教育和培训，掌握本职工作所需的安全生产知识，提高安全生产技能，增强事故预防和应急处理能力”的规定，亦应对其自身损害承担一定的过错责任。

综上所述，高某林在涉案事故中遭受的损失应当由丙运输公司、甲港务公司和高某林共同承担。《侵权责任法》第十二条规定：“二人以上分别实施侵权行为造成同一损害，能够确定责任大小的，各自承担相应的责任；难以确定责任大小的，平均承担赔偿责任。”一审法院基于以上各责任方在涉案事故中的过错责任及对损害结果发生的原因力大小，确认丙运输公司承担70%的过错责任，甲港务公司承担20%的过错责任，高某林承担自身损害10%的过错责任。

高某林有权在法律规定的范围内处分自己的民事权利和诉讼权利。高某林与丙运输公司、丁海洋公司、陈某央就同一人身损害赔偿事宜已在60号案中调解解决，高某林不再对丙运输公司、丁海洋公司、陈某央提出索赔。因此，高某林已经在60号案中处分了其对丙运输公司享有的民事权利和诉讼权利。另外，高某林与乙装卸公司之间的赔偿事宜早已达成和解，高某林也已经处分了其对乙装卸公司享有的民事权利。高某林上述处分自己权利的行为符合《民事诉讼法》第十三条“民事诉讼应当遵循诚实信用原则。当事人有权在法律规定的范围内处分自己的民事权利和诉讼权利”的规定。

（三）高某林主张的赔偿数额是否合理

一审法院认为，行为人因过错侵害他人民事权益，应当承担侵权责任，赔偿损失是承担侵权责任的方式之一。甲港务公司作为过错方，按照其过错责任大小对高某林的损失承担赔偿责任符合法律规定。高某林对甲港务公司主张的索赔数额并未超过其总损失，也并不与丙运输公司已经支付的赔偿款相冲突。丙运输公司、乙装卸公司、丁海洋公司、陈某央向高某林支付赔偿款或补偿款的行为均属于当事人自愿处分自己的民事权利，依法成立并合法有效。所以，高某林获得上述赔偿款或补偿款并不妨碍其继续向甲港务公司主张民事权利，本案并不存在重复索赔。

就本次事故所涉纠纷中的所有损失，高某林要求甲港务公司赔偿4 444 760元。对于其诉请的赔偿项目和损失数额，一审法院根据《侵权责任法》《人损解释》的规定，核定如下：

(1) 关于残疾赔偿金。因高某林住所地(江苏省)上一年度(2014年度)城镇居民人均可支配收入标准高于受诉法院所在地(湖北省)标准，故依照江苏省2014年度城镇居民人均可支配收入(34 346元)计算，并参照高某林年龄、伤残等级(1级)等因素，核定残疾赔偿金为686 920元(34 346元/年×20年)。

(2) 关于后续康复治疗费。根据上海鉴定中心出具的第1083号《鉴定意见书》中高某林还应继续维持华山医院永和分院的康复治疗方案，一年半后转回其居住地医疗机构维持基本必要治疗手段，费用为每月1万元，治疗20年的结论，核定高某林后续20年必要治疗费用为240万元(1万元/月×12月/年×20年)。上述后续康复治疗费用240万元，经上海鉴定中心第1083号《鉴定意见书》确定为必然发生的费用，一审法院对该项费用数额予以确认。

(3) 关于护理费。高某林主张的护理费按每人每天70元计算，符合目前护工市场行情，且数额并不偏高，一审法院予以确认。高某林主张的护理费计算了节假日加班工资，因高某林与聘请的护工之间系个人之间形成的劳务关系，高某林并没有提供需向护工支付加班工资的证据，故一审法院对高某林主张护理费考虑护工加班工资不予支持。高某林主张的护理费20年，2人护理，一审法院结合上海鉴定中心第2075号《鉴定意见书》评定的护理期限(终身护理)、护理人数(2人)等因素核定高某林的护理费为1 022 000元[70元/(天·人)×365天/年×2人×20年]。

(4) 关于精神损害抚慰金。一审法院认为，高某林正值壮年，却在涉案事故中因伤导致一级伤残，严重影响其日常生活和劳动就业，身体的伤残除了使高某林遭受经济损失以外，也给其自身和家属的精神带来巨大痛苦，应当给予精神抚慰。根据《最高人民法院关于确定民事侵权精神损害赔偿责任若干问题的解释》的相关规定，结合涉案事故各方的过错程度、高某林伤残等级、侵权人承担责任的经济能力以及事故发生地、高某林住所地的经济发展水平等因素，一审法院对高某林主张的精神损害抚慰金酌情给予3万元。

综上，甲港务公司应按其过失责任比例向高某林赔偿残疾赔偿金137 384元(686 920元×20%)、后续康复治疗费48万元(240万元×20%)、护理费204 400元(1 022 000元×20%)、精神损害抚慰金3万元，合计851 784元。依照《侵权责任法》第六条第一款、第十二条、第十五条第一款第(六)项、第十六条、第二十二条、第二十六条，《民事诉讼法》第一百四十二条规定，判决：① 甲港务公司赔偿高某林残疾赔偿金137 384元；② 甲港务公司赔偿高某林后续康复治疗费48万元；③ 甲港务公司赔偿高某林护理费204 400元；④ 甲港务公司支付高某林精神损害抚慰金3万元；五、驳回高某林的其他诉讼请求。以上第一至第四项，合计851 784元，甲港务公司应在判决生效之日起十日内一次性向高某林支付。如未按本判决指定的期间履行给付金钱义务，应当依照《民事诉讼法》第二百五十三条规定，加倍支付迟延履行期间的债务利息。案件受理费42 358元，由甲港务公司负担8 220元，高某林负担34 138元。高某林因身体残疾，经济困难，申请免交诉讼费用。一审法院经审查决定，高某林符合免交诉讼费用的条件，准予免交诉讼费用。甲港务公司应将负担的诉讼费用于判决生效之日起十日内一次性向一审法院缴纳。

甲港务公司不服一审判决，向湖北省高级人民法院提起上诉，请求：① 撤销一审判决，改判驳回高某林的一审诉讼请求；② 判令高某林承担一、二审诉讼费。

被上诉人高某林答辩称：一审判决认定事实清楚，适用法律正确，责任划分准确，保护了各方当事人合法权益，希望二审法院依法驳回甲港务公司的上诉请求，维持原判。

一审被告乙装卸公司陈述称：对甲港务公司的上诉没有意见。

一审被告丙运输公司陈述称：关于本案责任划分，丙运输公司在一审中已充分发表意见。一审判决丙运输公司承担70%责任，丙运输公司有异议，鉴于在60号案中已调解，所以没有提出上诉。丙运输公司已经通过调解方式赔偿高某林，根据调解协议，高某林明确不再对丙运输公司提出任何索赔。不论本案如何处理，丙运输公司不再承担任何责任。

一审被告丁海洋公司、陈某央共同陈述称：① 二者与高某林就涉案人身损害赔偿问题在60号案中已经解决，丁海洋公司、陈某央支付高某林10万元，后者不再向前两者提出任何索赔。② 一审对本案证据作出梳理和审查，明确责任主体，划分责任比例，判决正确。60号案尽管达成调解协议，但丁海洋公司、陈某央在本案中没有过错。

二审庭审中，上诉人甲港务公司向湖北省高级人民法院提交了以下3份证据：

证据1：《行业标准管理办法》，以证明：① 行业标准中有编号"XX/T"的为推荐标准，不是强制标准；② 一审法院引用的"交通行业职业技能要求"是一种推荐标准，不能强制企业适用，更不能据此归责于企业。

证据2：《交通行业职业技能要求　港口　第10部分　港口系缆工》，以证明：① 该标准的编号为"JT/T"，即为交通行业推荐标准；② 一审法院引用该推荐标准归责于企业是错误的。

证据3：某大学航运学院教授齐某、张某、贺某出具的《关于"良×"轮在张家港离泊时解缆工人受伤事故的咨询论证报告》，以论证：① 现有法律法规及行业标准并未规定长江下游港口码头必须配备水手或设立系缆工岗位以及从事系缆工作必须持证上岗；② 高某林具有20年码头工作经历，且为班组长，具备带缆工作的能力和资格；③ 带缆工高某林在解首倒缆的过程中，其站立位置、离缆桩的距离并无不妥，在发现异常情况后也做出了正常的判断和反应，由于事故发生的不可预判性，无法确切判断缆绳的打击方向，因此其逃跑方向也无不妥。

被上诉人高某林质证认为，对3份证据的真实性、关联性、合法性均不认可；证据1、证据2不属于证据，一审法院综合各当事人具体情况认定应承担的具体份额，并非仅依据行业标准，在相关国家标准出台之前，一审法院参照行业标准认定甲港务公司存在过错并无不当；证据3属于证人证言，根据法律规定，证人必须出庭作证，且该份专家意见由甲港务公司单方委托制作，不具公正性、客观性。根据一审调查事实，高某林不是甲港务公司员工，是临时被调过去，甲港务公司管理混乱，应承担相应赔偿责任。

一审被告乙装卸公司质证认为，对3份证据的真实性、关联性、合法性均认可。

一审被告丙运输公司质证认为，对证据1、证据2同意被上诉人高某林的质证意见，关于行业标准能否作为认定事故责任的依据，《安全生产法》有明确规定，生产单位必须遵循行业标准；证据3不属于新证据，应在一审提交，不认可其真实性、合法性，高某林在事故现场的站位属于事实问题，不属于专业问题，应由法院认定，不应由专家出具意见，三位专家皆未从事过码头工作，不具相应资质和能力。

一审被告丁海洋公司、陈某央共同质证认为，证据1、证据2为行业文本，内容应该属实，是否适用于本案由法院裁判；证据3的论证主体是专家，形式上属于证人证言，是否采纳，请法院裁判。

被上诉人高某林、一审被告乙装卸公司、丙运输公司、丁海洋公司、陈某央二审中均未向湖北省高级人民法院提交证据。

对于上诉人甲港务公司提交的3份证据，经核实，证据1《行业标准管理办法》系国家质量技术监督局于1990年8月24日发布的部门规章，证据2系我国交通部于2004年8月17日发布的中华人民共和国交通行业标准JT/T 29.1～29.23—2004中《交通行业职业技能要求　港口　第10部分　港口系缆工》(JT/T 29.10—2004)，湖北省高级人民法院认为，对该两份证据的真实性可予确认，是否适用于本案，需结合具体案情判断。证据3论证报告出具于2015年8月16日，由甲港务公司委托代理人所属律师事务所单方委托完成，故其所依据的材料缺乏全面性、客观性，报告出具时间距离案涉事故发生时间2011年11月6日已近4年，此间隔亦会削弱报告基础事实的真实性，因此，对证据3不予采信。

关于甲港务公司一审提交的部分证据的采信问题。① 证据1江苏省张家港保税区安全环保局于2014年8月出具的《情况说明》，甲港务公司称张家港保税区安全环保局是其安全主管单位，但对此并未举证证明，其应承担举证不能的不利后果，且其2011年11月8日提交给丙运输公司的《关于“11·06”事故责任确认函》载明张家港市安全监督局、张家港市海事局对事故进行了调查，未提及张家港保税区安全环保局，加之，《情况说明》并非案涉事故发生后及时或合理期间内出具，而是事故发生近3年后才出具，与主管机关得出调查结论的通常时间不符，故一审对该证据不予采信并无不当。② 证据6乙装卸公司管理人员杜某平的证言、证据7高某林原同事许某富的证言，湖北省高级人民法院注意到，一审庭审过程中，杜某平、许某富经甲港务公司申请作为证人出庭作证并接受了询问，虽然杜某平根据乙装卸公司安排在甲港务公司码头工作，许某富系甲港务公司工人，两人均与甲港务公司存在利害关系，且两份调查笔录都制作于2014年8月15日，并非涉案事故发生后及时调查完成，但两位证人的证言内容与甲港务公司一审证据2～5、证据17～19并无矛盾之处，在内容上可以相互印证，而杜某平、许某富在涉案事故发生时分别是乙装卸公司驻甲港务公司码头的值班人员和甲港务公司当班调度，两名在班人员较之于其他人员更清楚当时情形，因此，对证据6、证据7可予采信，结合两名证人的证言与其他相关证据亦利于更全面了解案涉事故情况。③ 证据17甲港务公司2011年10月、11月外租费用结算申请表及费用明细表，由于该证据记载的是甲港务公司2011年10月、11月外租费用的结算详情，申请表及明细表上均盖有乙装卸公司、甲港务公司、案外人KT装卸服务公司印章，乙装卸公司亦对该证据无异议，因此，对证据17可予采信，根据明细表记载，甲港务公司支付费用的作业内容中包括轮船的带缆、解缆。④ 证据18甲港务公司支付“良×”轮事故航次带缆费统计表，虽然丙运输公司不认可该证据的真实性，但该统计表记载的是甲港务公司支付案外人KT装卸服务公司费用明细，其中一项为“良×”带缆费，由于付款方、收款方均在表上加盖公司印章表示认可，故对该份证据的真实性可予确认。⑤ 证据19乙装卸公司《班组“三三制”活动记录表》，该证据记载了乙装卸公司2009年记录顺序号090312、2010年记录顺序号100913两次班组活动，由于乙装卸公司对该证据无异议，故对该证据可予采信。证据17～19的内容印证了前述杜某平、许某富证言中乙装卸公司所承包的装卸劳务包括船舶系解缆工作及乙装卸公司开展的安全培训包括解缆工作培训等内容。

结合上述证据，湖北省高级人民法院进一步查明：① 高某林于1987年11月进入甲港务集团工作，为合同制装卸工，2002年年底合同期满；2003年1月进入乙装卸公司从事装卸工作，期间曾离开公司一段时间，之后一直在乙装卸公司工作至发生案涉事故。乙装卸公司定期进行安全培训，内容包括解缆工作。② 甲港务公司与乙装卸公司签订的2011年度《装卸劳务合同》约定的工作内容虽然未包括系解缆，但乙装卸公司为甲港务公司实际提供的装卸劳务中含有系解缆工作，甲港务公司按次数支付费用，因此双方就系解缆存在事实上的合同关系。③《集装箱船舶靠离移泊安全操作标准》是中国港口协会集装箱分会、中港协集装箱分会信息委员会于2012年11月8日颁布的《中国港口集装箱码头营运操作标准》(中国港口协会集装箱分会推荐标准)的组成部分，后者在目录前附有说明：“1. 推荐标准可以修改；2. 尚未推荐的标准并未包含所有标准，欢迎各集装箱码头申请编写。”④ 2011年11月6日即案涉事故发生当天，甲港务公司工作人员许某富白班当班，上午11时左右，“良×”轮代理向其申请派人为“良×”轮离泊解缆，其随即通知乙装卸公司管理人员杜某平派人，杜某平派出当班的高某林、舒某岭负责为“良×”轮解缆。⑤ 关于案涉事故发生时的相关情况，据当时与高某林一同为“良×”轮解缆的舒某岭在事故发生后接受调查陈述称，当时其在船头把缆绳解掉后朝倒缆走，高某林把船尾缆绳解掉后朝船头方向走，两人差不多同时走到倒缆边(32 m处)，其准备解开倒缆，船上人叫等一下，两人看到缆绳拉直了就一起朝船舶反方向跑，其刚转身就听见声音，回头看见高某林躺在地上，缆绳断在码头上；两人距离缆桩大约 1 m，高某林在左，其在右，两人相距约 1 m；两人均戴安全帽且生根。

除上述事实外，一审查明的事实属实，湖北省高级人民法院予以确认。

湖北省高级人民法院认为，本案争议焦点为甲港务公司对高某林受伤是否承担相应赔偿责任。

第一，丙运输公司在甲港务公司 2011 年 11 月 8 日致其《关于“11·06”事故责任确认函》上批注并盖章确认，不等同于其确认对案涉事故承担全责。丙运输公司注明的内容是：“同意上述安全主管部门对事故的责任鉴定，并承担相应的赔偿责任。”到目前为止，甲港务公司并未提交函上载明的张家港市安全监督局、张家港市海事局作出的事故调查报告或责任认定，提交的是函件未叙及的张家港保税区安全环保局于 2014 年 8 月出具的《情况说明》，而该《情况说明》未被采信，因此，甲港务公司认为《情况说明》及丙运输公司在函上的回复证明“良×”轮应负全责的上诉理由不能成立。

第二，甲港务公司对其所经营港口的安全生产负有全面监管职责。虽然根据《装卸劳务合同书》《安全生产管理协议》的约定，乙装卸公司承担安全教育培训、对装卸作业过程中发生的事故负责等多项安全管理义务，但这些约定既不能免除甲港务公司依照法律、法规应该承担的安全管理义务，也不能免除甲港务公司对合同以外第三人依法应承担的责任。案涉事故发生于 2011 年 11 月 6 日，《中华人民共和国港口法》第三十二条规定：“港口经营人必须依照《安全生产法》等有关法律、法规和国务院交通主管部门有关港口安全作业规则的规定，加强安全生产管理，建立健全安全生产责任制等规章制度，完善安全生产条件，采取保障安全生产的有效措施，确保安全生产。”《港口经营管理规定》第二十六条规定：“港口经营人应当依照有关法律、法规和交通运输部有关港口安全作业的规定，加强安全生产管理，完善安全生产条件，建立健全安全生产责任制等规章制度，确保安全生产。”《江苏省港口条例》第三十八条规定：“港口必须具备安全生产条件。港口经营人应当对港口的安全生产全面负责。”甲港务公司作为港口经营人，应对港口的安全生产全面负责，案涉事故发生于甲港务公司经营的码头上，对此，甲港务公司应承担相应责任。

第三，甲港务公司负有责任监督检查在其经营的港口上工作的从业人员是否符合上岗条件、是否具备相应职业技能及资质。为船舶系解缆具有一定危险性，需要专业培训、规范操作，《交通行业职业技能要求　港口　第10部分　港口系缆工》和《集装箱船舶靠离移泊安全操作标准》虽然不宜直接作为判断甲港务公司在本案中是否担责的依据，但前者属于我国交通部发布的行业标准，明确规定了港口系缆工的职业等级及职业技能要求，后者被行业协会作为推荐标准予以颁布亦是为了规范行业秩序，其中要求系解缆工应经过相关培训并获资质后方可上岗，二者证明从事系解缆工作需要具备相关职业技能及资质。尽管甲港务公司将装卸业务外包给乙装卸公司，但其仍应监督检查接受乙装卸公司派遣从事系解缆工作的人员是否具备相应技能及资质。甲港务公司未能举证证明高某林具备系缆工的职业技能及资质，应承担举证不能的不利后果。

基于上述分析，湖北省高级人民法院认为，对案涉事故，甲港务公司因安全监管及监督检查不到位应承担一定责任，一审判决甲港务公司对高某林受到的人身损害承担20%责任并无不当。

关于程序问题，本案当事人与60号案当事人不同，不符合《最高人民法院关于适用〈中华人民共和国民事诉讼法〉的解释》第二百四十七条规定的构成重复起诉的条件。至于60号案的程序问题，该案并非本案一审，湖北省高级人民法院不予置评。

综上，一审判决适用法律正确，认定事实虽然部分有误，但并未影响到对案件实体的正确处理。甲港务公司关于其不承担任何赔偿责任的上诉理由不能成立。湖北省高级人民法院依据《民事诉讼法》第一百七十条第一款第(一)项的规定，判决如下：驳回上诉，维持原判。

裁判要旨：项目外包中，发包方与承包方签订的《装卸劳务合同书》《安全生产管理协议》约定承包方承担安全教育培训、对装卸作业过程中发生的事故负责等多项安全管理义务，但这些约定既不能免除发包方依照法律、法规应该承担的安全管理义务，也不能免除发包方对合同以外第三人依法应承担的责任。《安全生产法》关于“从业人员应当接受安全生产教育和培训，掌握本职工作所需的安全生产知识，提高安全生产技能，增强事故预防和应急处理能力”的规定是从业人员的安全职责，如果从业人员违反了本条的规定，亦应对其自身损害承担一定的过错责任。

第五十九条【事故隐患和不安全因素的报告义务】

从业人员发现事故隐患或者其他不安全因素，应当立即向现场安全生产管理人员或者本单位负责人报告；接到报告的人员应当及时予以处理。

【条文解读】　本条是对事故隐患和不安全因素的报告义务的规定。

（一）安全生产事故隐患及其他不安全因素

《安全生产事故隐患排查治理暂行规定》第三条对安全生产事故隐患作了明确解释，安全生产事故隐患是指生产经营单位违反安全生产法律、法规、规章、标准、规程和安全生产管理制度的规定，或者因其他因素在生产经营活动中存在可能导致事故发生的物的危险状态、人的不安全行为和管理上的缺陷。根据危害和整改难度的大小，事故隐患可以分为一般事故隐患和重大事故隐患。其他不安全因素是指除上述规定的可能导致事故发生的安全隐患之外的影响生产安全的因素。

（二）从业人员的隐患报告义务

事故隐患和不安全因素是引发生产安全事故发生的根本原因，但生产安全事故的发生往往具有突发性。这是因为生产安全事故的发生有时并不需要安全隐患或不安全因素的长期影响，甚至没有轻微事故作为预兆。因此，对于事故隐患和不安全因素应该尽早发现、尽早排除，安全生产的从业人员处于生产第一线，安全隐患首先呈现在他们面前，他们也最有可能及时发现生产安全事故的隐患。安全生产的从业者在发现事故隐患和不安全因素，应该及时报告给具有检查、防范安全事故能力和职责的安全生产管理人员以及单位负责人，以尽可能地防范生产安全事故的发生。

（三）安全生产管理人员及单位负责人的及时处理制度

现场安全生产管理人员或者本单位负责人在接到从业人员的安全隐患和不安全因素的报告后，应该及时处理，防范生产安全事故的发生。否则，现场安全生产管理人员或者本单位负责人就应该依据《安全生产法》第一百零二条的规定承担未采取措施消除事故隐患的法律责任。

第六十条【工会的监督职责】

工会有权对建设项目的安全设施与主体工程同时设计、同时施工、同时投入生产和使用进行监督，提出意见。

工会对生产经营单位违反安全生产法律、法规，侵犯从业人员合法权益的行为，有权要求纠正；发现生产经营单位违章指挥、强令冒险作业或者发现事故隐患时，有权提出解决的建议，生产经营单位应当及时研究答复；发现危及从业人员生命安全的情况时，有权向生产经营单位建议组织从业人员撤离危险场所，生产经营单位必须立即作出处理。

工会有权依法参加事故调查，向有关部门提出处理意见，并要求追究有关人员的责任。

【条文解读】 本条规定了工会在安全生产过程中的监督职责。

条文讲解

在安全生产过程中，工会代表从业人员对生产经营单位进行监督，从而维护从业人员的合法权益，其是协助生产经营单位提高安全管理能力的助手，也是政府监督管理的重要补充。针对工会提出的意见，生产经营单位应当认真研究、处理解决并及时给予反馈。例如对于违反法律、法规的行为，工会有权要求生产经营单位进行纠正；在发现安全生产违法行为和事故隐患时，有权提出建议。本条赋予了工会发现安全隐患时的建议权，而非直接实施权，单位生产经营负责人是对于安全生产更具备专业应对能力的人，对于生产的指挥实施权还是应该交由单位的主管人员。而对于事故处理，工会具有调查权，这是因为事故的处理直接关系到从业者的权益，工会有权了解事故的处理进程，对于因事故所造成的职工伤亡以及人身损害赔偿，从业者常常处于弱势地位，工会有权为职工争取其所应享有的权利。

第六十一条【被派遣劳动者的权利义务】

生产经营单位使用被派遣劳动者的，被派遣劳动者享有本法规定的从业人员的权利，并应当履行本法规定的从业人员的义务。

【条文解读】　本条是关于劳务派遣人员安全生产权利和义务的规定。

劳务派遣是指由劳务派遣单位与派遣劳工订立劳动合同，把劳动者派向其他用工单位，再由其用工单位向派遣单位支付一笔服务费用的一种用工形式。劳务派遣单位派遣劳动者应当与接受以劳务派遣形式用工的单位订立劳务派遣协议。劳务派遣协议应当约定派遣岗位和人员数量、派遣期限、劳动报酬和社会保险费的数额与支付方式以及违反协议的责任。用工单位应当根据工作岗位的实际需要与劳务派遣单位确定派遣期限，不得将连续用工期限分割订立数个短期劳务派遣协议。劳务派遣单位是用人单位，应当履行用人单位对劳动者的义务。劳务派遣单位与被派遣劳动者订立的劳动合同，除应当载明《劳动合同法》第十七条规定的事项外，还应当载明被派遣劳动者的用工单位以及派遣期限、工作岗位等情况。劳务派遣单位应当与被派遣劳动者订立两年以上的固定期限劳动合同，按月支付劳动报酬；被派遣劳动者在无工作期间，劳务派遣单位应当按照所在地人民政府规定的最低工资标准，向其按月支付报酬。劳务派遣单位跨地区派遣劳动者的，被派遣劳动者享有的劳动报酬和劳动条件，按照用工单位所在地的标准执行。劳务派遣中，用工单位应当履行下列义务：① 执行国家劳动标准，提供相应的劳动条件和劳动保护；② 告知被派遣劳动者的工作要求和劳动报酬；③ 支付加班费、绩效奖金，提供与工作岗位相关的福利待遇；④ 对在岗被派遣劳动者进行工作岗位所必需的培训；⑤ 连续用工的，实行正常的工资调整机制。用工单位不得将被派遣劳动者再派遣到其他用人单位。

为解决劳务派遣工同工不同酬、同岗不同权、社保福利待遇低、没有职业培训、职业发展受限等问题，打击违反劳务派遣的临时性、辅助性、替代性的“三性”规定和滥用派遣制度等违法行为问题，作为贯彻落实《劳动合同法》的一项重要举措，人力资源和社会保障部研究起草了《劳务派遣暂行规定》，共7章、29条内容，主要就明确劳务派遣用工比例、辅助性岗位的确定程序、跨地区劳务派遣的社会保险、禁止“假外包真派遣”等重要内容作出规定。同时，《劳务派遣暂行规定》也对劳动合同、劳务派遣协议的订立、履行、解除和终止以及相应的法律责任等加以明确。有关行政法规、部门规章也对被派遣劳动者的使用作出明确规定，如《国务院办公厅关于进一步加强煤矿安全生产工作的意见》第十四条规定，规范煤矿劳动用工管理。在一定区域内，加强煤矿企业招工信息服务，统一组织报名和资格审查、统一考核、统一签订劳动合同和办理用工备案、统一参加社会保险、统一依法使用劳务派遣用工，并加强监管。

被派遣劳动者在用工单位因工作遭受事故伤害的，劳务派遣单位应当依法申请工伤认定，用工单位应当协助工伤认定的调查核实工作。劳务派遣单位承担工伤保险责任，但可以与用工单位约定补偿办法。

《安全生产法》第六十一条是在我国《劳动合同法》关于劳务派遣规定的基础上对劳务派遣人员安全生产权利和义务作了专门规定，凸显对劳务派遣人员的生命权利的重视和保障。被派遣劳动者享有本法规定的从业人员的权利，具体是指：① 生产经营单位与从业人员订立的劳动合同，应当载明有关保障从业人员劳动安全、防止职业危害的事项，以及依法为从业人员办理工伤保险的事项。生产经营单位不得以任何形式与从业人员订立协议，免除或者减轻其对从业人员因生产安全事故伤亡依法应承担的责任。② 生产经营单位的从业人员有权了解其作业场所和工作岗位存在的危险因素、防范措施及事故应急措施，有权对本单位的安全生产工作提出建议。③ 从业人员有权对本单位安全生产工作中存在的问题提出批评、检举、控告；有权拒绝违章指挥和强令冒险作业。生产经营单位不得因从业人员对本单位安全生产工作提出批评、检举、控告或者拒绝违章指挥、强令冒险作业而降低其工资、福利等待遇或者解除与其订立的劳动合同。④ 从业人员发现直接危及人身安全的紧急情况时，有权停止作业或者在采取可能的应急措施后撤离作业场所。生产经营单位不得因从业人员在紧急情况下停止作业或者采取紧急撤离措施而降低其工资、福利等待遇或者解除与其订立的劳动合同。⑤ 因生产安全事故受到损害的从业人员，除依法享有工伤保险外，依照有关民事法律尚有获得赔偿的权利的，有权向本单位提出赔偿要求。被派遣劳动者承担的职责：① 在作业过程中，应当严格落实岗位安全责任，遵守本单位的安全生产规章制度和操作规程，服从管理，正确佩戴和使用劳动防护用品。② 应当接受安全生产教育和培训，掌握本职工作所需的安全生产知识，提高安全生产技能，增强事故预防和应急处理能力。③ 发现事故隐患或者其他不安全因素，应当立即向现场安全生产管理人员或者本单位负责人报告。

用工单位只能在临时性、辅助性或者替代性的工作岗位上使用被派遣劳动者。临时性工作岗位是指存续时间不超过 6 个月的岗位；辅助性工作岗位是指为主营业务岗位提供服务的非主营业务岗位；替代性工作岗位是指用工单位的劳动者因脱产学习、休假等原因无法工作的一定期间内，可以由其他劳动者替代工作的岗位。用工单位决定使用被派遣劳动者的辅助性岗位，应当经职工代表大会或者全体职工讨论，提出方案和意见，与工会或者职工代表平等协商确定，并在用工单位内公示。

用工单位应当严格控制劳务派遣用工数量，使用的被派遣劳动者数量不得超过其用工总量的 10％。用工总量是指用工单位订立劳动合同人数与使用的被派遣劳动者人数之和。计算劳务派遣用工比例的用工单位是指依照《劳动合同法》和《中华人民共和国劳动合同法实施条例》可以与劳动者订立劳动合同的用人单位。

劳务派遣单位应当依法与被派遣劳动者订立 2 年以上的固定期

限书面劳动合同。劳务派遣单位可以依法与被派遣劳动者约定试用期。劳务派遣单位与同一被派遣劳动者只能约定一次试用期。劳务派遣协议应当载明下列内容：① 派遣的工作岗位名称和岗位性质；② 工作地点；③ 派遣人员数量和派遣期限；④ 按照同工同酬原则确定的劳动报酬数额和支付方式；⑤ 社会保险费的数额和支付方式；⑥ 工作时间和休息休假事项；⑦ 被派遣劳动者工伤、生育或者患病期间的相关待遇；⑧ 劳动安全卫生以及培训事项；⑨ 经济补偿等费用；⑩ 劳务派遣协议期限；⑪ 劳务派遣服务费的支付方式和标准；⑫ 违反劳务派遣协议的责任；⑬ 法律、法规、规章规定应当纳入劳务派遣协议的其他事项。

劳务派遣单位应当对被派遣劳动者履行下列义务：① 如实告知被派遣劳动者《劳动合同法》第八条规定的事项、应遵守的规章制度以及劳务派遣协议的内容；② 建立培训制度，对被派遣劳动者进行上岗知识、安全教育培训；③ 按照国家规定和劳务派遣协议约定，依法支付被派遣劳动者的劳动报酬和相关待遇；④ 按照国家规定和劳务派遣协议约定，依法为被派遣劳动者缴纳社会保险费，并办理社会保险相关手续；⑤ 督促用工单位依法为被派遣劳动者提供劳动保护和劳动安全卫生条件；⑥ 依法出具解除或者终止劳动合同的证明；⑦ 协助处理被派遣劳动者与用工单位的纠纷；⑧ 法律、法规和规章规定的其他事项。

用工单位应当向被派遣劳动者提供与工作岗位相关的福利待遇，不得歧视被派遣劳动者。

被派遣劳动者在用工单位因工作遭受事故伤害的，劳务派遣单位应当依法申请工伤认定，用工单位应当协助工伤认定的调查核实工作。劳务派遣单位承担工伤保险责任，但可以与用工单位约定补偿办法。被派遣劳动者在申请进行职业病诊断、鉴定时，用工单位应当负责处理职业病诊断、鉴定事宜，并如实提供职业病诊断、鉴定所需的劳动者职业史和职业危害接触史、工作场所职业病危害因素检测结果等资料，劳务派遣单位应当提供被派遣劳动者职业病诊断、鉴定所需的其他材料。

劳务派遣单位跨地区派遣劳动者的，应当在用工单位所在地为被派遣劳动者参加社会保险，按照用工单位所在地的规定缴纳社会保险费，被派遣劳动者按照国家规定享受社会保险待遇。

劳务派遣单位在用工单位所在地设立分支机构的，由分支机构为被派遣劳动者办理参保手续，缴纳社会保险费。劳务派遣单位未在用工单位所在地设立分支机构的，由用工单位代劳务派遣单位为被派遣劳动者办理参保手续，缴纳社会保险费。

典型案例：韩某英与甲有色金属公司生命权、健康权、身体权纠纷二审民事纠纷案

2011 年 12 月 18 日 17 时 23 分，甲有色金属公司下属企业 Q 铜矿选矿车间精矿工段过滤场发生一起硝酸泄漏致两名职工中毒事故，韩某英系其中一名职工。事故发生后，韩某英随即被送往安庆市立医院进行观察治疗，确诊为“急性硝酸中毒、急性肺水肿”，后又被送至上海长海医院及海军安庆医院治疗，最后一次出院时间为 2013 年 4 月 24 日。2012 年 4 月 6 日，铜陵市安全生产监督管理局对该起事故作出认定：“2011 年 12 月 18 日 Q 铜矿选矿车间的硝酸泄漏事故是一起自我防护意识不强，设备维护不良，安全管理不到位而导致的安全生产责任事故。”2012 年 7 月 25 日，铜陵市人力资源和社会保障局对韩某英受到的伤害作出认定，认定为工伤。2012 年 8 月 7 日，韩某英与丙劳动服务公司达成协议书，约定丙劳动服务公司每月支付韩某英护理费 3 000 元、工资按上班时予以补齐，并配合韩某英治疗。2012 年 10 月25 日，铜陵市劳动能力鉴定委员会对韩某英的劳动能力障碍鉴定为二级伤残、生活自理障碍鉴定为不能自理，依照国家《工伤保险管理条例》享受工伤保险待遇。另查，2014 年 9 月 28 日，韩某英与丙劳动服务公司双方达成《补偿协议书》，约定：“丙劳动服务公司一次性支付韩某英人民币 20 万元补偿款，韩某英在收到补偿款后，双方因工伤的赔偿事宜全部终结。”韩某英为维护合法权益向法院提起诉讼，请求法院判决甲有色金属公司支付韩某英伤残赔偿金等共计人民币35 万元。

一审法院认为：甲有色金属公司下属企业Q铜矿与韩某英并不存在劳动关系，即Q铜矿不是用人单位，而是用工主体。《最高人民法院关于审理人身损害赔偿案件适用法律若干问题的解释》第十二条第二款规定："因用人单位以外的第三人侵权造成劳动者人身损害，赔偿权利人请求第三人承担民事赔偿责任的，人民法院应予支持。"韩某英在用工主体的责任事故中受伤，在获得工伤保险赔偿后，现请求用工主体承担相应的侵权责任，其主张符合相关法律规定。对韩某英主张的损害赔偿金中关于残疾赔偿金与护理费，因其在工伤保险赔偿中已获得赔付，故对韩某英的这部分请求不予支持。韩某英在甲有色金属公司的责任事故中受到人身损害，经鉴定为二级伤残，现要求甲有色金属公司赔偿精神抚慰金3万元，其主张于法有据，赔偿数额符合规定范围，依法予以支持。关于本案的诉讼时效，因韩某英受伤后一直在与丙劳动服务公司协商处理相关事宜，直到起诉前并未停止主张自己的权利，故对甲有色金属公司抗辩韩某英起诉已超过诉讼时效依法不予采纳。依据《最高人民法院关于审理人身损害赔偿案件适用法律若干问题的解释》第十二条第二款，《侵权责任法》第三条、第六条、第二十二条，《民法通则》第一百四十条的规定，判决：① 被告甲有色金属公司在本判决书生效后十日内给付原告韩某英精神损害抚慰金人民币3万元整；② 驳回原告韩某英的其他诉讼请求。案件受理费人民币6 550元，由韩某英负担人民币5 050元，甲有色金属公司负担人民币1 500元。

韩某英对一审法院判决不服，向铜陵市中级人民法院提起上诉。韩某英和甲有色金属公司所举的证据与一审相同，质证意见也同于一审，铜陵市中级人民法院认证意见与一审一致。

铜陵市中级人民法院对一审法院查明事实予以确认。

综合双方举证、质证及诉辩意见，铜陵市中级人民法院归纳如下争议焦点：甲有色金属公司是否应当赔偿韩某英残疾赔偿金20万元、护理费12万元、精神抚慰金3万元？

铜陵市中级人民法院认为，劳动者的合法权益应当依法保护。劳动合同关系和劳务派遣关系都是劳动法律关系，都受《劳动合同法》的调整，劳动合同关系是基本的用工形式，劳务派遣关系是补充用工形式。2007年6月29日颁布的《劳动合同法》第五十八条明确规定"劳务派遣单位是本法所称用人单位"，而2003年12月4日颁布的《最高人民法院关于审理人身损害赔偿案件适用法律若干问题的解释》第十二条第二款中的"用人单位"包括了后来劳动合同关系中的用人单位和劳务派遣关系中的用工单位。故本案中甲有色金属公司不是《最高人民法院关于审理人身损害赔偿案件适用法律若干问题的解释》第十二条中的"用人单位以外的第三人"。

《安全生产法》第五十三条规定："因生产安全事故受到损害的从业人员，除依法享有工伤保险外，依照有关民事法律尚有获得赔偿的权利的，有权向本单位提出赔偿要求。"《安全生产法》第二条规定："在中华人民共和国领域内从事生产经营活动的单位（以下统称生产经营单位）的安全生产，适用本法"。《安全生产法》第五十八条规定："生产经营单位使用被派遣劳动者的，被派遣劳动者享有本法规定的从业人员的权利，并应当履行本法规定的从业人员的义务。"故，甲有色金属公司作为生产经营单位对被派遣劳动者韩某英有侵权赔偿责任。对韩某英主张的损害赔偿金中关于残疾赔偿金与护理费，因其在工伤保险赔偿中已获得赔付，故一审法院不予支持韩某英的这部分请求并无不当。韩某英在甲有色金属公司的安全责任事故中受到人身损害，经鉴定为二级伤残，现要求甲有色金属公司赔偿精神抚慰金3万元，其主张于法有据，赔偿数额符合规定范围，一审法院对韩某英的该项主张予以支持符合法律规定。关于本案的诉讼时效，因韩某英受伤后一直在协商处理相关事宜，直到起诉前并未停止主张自己的权利，故一审法院不予采纳甲有色金属公司关于韩某英起诉已超过诉讼时效的抗辩理由并无不当。

综上所述，韩某英的上诉理由不能成立，铜陵市中级人民法院依法不予支持。甲有色金属公司的上诉理由部分成立，铜陵市中级人民法院依法予以部分支持。原审判决认定事实清楚，处理结果适当，但适用法律有部分错误，铜陵市中级人民法院予以纠正。据此，依照《安全生产法》第二条、第五十三条、第五十八条，《民事诉讼法》第一百七十条第一款第(一)项的规定,判决如下:驳回上诉,维持原判。

裁判要旨:生产经营单位使用被派遣劳动者的,被派遣劳动者享有《安全生产法》规定的从业人员的权利,并应当履行《安全生产法》规定的从业人员的义务。因生产安全事故受到损害的劳务派遣人员,除依法享有工伤保险外,依照有关民事法律尚有获得赔偿的权利的,有权向接受劳务派遣的生产经营单位提出赔偿要求。

第四章　安全生产的监督管理

本章是关于安全生产监督管理的规定，明确了安全生产监督检查的执法主体和监督管理的具体职责。本章具体规定了安全生产监督检查职责分工、对涉及安全生产需要审批或验收事项的审批或验收、现场处理权、行政处罚权、执法人员的执法要求、联合监督检查、停止供电等行政强制措施、举报制度、舆论监督制度和建立违法行为信息库等。

第六十二条【政府职责】

县级以上地方各级人民政府应当根据本行政区域内的安全生产状况，组织有关部门按照职责分工，对本行政区域内容易发生重大生产安全事故的生产经营单位进行严格检查。

应急管理部门应当按照分类分级监督管理的要求，制定安全生产年度监督检查计划，并按照年度监督检查计划进行监督检查，发现事故隐患，应当及时处理。

【条文解读】　本条是关于县级以上地方各级人民政府以及应急管理部门安全生产有关职责的具体分工规定。

本条第一款规定，县级以上地方各级人民政府对于本行政区域内的安全生产状况负有监管的职责。县级以上地方各级人民政府在安全生产监督管理方面应当按照下列要求组织有关部门开展安全生产监督检查。第一,全面了解并掌握本行政区域的安全生产状况。县级以上地方各级人民政府应当根据本行政区域生产经营活动的特点、分布区域、人员结构等情况,分析可能发生生产安全事故的途径、危害程度以及影响范围。第二,按照各有关部门的职责分工组织安全检查。《安全生产法》第十条明确规定,县级以上地方各级人民政府有关部门依照本法和其他有关法律、法规的规定,在各自的职责范围内对有关行业、领域的安全生产工作实施监督管理。各有关部门应当根据各级人民政府的组织安排,按照法律、法规的规定进行安全生产监督检查。第三,确定安全检查重点。县级以上地方各级人民政府应当在调查研究的基础上,确定本行政区域内容易发生重大生产安全事故的生产经营单位。第四,检查必须严格,禁止搞形式、走过场。应当严格按照有关法律、法规、规章和有关国家标准、行业标准进行检查,做到"全覆盖、零容忍、严执法、重实效"。应当采用"四不两直"制度(即不发通知、不打招呼、不听汇报、不用陪同接待,直奔基层、直插现场)、暗查暗访的方式严格检查,不能降低检查的标准和要求,真正做到有法必依、执法必严、违法必究。

根据本条第二款的规定,应急管理部门在履行监督检查职责时,应当采取下列措施:① 对生产经营单位进行分类、分级监督管理。分类是指根据生产经营单位危险性质的不同,划分不同的行业或者领域类别。分级是指根据生产经营单位存在的可能引发生产安全事故的风险程度,对其进行等级评估,确定事故风险等级。② 制定本部门年度监督检查计划,并按照计划实施监督检查。应急管理部门应当根据本部门执法人员的数量、装备配备、执法区域的范围和生产经营单位的数量、分布、生产规模以及安全生产状况等因素科学、合理地制定年度监督检查计划。监督检查计划应当包括检查的生产经营单位数量和频次、检查的方式和重点等内容。计划的内容应当明确、具体,具有可操作性,并落实到本部门内设责任机构及人员。计划由本部门主要负责人组织制定。计划一旦确定,不得随意更改,确需调整相关内容的,也应当按照规定报经主要负责人批准。

第六十三条【审批或验收的监督管理】

负有安全生产监督管理职责的部门依照有关法律、法规的规定，对涉及安全生产的事项需要审查批准（包括批准、核准、许可、注册、认证、颁发证照等，下同）或者验收的，必须严格依照有关法律、法规和国家标准或者行业标准规定的安全生产条件和程序进行审查；不符合有关法律、法规和国家标准或者行业标准规定的安全生产条件的，不得批准或者验收通过。对未依法取得批准或者验收合格的单位擅自从事有关活动的，负责行政审批的部门发现或者接到举报后应当立即予以取缔，并依法予以处理。对已经依法取得批准的单位，负责行政审批的部门发现其不再具备安全生产条件的，应当撤销原批准。

【条文解读】　本条是关于负有安全生产监督管理职责的部门审批、验收应当履行的监督管理职责的规定。

条文讲解

根据本条的规定，负有安全生产监督管理职责的部门在审批和验收监督管理中必须依法履行以下职责。

（1）依法审批或验收

为了防止生产安全事故、保障人民群众生命和财产安全，有关法律、法规规定，对于一些涉及安全生产的事项，应该由政府负有安全生产监督管理职责的部门依法进行审查批准，包括批准、核准、许可、注册、认证、颁发证照等；对于建设项目的安全设施，要由有关监督管理部门检查验收。无论是批准、核准、许可、注册、认证、颁发证照，还是建设项目的安全设施，有关监督管理部门都要依据法律规定的程序进行检查验收，不能超越职权。

同时，本条还规定，不符合有关法律、法规和国家标准或者行业标准规定的安全生产条件的，不得批准或者验收通过。擅自批准或者验收通过的，根据法律、行政法规的规定，承担相应的法律责任。

（2）对于未依法审批或者验收而从事有关活动的，必须依法予以取缔、处理对未依法取得批准或者验收合格的单位擅自从事有关活动的，负责行政审批的部门发现或者接到举报后应当立即予以取缔，并依法予以处理。违反了不同的审批或者验收规定，承担的法律责任不同。例如，根据《安全生产许可证条例》的规定，未取得安全生产许可证擅自进行生产的，责令停止生产，没收违法所得，并处10万元以上50万元以下的罚款，造成重大事故或者其他严重后果，构成犯罪的，依法追究刑事责任。再如，根据《安全生产法》第九十八条的规定，对矿山建设项目的安全设施未经验收合格的，责令停止建设或者停产停业整顿、限期改正，并处10万元以上50万元以下的罚款，对其直接负责的主管人员和其他直接责任人员处2万元以上5万元以下的罚款；逾期未改正的，处50万元以上100万元以下的罚款，对其直接负责的主管人员和其他直接责任人员处5万元以上10万元以下的罚款；构成犯罪的，依照刑法有关规定追究刑事责任。

（3）对已经依法取得批准的单位，负责行政审批的部门发现其不再具备安全生产条件的，应当撤销原批准安全生产条件是生产经营单位保证安全生产的必备条件，也是行政审批部门审批的依据。生产经营单位如果不重视安全生产，在生产过程中不注意保持其安全生产条件，不进行必要的安全生产投入，致使其在生产经营过程中不再符合安全生产条件的，也就失去了保障安全生产的基础。依照本条的规定，负责行政审批的部门发现其不再具备安全生产条件的，应当撤销原批准。被依法撤销的批准，自撤销之日失去效力，被撤销批准的单位不得再从事相关的生产经营活动，否则将被依法追究其法律责任。

在各种审批中，最为重要的是安全生产许可证的颁发和管理。根据《安全生产许可证条例》的规定，国家对矿山企业、建筑施工企业和危险化学品、烟花爆竹、民用爆炸物品生产企业实行安全生产许可制度。企业未取得安全生产许可证的，不得从事生产活动。安全生产许可证由不同的负有安全生产监督管理职责的部门颁发和管理。安全生产监督管理部门负责非煤矿矿山企业和危险化学品、烟花爆竹生产企业安全生产许可证的颁发和管理；煤矿安全监察机构负责煤矿企业安全生产许可证的颁发和管理；建设主管部门负责建筑施工企业安全生产许可证的颁发和管理；人民政府民用爆炸物品行业主管部门负责民用爆炸物品生产企业安全生产许可证的颁发和管理。

国务院应急管理部门和省、自治区、直辖市人民政府应急管理部门对建筑施工企业、民用爆炸物品生产企业、煤矿企业取得安全生产许可证的情况进行监督。企业取得安全生产许可证后，不得降低安全生产条件，并应当加强日常安全生产管理，接受安全生产许可证颁发管理机关的监督检查。安全生产许可证颁发管理机关应当加强对取得安全生产许可证的企业的监督检查，发现其不再具备《安全生产许可证条例》规定的安全生产条件的，应当暂扣或者吊销安全生产许可证。

【关联法规索引】《安全生产许可证条例》第十一条、第十二条、第十四条；《煤矿企业安全生产许可证实施办法》《危险化学品生产企业安全生产许可证实施办法》《建筑施工企业安全生产许可证管理规定》《非煤矿山企业安全生产许可证实施办法》等。

典型案例：张某国与甲县人民政府行政处理纠纷案

张某国于2008年3月12日投资设立丙建材厂，从事黏土砖的生产及销售，2008年4月至2009年9月期间，该厂办理了税务登记证、营业执照和安全生产许可证，许可证的有效期为2009年9月9日至2012年9月8日。2011年6月23日，该厂领取了证号为×××的采矿许可证，开采矿种为砖瓦用黏土，开采方式为露天开采，有效期限为2011年6月23日至2012年10月23日。2007年7月29日发布的《山西省人民政府关于清理规范实心黏土砖企业的实施意见》，明确环境敏感区内的实心黏土砖企业属于立即依法取缔的范围，并规定了取缔的基本要求和标准，对于符合当地人民政府规划布局予以保留的实心黏土砖企业按照新的行业标准办理相关手续。2011年3月8日，甲县人民政府下发了《关于整顿实心黏土砖企业的实施意见》，决定将张某国所属企业在内的9户实心黏土砖企业于2012年10月前予以关闭。2012年3月16日，12350安全生产举报投诉特服电话接到群众举报称丙建材厂非法生产，请求查处。2012年8月13日，甲县安全生产监督管理局向该厂下发通知，称“目前市安全生产监督管理局已经不再受理非新型墙体材料及隧道窑生产技术砖厂的安全许可证延期的申请，我县砖厂的安全生产许可证大都将于9月到期，如到期仍进行生产经营活动，就违反了《安全生产许可证条例》第九条的规定，将根据《安全生产许可证条例》第二十条的规定，责令停止生产，限期补办延期手续，没收违法所得，并处5万元以上10万元以下的罚款”。2012年9月8日，该厂的安全生产许可证到期。2012年10月，甲县人民政府安全生产委员会分别向甲县国土资源局、甲县工商局下发了《关于甲县有关建材厂相关事宜的告知函》，请两部门对丙建材厂的相关证件暂扣，待政府做出决定后定夺。2012年12月28日，T市人民政府办公厅下达了《关于对烧结类墙体材料企业实施分类处置的通知》，要求对落后生产工艺轮窑实施全面取缔，取缔工作务于2013年1月底前完成。2013年4月27日，T市人民政府办公厅《关于印发T市金属非金属矿山整顿工作方案的通知》要求对未采用新型墙体材料和隧道窑技术改造的砖瓦企业取缔关闭，关闭标准为吊销或注销采矿许可证、安全生产许可证、工商营业执照等相关证照、手续；拆除供电、供水、通风、提升、运输等直接用于生产的设施和设备，砖瓦企业拆除轮窑。2013年9月6日，甲县人民政府办公室印发了《甲县整顿治理和关闭取缔非煤矿山工作方案的通知》，称按照文件精神，对未采用新型墙体材料和隧道窑技术改造的砖瓦企业进行关闭取缔。2013年10月12日，T市人民政府安全生产委员会办公室下发《关于加强取缔轮窑生产企业工作的通知》，对取缔轮窑生产企业作出具体部署。2013年12月4日印发了《甲县人民政府关于全面取缔使用轮窑生产工艺的黏土砖生产企业的实施方案的通知》，该方案明确根据T市人民政府办公厅《关于对烧结类墙体材料企业实施分类处置的通知》和《关于印发T市金属非金属矿山整顿工作方案的通知》文件精神制定，经县政府研究决定，全面取缔全县境内使用落后生产工艺（轮窑)的黏土砖企业,包括丙建材厂。2013 年 11 月 22 日,甲县乙乡人民政府出具报告称,从 10 月开始与张某国的企业进行多次座谈,讲解政策。2013 年 12 月 22 日,甲县国土资源局在《太谷报》发布丙建材厂等 11 家生产企业注销采矿许可证公告,要求 11 家企业按照规定时间到县国土资源局办理采矿许可证注销登记手续,逾期不办理的,由甲县国土资源局直接予以注销。2014 年 1 月 10 日,甲县工商管理局发布《关于拟吊销营业执照的听证公告》,拟吊销丙建材厂等 11 家企业的营业执照,并在 2014 年 1 月 27 日举行集中听证。2014 年1 月 14 日,T 市安全生产监督管理局下发《关于对列入金属非金属矿山整顿关闭企业注销安全生产许可证的通知》,将包括丙建材厂在内的列入整顿关闭企业的安全生产许可证上报省局予以注销。2014 年 1 月 20 日发布的《甲县人民政府关于限令黏土砖企业改造生产工艺的通知》规定,自 2014 年 1 月 1 日起,全市范围内所有生产黏土砖的企业不得再续用轮窑工艺,否则,将予以取缔。2014 年2 月 27 日,T 市墙体革新建筑节能领导组办公室对甲县人民政府下达《关于防止落后生产工艺轮窑死灰复燃的紧急通知》,要求甲县人民政府立即组织相关部门采取有力措施,按照标准予以取缔。2014 年 3 月 28 日,甲县乙乡人民政府向丙建材厂下达了停产通知单和非法企业取缔通知,2014 年 5 月 12 日,T 市安全生产委员会向甲县人民政府下发了《关于落实举报甲县关门砖厂非法生产的函》,称 4 月 25 日接到举报,请甲县人民政府落实 T 市人民政府办公厅对关闭砖厂的相关要求,限期对砖厂彻底关闭。2014 年 5 月 6 日,丙建材厂签订了关于 2014 年中央关闭小企业补助资金申报承诺,称其已按相关标准和要求关闭企业,并绝对不再从事生产经营活动。2014 年 5 月 19 日,甲县乙乡政府对张某国的丙建材厂再次下达了非法企业取缔通知书,并采取断电、拆除主要生产设备的方式取缔了该企业,张某国不服遂提起行政诉讼。

原判认为,本案争议焦点之一是对生产企业予以取缔是否属于行政诉讼受案范围。取缔是国家对违法活动采取的一系列制止性、制裁性措施的统称,性质包括行政禁令及禁令之即时强制执行,具有制裁性、终局性和实效性的特征。公民、法人或其他组织因认为行政机关的取缔行为损害其人身权、财产权等合法权益提起诉讼的，符合《行政诉讼法》第十二条第（十二）项的规定，属于人民法院行政诉讼受案范围。

争议焦点之二是甲县人民政府的取缔是否合法。首先，根据《中华人民共和国地方各级人民代表大会和地方各级人民政府组织法》第五十九条规定，甲县人民政府具有领导管理甲县境内经济工作和城乡建设工作，制定决定、命令和规定行政措施的权力，具有取缔的主体资格。其次，根据《中华人民共和国节约能源法》（以下简称《节约能源法》）第四条、第七条的规定，节约资源是我国的基本国策，实施节约与开发并举、把节约放在首位是我国的能源发展战略，实行有利于节能和环境保护的产业政策。《中华人民共和国循环经济促进法》（以下简称《循环经济促进法》）第六条规定，国家制定产业政策，应当符合发展循环经济的要求。《循环经济促进法》第二十三条规定，国家禁止损毁耕地烧砖。对此，《国务院办公厅关于进一步推进墙体材料革新和推广节能建筑的通知》（国办发〔2005〕33 号）、《国家发展改革委关于印发“十二五”墙体材料革新指导意见的通知》（发改环资〔2011〕2437 号）、《山西省人民政府关于清理规范实心黏土砖企业的实施意见》对山西省境内清理规范实心黏土砖企业政策界限做了明确规定。张某国于 2008 年在××县设立丙建材厂，违反了《山西省人民政府关于清理规范实心黏土砖企业的实施意见》的规定。即使丙建材厂办理了相应的营业执照、安全生产许可证、采矿许可证等行政许可证件，但是这些许可有明确的许可期限，在丙建材厂安全生产许可证到期后，甲县人民政府基于国家产业政策和保护环境的考虑不再许可生产，并无不当。丙建材厂在其安全生产许可证到期未获得延期许可的情况下，继续进行实心黏土砖的生产销售行为，违反了《循环经济促进法》第二十三条、《节约能源法》第十七条、《安全生产许可证条例》第二条第二款的规定。最后，在甲县人民政府实施被诉行政行为过程中，乙乡人民政府通过开座谈会、签订实心黏土砖生产企业关停取缔合同的形式，告知了丙建材厂相关文件精神，听取丙建材厂的意见，对丙建材厂自觉关闭进行督促，履行了告知程序。综上，甲县人民政府依照《循环经济促进法》第五十四条、《节约能源法》第七十一条、《安全生产法》第六十条，并参照文件规定，于2014年5月19日对丙建材厂采取吊销或注销相关证照、切断电源、拆除主要生产设备的取缔行为并无不当。

争议焦点之三是《甲县人民政府关于全面取缔使用轮窑生产工艺的黏土砖生产企业的实施方案的通知》的合法性问题。根据《中华人民共和国地方各级人民代表大会和地方各级人民政府组织法》第五十九条的规定，甲县政府具有规定行政措施的职权。该文件是根据T市人民政府办公厅《关于对烧结类墙体材料企业实施分类处置的通知》和《关于印发T市金属非金属矿山整顿工作方案的通知》文件精神制定，该方案从总体要求、目标任务、处置办法、实施步骤、组织领导、职责分工、工作要求七个方面对该项工作进行了布置，并没有违反法律、法规强制性规定。

争议焦点之四是张某国的行政赔偿请求能否成立。依照《中华人民共和国国家赔偿法》的相关规定，行政机关及其工作人员在行使行政职权时违法造成财产损害的，应当给予赔偿。本案中甲县人民政府的取缔行为未被确认违法，张某国要求行政赔偿的条件不具备，故张某国要求鉴定损失的请求不予准许，其行政赔偿请求不能成立。

山西省高级人民法院经审理认定的事实与原审法院一致，山西省高级人民法院予以确认。

山西省高级人民法院认为，《国务院办公厅关于进一步推进墙体材料革新和推广节能建筑的通知》（国发办〔2005〕33号）要求逐步禁止生产和使用实心黏土砖，各省、自治区、直辖市人民政府要结合当地具体情况，制定并完善相关法规的实施细则，依法推进墙体材料革新和建筑节能。《山西省人民政府关于清理规范实心黏土砖企业的实施意见》明确了清理规范的政策界限及取缔的基本要求。2013年4月27日，T市人民政府办公厅《关于印发T市金属非金属矿山整顿工作方案的通知》规定了整顿的总体要求和目标任务及取缔关闭标准，明确了未采用新型墙体材料和隧道窑工艺的砖瓦企业属于取缔关闭范围，依据上级政府的相关规定作出的《甲县人民政府关于全面取缔使用轮窑生产工艺的黏土砖生产企业的实施方案的通知》并无不妥。该文件作出后，甲县相关职能部门依据该文件对丙建材厂进行行政处理的行为并无不当。因被上诉人的行政处理行为未被确认违法，上诉人的赔偿请求亦无事实依据。原审认定事实清楚，适用法律正确，应予维持。上诉人的上诉请求不予支持。依照《行政诉讼法》第八十九条第一款第（一）项之规定，判决如下：驳回上诉，维持原判。

裁判要旨：《国务院办公厅关于进一步推进墙体材料革新和推广节能建筑的通知》要求逐步禁止生产和使用实心黏土砖，各省、自治区、直辖市人民政府要结合当地具体情况，制定并完善相关法规的实施细则，依法推进墙体材料革新和建筑节能，省、市、县明确了未采用新型墙体材料和隧道窑工艺的砖瓦企业属于取缔关闭范围，并无不妥，即使原告办理了相应的营业执照、安全生产许可证、采矿许可证等行政许可证件。但是，对已经依法取得批准的单位，负责行政审批的部门发现其不再具备安全生产条件的，应当撤销原批准。

第六十四条【审查、验收的履职要求】

负有安全生产监督管理职责的部门对涉及安全生产的事项进行审查、验收，不得收取费用；不得要求接受审查、验收的单位购买其指定品牌或者指定生产、销售单位的安全设备、器材或者其他产品。

【条文解读】 本条是对负有安全生产监督管理职责的部门审查、验收的履职要求。

条文讲解

政府部门收取费用，简称行政收费，是指一定的行政机关凭借国家行政权所确立的地位，为个人和组织提供一定的公益服务，或者授予个人或者组织以国家资源、资金的使用权而收取费用。行政机关收取的费用，依法上缴国库。政府及其主管部门履行监督管理职责，是正常的执行公务活动，所需费用由财政予以保障。

负有安全生产监督管理职责的部门和接受审查、验收的单位之间是一种监督和被监督管理的关系，二者之间不应存在经济关系或者其他利益关系。本条明确规定，禁止负有安全生产监督管理职责的部门以任何形式要求接受审查、验收的单位购买其指定品牌或者指定生产、销售单位的安全设备、器材或者其他产品。这里的“品牌”是指负有安全生产监督管理职责的部门指定的某个或者某些特定品牌。“指定”还包括“变相指定”等相关行为，表现为对审查、验收的单位自行选择购买的合格安全设备、器材或者其他产品不予认可，阻碍审查、验收的单位自由选择安全设备、器材或者其他产品的权利。

第六十五条【监督检查职权范围】

应急管理部门和其他负有安全生产监督管理职责的部门依法开展安全生产行政执法工作，对生产经营单位执行有关安全生产的法律、法规和国家标准或者行业标准的情况进行监督检查，行使以下职权：

（一）进入生产经营单位进行检查，调阅有关资料，向有关单位和人员了解情况；

（二）对检查中发现的安全生产违法行为，当场予以纠正或者要求限期改正；对依法应当给予行政处罚的行为，依照本法和其他有关法律、行政法规的规定作出行政处罚决定；

（三）对检查中发现的事故隐患，应当责令立即排除；重大事故隐患排除前或者排除过程中无法保证安全的，应当责令从危险区域内撤出作业人员，责令暂时停产停业或者停止使用相关设施、设备；重大事故隐患排除后，经审查同意，方可恢复生产经营和使用；

（四）对有根据认为不符合保障安全生产的国家标准或者行业标准的设施、设备、器材以及违法生产、储存、使用、经营、运输的危险物品予以查封或者扣押，对违法生产、储存、使用、经营危险物品的作业场所予以查封，并依法作出处理决定。

监督检查不得影响被检查单位的正常生产经营活动。

【条文解读】　本条是关于应急管理部门和负有安全生产监督管理职责的部门履行监督检查职责时，所享有的检查权、处理权和采取行政强制措施的权力的规定。

县级以上地方各级人民政府应当根据本行政区域内的安全生产

状况，组织有关部门按照职责分工，对本行政区域内容易发生重大生产安全事故的生产经营单位进行严格检查。安全生产监督管理部门应当按照分类分级监督管理的要求，制定安全生产年度监督检查计划，并按照年度监督检查计划进行监督检查，发现有安全生产违法行为的，应当及时处理。负有安全生产监督管理职责的部门及其工作人员进行现场检查属于安全生产行政执法活动，必须按照行政行为合法性和合理性的要求履职，监督检查的对象是生产经营单位，监督检查的内容是生产经营单位执行有关安全生产的法律、法规和国家标准或者行业标准的情况，要遵守现场检查规定的程序。监督检查的形式包括：① 安全生产执法人员有权进入生产经营单位进行检查，被检查单位不得拒绝；② 有权向被检查单位调阅有关资料，如特种作业人员特种作业资格证、生产经营单位安全生产责任制度或者教育培训档案等；③ 向有关单位和人员了解情况，包括被检查单位的负责人、安全管理人员、技术人员和现场作业人员等。

安全生产监督检查人员应当忠于职守，坚持原则，秉公执法。安全生产监督检查人员执行监督检查任务时，必须出示有效的监督执法证件；对涉及被检查单位的技术秘密和业务秘密，应当为其保密。安全生产监督检查人员应当将检查的时间、地点、内容、发现的问题及其处理情况，作出书面记录，并由检查人员和被检查单位的负责人签字；被检查单位的负责人拒绝签字的，检查人员应当将情况记录在案，并向负有安全生产监督管理职责的部门报告。负有安全生产监督管理职责的部门在监督检查中，应当互相配合，实行联合检查；确需分别进行检查的，应当互通情况，发现存在的安全问题应当由其他有关部门进行处理的，应当及时移送其他有关部门并形成记录备查，接受移送的部门应当及时进行处理。

对于执法检查中发现的安全生产违法行为，当场予以纠正或者要求限期改正。当场予以纠正或者要求限期改正，属于执法检查中的现场处理权。能够当场予以纠正的违法行为，当场纠正，不能当场纠正的违法行为，则要求限期改正。要求限期改正需要明确整改的期限、整改的内容和具体要求，整改完之后，负有安全生产监督管理职责的部门应对整改情况进行复查。要求限期改正的安全生产违法行为，由执法人员根据违法行为是否构成事故隐患等，确定是否需要责令暂时停产停业或者停止使用相关设施、设备。

负有安全生产监督管理职责的部门对检查中发现的安全生产违法行为，依法应当给予行政处罚的，依照《安全生产法》和其他有关法律、行政法规的规定作出行政处罚决定。《行政处罚法》是为了规范行政处罚的设定和实施，保障和监督行政机关有效实施行政管理，维护公共利益和社会秩序，保护公民、法人或者其他组织的合法权益，根据宪法规定制定的法律。《行政处罚法》中规定了行政处罚的种类和设定、行政处罚的实施机关、行政处罚的管辖和适用、行政处罚的决定、行政处罚的执行、法律责任等。负有安全生产监督管理职责的部门在对安全生产违法行为进行行政处罚时，必须严格遵守《行政处罚法》规定的管辖划分和程序，如果不按照《行政处罚法》规定的程序进行行政处罚，被处罚人可依法申请行政复议或者提起行政诉讼。

【关联法规索引】《行政诉讼法》第二十五条；《安全生产法》第二条、第九条、第六十四至六十七条；《行政处罚法》第八条、第十五至十九条、第三十至四十三条。

典型案例：刘某雁与甲市安全生产监督管理局、李某琼安全生产行政检查纠纷案

原审原告李某琼购买了乙实业公司的商品房，于2011年4月取得了位于甲市某路段锦绣小区8幢1层3号房屋和8幢2层2号房屋，房屋规划用途为营业。

2013年6月21日，原审原告李某琼与原审第三人刘某雁签订了《商铺租赁合同》，合同约定：刘某雁租用李某琼在锦绣小区的商铺，建筑面积788 m^2，用于经营西餐厅。租用期限为2013年6月21日至2023年6月20日。刘某雁一次性补偿李某琼装修费用60.8万元。刘某雁租用房屋后，开办了甲市西餐厅。

2015年4月30日，刘某雁经营的西餐厅二楼外墙装饰石材脱落、部分石材松动，刘某雁手机发送微信将情况告知了李某琼，

2015年5月，李某琼也派人进行了维修。

2015年5月19日10时许，甲市安全生产监督管理局(以下简称甲市安监局)执法大队接到匿名电话举报甲市西餐厅外墙砖脱落，威胁行人安全，并制作了甲市安监局执法大队投诉举报登记表。2015年5月20日13时20分至14时30分，该局执法大队蒋某明、唐某雷两名检查员到甲市西餐厅进行现场检查，现场制作了《现场检查记录》，其上载明检查情况：① 二楼外墙装饰石材脱落，部分石材发生松动，于2015年5月19日发生石材脱落现象；② 气瓶(液化气)未单独隔离，部分线路铺设不规范；③ 消防设施不足。甲市西餐厅经营者刘某雁在《现场检查记录》签名予以确认，检查员对经营者刘某雁已拍摄好的石材脱落现场照片进行了核实，作为检查资料收集备案。后甲市安监局的检查员向甲市西餐厅送达《责令限期整改指令书》，要求该经营场所于2015年6月19日前整改完毕。同日，刘某雁将西餐厅外墙装饰石材有松动和脱落现象及甲市安监局要求予以整改的情况告知李某琼，李某琼立即通知装修工人对有松动的石材予以加固和维修。

2015年6月26日，甲方李某琼、乙方刘某雁签订补充协议，协议内容如下：原合同约定房租每年给付人民币伍拾万元整，现因市场不景气，双方商定2015年6月30日至2016年7月1日房租按每年36万元收取。

另查明，甲市安监局蒋某明的安全生产监管执法证有效期为2012年12月1日至2015年11月30日。甲市安监局唐某雷的安全生产监管执法证有效期为2012年1月1日至2014年12月31日。唐某雷的安全生产监管执法证已到期，甲市法制办出具证明正在换证办理。

2015年9月，甲市西餐厅的经营者刘某雁以李某琼不能提供合格经营场所及整改期间影响西餐厅正常经营，后又被责令停业整顿为由，向丙仲裁委员会申请仲裁，要求解除与李某琼签订的房屋租赁合同，并赔偿经济损失100多万元。

一审法院审理认为，《行政诉讼法》第二十五条规定，“行政行为的相对人以及其他与行政行为有利害关系的公民、法人或者其他组织，有权提起诉讼”。本案中甲市西餐厅的经营者刘某雁是行政行为的相对人，原审原告李某琼虽不是行政行为的直接受领者，即行政行为的相对人，但其是行政行为的相关人。事实上，甲市西餐厅的经营者以李某琼不能提供合格经营场所而遭受甲市安监局限期整改强制措施影响西餐厅经营等为由，申请丙仲裁委员会仲裁解除双方签订的房屋租赁合同并赔偿损失。李某琼的合法利益在客观上受到了行政行为的影响，甲市安监局作出《责令限期整改指令书》的行政行为必然会对李某琼的权利产生实际影响。故原审原告李某琼与原审被告的行政行为有利害关系，具备提起行政诉讼的原告主体资格。

根据《安全生产法》第二条、第九条的规定，甲市安监局对甲市行政区域内安全生产工作实施综合监督管理，具有对本辖区内的安全生产工作进行监督检查并依法处理的职权。根据本案查明的事实，甲市安监局作出《责令限期整改指令书》是基于现场检查过程中发现甲市西餐厅的事故隐患而采取的暂时性措施，要求经营者对经营场所进行整改，其目的是预防或制止危险状态以及不利后果的发生和发展，故被诉具体行政行为属于行政强制措施，甲市安监局认为不是行政强制措施的理由不能成立。

行政强制的设定和实施应当依照法定的权限、范围、条件和程序。本案中，甲市安监局在接到举报后到达甲市西餐厅进行检查，现场制作了检查记录，在检查记录中虽载明了三项安全隐患，收取了经营者提供的外墙脱落照片作为证据，但检查记录没有核实外墙砖脱落的数量、面积，没有核实消防设施不足及液化气瓶未隔离的个数及线路铺设不规范的实际情况，对甲市西餐厅可能存在的安全隐患检查记录不完整、不客观。《行政强制法》第十八条规定：“行政机关实施行政强制措施应当遵守下列规定：（一）实施前须向行政机关负责人报告并经批准；（二）由两名以上行政执法人员实施；（三）出示执法身份证件；（四）通知当事人到场；（五）当场告知当事人采取行政强制措施的理由、依据以及当事人依法享有的权利、救济途径；（六）听取当事人的陈述和申辩；（七）制作现场笔录；（八）现场笔录由当事人和行政执法人员签名或者盖章，当事人拒绝的，在笔录中予以注明；（九）当事人不到场的，邀请见证人到场，由见证人和行政执法人员在现场笔录上签名或者盖章；（十）法律、法规规定的其他程序”。原审被告甲市安监局在具体执法过程中，没有履行听取当事人的陈述和申辩程序，没有制作当事人陈述和申辩笔录文书，没有制作告知当事人采取行政强制措施的理由、依据以及当事人依法享有的权利、救济途径的笔录文书，没有向行政机关负责人报告并经其批准，没有在10个工作日内将强制措施决定和相关材料报上级机关备案，原审被告仅依据举报登记表、《现场检查记录》和行政行为相对人刘某雁提交的现场照片，作出要求经营场所限期整改的行政强制措施决定，证据不充分，程序违法，应当予以撤销。为维护当事人的合法权益，依照《行政诉讼法》第七十条第（三）项规定，判决：撤销原审被告甲市安监局于2015年5月20日作出的《责令限期整改指令书》；一审案件受理费50元，由甲市安监局负担。

原审第三人刘某雁不服一审判决，向丙州中级人民法院提起上诉，请求撤销原判决。

上诉人刘某雁在二审庭审中向法院提交的证据有以下几项。

证据一：丙仲裁委员会裁决书。拟证明：① 房屋外墙石材脱落是事实；② 双方解除合同是因房屋存在安全隐患且没有积极采取措施进行整改。

证据二：不予执行仲裁裁决申请书。拟证明：① 李某琼为逃避民事责任而提起行政诉讼；② 李某琼将民事诉讼与行政诉讼混淆。

经庭审质证，甲市安监局对刘某雁提供的证据一质证无异议，裁决书证明解除合同不是因为《责令限期整改指令书》，对证据二质证无异议。

李某琼对刘某雁提供的证据一质证认为具有客观性，不具有合法性和关联性，因该证据还在接受丙州中级人民法院的审查，且该证据还证明了李某琼具有本案的诉讼主体资格；对证据二质证认为真实性无异议，该证据是向丙州中级人民法院提交的，是正常的救济途径，不能达到刘某雁的证明目的。

经庭审质证，丙州中级人民法院对上诉人刘某雁在二审中提供的证据作如下确认：上诉人刘某雁在二审中提交的证据一和证据二，属于二审中的新证据，符合证据的真实性、合法性和关联性，能够证明本案相关事实，丙州中级人民法院予以采信。

丙州中级人民法院对原审判决认定的事实予以确认外，另查明，2016 年 4 月 14 日丙仲裁委员会作出裁决：① 解除申请人刘某雁与被申请人李某琼签订的《商铺租赁合同》；② 被申请人李某琼于本裁决书生效之日内退还申请人多支付的房屋租金 38 407 元、装修补偿费 469 909 元，赔偿申请人解散员工经济补偿金 28 300 元，支付申请人留守人员工资 3 000 元，合计 539 616 元；③ 申请人于本裁决书生效之日起十日内将位于甲市某路段锦绣小区的商铺退还给被申请人；④ 对申请人要求被申请人支付其投入的 408 447.85 元装修费，以及要求被申请人支付案涉租赁房屋因停业而产生的食物、物品损耗的仲裁请求，仲裁庭将待相关鉴定结论生效后再进行裁决。后刘某雁向丙州中级人民法院申请执行仲裁裁决，李某琼收到丙州中级人民法院《执行通知书》，于 2016 年 5 月 17 日向丙州中级人民法院申请不予执行仲裁裁决。另外，二审中甲市安监局法定代表人由王某变更为朱某。

丙州中级人民法院认为，本案的争议焦点是：① 原审原告李某琼是否具有本案诉讼主体资格；② 甲市安监局作出的《责令限期整改指令书》是何种行政行为；③ 该行政行为是否违法。

李某琼是否具有本案诉讼主体资格？本案中，虽然 2015 年 5 月 20 日甲市安监局针对甲市西餐厅（业主刘某雁）作出《责令限期整改指令书》，其内容涉及房屋二楼外墙装饰石材，并要求对二楼外墙装饰石材脱落、部分石材松动等隐患于 2015 年 6 月 19 日前整改完毕，但刘某雁作为承租人租用的是出租人李某琼的房子，且该房为营业性用房，依照《合同法》第二百二十条“出租人应当履行租赁物的维修义务，但当事人另有约定的除外”的规定，出租人李某琼应当对出租的房屋外墙装饰石材（砖）松动、脱落问题履行维修义务。后承租人刘某雁以出租人李某琼不能提供合格经营场所及整改期间影响西餐厅正常营业，又被甲市安监局责令停业整顿为由，向丙仲裁委员会申请仲裁，要求解除与出租人李某琼的房屋租赁合同并赔偿经济损失。丙仲裁委员会作出仲裁裁决，解除刘某雁与李某琼的房屋租赁合同并要求退还、赔偿房屋租金、装修补偿费、解散员工经济补偿金，支付申请人留守人员工资共计539 616元。依照《行政诉讼法》第二十五条"行政行为的相对人以及其他与行政行为有利害关系的公民、法人或者其他组织，有权提起诉讼"的规定，以上事实足以证明出租人李某琼与甲市安监局作出的行政行为有法律上的利害关系，该行政行为对李某琼已经产生实际影响，故原审原告李某琼具有本案的诉讼主体资格，系该行政行为的相关人。

甲市安监局作出的《责令限期整改指令书》是何种行政行为？首先，依照《安全生产法》第五十九条第一款"县级以上地方各级人民政府应当根据本行政区域内的安全生产状况，组织有关部门按照职责分工，对本行政区域内容易发生重大生产安全事故的生产经营单位进行严格检查"的规定，甲市安监局作为负责安全生产监督管理的部门，有权对本行政区域内安全生产违法行为实施行政检查。其次，依照《安全生产法》第六十二条第一款第(一)、(二)项"安全生产监督管理部门和其他负有安全生产监督管理职责的部门依法开展安全生产行政执法工作，对生产经营单位执行有关安全生产的法律、法规和国家标准或者行业标准的情况进行监督检查，行使以下职权：(一)进入生产经营单位进行检查，调阅有关资料，向有关单位和人员了解情况；(二)对检查中发现的安全生产违法行为，当场予以纠正或者要求限期改正；对依法应当给予行政处罚的行为，依照本法和其他有关法律、行政法规的规定作出行政处罚决定"的规定，甲市安监局针对甲市西餐厅(业主刘某雁)作出的《责令限期整改指令书》使用的是格式化填充式"安全生产行政执法文书"，其形式为行政检查行为，甲市安监局在庭审中也认为该行为是行政检查行为。《行政强制法》第九条明确规定了行政强制措施的种类，虽然也有兜底条款，但第十条对此作出了明确的限制性规定，故甲市安监局作出的《责令限期整改指令书》不符合该法规定的行政强制措施种类，应认定甲市安监局作出的行为为行政检查行为。一审法院认定其为行政强制行为不当，丙州中级人民法院予以纠正。

该行政行为是否违法？本案中，甲市安监局于 2015 年 5 月 20 日到达现场，使用格式化填充式“安全生产行政执法文书”，现场作出《责令限期整改指令书》，由刘某雁签名并当场送达。依照《安全生产法》第六十四条第二款“安全生产监督检查人员执行监督检查任务时，必须出示有效的监督执法证件；对涉及被检查单位的技术秘密和业务秘密，应当为其保密”的规定，作出《责令限期整改指令书》安全生产监管执法人员蒋某明的安全生产监管执法证有效期至 2015 年11 月 30 日，而另一名执法人员唐某雷的执法证有效期至 2014 年 12 月 31 日，在作出《责令限期整改指令书》期间唐某雷的执法证已过期，该事实违反《安全生产法》第六十四条第二款的规定。另外，《责令限期整改指令书》后载明：“如果不服本指令，可依法在 60 日内向甲市人民政府或者丙州安监局申请行政复议，或者在六个月内依法向甲市人民法院提起行政诉讼，但本决定不停止执行，法律另有规定的除外。”该《责令限期整改指令书》虽注明诉权，但未注明作出《责令限期整改指令书》适用的法律、法规，作出的行政行为没有法律依据。因此，甲市安监局作出《责令限期整改指令书》的行为违反法定程序、未适用法律法规依据，依法应予撤销。刘某雁上诉请求撤销原判决的请求，丙州中级人民法院不予支持。

综上所述，甲市人民法院作出的判决认定事实清楚，判决撤销被诉行政行为正确，依法应予维持。据此，丙州中级人民法院依照《行政诉讼法》第八十九条第一款第(一)项的规定，判决如下：驳回上诉，维持原判。

裁判要旨：《责令限期整改指令书》使用的是格式化填充式“安全生产行政执法文书”，其形式为行政检查行为，甲市安监局在庭审中也认为该行为是行政检查行为。《行政强制法》第九条明确规定了行政强制措施的种类，虽然也有兜底条款，但第十条对此作出了明确的限制性规定，故甲市安监局作出的《责令限期整改指令书》不符合该法规定的行政强制措施种类，应认定甲市安监局作出的行为为行政检查行为。一审法院认定其为行政强制行为不当，二审法院予以纠正。《责令限期整改指令书》虽注明诉权，但未注明作出《责令限期整改指令书》适用的法律、法规，作出的行政行为没有法律依据。

第六十六条【生产经营单位的配合义务】

生产经营单位对负有安全生产监督管理职责的部门的监督检查人员（以下统称安全生产监督检查人员）依法履行监督检查职责，应当予以配合，不得拒绝、阻挠。

【条文解读】 本条是对生产经营单位配合义务的规定。

本条所规定的安全生产监督检查人员监督检查职责是指本法第六十五条规定的职权，包括现场调查取证权、现场处理权、采取查封或扣押行政强制措施权等。生产经营单位有接受监管部门依法进行的监督检查的义务，对安全生产监督检查人员依法履行监督检查职责，应予以配合，不得拒绝、阻挠。

第六十七条【监督检查人员的要求】

安全生产监督检查人员应当忠于职守，坚持原则，秉公执法。

安全生产监督检查人员执行监督检查任务时，必须出示有效的行政执法证件；对涉及被检查单位的技术秘密和业务秘密，应当为其保密。

【条文解读】 本条是对监督检查人员要求的规定。

技术秘密包括被检查单位的技术诀窍、技术配方、工艺流程等。业务秘密包括有关的经营决策、客户资料等方面的内容。上述秘密都属于被检查单位的商业秘密。商业秘密是指不为公众所知悉，能为权利人带来经济利益，具有实用性并经权利人采取保密措施的技术信息和经营信息。安全生产监督检查人员执行公务时，对涉及被检查单位的技术秘密和业务秘密，应承担保密的义务。我国刑法规定，有违反约定或者违反权利人有关保守商业秘密的要求，披露、使用或者允许他人使用其所掌握的商业秘密的行为，给商业秘密的权利人造成重大损失的，处 3 年以下有期徒刑或者拘役，并处或单处罚金；造成特别严重后果的，处 3 年以上 7 年以下有期徒刑，并处罚金。

第六十八条【监督检查的记录】

安全生产监督检查人员应当将检查的时间、地点、内容、发现的问题及其处理情况，作出书面记录，并由检查人员和被检查单位的负责人签字；被检查单位的负责人拒绝签字的，检查人员应当将情况记录在案，并向负有安全生产监督管理职责的部门报告。

【条文解读】　本条是关于安全生产监督检查人员在监督检查时，应当对有关检查情况作出记录的规定。

条文讲解

做好监督检查记录具有重要意义：其一，安全生产的监督检查工作是一项具有连续性的工作，安全生产的监督检查人员之间需要对自己的检查工作有一定的交接手续，防止监督检查工作断档；其二，安全生产的监督检查工作情况、工作结果等应便于查询，便于找出监督检查工作本身存在有关问题的原因；其三，做好安全生产监督检查的记录，一旦发生生产安全事故，也便于查清责任。因此，本条要求安全生产监督检查人员应当将监督检查的基本情况作出记录。

检查记录应当为书面形式，具体内容应当包括以下几点：① 检查的时间，是指检查的年、月、日等具体时间。② 检查的地点。地点的记录应当具体、明确，载明实施检查的具体场所。③ 检查的内容。即指检查的具体事项，比如本次检查了哪些设施、设备等。④ 检查中发现的问题。对检查中发现的被检查单位存在的与有关安全生产的法律、法规、国家标准、行业标准等要求不符的情况，如安全生产的规章制度不健全，设施、设备存在的安全隐患，是一般的事故隐患还是重大事故隐患等，都应如实加以记录。⑤ 对检查中发现问题的处理情况。

检查记录须由检查人员和被检查单位的负责人签字。如果被检查单位的负责人拒绝签字的，检查人员应当将这一情况在检查记录中说明，并向负有安全生产监督管理职责的部门报告。本条要求检查人员签字，目的是便于明确责任，增强检查人员的责任心。

【关联法规索引】　《刑法》第三百九十七条；《最高人民法院、最高人民检察院关于办理渎职刑事案件适用法律若干问题的解释(一)》第一条。

典型案例:被告人杨某某玩忽职守案

2011年以来,张某某等人在甲县乙办事处无证开办丙砖厂生产黏土红砖。被告人杨某某在担任甲县乙办事处组织委员、安全生产工作领导小组副组长期间,分管组织、安全生产、环境保护等工作,负责乙办事处辖区内安全生产监督管理的具体工作,在对丙砖厂进行安监检查时,发现丙砖厂无证生产且具有较大安全隐患的情况下,只是在口头提出整改意见和向甲县安监局上报了非法经营建设单位情况统计表、安全生产大检查情况汇总表,没有作出书面整改意见及采取有效的责令停产措施,也没有书面向相关部门提请对该厂进行查处,对该厂在不具备安全生产条件下非法生产的行为打击不力,疏于监督管理,导致丙砖厂于2014年4月13日发生生产安全事故,致该砖厂工人邓某某因事故死亡。

2005年6月2日,经甲县机构编制委员会批复,乙办事处成立安全生产监督管理站。2013年8月2日,甲县安全生产监督管理局与乙办事处签订了《安全生产行政执法委托书》,有效期至2016年8月1日,委托执法权限为:法律政策宣贯权、行政检查权、现场处理(违法行为制止)权、行政处罚权、提请查处权。其中提请查处权内容为:"被委托人发现违法行为超过委托权限,在取得初查证据后应当提请委托单位对违法行为人进行查处;对不属于安全生产违法行为的移交有关部门查处。"

事故发生后经甲县委政法委及乙办事处主持调解,丙砖厂与被害人邓某某家属达成赔偿协议,由丙砖厂赔偿邓某某家属各项损失共计人民币50万元并已履行。

上述事实,有如下证据予以证实。

被告人杨某某的户籍证明,证实被告人杨某某的基本情况。

《关于成立乡镇(办事处)安全生产监督管理站的请示》《关于各乡镇、办事处设立安全生产监督管理站的批复》等文件,证实2005年

6月2日经甲县机构编制委员会批复，全县25个乡镇、办事处设立安全生产监督管理站的事实。

2013年甲县《安全生产行政执法委托书》，证实2013年8月2日，甲县安全生产监督管理局与乙办事处签订了《安全生产行政执法委托书》，明确了委托执法范围、委托执法权限、委托执法责任及委托期限的事实。

乙办事处分别于2013年4月1日、2014年2月23日下发的《关于调整乙办事处安全生产工作领导小组及安监站的通知》，证实2013年、2014年乙办事处安全生产工作领导小组及安监站的组成人员以及杨某某为安全生产工作领导小组副组长、安监站站长的事实。

被告人杨某某持有的行政执法证，证实被告人杨某某于2012年7月取得了省行政执法证，职务为行政执法人员、执法类别为安全生产监督、执法范围为甲县、有效期至2016年7月的事实。

乡镇安监站工作职责，证实乡镇安监站的工作职责范围及内容。

甲县人民政府办公室《关于印发〈甲县安全生产监督管理职责规定〉的通知》，证实甲县、乡镇两级政府安全生产工作职责的范围和内容。

乙办事处与黄某某签订的合同，证实2007年7月3日，乙办事处将果园承包给黄某某用于办红砖厂，承包期限为19年的事实。

《法医学尸体检验鉴定意见书》证实邓某某在钝性外力作用下引起的右下肢毁损伤致失血性休克后死亡的事实。

死亡赔偿协议书、收条、事故谅解书，证实2014年4月13日邓某某在乙办事处丙砖厂工作时受伤后，经抢救无效于次日死亡，事发后乙办事处丙砖厂股东与邓某某家属达成赔偿协议的事实。

2014年4月28日对张某发的调查笔录，证实张某某与黄某某、张某一、吕某某合伙开办了丙砖厂，在黄某某承包期间办理了各项手续，2011年其与张某某承包时因黄某某未年检就没有再办理任何手续。在办厂期间，该厂没有制定规章制度和操作流程，也没有对相关从业人员进行培训，乡政府干部到厂里搞过检查，乡政府安监站的工作人员还对其说过要注意生产安全，但没有下达停产通知和要求停产整顿，2014年1月至4月13日乡政府没有对该厂进行过安全检查的事实。

2014年5月9日对郝某某的调查笔录，证实甲县乙办事处是杨某某分管安全生产方面的工作，杨某某是乙办事处安监站站长，其是安监员。乙办事处辖区内共8家砖厂，经检查均手续不全，没有专业的安全员、无安全生产管理制度、无危险作业区的防护措施和警示标志。在对丙砖厂进行检查时发现该砖厂没有营业执照等手续，无专业的安全员、危险作业区无警示标志、无安全责任状、没有给工人购买保险等，发现该厂安全隐患后未对该厂下达责令停业停产通知书，没有单独就丙砖厂的隐患向政府和安监局进行书面汇报的事实。

2014年5月12日对郝某某的调查笔录，证实甲县乙办事处没有就砖厂存在的安全隐患问题向甲县安监局非煤股汇报的事实。

2014年5月27日对欧某某的询问证人笔录，证实甲县乙办事处由杨某某分管安全生产工作，同时任安监站站长，安全生产方面的具体工作主要由安监站来负责。丙砖厂没有办理安全生产许可证等相关手续，对该厂口头上提出过安全生产隐患整改通知，没有下达过责令停产、整顿等书面通知的事实。

被告人杨某某于2014年6月6日的供述，证实被告人杨某某2012年8月调任至甲县乙办事处工作，2013年3月开始分管安全生产工作，并兼任安全生产领导小组副组长及安监站站长。其分管安全生产工作以来到丙砖厂进行过安全生产检查，检查时发现该厂证照全无，没有制定安全制度和操作规程，没有专业的安全员，安全员和工人没有经过正规的安全培训，危险作业区没有警示标志，与工人没有签订劳动合同、安全责任状，没有给工人购买保险，没有统一购买防护用品，危险作业区缺乏防护措施，没有为工人做健康检查，厂区门口没有设立安全提示牌。在发现上述隐患后，乙办事处及安监站没有对该厂下达责令停业停产通知书，也没有书面就该厂的安全隐患情况向县安监局及其他相关部门书面提请查处的事实。

被告人杨某某提出没有设立“乙办事处安监站”这个机构，指控其担任安监站站长期间玩忽职守主体不正确，且乙办事处及其本人均无安全生产监管方面的法定职责的辩解意见。经查，虽然《中共甲县委 甲县人民政府关于印发〈甲县乡镇机关机构改革方案实施意见〉的通知》中无“乙办事处安监站”这个机构，但根据乙办事处分别于2013年4月1日、2014年2月23日印发的文件，均确定被告人杨某某为乙办事处安全生产工作领导小组副组长、安监站站长，以及乙办事处2013年干部职工岗位责任制、2014年干部职工岗位责任制均明确了被告人杨某某分管组织、安全生产等工作。且2013年8月2日，甲县安全生产监督管理局与乙办事处签订了《安全生产行政执法委托书》。根据《湖南省安全生产条例》第六条规定，“乡镇人民政府、街道办事处安全生产监督管理机构或者安全生产监察员，按照本条例规定和县级人民政府安全生产监督管理部门的委托，负责本辖区内安全生产监督管理的具体工作”。因此，被告人杨某某应为负责甲县乙办事处辖区内安全生产监督管理的具体工作。故上述辩解意见，甲县人民法院不予采纳。

被告人杨某某提出其履行了安全生产监管职责，邓某某的死亡是否属安全生产责任事故尚无定论，没有《安全生产事故调查报告》，也没有权威部门对事故的性质作出定性和划分事故责任人的辩解意见。经查，根据《安全生产法》第五十九条规定，“安全生产监督检查人员应当将检查的时间、地点、内容、发现的问题及其处理情况，作出书面记录，并由检查人员和被检查单位的负责人签字；被检查单位的负责人拒绝签字的，检查人员应当将情况记录在案，并向负有安全生产监督管理职责的部门报告”。被告人未按上述规定作出书面记录，也未根据《安全生产行政执法委托书》中授权的“提请查处权”取得初查证据后提请委托单位对违法行为人进行查处或移交有关部门查处。由于被告人杨某某的不认真履行职责，在发现丙砖厂无证生产及具有较大安全隐患的情况下，只是在口头提出整改意见和向县安监局上报了非法经营建设单位情况统计表、安全生产大检查情况汇总表，没有作出书面整改意见及采取有效的责令停产措施，也没有书面向相关部门提请对该厂进行查处，导致该砖厂继续无证生产，而发生一人死亡的事故。根据《最高人民法院、最高人民检察院关于办理渎职刑事案件适用法律若干问题的解释(一)》规定,有关部门是否作出《安全生产事故调查报告》不是玩忽职守罪的犯罪构成要件。因此,上述辩解意见甲县人民法院不予采纳。

被告人杨某某在担任甲县乙办事处组织委员、安全生产工作领导小组副组长期间,分管组织、安全生产、环境保护等工作,负责乙办事处辖区内安全生产监督管理的具体工作,在发现丙砖厂无证生产及具有较大安全隐患的情况下,不认真履行职责,导致发生事故并造成一人死亡的后果,其行为已经构成玩忽职守罪。公诉机关指控其犯玩忽职守罪的事实清楚,证据确实充分,罪名成立。但考虑到其尽到了部分监管职责,且事故发生后得到了妥善处理,受害人家属得到了赔偿,其犯罪情节轻微,可以免除处罚。

据此,根据被告人杨某某犯罪的事实、犯罪的性质、情节和对社会的危害程度,依照《刑法》第三百九十七条第一款,第六十七条第三款,第三十七条;《最高人民法院、最高人民检察院关于办理渎职刑事案件适用法律若干问题的解释(一)》第一条第一款(一)项规定,判决如下:被告人杨某某犯玩忽职守罪,免予刑事处罚。

裁判主旨:安全生产监督检查人员应当将检查的时间、地点、内容、发现的问题及其处理情况,作出书面记录,并由检查人员和被检查单位的负责人签字;被检查单位的负责人拒绝签字的,检查人员应当将情况记录在案,并向负有安全生产监督管理职责的部门报告。执法人员未按上述规定作出书面记录,也未根据《安全生产行政执法委托书》中授权的"提请查处权"取得初查证据后提请委托单位对违法行为人进行查处或移交有关部门查处。由于被告不认真履行职责,在发现生产经营单位无证生产及具有较大安全隐患的情况下,只是在口头提出整改意见和向县安监局上报了非法经营建设单位情况统计表、安全生产大检查情况汇总表,没有作出书面整改意见及采取有效的责令停产措施,也没有书面向相关部门提请对该单位进行查处,导致其继续无证生产,而发生一人死亡的事故,构成玩忽职守罪。

第六十九条【监督检查的配合】

负有安全生产监督管理职责的部门在监督检查中，应当互相配合，实行联合检查；确需分别进行检查的，应当互通情况，发现存在的安全问题应当由其他有关部门进行处理的，应当及时移送其他有关部门并形成记录备查，接受移送的部门应当及时进行处理。

【条文解读】　本条是关于负有安全生产监督管理职责的部门在监督检查中应互相配合的规定。

安全生产监督管理涉及多个部门，所有的负有安全生产监督管理职责的部门都依法承担着安全生产监督管理职责。如何有效履行监管职责，切实提高行政执法水平，保障安全生产落到实处，是立法需要解决的问题。本条对有关部门互相配合，实行联合检查、分别检查，互通情况，移送处理等提出了要求。

第七十条【强制停止生产经营活动】

负有安全生产监督管理职责的部门依法对存在重大事故隐患的生产经营单位作出停产停业、停止施工、停止使用相关设施或者设备的决定，生产经营单位应当依法执行，及时消除事故隐患。生产经营单位拒不执行，有发生生产安全事故的现实危险的，在保证安全的前提下，经本部门主要负责人批准，负有安全生产监督管理职责的部门可以采取通知有关单位停止供电、停止供应民用爆炸物品等措施，强制生产经营单位履行决定。通知应当采用书面形式，有关单位应当予以配合。

负有安全生产监督管理职责的部门依照前款规定采取停止供电措施，除有危及生产安全的紧急情形外，应当提前二十四小时通知生产经营单位。生产经营单位依法履行行政决定、采取相应措施消除事故隐患的，负有安全生产监督管理职责的部门应当及时解除前款规定的措施。

【条文解读】　本条是关于通过停止供电、停止供应民用爆炸物品强制生产经营单位停止生产经营活动的规定。

依法对存在重大事故隐患的生产经营单位作出停止生产、停止施工、停止使用相关设施、设备的决定，生产经营单位应当依法执行，及时消除事故隐患。若生产经营单位拒不执行，有发生生产安全事故现实危险的，在保证安全的前提下，经本部门主要负责人批准，负有安全生产监督管理职责的部门可以采取通知供电单位停止供电、民用爆炸物品发放单位停止供应民用爆炸物品措施。

条文讲解

决定停电和停供民用爆炸物品。执法人员填写审批表，报本单位主要负责人批准。审批表应当载明以下内容：① 执法的具体时间、被检查生产经营单位的名称；② 被检查生产经营单位存在的重大事故隐患；③ 作出的现场处理决定及文号；④ 拒不执行现场处理决定情况；⑤ 办案人建议采取停电（停供民用爆炸物品）措施的具体时间；⑥ 办案人姓名、日期。

通知供电单位、民用爆炸物品发放单位。应当制作《停供电（停供民用爆炸物品）通知书》，通知煤矿停供电（停供民用爆炸物品）时间。采取停供电（停供民用爆炸物品）措施，除有危及生产安全的紧急情形外，应当提前 24 h 通知生产经营单位。

生产经营单位依法履行行政决定、采取相应措施消除事故隐患的，应当及时解除停止供电、停止供应民用爆炸物品措施。解除停止供电、停止供应民用爆炸物品措施，应当制作《解除停供电（停供民用爆炸物品）通知书》。

【关联法规索引】《安全生产法》第六十五条；《行政强制法》第九条、第十条、第十六条至三十三条。

典型案例：丙物流服务公司、甲县安全生产监督管理局电力行政管理（电力）二审行政纠纷案

2016 年 7 月 19 日，原告丙物流服务公司在位于甲县××街道综合物流园内组织钢架厂房建设施工，因与 S 超高压输电公司管辖的 500 kV 青山乙线 007$^{\#}$～008$^{\#}$ 塔线路的安全距离不足，导致 500 kV青山乙线 C 相永久接地故障跳闸，造成五级电力安全事件，现场一人电弧轻度烧伤。S 超高压输电公司当日向原告丙物流服务公司送达《电力安全隐患告知书》，同时将相关情况通报相关管理单

位。经济开发区安全生产监督管理局于2016年7月20日到现场检查并告知原告厂房建设存在安全隐患并责令原告停止建设。被告甲县安全生产监督管理局(以下简称甲县安监局)执法人员陈某敏、谌某斌于2016年8月2日对位于甲县××街道综合物流园内钢架厂房建设施工现场进行检查,当场出示了工作证件,并于当天向原告作出《强制措施决定书》,认为原告的在建厂房处于高压输电干线路保护区20 m内,存在安全隐患,遂依据《安全生产法》决定对原告采取立即停止建筑(设)、生产活动的行政强制措施;同时向原告发出《强制措施告知书》,认为原告的在建厂房处于高压输电干线路保护区20 m内,存在安全隐患,原告未及时消除隐患,违反《安全生产法》的相关规定,依据《安全生产法》第六十七条,拟对原告作出停止供电的行政强制措施。原告停止施工一个月后,于2016年9月继续上述厂房建设,被告甲县安监局随后发文给甲县供电局要求对原告停止供电。2016年11月11日下午,被告接到上级管理部门转发S超高压输电公司《关于请求协调处置500 kV青山乙线保护区安全隐患的函》,得知原告仍在施工且未消除安全隐患。2016年11月14日上午,甲县安全生产委员会组织召开关于协调处理丙物流服务公司安全隐患有关问题的会议并形成会议纪要,被告负责人吴某春以甲县安全生产委员会办公室主任的身份主持召开,会议议定由甲县供电局立即停止对原告丙物流服务公司供电,在该企业对存在的隐患及问题未完成整改前,不得对其恢复供电,由甲县安监局跟踪督查。2016年11月14日,甲县供电局应被告甲县安监局要求对原告停止供电。原告不服到Q市中级人民法院提起行政诉讼,要求判如所请。

另查明:2017年1月19日,S超高压输电公司发文《关于丙物流服务公司相关企业构筑物安全隐患治理的报告》,原则同意原告的整改方案。2017年1月20日,原告向被告作出按要求限期整改的承诺。随后,原告公司恢复供电。

一审法院认为,依照《安全生产法》第六十二条第一款第三项规定,被告作为当地的安全生产监督管理部门“对检查中发现的事故隐患，应当责令立即排除；重大事故隐患排除前或者排除过程中无法保证安全的，应当责令从危险区域内撤出作业人员，责令暂时停产停业或者停止使用相关设施、设备；重大事故隐患排除后，经审查同意，方可恢复生产经营和使用”，原告厂房建设施工过程中存在事故隐患的，被告具有责令停工并排除事故隐患的法定职权。依照《安全生产法》第六十七条第一款关于“负有安全生产监督管理职责的部门依法对存在重大事故隐患的生产经营单位作出停产停业、停止施工、停止使用相关设施或者设备的决定，生产经营单位应当依法执行，及时消除事故隐患。生产经营单位拒不执行，有发生生产安全事故的现实危险的，在保证安全的前提下，经本部门主要负责人批准，负有安全生产监督管理职责的部门可以采取通知有关单位停止供电、停止供应民用爆炸物品等措施，强制生产经营单位履行决定。通知应当采用书面形式，有关单位应当予以配合”的规定，原告拒不执行被告作出的停止施工决定的，被告具有采取通知有关单位停止供电的法定职权。

依照《行政强制法》第十八条和审理查明的事实，被告于 2016 年 8 月 2 日由两名执法人员到原告施工现场进行安全生产检查，制作了现场检查记录，记录上显示检查过程中向原告出示了工作证件，并于当天向原告作出《强制措施决定书》及《强制措施告知书》，告知原告实施行政强制措施的理由、依据及当事人依法享有的权利、救济途径。被告虽没有直接证据显示被告在行政强制实施前已向行政机关负责人报告并经批准，但 2016 年 11 月 14 日上午（实施停止供电强制措施前），被告负责人吴某春以甲县安全生产委员会办公室主任的身份在主持召开关于协调处理丙物流服务公司安全隐患有关问题的会议上实际知晓行政强制内容且同意，可以证明被告实施的涉案行政强制措施已向行政机关负责人报告并经批准。故被告作出的涉案行政强制行为程序合法。

综上，被告甲县安监局于 2016 年 11 月 14 日对原告丙物流服务公司实施的停止供电的行政强制措施证据确凿，适用法律正确，符合法定程序，Q 市中级人民法院对原告的诉讼请求不予以支持。据此，依照《行政诉讼法》第六十九条规定，判决驳回原告丙物流服务公司的诉讼请求。本案受理费50元,由被告丙物流服务公司负担。

上诉人丙物流服务公司上诉称,第一,被上诉人的强制执行行为违反了《国家安全监管总局关于印发〈安全生产执法程序规定〉的通知》(安监总政法〔2016〕72号)第四十条、第四十一条的规定,因此,被上诉人的程序违法;第二,依照依法行政原则,行政机关应当依照法律法规施行行政行为,被上诉人没有依法行政,而是滥用自由裁量权,以上诉人拒不执行停工决定实施了断电行为,上诉人根据法律保持了8 m的安全距离,虽然存在一定的安全隐患,但并非存在重大安全隐患,因此被上诉人对上诉人实施断电的行为是违法的。综上,请求二审法院撤销一审判决以及本案诉讼费由被上诉人承担。

被上诉人甲县安监局在二审期间未提交答辩意见。

二审查明的事实与一审一致,Q市中级人民法院予以确认。

Q市中级人民法院认为:上诉人在厂房建设施工过程中,因与S超高压输电公司管辖的500 kV青山乙线007#～008#塔线路的安全距离不足,存在事故安全隐患。被上诉人于2016年8月2日作出的《强制措施告知书》中载明:"拟对你(单位)作出停止供电的行政措施。"同日,被上诉人作出《强制措施决定书》中载明:"决定采取以下强制措施:立即停止建筑生产活动",2016年11月14日,被上诉人以上诉人存在重大事故隐患,企业仍在违法违规建设施工,随时可能导致群死群伤事故为由,对上诉人作出停止供电的强制措施。《行政强制法》第三十四条规定:"行政机关依法作出行政决定后,当事人在行政机关决定的期限内不履行义务的,具有行政强制执行权的行政机关依照本章规定强制执行。"第三十五条规定:"行政机关作出强制执行决定前,应当事先催告当事人履行义务。催告应当以书面形式作出,并载明下列事项:(一)履行义务的期限;(二)履行义务的方式;(三)涉及金钱给付的,应当有明确的金额和给付方式;(四)当事人依法享有的陈述权和申辩权。"第三十七条第一款规定:"经催告,当事人逾期不履行行政决定,且无正当理由的,行政机关可以作出强制执行决定。"因此,被上诉人在实施停止供电的强制执行行为前未依法作出行政决定,未履行催告义务,亦未作出停止供电的强制执行决定，违反上述法律规定。根据《安全生产执法程序规定》第四十条第二款："安全生产监督管理部门依照前款规定采取停止供电、停止供应民用爆炸物品措施，除有危及生产安全的紧急情形外，停止供电措施应当提前24 h通知生产经营单位"，被上诉人未提供证据证明有危及生产安全的紧急情形，其作出停止供电措施未提前24 h通知上诉人，程序违法。上诉人认为被上诉人作出停止供电的强制执行决定程序违法于法有据，Q市中级人民法院予以支持。但被上诉人于2016年11月14日向上诉人实施停止供电的强制执行措施后，已于2017年1月19日恢复供电，根据《最高人民法院关于执行〈中华人民共和国行政诉讼法〉若干问题的解释》第五十七条第二款："有下列情形之一的，人民法院应当作出确认被诉具体行政行为违法或者无效的判决：(一) 被告不履行法定职责，但判决责令其履行法定职责已无实际意义的；(二) 被诉具体行政行为违法，但不具有可撤销内容的；(三) 被诉具体行政行为依法不成立或者无效的"，被诉行政行为已不具有可撤销内容，依法应确认违法。综上，上诉人的上诉理由成立，对其上诉请求，Q市中级人民法院予以支持。依照《行政诉讼法》第八十九条第一款第(二)项规定，判决如下：

一、撤销甲县人民法院行政判决；

二、确认甲县安监局于2016年11月14日对丙物流服务公司实施停止供电的行政强制措施违法。

一、二审案件受理费共计100元，由被上诉人甲县安全生产监督管理局负担。

裁判要旨：行政机关作出强制执行决定前，应当事先催告当事人履行义务。催告应当以书面形式作出，并载明下列事项：① 履行义务的期限；② 履行义务的方式；③ 涉及金钱给付的，应当有明确的金额和给付方式；④ 当事人依法享有的陈述权和申辩权。经催告，当事人逾期不履行行政决定的，且无正当理由的，行政机关可以作出强制执行决定。被上诉人在实施停止供电的强制执行行为前未依法作出行政决定，未履行催告义务，亦未作出停止供电的强制执行决定，违反法律规定。安全生产监督管理部门依照规定采取停止供电、停止供应民用爆炸物品措施，除有危及生产安全的紧急情形外，停止供电措施应当提前 24 h 通知生产经营单位。被上诉人未提供证据证明有危及生产安全的紧急情形，其作出停止供电措施未提前 24 h 通知上诉人，程序违法。

第七十一条【安全生产行政监察】

监察机关依照监察法的规定，对负有安全生产监督管理职责的部门及其工作人员履行安全生产监督管理职责实施监察。

【条文解读】 本条是关于监察机关依法对负有安全生产监督管理职责的部门及其工作人员实施行政监察的规定。

本次修法特别规定了监察机关应当根据监察法的规定，对负有安全生产监督管理职责的部门及其工作人员履行安全生产监督管理职责实施监察。《监察法》第十五条对监察的对象进行了规范，监察机关对下列公职人员和有关人员进行监察：① 中国共产党机关、人民代表大会及其常务委员会机关、人民政府、监察委员会、人民法院、人民检察院、中国人民政治协商会议各级委员会机关、民主党派机关和工商业联合会机关的公务员，以及参照《公务员法》管理的人员；② 法律、法规授权或者受国家机关依法委托管理公共事务的组织中从事公务的人员；③ 国有企业管理人员；④ 公办的教育、科研、文化、医疗卫生、体育等单位中从事管理的人员；⑤ 基层群众性自治组织中从事管理的人员；⑥ 其他依法履行公职的人员。负有安全生产监督管理职责的部门及其工作人员属于①和②中规定的人员范围。

第七十二条【中介机构的条件和责任】

承担安全评价、认证、检测、检验职责的机构应当具备国家规定的资质条件，并对其作出的安全评价、认证、检测、检验结果的合法性、真实性负责。资质条件由国务院应急管理部门会同国务院有关部门制定。

承担安全评价、认证、检测、检验职责的机构应当建立并实施服务公开和报告公开制度，不得租借资质、挂靠、出具虚假报告。

【条文解读】 本条是关于承担安全评价、认证、检测、检验职责的机构应当具备的资格条件与责任的规定。

本条所列的承担安全评价、认证、检测、检验职责的机构，是指面向全社会开放的，接受生产经营单位或者负有安全生产监督管理职责的部门和应急管理部门等的委托，按照有关法律、法规、标准的规定对相关的安全生产条件、安全产品、安全设备等进行技术性评价、技术性检测检验、安全认证，提供安全生产技术服务等，并出具安全评价报告、检测检验报告的机构。

承担安全评价、认证、检测、检验职责的机构应当具备国家规定的资质条件，并对其作出的安全评价、认证、检测、检验结果的合法性、真实性负责，主要包括两方面的含义：一是承担安全评价、认证、检测、检验职责的机构接受委托进行有关的安全评价、认证、检测、检验，必须做到客观、公正，执行规定的程序和操作规则，保证结果的准确性；二是承担安全评价、认证、检测、检验职责的机构要对自己作出的安全评价、认证、检测、检验结果的合法性、真实性负责，对出具的安全评价、认证、检测、检验结果不实的，要承担相应的法律责任。

对于安全评价、认证、检测、检验职责的机构的资质条件问题，在应急管理部印发的《安全评价检测检验机构管理办法》第二章"资质认可"中进行了具体规定，如法人资格、设施、设备、技术人员和管理制度等。

《安全评价检测检验机构管理办法》对机构的服务公开和报告公开制度也进行了规定。其中，第十七条规定，安全评价检测检验机构应当建立信息公开制度，加强内部管理，严格自我约束。第二十一条规定，安全评价检测检验机构应当主动公开服务收费标准，方便用户和社会公众查询。第十八条第二款规定，安全评价检测检验机构应当按照有关规定在网上公开安全评价报告、安全生产检测检验报告相关信息及现场勘验图像影像。

《安全评价检测检验机构管理办法》第二十二条第一款第(四)、(五)项分别要求安全评价检测检验机构及其从业人员不得租借资质和出具虚假报告。这里所称虚假报告，是指安全评价报告、安全生产检测检验报告内容与当时实际情况严重不符，报告结论定性严重偏离客观实际。

【关联法规索引】《安全评价检测检验机构管理办法》。

第七十三条【安全生产举报制度】

负有安全生产监督管理职责的部门应当建立举报制度，公开举报电话、信箱或者电子邮件地址等网络举报平台，受理有关安全生产的举报；受理的举报事项经调查核实后，应当形成书面材料；需要落实整改措施的，报经有关负责人签字并督促落实。对不属于本部门职责，需要由其他有关部门进行调查处理的，转交其他有关部门处理。

涉及人员死亡的举报事项，应当由县级以上人民政府组织核查处理。

【条文解读】　本条是关于负有安全生产监督管理职责的部门应当建立安全生产举报制度的规定。

举报制度是充分发挥人民群众的监督权利的制度，是安全生产监督管理工作有效推进的重要措施，充分发挥群众监督、舆论监督的作用，有利于及时、广泛地掌握各生产经营单位安全生产的情况，从而提高监督管理工作的针对性和有效性。因此，负有安全生产监督管理职责的部门应当建立和完善举报制度，面向社会公开举报电话、信箱或者电子邮件地址，充分利用现代传媒的影响力将具体的举报联系方式、举报接受内容推介给社会大众，接受来自全社会多方面的举报。在收到举报后，受理单位应当对举报内容的真实性进行初步审查，然后进一步调查核实举报内容，核实后形成书面文字、写出报告。调查核实之后应当依法对确实存在违反安全生产管理法律、法规、规章、国家标准或者行业标准等情况而存在安全隐患的企业作出处理决定，并监督企业落实整改措施。

需要注意的是，有关安全生产的举报如果涉及行政机关及其工作人员，那么负有安全生产监督管理职责的部门应当按照《信访条例》的相关规定处理这类举报。这一职责履行的具体部门应当是有关部门信访机构，《信访条例》第二十二条第一款规定：信访人按照本条例规定直接向各级人民政府信访工作机构以外的行政机关提出的信访事项，有关行政机关应当予以登记；对符合本条例第十四条第一款规定并属于本机关法定职权范围的信访事项，应当受理，不得推诿、敷衍、拖延；对不属于本机关职权范围的信访事项，应当告知信访人向有权的机关提出。

对于《安全生产法》修改后新增的“对不属于本部门职责，需要由其他有关部门进行调查处理的，转交其他有关部门处理”规定，明确了各负有安全生产监督管理职责的部门的工作职责划分及其相互配合，采用便民原则，减少了举报人举报的工作量，举报人仅需向有关的负有安全生产监督管理职责的部门进行举报，判断是否属于本部门职责、属于哪一部门职责以及转交程序都由负有安全生产监督管理职责的部门承担。新增的“涉及人员死亡的举报事项，应当由县级以上人民政府组织核查处理”规定，一方面，体现了对生命的尊重和重视，另一方面，县级以上人民政府组织有更充分的人力、物力、财力资源和专业能力对举报的安全事故进行调查核实并进行处理。对此，《信访条例》第三十六条专门制定了督办机制予以督促落实。

第七十四条【举报权和公益诉讼】

任何单位或者个人对事故隐患或者安全生产违法行为，均有权向负有安全生产监督管理职责的部门报告或者举报。

因安全生产违法行为造成重大事故隐患或者导致重大事故，致使国家利益或者社会公共利益受到侵害的，人民检察院可以根据民事诉讼法、行政诉讼法的相关规定提起公益诉讼。

【条文解读】 本条是对安全生产违法行为举报权和公益诉讼的专门规定。

具体来看，这一规定也是对健全完善行政执法与刑事司法衔接工作机制，提升法律监督实效目的的回应。国务院《行政执法机关移送涉嫌犯罪案件的规定》和中共中央办公厅、国务院办公厅转发的原国务院法制办等八部门《关于加强行政执法与刑事司法衔接工作的意见》以及应急管理部、公安部、最高人民法院、最高人民检察院联合印发的《安全生产行政执法与刑事司法衔接工作办法》已逐渐形成了安全生产公益诉讼的具体性规定，检察机关应当依照本地有关细化规定，加强相关执法司法信息交流、规范案件移送、加强法律监督。

典型案例：甲市人民检察院督促整治违法建设安全隐患行政公益诉讼案

丙装饰城位于甲市东部市场群核心区，专门经营装饰材料，占地面积约 295 亩（1 亩≈666.67 m^2），现驻商户 600 余家，容纳住户 190 余户。自 2010 年 3 月工程竣工以来，丙装饰城有 38 家商户未经建设工程规划许可，陆续在其中 6 栋楼的楼顶搭建违法建设用于旅馆经营、货物仓储、办公等，由此产生建筑材料易燃、安全通道闭塞、消防设施不全等一系列安全隐患。2019 年 7 月至 2020 年 1 月，甲市城市管理局先后对其中 14 家违法建设商户作出责令当事人限期拆除违法建设的行政处罚。后因执法难度大，该 14 家商户违法建设一直未依法拆除。对其余 24 家商户违法建设，该局亦未依法处理，安全隐患仍持续存在。

2020 年 3 月，甲市乙区 T 街道办事处（以下简称 T 街道办事处）接到群众反复投诉，反映丙装饰城存在违章建设的问题。因其无行政处罚权，遂主动与甲市乙区人民检察院（以下简称乙区人民检察院）对接，请求检察机关依法介入。乙区人民检察院收到上述线索后进行了初步调查，发现该案涉及多个市级行政机关的履职行为，将该案报送甲市人民检察院办理。2020 年 5 月，甲市人民检察院对该案立案审查，成立由两级院检察官组成的公益诉讼办案组，会同 T 街道办事处开展逐一入户调查工作，核实违法建设的业主信息、建设时间、面积、建材、用途等资料，并对各违法建设中存在的消防、电气、防雷等安全隐患进行现场勘查，同步收集固定证据。受乙区人民检察院和 T 街道办事处委托，甲市某注册安全工程师事务所对上述违法建设出具安全隐患检查报告，认定上述违法建设存在易燃泡沫夹芯板建材、未设置消防设施、防雷接地网受损、电器设备裸露、过道堆放杂物等 52 处安全隐患。办案人员结合查明的相关事实，认为相关行政机关有履职不到位导致存在公共安全隐患的情形。2020 年 7 月 31 日，甲市人民检察院分别向甲市城市管理局、消防救援支队当面送达诉前检察建议，建议其分别对丙装饰城楼顶违法建设行为、违反消防安全的行为依法进行处理。

甲市城市管理局收到检察建议后，次日即召集乙区政府办、城管局、防雷办等多部门召开丙装饰城违法建设专题整治会，并邀请检察机关派员参加，共商整治对策。因违法建设拆除涉及众多商户的财产损失，检察机关又主动牵头组织乙区城管局、消防救援大队、街道办召开联席会议，就整治过程中可能遇到的问题统一认识，做细做实相关准备工作，确保拆除工作平稳有序推进。2020年8月，甲市城市管理局依法对24户尚未处罚的违法建设业主作出行政处罚决定，责令其限期拆除违法建设。甲市消防救援支队对《检察建议书》中指出的安全隐患逐条进行核查处理，下发《责令改正通知书》，督促整改火灾隐患12处。T街道办事处牵头组织多个职能部门共同参与，通过集中采取"逐户宣讲＋友善助拆＋依法查处"的方式，合力推进违法建设拆除工作，同时对拆除部位进行防水施工，解决了商户提出的楼顶渗水问题。经检察机关全程跟进监督，截至2020年10月底，38户违法建设已全部拆除完毕。整改完毕后，甲市消防救援支队联合相关部门发布《市场消防安全告知书》，对丙装饰城全体商户进行消防安全提示，开展消防安全知识培训，并常态化开展巡查，防止上述问题死灰复燃。

典型意义：本案中，装饰城楼顶的违法建设位于装饰材料集中、人口密集的商户区内，违建面积大，安全隐患多，相邻关系复杂，同时涉及多个行政机关和多方主体利益，整治难度较大，成为困扰周边群众日常生活的难题。甲市两级检察机关认真贯彻全国安全生产专项整治三年行动计划要求，树牢安全发展理念，深化源头治理、系统治理和综合治理，协同有关部门落实和完善"从根本上消除事故隐患"的责任链条。在复工复产期间，通过开展安全生产领域公益诉讼调查，深入排查存在问题，委托专业机构出具检查报告，全面收集固定相关证据。在深入调查核实的基础上，甲市人民检察院当面送达检察建议，督促行政机关积极履职尽责，并协同相关部门共商治理对策，采取有效措施，最终促使久拖未决的违法建设得以全部拆除，从根本上消除了长期存在的事故隐患，有效防范和遏制了重特大事故的发生，切实维护了人民群众的生命财产安全。

第七十五条【居民委员会、村民委员会的监督】

居民委员会、村民委员会发现其所在区域内的生产经营单位存在事故隐患或者安全生产违法行为时，应当向当地人民政府或者有关部门报告。

【条文解读】 本条是对居民委员会、村民委员会的监督的具体规定。

居民委员会是居民自我管理、自我教育、自我服务的基层群众性自治组织。不设区的市、市辖区的人民政府或者它的派出机关对居民委员会的工作给予指导、支持和帮助。居民委员会由主任、副主任和委员共5～9人组成。多民族居住地区，居民委员会中应当有人数较少的民族的成员。居民委员会主任、副主任和委员，由本居住地区全体有选举权的居民或者由每户派代表选举产生；根据居民意见，也可以由每个居民小组选举代表2～3人。居民委员会每届任期3年，其成员可以连选连任。

村民委员会是村民自我管理、自我教育、自我服务的基层群众性自治组织，实行民主选举、民主决策、民主管理、民主监督。村民委员会办理本村的公共事务和公益事业，调解民间纠纷，协助维护社会治安，向人民政府反映村民的意见、要求和提出建议。乡、民族乡、镇的人民政府对村民委员会的工作给予指导、支持和帮助，但不得干预依法属于村民自治范围内的事项。村民委员会协助乡、民族乡、镇的人民政府开展工作。村民委员会由主任、副主任和委员共3～7人组成。村民委员会成员中，应当有妇女成员，多民族村民居住的村应当有人数较少的民族的成员。村民委员会主任、副主任和委员，由村民直接选举产生。任何组织或者个人不得指定、委派或者撤换村民委员会成员。村民委员会每届任期3年，届满应当及时举行换届选举。村民委员会成员可以连选连任。

第七十六条【举报奖励】

县级以上各级人民政府及其有关部门对报告重大事故隐患或者举报安全生产违法行为的有功人员，给予奖励。具体奖励办法由国务院应急管理部门会同国务院财政部门制定。

【条文解读】 本条是对举报奖励制度的规定。

本条是关于县级以上各级人民政府及其有关部门对于报告重大事故隐患或者举报安全生产违法行为的有功人员给予举报奖励的规定。同时，县级以上各级人民政府及其有关部门应当严格执行国务院应急管理部门会同国务院财政部门制定的具体奖励办法。

此处的奖励，包括物质奖励或精神奖励。举报奖励制度有利于更好地加强安全生产领域的社会监督，鼓励社会各界和广大人民群众举报生产经营单位中涉及重大事故隐患或者安全生产违法行为。

第七十七条【公益宣传教育和舆论监督】

新闻、出版、广播、电影、电视等单位有进行安全生产公益宣传教育的义务，有对违反安全生产法律、法规的行为进行舆论监督的权利。

【条文解读】 本条是对安全生产进行公益宣传教育和舆论监督的规定。

新闻、出版、广播、电影、电视等单位有进行安全生产公益宣传教育的义务。本条是对2014年法条修改的延续，与原法条文相比增加了“公益”二字。所谓公益，是指公共利益，增加“公益”一词的意义在于，使用舆论监督的手段必须以公共利益为基础，不能以营利为目的，也不可以随意扩张舆论的监督作用。法律作为最后一道防线，发挥其惩罚功能时可能已经产生较大的危害后果，只有尽可能发挥其预先警示和警醒的功能，才能从源头上尽量避免危害结果的发生。新闻、出版、广播、电影、电视等单位的公益宣传教育就具有较好的警示作用，利用好舆论工具进行安全生产宣传教育，对于预防生产安全事故发生可以起到事半功倍的效果。

新闻、出版、广播、电影、电视等单位有对违反安全生产法律、法规的行为进行舆论监督的权利。将违反安全生产法律、法规的行为利用新闻媒体公开报道出来，接受大众的监督，既符合民情，也有利于提高政府部门的公信力，还可以警示生产经营单位，加强安全管理、不要违反法律法规的规定，合法安全地生产经营。

第七十八条【安全生产违法行为信息库】

负有安全生产监督管理职责的部门应当建立安全生产违法行为信息库，如实记录生产经营单位及其有关从业人员的安全生产违法行为信息；对违法行为情节严重的生产经营单位及其有关从业人员，应当及时向社会公告，并通报行业主管部门、投资主管部门、自然资源主管部门、生态环境主管部门、证券监督管理机构以及有关金融机构。有关部门和机构应当对存在失信行为的生产经营单位及其有关从业人员采取加大执法检查频次、暂停项目审批、上调有关保险费率、行业或者职业禁入等联合惩戒措施，并向社会公示。

负有安全生产监督管理职责的部门应当加强对生产经营单位行政处罚信息的及时归集、共享、应用和公开，对生产经营单位作出处罚决定后七个工作日内在监督管理部门公示系统予以公开曝光，强化对违法失信生产经营单位及其有关从业人员的社会监督，提高全社会安全生产诚信水平。

【条文解读】 本条是关于建立安全生产违法行为信息库的规定。

本条对于安全生产违法行为信息库的建立与公示进行了进一步规定，对安全生产违法行为信息及相关涉案主体予以公示的同时还应当及时向社会公告，通报行业主管部门、投资主管部门、自然资源主管部门、生态环境主管部门、证券监督管理机构以及有关金融机构，并要求相关部门与机构应当对存在失信行为的生产经营单位及其有关从业人员采取加大执法频次、暂停项目审批、上调有关保险费率、行业或者职业禁入等联合惩戒措施。对此，应当注意联合惩戒措施并非新设行政处罚，相应的惩戒措施应当按照《行政处罚法》的相关规定在法定范围内予以执行。2014 年，国务院印发的《关于促进市场公平竞争维护市场正常秩序的若干意见》（国发〔2014〕20 号），要求将市场主体的信用信息作为实施行政管理的重要参考，建立健全守信激励和失信惩戒机制。根据市场主体信用状况实行分类分级、动态监管，建立健全经营异常名录制度，对违背市场竞争原则和侵犯消费者、劳动者合法权益的市场主体建立“黑名单”制度。对守信主体予以支持和激励，对失信主体在经营、投融资、取得政府供应土地、进出口、出入境、注册新公司、工程招投标、政府采购、获得荣誉、安全许可、生产许可、从业任职资格、资质审核等方面依法予以限制或禁止，对严重违法失信主体实行市场禁入制度。安全生产关系到人民群众生命财产安全，诚信守法是对生产经营单位的最低要求。反之，安全生产违法、违规、违章是生产经营单位缺乏诚信的最直接表现，有必要引入信用机制对安全生产重大违法行为予以控制和惩戒。

本条第二款正是在此背景下制定出来的，要求负有安全生产监督管理职责的部门加强对生产经营单位行政处罚信息的及时归集、共享、应用和公开，对于生产经营单位的违法行为要利用监督管理部门公示系统进行公开曝光，对于违法失信生产经营单位及其有关从业人员要加大社会监督，提高全社会安全生产诚信水平，促进社会安全健康发展。

第五章 生产安全事故的应急救援与调查处理

本章是关于生产安全事故的应急救援和调查处理的规定，明确要求各级人民政府建立生产安全事故应急救援预案和应急救援体系，规定了生产经营单位应急救援预案的制定和演练，明确了生产安全事故的报告主体、报告程序和事故抢救的主体以及要求。此外，本章还对生产安全事故调查的原则、任务、事故责任追究等作了规定。

第七十九条【应急能力建设】

国家加强生产安全事故应急能力建设，在重点行业、领域建立应急救援基地和应急救援队伍，并由国家安全生产应急救援机构统一协调指挥；鼓励生产经营单位和其他社会力量建立应急救援队伍，配备相应的应急救援装备和物资，提高应急救援的专业化水平。

国务院应急管理部门牵头建立全国统一的生产安全事故应急救援信息系统，国务院交通运输、住房和城乡建设、水利、民航等有关部门和县级以上地方人民政府建立健全相关行业、领域、地区的生产安全事故应急救援信息系统，实现互联互通、信息共享，通过推行网上安全信息采集、安全监管和监测预警，提升监管的精准化、智能化水平。

【条文解读】 本条主要是关于国家应当加强生产安全事故应急能力建设和建立全国统一的生产安全事故应急救援信息系统的相关规定。

（一）国家应当加强生产安全事故应急能力建设

生产安全事故，是指生产经营单位在生产经营活动（包括与生产经营有关的活动）中突然发生的，伤害人身安全和健康，或者损坏设备设施，或者造成经济损失的，导致原生产经营活动（包括与生产经营活动有关的活动）暂时中止或永远终止的意外事件。

目前，我国将生产安全事故分为两大类。第一类：生产经营活动中发生的造成人身伤亡或者直接经济损失的生产安全事故。此类事故的报告、调查和处理参见《生产安全事故报告和调查处理条例》。第二类：环境污染事故、核设施事故、国防科研生产事故。环境污染事故报告、调查和处理参见《环境保护法》，还可细化为《中华人民共和国水污染防治法》《中华人民共和国大气污染防治法》《中华人民共和国环境噪声污染防治法》《固体废物污染环境防治法》等。核设施事故，是指核电厂或其他核设施中很少发生的严重偏离运行工况的状态。在这种状态下，放射性物质的释放可能或已经失去应有的控制，达到不可接受的水平。核设施事故报告、调查和处理参见《国防科研生产安全事故报告和调查处理办法》和《国家突发公共事件总体应急预案》。国防科研生产事故，是指取得武器装备科研生产许可的单位在武器装备科研、生产、试验、储存、销毁等活动中发生的造成人身伤亡或者直接经济损失的事故。国防科研生产事故报告、调查和处理参见《国防科研生产安全事故报告和调查处理办法》。

应急救援一般是指针对突发、具有破坏力的紧急事件采取预防、预备、响应和恢复的活动与计划。一旦事故发生，应急救援是指在应急响应过程中，为消除、减少事故危害，防止事故扩大或恶化，最大限度地降低事故造成的损失或危害而采取的救援措施或行动。

根据《生产安全事故应急条例》相关规定，可以从以下几方面加强生产安全事故应急能力建设：

（1）县级以上人民政府及其负有安全生产监督管理职责的部门

和乡、镇人民政府以及街道办事处等地方人民政府派出机关，应当针对可能发生的生产安全事故的特点和危害，进行风险辨识和评估，制定相应的生产安全事故应急救援预案，并依法向社会公布。生产经营单位应当针对本单位可能发生的生产安全事故的特点和危害，进行风险辨识和评估，制定相应的生产安全事故应急救援预案，并向本单位从业人员公布。

(2) 县级以上人民政府应当加强对生产安全事故应急救援队伍建设的统一规划、组织和指导。县级以上人民政府负有安全生产监督管理职责的部门根据生产安全事故应急工作的实际需要，在重点行业、领域单独建立或者依托有条件的生产经营单位、社会组织共同建立应急救援队伍。国家鼓励和支持生产经营单位和其他社会力量建立提供社会化应急救援服务的应急救援队伍。

(3) 县级以上地方人民政府应当根据本行政区域内可能发生的生产安全事故的特点和危害，储备必要的应急救援装备和物资，并及时更新和补充。易燃易爆物品、危险化学品等危险物品的生产、经营、储存、运输单位，矿山、金属冶炼、城市轨道交通运营、建筑施工单位，以及宾馆、商场、娱乐场所、旅游景区等人员密集场所经营单位，应当根据本单位可能发生的生产安全事故的特点和危害，配备必要的灭火、排水、通风以及危险物品稀释、掩埋、收集等应急救援器材、设备和物资，并进行经常性维护、保养，保证正常运转。

(4) 县级以上人民政府及其负有安全生产监督管理职责的部门；危险物品的生产、经营、储存、运输单位以及矿山、金属冶炼、城市轨道交通运营、建筑施工单位；应急救援队伍等几类主体应当建立应急值班制度，配备应急值班人员。规模较大、危险性较高的易燃易爆物品、危险化学品等危险物品的生产、经营、储存、运输单位应当成立应急处置技术组，实行 24 h 应急值班。

(5) 生产经营单位应当对从业人员进行应急教育和培训，保证从业人员具备必要的应急知识，掌握风险防范技能和事故应急措施。

综上，为加强生产安全事故应急能力建设，国家可以通过制定相应的生产安全事故应急救援预案，加强对生产安全事故应急救援队伍建设的统一规划、组织和指导，储备必要的应急救援装备和物资来实现。

（二）建立全国统一的生产安全事故应急救援信息系统

国务院负有安全生产监督管理职责的部门应当按照国家有关规定建立生产安全事故应急救援信息系统，并采取有效措施，实现数据互联互通、信息共享。生产经营单位可以通过生产安全事故应急救援信息系统办理生产安全事故应急救援预案备案手续，报送应急救援预案演练情况和应急救援队伍建设情况；但依法需要保密的除外。

目前，我国实行安全生产综合监管和专项监管相结合的体制，对于有关行业和领域的安全生产实行专项监管的国务院有关部门，应当根据《安全生产法》的规定建立健全其所主管的相关行业、领域的生产安全事故应急救援信息系统，并纳入国家统一的生产安全事故应急救援信息系统。与此同时，2021 年修改的《安全生产法》也对县级以上地方人民政府建立健全生产安全事故应急救援信息系统提出了要求。此外，国家生产安全事故应急救援信息系统建设的基本要求为：积极适应安全生产应急管理工作需要，紧紧围绕“统一指挥、反应灵敏、协调有序、运转高效”的应急管理机制，加强应急救援信息系统建设。一是坚持整体筹划。注重从应急救援信息系统建设的整体角度出发规划本地区、本单位的应急救援信息系统建设工作，搞好整体设计，科学合理配置资源，突出建设重点，确保建设方向明确、上下

目标一致、技术标准统一、全面协调推进。二是突出先进性和实用性，积极学习借鉴国内外应急救援信息系统建设的先进理念和成熟经验，在充分利用现有建设成果的基础上，有重点地引进先进技术装备，运用大数据、物联网和云计算等新技术，加强融合创新、优化系统综合功能，增强应急救援信息系统的实用性、稳定性和可靠性。三是坚持系统综合配套。重视应急救援信息系统的应用系统、信息资源、制度机制等软件建设，最大限度地发挥应急救援信息系统信息化优势，实现日常业务需要与应急救援需要的有机统一。四是坚持互联互通、信息共享。实现国家、省级、市级、重点县、国家级应急救援队伍、中央企业、地方大中型企业的应急平台数据、语音、图像、视频等的交互共享。五是确保安全性和可靠性。高度重视应急救援信息系统数据保护和信息安全，合理区分不同层级、不同行业信息系统的安全防护等级，建立安全监管和监测预警机制，加强对重要数据的保护和保密工作，在网络隔离、信息控制、密码网关等方面综合施策，保证应急救援信息系统稳定可靠、安全运行。

各级应急管理部门和有关中央企业需要认真组织开展安全生产应急资源普查工作，通过推行网上安全信息采集，按时充实和完善安全生产应急资源数据库，并以安全生产应急资源普查工作成果为基础，建立应急资源数据维护和更新的长效机制，建立健全数据共享、调用的协调机制，确保信息资源的安全性、时效性和准确性。同时，通过安全生产应急资源普查，深入分析本地区、本企业应急准备工作中存在的薄弱环节，及时采取措施加以解决。

【关联法规索引】《生产安全事故应急条例》《国务院安委会关于进一步加强生产安全事故应急处置工作的通知》《国家安全生产事故灾难应急预案》。

第八十条【地方政府事故应急救援预案和体系】

县级以上地方各级人民政府应当组织有关部门制定本行政区域内生产安全事故应急救援预案，建立应急救援体系。

乡镇人民政府和街道办事处，以及开发区、工业园区、港区、风景区等应当制定相应的生产安全事故应急救援预案，协助人民政府有关部门或者按照授权依法履行生产安全事故应急救援工作职责。

【条文解读】　本条是关于地方各级人民政府与基层组织应制定生产安全事故应急救援预案，建立救援体系的规定。

生产经营单位的生产经营活动具有潜在的危险性，一旦发生生产安全事故，可能导致人员伤亡和财产损失。因此，安全生产工作应坚持以人为本，坚持"安全第一、预防为主、综合治理"的方针，努力采取措施，千方百计地避免事故的发生，做到防患于未然。但是，由于各方面的原因，还不可能做到百分之百地避免事故的发生。作为生产经营单位，要遵章守制，按照规定做好安全生产工作。作为地方人民政府，一方面要依法履行安全生产监督管理职责，根据本行政区域内的安全生产状况，组织负责应急管理的部门及工信、环保、公安、卫生、交通、质检等其他有关部门按照职责分工，对本行政区域内容易发生重大生产安全事故的生产经营单位进行严格检查；发现事故隐患，应当及时处理。另一方面也要做好一旦发生生产安全事故的应急救援准备，以期在事故发生时尽可能减少事故造成的人员伤亡和财产损失。制定并组织实施应急预案、建立应急救援体系是安全生产应急管理工作的重要内容。因此，本条明确规定了县级以上地方各级人民政府应当组织有关部门制定本行政区域内的生产安全事故应急救援预案，建立应急救援体系的职责。

应急预案是指面对突发事件如自然灾害、重特大事故、环境公害及人为破坏的应急管理、指挥、救援计划等，它一般应当建立在综合防灾规划基础上。生产安全事故应急救援预案是针对具体设备、设施、场所和环境，在安全评价的基础上，为降低事故造成的人身、财产损失与环境危害，就事故发生后的应急救援机构和人员，应急救援的设备、设施、条件和环境，行动的步骤和纲领，控制事故发展的方法和程序等，预先作出的科学而有效的计划和安排。应急救援预案的制定一般可以分为五个步骤，即组建应急救援预案编制队伍、开展危险与应急能力分析、预案编制、预案评审与发布和预案的实施等。

根据《中华人民共和国突发事件应对法》（以下简称《突发事件应对法》）的相关规定，应急预案应当根据本法和其他有关法律、法规的规定，针对突发事件的性质、特点和可能造成的社会危害，具体规定突发事件应急管理工作的组织指挥体系与职责和突发事件的预防与预警机制、处置程序、应急保障措施以及事后恢复与重建措施等内容。除此以外，还包括特种设备重大事故应急预案、危险化学品事故应急预案等专项预案机制。

《突发事件应对法》规定，应急救援体系的建立由县级以上人民政府整合应急资源，建立或者确定综合性应急救援队伍。人民政府有关部门可以根据实际需要设立专业应急救援队伍。县级以上人民政府及其有关部门可以建立由成年志愿者组成的应急救援队伍。单位应当建立由本单位职工组成的专职或者兼职应急救援队伍。县级以上人民政府应当加强专业应急救援队伍与非专业应急救援队伍的合作，联合培训、联合演练，提高合成应急、协同应急的能力。考虑到县级以上地方人民政府在应急资源的管理和利用方面的优势，以及在整合应急队伍和培训演练方面的便利条件，《安全生产法》将建立应急救援体系的职责赋予县级以上地方各级人民政府。根据国务院有关文件的要求，县级以上地方各级人民政府应当建立充分发挥消防、特警以及武警、解放军、预备役民兵的骨干作用，各专业应急救援队伍各负其责、互为补充，企业专兼职救援队伍和社会志愿者共同参与的应急救援体系。建立应急救援专家队伍，充分发挥专家学者的专业特长和技术优势。逐步建立社会化的应急救援机制，大中型企业特别是高危行业企业要建立专职或兼职应急救援队伍，并积极参加社会应急救援；动员和鼓励志愿者参与应急救援工作。与此同时，乡镇人民政府和街道办事处，以及开发区、工业园区、港区、风景区等也可以利用其在应急救援中的优势或特点，制定生产安全事故应急预案、履行应急救援工作职责。

第八十一条【生产经营单位事故应急预案的制定和演练】

生产经营单位应当制定本单位生产安全事故应急救援预案，与所在地县级以上地方人民政府组织制定的生产安全事故应急救援预案相衔接，并定期组织演练。

【条文解读】 本条是关于生产经营单位应急预案的制定和演练

的规定。

生产经营单位应当根据有关法律、法规和国家其他有关规定，结合本单位的危险源状况、危险性分析情况和可能发生的事故特点，有针对性地制定相应的生产安全事故应急救援预案。生产经营单位制定生产安全事故应急救援预案应当符合下列基本要求：① 符合有关法律、法规、规章、标准和安全技术规范的规定；② 结合本单位的生产经营活动的特点和安全生产实际情况；③ 结合本单位的危险性分析情况，针对本单位的风险隐患特点；④ 应急组织和人员的职责分工明确，并有具体的落实措施；⑤ 有明确、具体的事故预防措施和应急程序，并与其应急能力相适应；⑥ 有明确的应急保障措施，并能满足本单位的应急工作要求；⑦ 预案基本要素齐全、完整，预案附件提供的信息准确；⑧ 预案内容与相关应急救援预案相互衔接。

根据不同情况，生产经营单位将应急救援预案分为综合应急预案、专项应急预案和现场处置预案。① 生产经营单位应当根据风险类型和可能发生的事故类型，组织编制本单位的综合应急预案。综合应急预案应当包括本单位的应急组织及其职责、应急预案体系、应急响应程序、事故预防和应急支持、应急培训和原始演练等。② 对于同类风险，生产经营单位应当根据存在的重大危害和可能发生的

事故类型，制定相应的专项应急预案。专项应急预案应当包括风险分析、可能发生事故的特点、应急组织部门及其责任、预防措施、应急处理程序和应急保障等内容。③ 对风险性较大的关键岗位，生产经营单位应当制定关键岗位的现场处置预案。现场处置预案应包括风险分析、可能发生事故的特点、应急处理程序、应急响应特点和注意事项等。生产经营单位编制的综合应急预案、专项应急预案和现场处置预案应当与业务单位相互衔接，并与其他相关单位的应急预案相衔接。

对于生产经营单位生产安全事故应急救援预案，与所在地县级以上地方人民政府组织制定的生产安全事故应急救援预案相衔接的问题，《生产安全事故应急预案管理办法》第十八条规定，生产经营单位编制的各类应急预案之间应当相互衔接，并与相关人民政府及其部门、应急救援队伍和涉及的其他单位的应急预案相衔接。对于生产经营单位定期组织生产安全事故应急救援预案演练的问题，《生产安全事故应急预案管理办法》第三十三条、第三十四条细化了本条对于应急救援预案演练的规定。

【关联法规索引】《生产安全事故应急预案管理办法》。

第八十二条【高危行业应急救援要求】

危险物品的生产、经营、储存单位以及矿山、金属冶炼、城市轨道交通运营、建筑施工单位应当建立应急救援组织；生产经营规模较小的，可以不建立应急救援组织，但应当指定兼职的应急救援人员。

危险物品的生产、经营、储存、运输单位以及矿山、金属冶炼、城市轨道交通运营、建筑施工单位应当配备必要的应急救援器材、设备和物资，并进行经常性维护、保养，保证正常运转。

【条文解读】 本条是关于高危行业生产经营单位应急救援义务的规定。

本条第一款中规定高危行业的生产经营单位建立应急救援组织和指定应急救援人员，目的是保障危险物品的生产、经营、储存单位以及矿山、金属冶炼、

条文讲解

城市轨道交通运营、建筑施工单位的从业人员在事故发生时能及时得到救护，尽可能减少事故造成的人员伤亡和财产损失。但是，由于危险物品生产、经营、储存和矿山、金属冶炼、城市轨道交通运营、建筑施工危险程度不一样，本条对应急救援组织的要求也有所不同，本条对相关单位建立应急救援组织的问题也只作出了原则性的规定。至于高危行业生产经营单位应当建立什么形式、多大规模的救援组织，应当按照具体的有关规定执行。对于生产规模较小的高危行业生产经营单位，按照本条的规定，可以不建立应急救援组织的，应当指定兼职的应急救援人员。无论是专职的救援人员还是兼职的救援人员，都必须经过严格训练，符合要求才能担任应急救援人员。否则，可能会造成不必要的损失。

依照本条第二款的规定，高危行业生产经营单位在建立应急救援组织或者指定兼职救援人员的同时，还应当配备必要的应急救援器材、设备和物资，并确保其可正常使用。高危行业生产经营单位，应当根据本单位的生产经营活动的特点，为有关场所或者生产经营设备、设施配备必要的应急救援器材、设备、物资，并注明其使用方法。在有关场所配备必要的应急救援器材、设备、物资展开自救和他救工作，以便更有效地应对和处置生产安全事故，避免事故的进一步恶化。

例如,《矿山安全法》第三十一条规定:矿山企业应当建立由专职或者兼职人员组成的救护和医疗急救组织,配备必要的装备、器材和药物。如井下急救站内必须有取暖设备、急救电话、氧气袋、担架以及为通畅呼吸道、包扎、止血、固定等必需的急救设备和药品。地面急救站应装备复苏器、电吸引器、麻醉机、抗休克裤、充气止血带等急救器材和急救药品。这些必要的应急救援器材、设备,要进行经常性维护、保养,使其处于良好状态,确保其可正常使用,以防止应急救援时不能正常发挥作用。《生产安全事故应急条例》第十条规定:易燃易爆物品、危险化学品等危险物品的生产、经营、储存、运输单位,矿山、金属冶炼、城市轨道交通运营、建筑施工单位,以及宾馆、商场、娱乐场所、旅游景区等人员密集场所经营单位,应当建立应急救援队伍;其中,小型企业或者微型企业等规模较小的生产经营单位,可以不建立应急救援队伍,但应当指定兼职的应急救援人员,并且可以与邻近的应急救援队伍签订应急救援协议。工业园区、开发区等产业聚集区域内的生产经营单位,可以联合建立应急救援队伍。

应急救援一般是指针对突发、具有破坏力的紧急事件采取预防、预备、响应和恢复的活动与计划。根据紧急事件的不同类型,应急救援可分为卫生应急、交通应急、消防应急、地震应急、厂矿应急、家庭应急等领域的应急救援。危险物品的生产、经营、储存单位以及矿山、金属冶炼、城市轨道交通运营、建筑施工单位由于其所从事的生产、经营、储存等活动的特殊性,一旦发生事故,将会对人民群众的生命安全和财产安全造成严重损害。因此,上述高危行业生产经营单位必须拥有高度负责的态度,严格执行国家有关安全生产的相关法律、法规、标准和安全技术规范的规定,建立健全严格的安全管理规章制度,设置必要的安全防护设施,提高从业人员的素质,保证生产经营活动的安全进行。《突发事件应对法》第二十三条规定,矿山、建筑施工单位和易燃易爆物品、危险化学品、放射性物品等危险物品的生产、经营、储运、使用单位,应当制定具体应急预案,并对生产经营场所、有危险物品的建筑物、构筑物及周边环境开展隐患排查,及时采取措施消除隐患,防止发生突发事件。即为了预防和处理生产安全事故，要根据本单位生产经营实际特点制定适用于本单位实际的具体应急预案。对于可能引发生产安全事故的作业设备、作业场所、危险品存放场所及周边环境开展安全隐患排查。一旦发现安全隐患，要及时采取措施消除隐患，防止发生生产安全事故。《生产安全事故应急条例》第十一条规定，应急救援队伍的应急救援人员应当具备必要的专业知识、技能、身体素质和心理素质。应急救援队伍建立单位或者兼职应急救援人员所在单位应当按照国家有关规定对应急救援人员进行培训；应急救援人员经培训合格后，方可参加应急救援工作。应急救援队伍应当配备必要的应急救援装备和物资，并定期组织训练。

【关联法规索引】《矿山安全法》《生产安全事故应急条例》《突发事件应对法》。

第八十三条【事故单位报告和抢救义务】

生产经营单位发生生产安全事故后，事故现场有关人员应当立即报告本单位负责人。

单位负责人接到事故报告后，应当迅速采取有效措施，组织抢救，防止事故扩大，减少人员伤亡和财产损失，并按照国家有关规定立即如实报告当地负有安全生产监督管理职责的部门，不得隐瞒不报、谎报或者迟报，不得故意破坏事故现场、毁灭有关证据。

【条文解读】本条是关于生产经营单位发生事故后的报告和抢救义务的规定。

条文讲解

一是事故发生后的报告义务。首先，事故发生后，事故现场有关人员应当立即报告本单位负责人。其次，本单位负责人接到事故报告后，按照国家有关规定立即如实报告当地负有安全生产监督管理职责的部门，不得以任何理由隐瞒不报、谎报或者拖延不报。早在1956年5月25日，国务院就颁布了《工人职员伤亡事故报告规程》，其中对生产安全事故的报告和抢救作了规定。1991年国务院又颁布了《企业职工伤亡事故报告和处理规定》，具体规定了伤亡事故报告、调查和处理的程序。之后，建设、铁道、邮电、化工、劳动等部门相继颁布了有关事故报告和调查处理程序的相关规定。《矿山安全法》第三十六条也明确规定，发生矿山事故，矿山企业必须立即组织抢救，防止事故扩大，减少人员伤亡和财产损失，对伤亡事故必须立即如实报告劳动行政主管部门和管理矿山企业的主管部门。2007 年实施的《生产安全事故报告和调查处理条例》对事故报告的程序和报告的内容等作了明确规定。2007 年 6 月 1 日施行《生产安全事故报告和调查处理条例》后，《企业职工伤亡事故报告和处理规定》和《特别重大事故调查程序暂行规定》同时废止。生产经营单位的主要负责人对生产安全事故隐瞒不报、谎报或者迟报的，按照《安全生产法》第一百一十条的规定，给予降级、撤职的处分，并由应急管理部门处上一年年收入百分之六十至百分之一百的罚款；对逃匿的处十五日以下拘留；构成犯罪的，依照刑法有关规定追究刑事责任。“主要负责人”是指有限责任公司、股份有限公司的董事长或者总经理或者个人经营的投资人，其他生产经营单位的厂长、经理、局长、矿长（含实际控制人）等人员。

二是事故发生单位负责人组织抢救义务。生产安全事故发生后，组织抢救是生产经营单位的首要任务，组织抢救包括组织救护组织抢救和从业人员自救。单位负责人应当迅速采取有效措施，组织抢救，防止事故扩大，减少人员伤亡和财产损失。事故发生后，不立

即组织抢救或者在事故调查处理期间事故单位负责人擅离职守或者逃匿的，按照《安全生产法》第一百一十条的规定进行处理。

三是事故单位负责人保护现场的义务。事故现场和有关证据是调查事故原因、查明事故性质和责任的重要方面，必须保护好事故现场、保存好有关证据，不得故意破坏。所以，本条第二款规定，生产经营单位负责人不得故意破坏事故现场、毁灭有关证据。因抢救人员和国家财产，防止事故扩大而需移动现场部分物件时，必须作出标志，绘制事故现场图，摄影或录像并详细说明。清理事故现场，要经事故调查组同意后方可进行。

《生产安全事故报告和调查处理条例》对事故单位的报告义务、报告内容、报告程序、现场保护和组织抢救等作了明确规定。根据《生产安全事故报告和调查处理条例》的规定，单位负责人在接到报告后应当在 1 h 内向事故发生地县级以上人民政府应急管理部门和负有安全生产监督管理职责的有关部门报告。情况紧急的，事故现场有关人员可以直接向事故发生地县级以上人民政府应急管理部门和负有安全生产监督管理职责的有关部门报告。报告的内容包括：① 事故发生单位概况；② 事故发生的时间、地点以及事故现场情况；③ 事故的简要经过；④ 事故已经造成或者可能造成的伤亡人数（包括下落不明的人数）和初步估计的直接经济损失；⑤ 已经采取的措施；⑥ 其他应当报告的情况。事故出现新情况的，应及时补报。自事故发生之日起 30 日内，事故造成的伤亡人数发生变化的，应当及时补报。道路交通事故、火灾事故自发生之日起 7 日内，事故造成的伤亡人数发生变化的，应当及时补报。

《生产安全事故报告和调查处理条例》第三十五条和第三十六条是对《安全生产法》第一百一十条规定的进一步细化，并增加了新的应追究责任的情形。根据规定，事故发生单位主要负责人有下列行为之一的，处上一年年收入 40%至 80%的罚款；属于国家工作人员的，并依法给予处分；构成犯罪的，依法追究刑事责任：① 不立即组织事故抢救的；② 迟报或者漏报事故的；③ 在事故调查处理期间擅离职守的。事故发生单位及其有关人员有下列行为之一的，对事故发生单位处 100 万元以上 500 万元以下的罚款；对主要负责人、直接负责的主管人员和其他直接责任人员处上一年年收入 60％至 100％的罚款；属于国家工作人员的，并依法给予处分；构成违反治安管理行为的，由公安机关依法给予治安管理处罚；构成犯罪的，依法追究刑事责任：① 谎报或者瞒报事故的；② 伪造或者故意破坏事故现场的；③ 转移、隐匿资金、财产，或者销毁有关证据、资料的；④ 拒绝接受调查或者拒绝提供有关情况和资料的；⑤ 在事故调查中作伪证或者指使他人作伪证的；⑥ 事故发生后逃匿的。

《生产安全事故罚款处罚规定（试行）》第十一条规定，事故发生单位主要负责人在事故发生后不立即组织事故抢救的，处上一年年收入 100％的罚款；事故发生单位主要负责人迟报事故的，处上一年年收入 60％至 80％的罚款；漏报事故的，处上一年年收入 40％至 60％的罚款；事故发生单位主要负责人在事故调查处理期间擅离职守的，处上一年年收入 80％至 100％的罚款。第十三条规定，事故发生单位的主要负责人、直接负责的主管人员和其他直接责任人员有《安全生产法》第一百一十条、《生产安全事故报告和调查处理条例》第三十六条规定的下列行为之一的，依照下列规定处以罚款：① 伪造、故意破坏事故现场，或者转移、隐匿资金、财产、销毁有关证据、资料，或者拒绝接受调查，或者拒绝提供有关情况和资料，或者在事故调查中作伪证，或者指使他人作伪证的，处上一年年收入 80％至 90％的罚款；② 谎报、瞒报事故或者事故发生后逃匿的，处上一年年收入 100％的罚款。

事故发生单位主要负责人、直接负责的主管人员和其他直接责任人员的上一年年收入，属于国有生产经营单位的，是指该单位上级主管部门所确定的上一年年收入总额；属于非国有生产经营单位的，是指经财务、税务部门核定的上一年年收入总额。

生产经营单位提供虚假资料或者由于财务、税务部门无法核定等原因致使有关人员的上一年年收入难以确定的，按照下列办法确定：① 主要负责人的上一年年收入，按照本省、自治区、直辖市上一年度职工平均工资的 5 倍以上 10 倍以下计算；② 直接负责的主管人员和其他直接责任人员的上一年年收入，按照本省、自治区、直辖市上一年度职工平均工资的 1 倍以上 5 倍以下计算。

报告事故的时间超过规定时限的，属于迟报；因过失对应当上报的事故或者事故发生的时间、地点、类别、伤亡人数、直接经济损失等内容遗漏未报的，属于漏报；故意不如实报告事故发生的时间、地点、初步原因、性质、伤亡人数和涉险人数、直接经济损失等有关内容的，属于谎报；隐瞒已经发生的事故，超过规定时限未向安全监管监察部门和有关部门报告，经查证属实的，属于瞒报。

《刑法》第一百三十九条规定了不报、谎报安全事故罪，即在安全事故发生后，负有报告职责的人员不报或者谎报事故情况，贻误事故抢救，情节严重的，处三年以下有期徒刑或者拘役；情节特别严重的，处三年以上七年以下有期徒刑。

【关联法规索引】《安全生产法》第一百一十条、第一百一十一条；《矿山安全法》第三十六条；《生产安全事故报告和调查处理条例》第九条、第十二条、第十三条、第十六条、第三十五条、第三十六条；《生产安全事故罚款处罚规定（试行）》第三条至第八条。

典型案例：丙机械设备租赁公司与甲市安全生产监督管理局、H 省安全生产监督管理局行政复议纠纷案

2015 年 10 月 14 日，丙机械设备租赁公司向乙重型机械厂购买一批塔吊并签订《塔式起重机产品买卖合同》，合同约定：丙机械设备租赁公司应在提货地或货物到达地点后 12 h 内验收并签字或盖章，验收时发现货物不符应在 24 h 内提出书面异议，否则视为验收合格。乙重型机械厂负责送货到 H 省甲市丁镇目的地，货物到达目的地后丙机械设备租赁公司负责卸货。2014 年 9 月 15 日，乙重型机械厂作为甲方与 T 物流公司签订一份《产品运输协议》，协议约定：T 物流公司负责将货物运输到甲方指定的地点，并负责将货物捆扎带及紧固装置松解开，其他卸货义务由甲方指定的收货人负责。该协议的有效期至 2015 年 12 月 31 日。2015 年 10 月 17 日，T 物流公司分别与许某才、高某亮签订有偿运输合同，约定由其将该批货物运往

H省甲市丁镇目的地，运输费各为17 000元。该运输合同上载明承运单位为Y运输集团公司，承运车牌号：×××，该车的所有人为Y运输集团公司。许某才为承运车的实际经营者，合同下方的承运方签有“许某才”的名字。合同第4条约定：“承运方在运输过程中（指定收货方未签收之前）如遇交通事故或者其他意外而产生的个人人身伤害与经济损失一概由承运方自行负责，委托方不承担任何责任”。合同未约定车主捆扎带及紧固装置的松解义务。当天，许某才、高某亮装货运往H省甲市丁镇。

2015年10月20日，丙机械设备租赁公司副总经理王某全指示许某才，货物到达H省后由丙机械设备租赁公司员工陈某群接车并带往目的地。2015年10月22日货物到达H省。2015年10月23日，经联系陈某群带着平板车司机许某才、高某亮开往甲市丁镇。到达目的地后，由于车体过大进不了工地，无法卸货，两车停留在工地外空地上。随后，王某全指示陈某群找一辆自卸车进行卸货。2015年10月24日，陈某群电话联系许某才要求其将车开到工地外十字路口处，与丙机械设备租赁公司所找自卸车司机梁某丰会合。当时许某才、高某亮和梁某丰三人会合后，梁某丰就把自卸车的脚支架伸开固定好并开始检查轮胎，许某才在自己驾驶的平板车尾部开始松解绳索，高某亮则配合在后面收绳子。后来，许某才站在梁某丰的自卸车脚支架上继续解绳索，其平板车所载货物发生滑落，当场将其击倒。事故发生后，高某亮拨打“120”急救电话将许某才送往甲市丁镇卫生院抢救，由于伤势过重，转送H省人民医院住院治疗。经抢救无效，许某才于2015年10月29日死亡。事故发生后，T物流公司、丙机械设备租赁公司未按照《生产安全事故报告和调查处理条例》第九条规定，向安全生产监督管理部门报告事故发生经过。丙机械设备租赁公司于2015年10月24日签收该批塔吊。

2015年11月3日，许某才的妻子李某枝向公安部门报案。2015年11月9日，甲市人民政府（以下简称甲市政府）成立“甲市‘10·24’许某才物体打击事故调查组”（以下简称事故调查组），对事故进行调查。2016年1月11日，经甲市丁镇人民调解委员会主持，乙重型机械厂、T物流公司与许某才亲属达成《人民调解协议》，一次性给予经济补偿434 300元。2016年2月5日，事故调查组依法作出《甲市“10・24”许某才物体打击事故调查报告》（以下简称《事故调查报告》），认定T物流公司、丙机械设备租赁公司未按规定进行报告，瞒报生产安全事故，报甲市政府批复。2016年2月5日，甲市政府依法作出文府函〔2016〕85号《关于甲市“10・24”许某才物体打击事故的批复》（以下简称85号《批复》），认定：① T物流公司、丙机械设备租赁公司未按规定进行报告，瞒报生产安全事故；② 认定许某才为本次事故的直接责任者；③ 建议甲市安全生产监督管理局（以下简称甲市安监局）对T物流公司、丙机械设备租赁公司进行行政处罚。2016年2月18日，甲市安监局根据85号《批复》，决定对T物流公司、丙机械设备租赁公司的违法行为进行立案查处。2016年4月8日，甲市安监局向T物流公司送达了甲安监管罚告〔2016〕第1号《行政处罚告知书》和甲安监管听告〔2016〕第1号《听证告知书》。4月12日，甲市安监局向丙机械设备租赁公司送达了甲安监管罚告〔2016〕第2号《行政处罚告知书》和甲安监管听告〔2016〕第2号《听证告知书》。2016年4月22日，甲市安监局对T物流公司作出甲安监管罚〔2016〕01号《行政处罚决定书》，给予其100.1万元的行政处罚。丙机械设备租赁公司申请听证，甲市安监局于4月27日依法举行听证会。2016年5月4日，甲市安监局对丙机械设备租赁公司作出甲安监管罚〔2016〕02号《行政处罚决定书》，决定给予其100.1万元的行政处罚。以上决定均已送达受处罚方。两份《行政处罚决定书》在告知向人民法院起诉权利中误将六个月写为三个月。T物流公司不服对其处罚决定，于2016年5月20日向甲市政府提出行政复议，要求撤销甲市安监局作出的行政处罚决定。甲市政府于2016年7月20日作出文府复决字〔2016〕7号《行政复议决定书》，决定维持甲市安监局对T物流公司作出的《行政处罚决定书》。T物流公司不服该复议决定诉至甲市人民法院处理。2016年6月7日，丙机械设备租赁公司因不服该处罚决定书，向H省安全生产监督管理局（以下简称H省安监局）提出行政复议，要求撤销甲市安监局作出的甲安监管罚〔2016〕02号《行政处罚决定书》。H省安监局于2016年6月14日受理复议申请后，于同年8月31日作出1号《复议决定书》，决定维持甲市安监局作出的甲安监管罚〔2016〕02号《行政处罚决定书》。丙机械设备租赁公司因不服该复议决定诉至甲市人民法院处理。同时，丙机械设备租赁公司因不服甲市政府作出的85号《批复》，于2016年9月9日向H省第一中级人民法院起诉要求撤销85号《批复》。H省第一中级人民法院经审理认为85号《批复》不属于人民法院受案范围，于2016年10月13日裁定驳回丙机械设备租赁公司的起诉。丙机械设备租赁公司不服上诉至H省高级人民法院。H省高级人民法院于2016年12月8日裁定驳回上诉，维持原判。甲市人民法院在该案上诉期间曾中止本案的审理。

另查明，许某才、丙机械设备租赁公司工作人员没有进行过塔式起重机拆装作业的专业技术培训、考核，T物流公司、丙机械设备租赁公司未办理拆装许可证。

原审认为，按照《生产安全事故报告和调查处理条例》第四十三条规定，甲市安监局为本辖区生产安全事故行政处罚主管机关。本案争议焦点是，甲市安监局对丙机械设备租赁公司作出的甲安监管罚〔2016〕02号《行政处罚决定书》认定事实是否清楚、程序是否合法、适用依据是否正确。

一、关于事故发生单位的认定。《生产安全事故罚款处罚规定(试行)》第三条第一款规定："本规定所称事故发生单位是指对事故发生负有责任的生产经营单位。"丙机械设备租赁公司与乙重型机械厂签订的《塔式起重机产品买卖合同》中约定：乙重型机械厂负责送货到甲市丁镇目的地，货物到达目的地后丙机械设备租赁公司负责卸货。乙重型机械厂与T物流公司签订的《产品运输协议》约定：T物流公司负责将货物运输到达甲市丁镇目的地，并负责将捆扎带及紧固装置松解开。2015年10月17日，T物流公司分别与Y运输集团公司的许某才、高某亮签订运输合同，委托其将该批货物运往目的地，当天装货运往H省。从以上合同约定来看，本次塔式起重机产品买方丙机械设备租赁公司有负责卸货的义务。该义务确定了其为生产经营单位,其依法负有生产安全的责任。2015年10月22日货物到达H省后,从带着许某才、高某亮开往甲市丁镇,到找一辆自卸车进行卸货,丙机械设备租赁公司已经开始卸货的生产经营准备环节。当时许某才、高某亮和梁某丰三人会合后,梁某丰就把自卸车的脚支架伸开固定好并开始检查轮胎,许某才在自己驾驶的平板车尾部开始松解绳索,高某亮则配合在后面收绳子。后来,许某才站在梁某丰的自卸车脚支架上继续解绳索,其平板车所载货物发生滑落,当场将其击倒在地面。从以上过程看,许某才、丙机械设备租赁公司已经进入卸货的环节,也即正在进行生产经营并在这过程中发生了人员受伤经救治无效死亡的生产安全事故。根据《全民所有制施工企业机械设备管理规定》中的有关规定:塔式起重机的拆装、运输,应由拆装的专业班组负责进行。《建设部关于加强塔式起重机等施工机械拆装管理的通知》(建建字第749号)对此再次强调,并重申:塔吊的拆装队伍必须实行严格的资质审核制度,要加强塔吊拆装人员的专业技术培训、考核。在本案中,丙机械设备租赁公司作为生产经营单位,在装卸过程中负有安全生产责任,丙机械设备租赁公司没有塔式起重机拆装作业的相关证件,也没有办理拆装许可证。本次卸货生产经营属违规操作。甲市政府成立调查组后,依法对本次事故进行调查,其认定丙机械设备租赁公司属对事故发生负有责任的生产经营单位是正确的。虽然调查组在工作人员签名、出具报告时间节点上有小的瑕疵,但不影响实体认定的合法性。

二、本次事故是否属于瞒报生产安全事故。《安全生产法》第八十条规定:“生产经营单位发生生产安全事故后,事故现场有关人员应当立即报告本单位负责人。单位负责人接到事故报告后,应当迅速采取有效措施,组织抢救,防止事故扩大,减少人员伤亡和财产损失,并按照国家有关规定立即如实报告当地负有安全生产监督管理职责的部门,不得隐瞒不报、谎报或者迟报,不得破坏事故现场、毁灭有关证据。”《生产安全事故报告和调查处理条例》第四条第一款规定:“事故报告应当及时、准确、完整,任何单位和个人对事故不得迟报、漏报、谎报或者瞒报。”第九条第一款规定:“事故发生后,事故现场有关人员应当立即向本单位负责人报告；单位负责人接到报告后，应当于1 h内向事故发生地县级以上人民政府安全生产监督管理部门和负有安全生产监督管理职责的有关部门报告。"《生产安全事故罚款处罚规定(试行)》第五条规定："《生产安全事故报告和调查处理条例》所称的迟报、漏报、谎报和瞒报，依照下列情形认定：……(四)隐瞒已经发生的事故，超过规定时限未向安全监管监察部门和有关部门报告，经查证属实的，属于瞒报。"本次事故现场有丙机械设备租赁公司人员，公司人员当场已将事故发生情况向本单位负责人作了报告，但该负责人未依法向负有安全生产监督管理职责的有关部门报告。事故调查组依照以上法律、法规规定认定丙机械设备租赁公司瞒报生产安全事故是正确的。丙机械设备租赁公司认为其叫120救护车属报告，120救护车并非县级以上人民政府安全生产监督管理部门和负有安全生产监督管理职责的有关部门，其辩解无理由。

三、甲市安监局对丙机械设备租赁公司所作行政处罚程序合法、适用依据正确。甲市安监局在对丙机械设备租赁公司作出行政处罚前履行了立案、调查、事先告知和集体讨论等程序，其作出的甲安监管罚〔2016〕02号《行政处罚决定书》程序合法。甲市安监局认定丙机械设备租赁公司属瞒报生产安全事故，并依据《生产安全事故报告和调查处理条例》第三十六条规定进行行政处罚是正确的。

四、H省安监局受理丙机械设备租赁公司的复议申请后，依法组织双方进行听证，并在法定期限内作出1号《复议决定书》送达各方当事人，其认定事实清楚、程序合法、适用依据正确。

据此，应维持甲市安监局对丙机械设备租赁公司所作的行政处罚及H省安监局所作的1号《复议决定书》。丙机械设备租赁公司的诉讼请求不当，不予支持。依照《行政诉讼法》第六十九条规定，判决驳回丙机械设备租赁公司的诉讼请求。案件受理费50元，由丙机械设备租赁公司负担。

二审中，上诉人丙机械设备租赁公司向H省第一中级人民法院提交了4份证据：①《案件移送书》。②《关于"10·24"许某才物体打击事故的责任认定》。证据①和证据②证明被上诉人甲市安监局认定“王某全涉嫌不报、谎报安全事故罪”，已将案件移送甲市公安局审理。③ 甲市公安局《取保候审决定书》，证明王某全被取保候审，没有结案。④ 建筑业企业资质证书，证明上诉人有塔吊安装资质。被上诉人甲市安监局认为上诉人提交的4份证据不属于二审新证据的范围，不发表质证意见。被上诉人H省安监局认为上诉人提交的4份证据不属于二审新证据的范围，还对该4份证据的证明内容提出异议，认为王某全被移送公安机关追究刑事责任的事实不能证明与本案的行政处罚具有关联性。H省第一中级人民法院认为，上诉人在二审提交的4份证据不符合《最高人民法院关于行政诉讼证据若干问题的规定》第五十二条规定的“新证据”，根据《最高人民法院关于行政诉讼证据若干问题的规定》第七条，该院对该4份证据不予接纳。

二审查明，一审判决书经审理查明部分认定“车牌号：×××的货车所有人为Y运输集团公司”证据不足，应予纠正。上诉人认为根据其一审时提交的证据，一审判决遗漏了“本案的事故发生在梁某丰检查轮胎后在路边树荫下休息时”以及事故发生时上诉人公司员工陈某群等人不在现场的事实。经查，上诉人一审提交的证据梁某丰的询问笔录中载明“我们在车左边的树下坐着，坐了5 min后我和黄某富就检查车辆左边的轮胎。我们检查车辆轮胎几分钟后，我们就听到响声，我就跑到车辆前面看是什么事……”因此，上诉人主张一审判决遗漏本案的事故发生在梁某丰检查轮胎后在路边树荫下休息时的事实证据不足，H省第一中级人民法院不予采纳。此外，根据各方当事人提交的证据可以认定本案事故发生时上诉人的公司员工陈某群、王某全均不在现场的事实。

二审查明的其他事实与原审查明的事实一致，H省第一中级人民法院予以确认。

H省第一中级人民法院认为，本案的争议焦点是被上诉人甲市安监局作出的甲安监管罚〔2016〕02号《行政处罚决定书》及被上诉人H省安监局作出的1号《复议决定书》认定事实是否清楚、程序是否合法、适用法律是否正确。

关于被上诉人甲市安监局作出的甲安监管罚〔2016〕02号《行政处罚决定书》认定事实是否清楚、程序是否合法、适用法律是否正确的问题。根据《生产安全事故报告和调查处理条例》第三条第(四)项"一般事故，是指造成3人以下死亡，或者10人以下重伤，或者1 000万元以下直接经济损失的事故"的规定，"10·24"许某才物体打击事故系一般安全生产事故。按照《安全生产法》第九条，《生产安全事故报告和调查处理条例》第三十二条第二款、第四十三条的规定，对发生一般事故的单位及其有关责任人员罚款的行政处罚，由县级以上人民政府安全生产监督管理部门决定。甲市安监局作为甲市政府安全生产监督管理部门，负有对其行政区域内安全生产工作实施综合监督管理，对区域内所发生的一般事故的单位及其有关责任人员进行处罚的法定职责。本案中，涉案的事故发生在许某才站在上诉人雇请的自卸车脚支架上松解绳索的过程中，因许某才的平板车所载塔吊发生滑落将其击倒，导致许某才伤势过重经抢救无效而死亡。根据《安全生产法》第八十条、《生产安全事故报告和调查处理条例》第九条的规定，生产经营单位发生生产安全事故后，事故现场有关人员应当立即报告单位负责人；单位负责人接到报告后，应当于1 h内向事故发生地县级以上人民政府安全生产监督管理部门报告。本案中，虽然事故发生时上诉人的员工陈某群、王某全没有在场，但是上诉人雇佣的自卸车司机梁某丰在事故发生后已经立即电话告知陈某群，同时陈某群已电话向王某全报告事故发生情况。因此，上诉人应及时将此次涉案事故的情况报告安全生产监督管理部门。而上诉人认为事故发生在许某才松解绳索过程中，不是发生在卸货过程中，其既不是事故责任主体，也不是事故发生单位，因此上诉人没有上报此次涉案事故的义务。H省第一中级人民法院认为，上诉人与乙重型机械厂签订的《塔式起重机产品买卖合同》以及T物流公司与乙重型机械厂签订的《产品运输协议》中约定的松解绳索义务和其他卸货义务等条款，仅属于合同各方对其应承担的民事责任的约定，而不能作为排除其是否应受到行政处罚的依据。上诉人作为本地企业及此次塔吊运输的收货方，属于《安全生产法》规定的

“生产经营单位”。因此，无论涉案事故是发生在松解绳索过程中还是卸货过程中，以及上诉人对涉案事故的发生是否负有责任，上诉人的单位负责人在发生安全生产事故后均应依照安全生产的法律法规及时将事故的发生情况上报安全生产监督管理部门。而事实上，从此次安全生产事故于2015年10月24日发生至许某才的家属于2015年11月3日向公安部门报案时，上诉人从未将事故的情况向安全生产监督管理部门报告。因此，被上诉人甲市安监局依据事故调查组的《事故调查报告》、证人证言、书证等材料，根据《安全生产法》及《生产安全事故报告和调查处理条例》的规定，认定丙机械设备租赁公司未按法律法规的规定及时向安全生产监督管理部门报告本案“10·24”许某才物体打击事故，构成“瞒报生产安全事故”，从而对上诉人作出甲安监管罚〔2016〕02号《行政处罚决定书》认定事实清楚，程序合法，适用法律正确。关于上诉人主张的事故调查组成员未在《事故调查报告》上签名，《事故调查报告》不具有法律效力的问题。经审查，《事故调查报告》包含了事故发生单位、经过、事故基本情况（时间、地点、事故导致的伤亡情况）、事故性质、民事赔偿、事故责任分析及责任认定、处理意见等内容。虽然该《事故调查报告》上没有调查组的成员签名，但是该《事故调查报告》与调查组全体成员参加的“针对许某才物体打击事故调查”会议讨论的结果一致。因此，该调查报告上存在的瑕疵并未实际影响上诉人的实体权益。关于上诉人主张的甲安监管罚〔2016〕02号《行政处罚决定书》、1号《复议决定书》以及一审判决程序违法，违反“刑事优先”原则的问题。经审查，根据《行政处罚法》第七条、第二十二条，《生产安全事故报告和调查处理条例》第三十六条的规定，公民、法人或其他组织因违法受到行政处罚的，不免除其应承担的民事、刑事责任。本案中，被上诉人甲市安监局作出的甲安监管罚〔2016〕02号《行政处罚决定书》的行政处罚相对人是上诉人，上诉人与王某全是两个不同的独立主体。上诉人的员工王某全因涉嫌谎报、瞒报生产安全事故罪被甲市公安局采取刑事强制措施，并不能免除上诉人应承担的行政处罚责任。故上诉人的该项主张没有法律依据，H省第一中级人民法院不予支持。

关于被上诉人H省安监局作出的1号《复议决定书》认定事实是否清楚、程序是否合法、适用法律是否正确的问题。被上诉人H省安监局在受理了上诉人丙机械设备租赁公司的复议申请后，依法通知甲市安监局提出书面答复及提交作出行政行为的相关证据，并依法组织召开听证会，在充分听取了双方的陈述、申辩及对甲安监管罚〔2016〕02号《行政处罚决定书》进行审查后，依据《行政复议法》第二十八条第一款第(一)项的规定作出1号《复议决定书》，决定维持甲市安监局作出的甲安监管罚〔2016〕02号《行政处罚决定书》。因此，1号《复议决定书》认定事实清楚，适用法律正确，符合法定程序。

综上所述，上诉人丙机械设备租赁公司的上诉理由不成立，H省第一中级人民法院不予支持。原审判决结果正确，依法应予维持。依照《行政诉讼法》第八十九条第一款第(一)项的规定，判决如下：驳回上诉，维持原判。

裁判要旨：公民、法人或其他组织因违法受到行政处罚的，不免除其应承担的民事、刑事责任。生产经营单位主要责任人涉嫌谎报、瞒报生产安全事故罪被采取刑事强制措施的，并不能免除其应承担的行政处罚责任。

第八十四条【安全监管部门的事故报告】

负有安全生产监督管理职责的部门接到事故报告后，应当立即按照国家有关规定上报事故情况。负有安全生产监督管理职责的部门和有关地方人民政府对事故情况不得隐瞒不报、谎报或者迟报。

【条文解读】　本条是关于安全监管部门事故报告的规定。

条文讲解

生产经营单位按照本法第八十三条和《生产安全事故报告和调查处理条例》的规定，将发生的事故报告给负有安全生产监督管理职责的部门。负有安全生产监督管理职责的部门接到生产经营单位的事故报告后，应当立即按照《生产安全事故报告和调查处理条例》的有关规定上报事故情况。

《生产安全事故报告和调查处理条例》对行政机关事故调查报告的具体程序、报告内容、报告时限等作了规定。事故报告应当及时、准确、完整,任何单位和个人对事故不得迟报、漏报、谎报或者瞒报。任何单位和个人不得阻挠和干涉对事故的报告。应急管理部门和负有安全生产监督管理职责的有关部门接到事故报告后,应当依照下列规定上报事故情况,并通知公安机关、劳动保障行政部门、工会和人民检察院:① 特别重大事故、重大事故逐级上报至国务院应急管理部门和负有安全生产监督管理职责的有关部门;② 较大事故逐级上报至省、自治区、直辖市人民政府应急管理部门和负有安全生产监督管理职责的有关部门;③ 一般事故上报至设区的市级人民政府应急管理部门和负有应急管理职责的有关部门。应急管理部门和负有安全生产监督管理职责的有关部门依照上述规定上报事故情况,应当同时报告本级人民政府。国务院应急管理部门和负有安全生产监督管理职责的有关部门以及省级人民政府接到发生特别重大事故、重大事故的报告后,应当立即报告国务院。必要时,应急管理部门和负有安全生产监督管理职责的有关部门可以越级上报事故情况。

应急管理部门和负有安全生产监督管理职责的有关部门逐级上报事故情况,每级上报的时间不得超过 2 h。

报告事故应当包括下列内容:① 事故发生单位概况;② 事故发生的时间、地点以及事故现场情况;③ 事故的简要经过;④ 事故已经造成或者可能造成的伤亡人数(包括下落不明的人数)和初步估计的直接经济损失;⑤ 已经采取的措施;⑥ 其他应当报告的情况。

有关地方人民政府、负有安全生产监督管理职责的部门,对生产安全事故隐瞒不报、谎报或者迟报的,按照《安全生产法》第一百一十一条的规定,对直接负责的主管人员和其他直接责任人员依法给予处分;构成犯罪的,依照刑法有关规定追究刑事责任。

根据《生产安全事故报告和调查处理条例》第三十九条规定,有关地方人民政府、应急管理部门和负有安全生产监督管理职责的有关部门有下列行为之一的,对直接负责的主管人员和其他直接责任人员依法给予处分;构成犯罪的,依法追究刑事责任:① 不立即组织事故抢救的；② 迟报、漏报、谎报或者瞒报事故的；③ 阻碍、干涉事故调查工作的；④ 在事故调查中作伪证或者指使他人作伪证的。

【关联法规索引】《安全生产法》第一百一十一条；《生产安全事故报告和调查处理条例》第四条、第七条、第十条至第十三条。

典型案例：许某军与甲市乙区安全生产监督管理局不履行法定职责纠纷案

牌号为浙L×××××的重型半挂牵引车（后拖浙L×××××挂号挂车）行驶证上登记的所有人为第三人物流公司，系案外人杨某强挂靠于第三人公司，经营范围为货运等。2015年2月15日5时30分许，杨某强驾驶上述重型半挂牵引车（后拖浙L×××××挂号挂车）在乙区杭沈线203 km＋600 m路段，与原告父亲许某根驾驶的人力三轮车发生碰撞，致许某根受伤经抢救无效死亡。2015年3月5日，甲市公安局乙分局交通警察大队作出（乙）交认字〔2015〕第×××号《道路交通事故认定书》，认定杨某强驾驶与驾驶证载明的准驾车型不相符的机动车（车辆安全设施不全）时对前方路面情况注意不够，其过错行为是导致此事故发生的直接原因，杨某强应承担此事故的全部责任，许某根无责任。另外根据甲市交通科学技术研究所于2015年2月26日作出的甲交科司鉴所〔2015〕车鉴字第956号司法鉴定书，上述重型半挂牵引车存在制动不符合《机动车运行安全技术条件》（GB 7258—2012）的情况。遂原告于2015年6月2日向被告举报，要求被告对物流公司的违法行为进行查处，并追究有关责任人的法律责任；要求被告出具《安全生产事故认定书》。被告于2015年6月10日作出乙安监信答字〔2015〕2号《关于许某军举报控告信的答复意见书》。

另查明，乙区人民政府分别于2011年10月19日和2012年6月8日发布《关于印发甲市乙区安全生产监督管理局主要职责内设机构和人员编制规定的通知》（乙政办〔2011〕153号）、《关于印发乙区生产安全事故报告和调查处理若干规定的通知》（乙政〔2012〕51号）。

原审法院认为,法无规定不可为,即行政机关只能在法定职权内行使行政权力。国务院《生产安全事故报告和调查处理条例》第十九条第二款规定:“重大事故、较大事故、一般事故分别由事故发生地省级人民政府、设区的市级人民政府、县级人民政府负责调查。省级人民政府、设区的市级人民政府、县级人民政府可以直接组织事故调查组进行调查,也可以授权或者委托有关部门组织事故调查组进行调查。”第三十条第一款规定:“事故调查报告应当包括下列内容:……(四)事故发生的原因和事故性质;(五)事故责任的认定以及对事故责任者的处理建议……”。乙区人民政府《关于印发乙区生产安全事故报告和调查处理若干规定的通知》(乙政〔2012〕51号)第二条“本区行政区域内的生产经营单位,在生产经营活动中发生的生产安全事故的报告和调查处理,适用本规定……”对本区行政区域内的生产经营单位在生产经营活动中发生的生产安全事故的报告和调查处理作出了明确规定,但乙政〔2012〕51号文件和《关于印发甲市乙区安全生产监督管理局主要职责内设机构和人员编制规定的通知》(乙政办〔2011〕153号)并未授权或者委托被告调查处理注册地为乙区外的道路运输企业涉及的生产安全事故。该案第三人物流公司注册于Z市Q区,系道路运输企业,其在乙区发生的事故,被告无权根据国务院《生产安全事故报告和调查处理条例》和区政府的文件规定对事故进行调查处理。《道路交通事故认定书》虽然对事故形成的原因、当事人的过错及责任进行了认定,但《道路交通安全法》对事故企业的处罚并无明确规定。因此原告申请被告履行法定职责理由不成立,不予支持。依照《行政诉讼法》第六十九条的规定,判决驳回原告许某军的诉讼请求。

上诉人上诉称:① 被上诉人物流公司允许一个准驾不符的驾驶员驾驶一辆技术条件有问题的大货车在公路上作业,并造成交通事故,违反了《安全生产法》第二十一条、第四十九条等相关规定,既属于道路交通事故,也属于生产安全事故。② 被上诉人乙区安全生产监督管理局(以下简称乙区安监局)对生产安全事故隐瞒不报。按照《安全生产法》第七十一条的规定,任何单位或个人对事故隐患或者安全生产违法行为，均有权向负有安全生产监督管理职责的部门报告或者举报。被上诉人乙区安监局违反《安全生产法》第七十一条的规定，对于上诉人的举报，不闻不问，隐瞒不报，属于未履行上报的法定职责。③ 被上诉人乙区安监局没有履行调查和处理的法定职责。根据《生产安全事故报告和调查处理条例》第十九条第二款、乙政〔2012〕51 号文件第十二条以及乙政办〔2011〕153 号第二部分“主要职责”第（五）项的规定可知，乙区人民政府已把生产安全事故调查、监督、处理的职责授权给了被上诉人乙区安监局。④ 原审法院明知乙政〔2012〕51 号文件和乙政办〔2011〕153 号文件有漏洞，仍采信乙区人民政府的《复函》，属于认定事实不清，适用法律错误。综上，请求二审法院撤销原审判决，责令被上诉人乙区安监局履行法定职责，依法将被上诉人物流公司移交有关部门查处。

被上诉人乙区安监局未作书面答辩，在询问中辩称其和一审答辩意见一致。原审法院认定事实清楚，适用法律、法规正确，请求二审法院驳回上诉，维持原判。

被上诉人物流公司未作书面答辩，在询问中辩称其和被上诉人乙区安监局答辩意见一致。原审法院认定事实清楚，适用法律、法规正确，请求二审法院驳回上诉，维持原判。

甲市中级人民法院经审理查明的事实与一审判决认定的事实一致。

甲市中级人民法院认为，结合上诉人上诉状和其在询问中的陈述内容可看出，上诉人认为涉案事故属于生产安全事故，要求被上诉人乙区安监局对涉案事故履行上报、调查和处理的法定职责。

根据《生产安全事故报告和调查处理条例》第九条第一款的规定，事故发生后，事故现场有关人员应当立即向本单位负责人报告；单位负责人接到报告后，应当于 1 h 内向事故发生地县级以上人民政府安全生产监督管理部门和负有安全生产监督管理职责的有关部门报告。第十条规定，安全生产监督管理部门和负有安全生产监督管理职责的有关部门接到事故报告后，应向有关部门和同级人民政府报告。据此，如上诉人所述，若涉案事故为生产安全事故，则也应当由发生事故的单位负责人向事故发生地县级以上人民政府安全生产监督管理部门报告，该部门接到报告之后才能向本级人民政府和上级安全生产监督管理部门报告。本案中，涉案事故的单位负责人并没有在规定的时间内及时向事故发生地县级以上人民政府安全生产监督管理部门报告，则被上诉人乙区安监局无履行上报法定职责的前提和事实依据。此外，上诉人称依据《安全生产法》第七十一条的规定，任何单位或者个人对事故隐患或者安全生产违法行为，均有权向负有安全生产监督管理职责的部门报告或举报。上诉人认为其于2015年6月2日向被上诉人提交《举报控告信》，已经行使了法律规定的举报权利，被上诉人乙区安监局接到举报后并无作为。结合法院查明的事实，被上诉人乙区安监局已于同年6月10日作出《关于许某军举报控告信的答复意见书》（乙安监信答字〔2015〕2号），对上诉人的举报进行了答复。综上，上诉人要求被上诉人履行上报涉案事故的法定职责缺乏事实根据，甲市中级人民法院不予支持。

根据《生产安全事故报告和调查处理条例》第二十一条规定，特别重大事故以下等级事故，事故发生地与事故发生单位不在同一个县级以上行政区域的，由事故发生地人民政府负责调查，事故发生单位所在地人民政府应当派人参加。由此可以看出，对于生产安全事故的调查处理以事故发生地相关行政机关负责为原则。如上诉人所述，若涉案事故为生产安全事故，则应由事故发生地的人民政府，即甲市乙区人民政府负责调查。根据《生产安全事故报告和调查处理条例》第十九条第二款的规定，重大事故、较大事故、一般事故分别由事故发生地省级人民政府、设区的市级人民政府、县级人民政府负责调查。省级人民政府、设区的市级人民政府、县级人民政府可以直接组织事故调查组进行调查，也可以授权或者委托有关部门组织事故调查组进行调查。结合法院查明的事实，本案中并没有证据证明甲市乙区人民政府授权或者委托了被上诉人乙区安监局进行调查处理涉案事故。据此，上诉人要求被上诉人乙区安监局履行调查处理涉案事故的法定职责理由不成立。

综上，甲市中级人民法院认为，原审判决认定事实清楚，适用法律、法规基本正确，审判程序合法。上诉人上诉理由不足，甲市中级人民法院不予支持。依照《行政诉讼法》第八十九条第一款第(一)项的规定，判决如下：驳回上诉，维持原判。

裁判要旨：事故发生后，事故现场有关人员应当立即向本单位负责人报告；单位负责人接到报告后，应当于1 h内向事故发生地县级以上人民政府安全生产监督管理部门和负有安全生产监督管理职责的有关部门报告。安全生产监督管理部门和负有安全生产监督管理职责的有关部门接到事故报告后，向有关部门和同级人民政府报告。涉案事故的单位负责人并没有在规定的时间内及时向事故发生地县级以上人民政府安全生产监督管理部门报告，则县级以上人民政府安全生产监督管理部门和负有安全生产监督管理职责的有关部门无履行上报法定职责的前提和事实依据。

第八十五条【事故抢救】

有关地方人民政府和负有安全生产监督管理职责的部门的负责人接到生产安全事故报告后，应当按照生产安全事故应急救援预案的要求立即赶到事故现场，组织事故抢救。

参与事故抢救的部门和单位应当服从统一指挥，加强协同联动，采取有效的应急救援措施，并根据事故救援的需要采取警戒、疏散等措施，防止事故扩大和次生灾害的发生，减少人员伤亡和财产损失。

事故抢救过程中应当采取必要措施，避免或者减少对环境造成的危害。

任何单位和个人都应当支持、配合事故抢救，并提供一切便利条件。

【条文解读】 本条是关于发生生产安全事故后抢救工作的规定。

条文讲解

在发生生产安全事故后，赶到事故现场、组织事故救援的政府和负有安全生产监督管理职责的部门的负责人，并不限于政府和部门的主要负责人，即通常所说的“一把手”，也可以是主要负责人以外的其他负责人。一般而言，事故发生具有突然性和紧迫性，要求地方政府和应急管理部门的负责人到场，主要是考虑到作为负责人，他们能够代表其任职的政府和应急管理部门，能够运用法律赋予的职权，在短时间内调动各种资源，并协调好各方面的关系，以在事故救援过程中发挥作用。所以，指挥协调的作用保证了救援工作的组织和开展，其他部门、单位和个人在征得同意的情况下，可以参与事故救援。本款中的“生产安全事故”的等级划分，参考《生产安全事故报告和调查处理条例》第三条的规定。需要提出的是，本款并未限定地方人民政府和负有安全生产监督管理职责的部门的负责人赶到事故现场，组织事故抢救的安全生产事故的等级，这在一定程度上强化了地方人民政府和监管职责部门的责任。

本条第二款中提及的警戒措施，一般是指对有危险因素的事故现场的周边道路、出入口等进行临时封闭，设置警示标志或人工隔离，以防止与事故救援无关的人员进入危险区域和受伤。本款所称疏散，是指及时将事故现场危险区域内的从业人员和群众转移到安全场所，以防止聚集在事故现场及周边地区的无关人员受到进一步的伤害。次生灾害是指由原生灾害引发的灾害，具体而言，安全生产领域的次生灾害是指由于事故源的特征或对事故未及时采取措施等原因，进一步引发的其他灾害事故，比如发生火灾后，因危险化学品

不及时处理和转移而造成的爆炸等。

【关联法规索引】《生产安全事故报告和调查处理条例》第三条、第十五条;《安全生产法》第八十三条、第八十四条。

第八十六条【事故调查】

事故调查处理应当按照科学严谨、依法依规、实事求是、注重实效的原则,及时、准确地查清事故原因,查明事故性质和责任,评估应急处置工作,总结事故教训,提出整改措施,并对事故责任单位和人员提出处理建议。事故调查报告应当依法及时向社会公布。事故调查和处理的具体办法由国务院制定。

事故发生单位应当及时全面落实整改措施,负有安全生产监督管理职责的部门应当加强监督检查。

负责事故调查处理的国务院有关部门和地方人民政府应当在批复事故调查报告后一年内,组织有关部门对事故整改和防范措施落实情况进行评估,并及时向社会公开评估结果;对不履行职责导致事故整改和防范措施没有落实的有关单位和人员,应当按照有关规定追究责任。

【条文解读】 本条是关于事故调查处理的基本原则、主要任务、事故调查报告的主要内容以及授权国务院制定事故调查处理具体办法的规定。

第一,本条明确了事故调查的基本原则。事故调查处理应当按照科学严谨、依法依规、实事求是、注重实效的原则。尊重事故发生的客观规律,全面、系统地获取事故调查材料,并科学、严谨地分析相关的所有证据材料;严格遵守相关法律法规的规定,保障调查程序和内容合法,实现事故调查的程序正义和结果正义;探求事故发生的原因时,一切依据证据证明的事实判定,切不可凭空想象;当然也不能为了追求一切事实的绝对准确、绝对真实而拖延时间,要注重调查效率,发生过的事实本就难以重现,在事故发生后根据现有的证据证明的事实及时地发现问题、总结经验也很重要。

第二,本条明确了事故调查的主要任务。首先,及时、准确地查清事故原因。"及时",即在规定的时间内查明事故原因,一般情况下，事故调查组应当自事故发生之日起 60 日内提交事故调查报告；特殊情况下，经负责事故调查的人民政府批准，提交事故调查报告的期限可以适当延长，但延长的期限最长不超过 60 日。“准确”，即调查事故原因不能泛泛而谈，应该根据具体的事实探查具体的引发事故的原因所在。事故发生的原因包括直接原因和间接原因。直接原因是指直接导致事故发生的原因，包括物的不安全状态如机械、设施、作业场所的潜在危险等和人的不安全行为如违章作业、违章指挥等；间接原因是直接原因背后更深层的原因所在，如设计上的缺欠导致生产上的潜在危险，对职工的安全教育培训不够等。其次，要查明事故性质和责任。事故性质包括人为事故和自然事故，意外事故和责任事故。只有查明事故性质才能确定事故责任，如果是人为事故和责任事故，就要进一步查明哪些人应该承担责任，又分别应承担何种责任。确定事故责任，要对直接原因和间接原因进行综合分析，确定事故的直接责任者和领导责任者；再根据其对事故发生产生影响的大小确定主要责任者。再次，要总结事故教训，提出整改措施。事故发生后，不论是分析事故原因还是确定事故责任，都不单单是为了惩罚事故的主要责任人，还有一个重要的目的是总结经验教训，争取同类的安全问题尽早解决，减少之后安全事故的发生。最后，对事故责任者提出处理建议。这是落实安全生产责任的重要内容，对于人为事故和责任事故，由于事故责任人的行为不规范、存在安全隐患，最后引发了安全生产事故，危及多数人的生命安全和重大公私财产，如果不对其进行惩罚，很难警醒该事故责任人不再出现同样的行为，也很难引导其他安全生产单位负责人依照安全管理法律法规承担安全生产责任，这是法律发挥引导作用和预防作用的重要基础。2021 年修法将本条中的“处理意见”修改为“处理建议”，也进一步明确了事故调查机关的职权范围，对司法机关进一步确定法律责任留出了自由裁判空间。

第三，本条明确了事故调查报告的公布。这是保障公民知情权的重要制度，是自觉接受社会监督的基础。公开的具体程序、范围内容等应按照《中华人民共和国政府信息公开条例》和《安全生产事故报告和调查处理条例》的规定进行。事故调查报告的内容基本就是事故调查的主要任务，主要包括：事故发生单位概况；事故发生经过和事故救援情况；事故造成的人员伤亡和直接经济损失；事故发生的原因和事故性质；事故责任的认定以及对事故责任者的处理建议；事故防范和整改措施等。事故调查报告应当附有相关证据材料，并有事故调查组全体成员的签名以保障其权威性和真实性。

第四，本条明确了事故调查和处理的具体办法由国务院制定。因为具体情况相对复杂，由国务院制定则更为具体和灵活。在本法制定之前，国务院已经制定了《特别重大事故调查程序暂行规定》(已失效)、《企业职工伤亡事故报告和处理规定》(已失效)、《关于特大安全事故行政责任追究的规定》等，这些规定在处理生产安全事故方面都发挥了重要作用。2007 年国务院制定了《安全生产事故报告和调查处理条例》，对事故报告、事故调查、事故处理和法律责任进行了具体的规定。首先，对不同级别的事故调查由不同部门组成调查组进行调查，特别重大事故由国务院或者国务院授权有关部门组织事故调查组进行调查；重大事故、较大事故、一般事故由事故发生地省级人民政府、设区的市级人民政府、县级人民政府直接组织事故调查组或者授权、委托有关部门组织事故调查组进行调查。县级人民政府也可以委托事故发生单位组织事故调查组对未造成人员伤亡的一般事故进行调查。在事故调查过程中，因为统计的事故伤亡人数发生变化导致事故等级变化，依据《安全生产事故报告和调查处理条例》应当由上级人民政府负责调查的，上级人民政府可以另行组织事故调查组进行调查。重大事故、较大事故、一般事故，事故发生地与责任单位不在同一个县级以上行政区域的，由事故发生地人民政府负责调查，责任单位所在地人民政府应当派人参加。其次，事故调查组的组成应当精简、高效。事故调查组由有关人民政府、安全生产监督管理部门、负有安全生产监督管理职责的有关部门、监察机关、公安机关、工会以及人民检察院人员共同组成。如果需要专业人员，也可以委托或聘请有关专家进行技术鉴定。事故调查组成员应当有能力和专业知识进行事故调查,并与所调查的事故没有直接利害关系。再次,事故调查组的职责主要是之前提到的事故调查的任务,即查明事故发生的经过、原因、人员伤亡情况及直接经济损失;认定事故的性质和事故责任;提出对事故责任者的处理建议;总结事故教训,提出防范和整改措施;提交事故调查报告。事故调查组有权要求有关单位和个人配合事故调查,随时接受事故调查组的询问,提供相关文件、资料。事故调查中发现涉嫌犯罪的,事故调查组应当做好行刑衔接,及时将有关材料移交司法机关。事故调查组成员应当诚信公正、恪尽职守地进行调查工作,遵守纪律,履行保密义务。

第五,本条明确了事故调查报告的批复。重大事故、较大事故、一般事故,负责事故调查的人民政府应当自收到事故调查报告之日起 15 日内做出批复;特别重大事故,30 日内做出批复,特殊情况下,批复时间可以适当延长,但延长的时间最长不超过 30 日。有关机关应当按照批复,依法对事故责任人员进行行政处罚,对负有事故责任的国家工作人员进行处分。事故发生单位应当按照批复,对本单位责任人员进行处理并整改本单位的安全问题,排除安全隐患。涉嫌犯罪的,依法追究刑事责任。

第六,本条明确了事故发生单位落实整改的义务。本次修改后增加第三款内容,进一步明确了负责事故调查处理的国务院有关部门和地方人民政府对事故单位落实整改情况在一定期限后要进行评估及对评估结果公开,对不履行整改措施和整改措施未落实的单位追究责任。事故单位防范和整改措施的全面落实,本就应接受工会和职工的监督,接受负有安全生产监督管理职责的部门的监督检查,接受负责事故调查处理的国务院有关部门和地方人民政府的评估监督,接受多方外部监督,以防范同类型事故再次发生,否则就需要承担法律责任。

【关联法规索引】《安全生产事故报告和调查处理条例》第二条至第十条、第十九条至第三十一条。

典型案例：王某庆与甲市人民政府行政批准申诉行政裁定书

2013 年 6 月 2 日，王某庆将 6 月 1 日未下发的 939# 罐动火许可证有效期改为 6 月 2 日，并安排三苯罐区外操作工慈某军对 939# 罐进行现场动火作业监督。慈某军到达小罐区现场时，丙建筑工程公司的领班张某伟、电气焊工陶某海、姚某利及力工石某泉已在现场。9 时 30 分许，慈某军与王某庆一起登上 939# 罐顶，王某庆闻到很重的油气味，但无法确定泄漏源，慈某军用便携式可燃气体报警器对观察孔处可燃气体浓度进行了检测，王某庆检查检尺口，并将卡口卡好后用防火布盖上，确认呼吸阀××板已加上。因泡沫发生器附近油气味道大，随即要求施工单位将泡沫发生器用黄泥堵上，将仪表小平台护栏用防火布围上。王某庆将动火许可证交给慈某军，随后离开 939# 罐施工现场。10 时 30 分许，慈某军将动火许可证交给丙建筑工程公司现场作业人员，施工人员使用气焊机等工具对腐蚀的仪表小平台板进行拆除。13 时 40 分，丙建筑工程公司 4 名作业人员开始对 939# 罐作业，1 人在罐下清扫地面，1 人在维修仪表小平台铺设新花纹板，2 人在罐顶进行动火作业。14 时 27 分 53 秒，939# 罐突然发生爆炸着火，罐体破裂，着火物料在防火堤中漫延，小罐区防火堤内形成池火。14 时 28 分 01 秒至 14 时 30 分 43 秒，937#、936#、935# 罐相继爆炸着火，16 时许，小罐区的大火被扑灭。事故致丙建筑工程公司的张某伟、陶某海、姚某利、石某泉当场死亡，造成财产损失价值人民币 1 751 025 元。

事故发生后，甲市人民政府所属的安监、监察、公安、总工会等有关单位人员组成事故调查组，对事故责任进行调查，并邀请甲市人民检察院派员参加，聘请 10 名专家参加事故调查。2013 年 6 月 4 日，L 省安全生产委员会向甲市人民政府下达《较大生产安全事故处理挂牌督办通知书》，对案涉事故予以挂牌督办。2013 年6 月 14 日，国家安全监管总局向 L 省政府发出安委办函〔2013〕××号《国务院安委会办公室关于对某石化公司“6·2”闪爆事故实行挂

牌督办的通知》,对案涉事故亦予以挂牌督办。经过现场勘查、调查取证、检验测试、综合分析等程序,2013年6月27日事故调查组将附有事故调查组成员签名的事故调查报告报送甲市人民政府,经甲市人民政府安全生产委员会办公室,报请L省和国家安全生产监督机关审核。2013年7月29日,事故调查组完成《某石化公司三苯罐区"6·2"较大爆炸火灾事故调查报告》(以下简称《事故调查报告》),认定某石化公司第一联合车间安全员王某庆,在实施"更换939#罐罐顶侧壁仪表平台"动火作业审批时,擅自更改动火作业日期,并代他人签名,且现场安全防控措施不落实,对本次事故发生负有直接责任,建议移交司法机关对其追究刑事责任。甲市人民政府于2013年11月4日作出甲政〔2013〕127号《关于某石化公司三苯罐区"6·2"较大爆炸火灾事故结案的批复》(以下简称127号《批复》),同意事故调查组对事故的原因分析、责任认定结论和对有关单位及责任人的处理意见,同意结案。2013年7月31日和8月1日,甲市人民政府信息公开网、国家安全监管总局网站分别向社会公布了《事故调查报告》全文。

一审判决认为,根据《安全生产法》第七十三条规定,事故调查处理应当按照实事求是、尊重科学的原则,及时、准确地查清事故原因,查明事故性质和责任,总结事故教训,提出整改措施,并对事故责任者提出处理意见。案涉事故发生后,甲市人民政府成立了由安监、监察、公安、总工会等相关单位人员参加的事故调查组,立即开展事故调查工作,并邀请甲市人民检察院派员参加,聘请10名专家参加事故调查;通过现场勘查、调查取证、检验测试、综合分析,事故调查组查清了事故发生的经过、原因和人员伤亡及财产损失情况,对事故性质和责任予以认定,提出对有关责任人的处理意见;甲市人民政府按照《生产安全事故报告和调查处理条例》第三十二条第一款和第三十四条规定,作出127号《批复》,并在政府信息公开网站向社会公布了事故处理的情况。甲市人民政府作出127号《批复》符合法律规定。依照《最高人民法院关于执行〈中华人民共和国行政诉讼法〉若干问题的解释》第五十六条第(四)项的规定,判决驳回王某庆的诉讼请求。

二审判决认为,根据《安全生产法》第七十三条、《生产安全事故报告和调查处理条例》第二十二条的规定,甲市人民政府依法组成由安监、监察、公安、总工会等相关单位人员参加的事故调查组,邀请甲市人民检察院派员参加,聘请10名专家参加事故调查,事故调查组符合法律规定,调查程序合法。调查组成员宋某敏、于某方、王某明三人系甲市安全生产监督管理局工作人员,虽然《事故调查报告》建议给予三人行政处分,但处分的原因系存在监管检查不力、执法不严责任。三人与事故发生不存在直接利害关系,不属于《生产安全事故报告和调查处理条例》第二十三条规定的回避人员。王某庆主张三人应当回避的理由不能成立。甲市人民政府安全生产委员会办公室向L省安全生产委员会办公室报送的《甲市人民政府安委会办公室关于审核某石化公司三苯罐区"6·2"较大爆炸火灾事故处理意见的请示》附件2《事故调查组成员签名列表》可以证明,事故调查组成员对事故调查报告已经签名,王某庆关于事故调查组成员没有签字的主张不能成立。依照《行政诉讼法》第八十九条第一款第(一)项的规定,判决驳回上诉,维持原判。

王某庆申请再审称:① 一、二审判决适用法律错误。被诉行政行为违反法定程序,事故调查组成员应当在事故调查报告上签名,而不是在其他材料上签名。② 一、二审判决违反法律规定。甲市人民政府作出被诉行政行为没有履行回避的法定义务。宋某敏、于某方、王某明属于被调查对象,按照《生产安全事故报告和调查处理条例》第二十三条规定应当回避。请求:撤销一、二审行政判决,撤销127号《批复》及其批准的《事故调查报告》。

甲市人民政府辩称:① 王某庆关于事故调查报告没有事故调查组成员签字的问题不符合事实。由于案涉事故系国务院、L省安全生产委员会挂牌督办案件,甲市人民政府将事故调查报告报请省、国家两级安全生产监督机关审核,审核后所形成的新调查报告与事故调查组无关,不应由事故调查组再次签字确认。② 事故调查组的组成符合法律规定,不存在应回避而未回避的情形。王某庆所称事故调查组成员中,宋某敏、于某方、王某明三人与案件存在直接利害关系的说法是错误的。请求驳回王某庆的再审申请。

最高人民法院经审查认为,《生产安全事故报告和调查处理条例》第三十二条第一款规定:"重大事故、较大事故、一般事故,负责事故调查的人民政府应当自收到事故调查报告之日起15日内作出批复;特别重大事故,30日内作出批复,特殊情况下,批复时间可以适当延长,但延长的时间最长不超过30日。"本案事故中死亡4人,属于较大事故,甲市人民政府收到《事故调查报告》后,经审核作出被诉127号《批复》,符合上述法律规定。一、二审判决驳回王某庆诉讼请求,并无不当。王某庆申请再审的请求,最高人民法院不予支持。

一、关于事故调查组成员未签名构成程序违法问题

《生产安全事故报告和调查处理条例》第三十条第二款规定:"事故调查报告应当附具有关证据材料。事故调查组成员应当在事故调查报告上签名。"第三十一条规定:"事故调查报告报送负责事故调查的人民政府后,事故调查工作即告结束。事故调查的有关资料应当归档保存。"根据上述规定,经负责事故调查的人民政府批准并存档的《事故调查报告》上,应当有事故调查组成员的签名。本案中,事故调查组根据省、国家安全生产监督机关的审核意见,经修改后报送甲

市人民政府审批的《事故调查报告》，是事故调查组经调查后形成的最终报告，对此报告，事故调查组全体成员应当予以签字确认，未予签字确认违反了《生产安全事故报告和调查处理条例》第三十条第二款规定，甲市人民政府未对《事故调查报告》尽到严格的审查义务，存在程序上的瑕疵。一、二审判决以事故调查组于2013年6月27日呈交L省和国务院安全生产监督机关审核的事故调查报告上的签名，作为本案被诉127号《批复》审批基础的《事故调查报告》上的签名，不符合法律规定，依法应予纠正。尽管本案存在省、国家两级安全生产委员会挂牌督办，《事故调查报告》需提交督办机关审核的事实，但是，督办机关提出的审核意见最终仍需要由事故调查组进一步调查落实，事故调查组必须对其根据挂牌督办机关审核意见作出的最终《事故调查报告》负责，应当依法在最终形成的《事故调查报告》上签字确认。甲市人民政府答辩意见认为，审核后所形成的新调查报告与事故调查组无关，不应由事故调查组再次签字确认，理由不能成立。鉴于该程序瑕疵不足以否定127号《批复》关于王某庆事故责任认定的基本事实，并不存在原审判决认定事实主要证据不足的问题。王某庆以此为由申请再审，最高人民法院不予支持。

二、关于宋某敏、于某方、王某明是否应回避问题

《生产安全事故报告和调查处理条例》第二十二条第二款规定，根据事故的具体情况，事故调查组由有关人民政府、安全生产监督管理部门、负有安全生产监督管理职责的有关部门、监察机关、公安机关以及工会派人组成，并应当邀请人民检察院派人参加。第二十三条规定，事故调查组成员应当具有事故调查所需要的知识和专长，并与所调查的事故没有直接利害关系。2004年3月22日国务院发布的《全面推进依法行政实施纲要》规定，行政机关工作人员履行职责，与行政管理相对人存在利害关系时，应当回避。根据上述规定，事故发生地的安全生产监督管理部门应当委派工作人员作为事故调查组的成员，参与事故调查活动。但是，如果地方安全生产监督管理部门的工作人员对所调查事故本身负有责任，应当依法受到处理，则该工作人员属于《生产安全事故报告和调查处理条例》第二十三条和《全

面推进依法行政实施纲要》规定的“与所调查的事故有直接利害关系”应当回避的人员。本案中，宋某敏、于某方、王某明系甲市安全生产监督管理局工作人员，但是，《事故调查报告》的建议中认为，三人分别负有“领导责任”、“监督不力、监管执法不严”以及“执法不严”的责任，应当给予相应的行政处分。宋某敏等三人参与应当给予自己行政处分的事故调查活动，“作自己案件的法官”，显然违反了法定程序和程序正当原则。一、二审判决认为宋某敏等三人与事故发生不存在直接利害关系，不属于《生产安全事故报告和调查处理条例》第二十三条规定的应当回避的人员，系对法律规定的错误理解，最高人民法院予以纠正。但是，鉴于王某庆系对本次事故发生负有直接责任，与宋某敏等三人所负责任性质完全不同，三人与王某庆之间并不存在利害关系，且本案并无证据否定被诉127号《批复》关于王某庆事故责任认定的主要事实和法律适用。王某庆以此为由申请再审，理由不能成立。

综上，王某庆的再审申请不符合《行政诉讼法》第九十一条第（三）、（四）项规定的情形。依照《最高人民法院关于执行〈中华人民共和国行政诉讼法〉若干问题的解释》第七十四条的规定，裁定如下：驳回王某庆的再审申请。

裁判要旨：事故调查报告应当附具有关证据材料。事故调查组成员应当在事故调查报告上签名。事故调查报告报送负责事故调查的人民政府后，事故调查工作即告结束。事故调查的有关资料应当归档保存。事故调查组根据省、国家安全生产监督机关的审核意见，经修改后报送甲市人民政府审批的《事故调查报告》，是事故调查组经调查后形成的最终报告，对此报告事故调查组全体成员应当予以签字确认，未予签字确认违反了《生产安全事故报告和调查处理条例》的规定，市政府未对《事故调查报告》尽到严格的审查义务，存在程序上的瑕疵。鉴于该程序瑕疵不足以否定127号《批复》关于事故责任认定的基本事实，并不存在原审判决认定事实主要证据不足的问题。

第八十七条【责任追究】

生产经营单位发生生产安全事故，经调查确定为责任事故的，除了应当查明事故单位的责任并依法予以追究外，还应当查明对安全生产的有关事项负有审查批准和监督职责的行政部门的责任，对有失职、渎职行为的，依照本法第九十条的规定追究法律责任。

【条文解读】 本条是关于追究生产经营单位及有关行政部门生产安全事故责任的规定。

生产经营单位安全事故的发生原因往往不是单一的，而是受到了多种因素的共同作用。安全事故发生后，进行事故调查处理的重要任务之一就是查明事故的性质，确定是责任事故还是非责任事故。非责任事故是由于自然原因或者其他不可抗力和意外事件造成的安全事故，该生产经营单位以及对安全生产有关事项负有审批和监督职责的行政部门对安全事故的发生无法预见或者无法控制。因此，对于非责任事故无须追究生产经营单位和有关行政部门的法律责任。责任事故是由于生产经营单位的生产管理行为不规范、存在安全隐患或者对安全生产的有关事项负有审查批准和监督职责的行政部门及其工作人员不依法履行职责造成的事故，安全生产规章制度不健全、对从业人员的安全生产教育和培训不足、违章指挥、强令冒险作业等因素和行政部门及其工作人员的失职、渎职等都是可能造成责任事故的原因，很多情况下，这二者是相互联系的，这两方面的不规范行为共同引发了责任事故。因此，对于责任事故就需要对事故单位和对安全生产的有关事项负有审查批准和监督职责的行政部门追究责任。

本条确定了事故经调查确定为责任事故后，既要依法追究生产经营单位的责任也要依法追究对安全生产的有关事项负有审查批准和监督职责的行政部门的责任。对于引起事故发生的存在安全生产管理方面问题的生产经营单位，要追求其直接责任人员、主要负责人和安全生产管理人员的责任，责任形式包括处分和行政处罚；构成犯罪的依法追究刑事责任。对于引起事故发生的不依法履职的有关行政部门，要追求其失职、渎职行为的法律责任，对其进行处分。失职、渎职行为主要包括：对不符合法定安全生产条件的涉及安全生产的事项予以批准或者验收通过的；发现未依法取得批准、验收的单位擅自从事有关活动或者接到举报后不予取缔或者不依法予以处理的；对已经依法取得批准的单位不履行监督管理职责，发现其不再具备安全生产条件而不撤销原批准或者发现安全生产违法行为不予查处的，等等。因此导致生产安全事故的，依照《安全生产法》第九十条的规定对上述行为的行政部门工作人员给予降级或者撤职的处分；构成犯罪的，依法追究刑事责任。

第八十八条【事故调查处理不得干涉】

任何单位和个人不得阻挠和干涉对事故的依法调查处理。

【条文解读】　本条是关于不得阻挠和干涉对事故的依法调查处理的规定。

事故调查的主要任务在于查明事故的前因后果，确定事故责任。只有依法地、科学地进行事故调查，明确事故的原因，找到真正的安全问题，才能通过落实防范、整改措施，预防同类型事故的再次发生。当然，对于责任事故，确定事故责任后，就需要对相关单位负责人和行政部门工作人员追究法律责任，这样才能实现法律对违法行为的负面评价，从而警醒他人。在实践中，正是因为会涉及相关人员的处分、行政处罚、刑罚等人身利益和财产利益，很多人会试图通过各种方式干扰事故调查以逃避或减轻法律责任。例如，故意破坏事故现场或者转移、隐匿有关证据；无正当理由，拒绝接受事故调查组的询问或者拒绝提供有关情况和资料；干涉对有关事故责任人员的处理等。

为了安全生产工作的落实，事故调查工作的合法性和独立性必须予以保障，只有事故调查处理客观、公正、高效，才能让安全生产法律的立法目的真正实现。本条就明确了事故依法调查、处理的独立性，任何单位和个人不得出于自身或他人利益对此予以干扰，包括生产经营单位及其有关人员、地方人民政府、政府有关部门及其工作人员等任何单位和个人，对阻挠、干涉依法调查处理事故的单位和个人应当依法追究法律责任。

第八十九条【事故定期统计分析和定期公布制度】

县级以上地方各级人民政府应急管理部门应当定期统计分析本行政区域内发生生产安全事故的情况，并定期向社会公布。

【条文解读】 本条是对事故定期统计分析和定期公布制度的规定。

事故定期统计分析是将已经发生的安全事故的调查报告进行进一步统计分析，通过数据分析的形式汇总一段时间内事故数量、事故等级、事故发生的主要原因、事故频发行业的企业特点等，分析主要的安全隐患以警醒生产经营单位定期排查、检查，依法依规安全生产，同时提醒安全生产管理的相关行政部门有针对性地做好审查、批复、监督管理工作。再通过同期对比，分析安全事故数量、等级、原因、行业企业的变化，以论证法律法规以及行政措施的效果和改善需要。定期将统计分析结果公布是将一定期限内的安全生产管理工作置于社会的监督之下，充分发挥公众的监督作用。这是促进安全生产长效机制落实、推动安全生产法律法规保持先进性和灵活性的重要制度保障，此次修法后，将这一职权赋予县级以上地方各级人民政府应急管理部门，明确了应急管理部门的职责。因此，地方人民政府应急管理部门应当认真做好对事故统计分析工作，为总结事故教训、查找安全生产中的薄弱环节、有针对性地加强事故预防提供依据，警醒可能发生事故的生产经营单位排除安全隐患。

依照《安全生产法》第十条的规定，县级以上地方各级人民政府应急管理部门依照本法，对本行政区域内安全生产工作实施综合监督管理。定期统计分析本行政区域内发生生产安全事故的情况并定期向社会公布的机关是县级以上地方各级人民政府应急管理部门。省级人民政府应急管理部门负责本省、自治区、直辖市范围内发生的生产安全事故的情况统计分析及其公布；市、县人民政府应急管理部门负责本市、县行政区域内这方面的工作。省级人民政府应急管理部门应当在省级媒体上公布，市、县级人民政府应急管理部门应当分别在市级媒体和县级媒体上公布。

通过公布的生产安全事故情况，生产经营单位可以了解本行业安全生产的形势，采取必要的防范和整改措施，提高安全生产水平；社会公众也可以了解一定时期内发生的生产安全事故，更有利于提高安全生产意识，监督生产经营单位和有关行政部门的安全生产工作；相关的行政机关也可以明确行政审查、批复、监督经常出现的纰漏所在，更有针对性地加强工作力度。

需要注意的是，《安全生产法》第八十六条中规定的事故调查报告向社会公布的制度与本条规定的生产安全事故统计分析结果向社会公布是有区别的。前者是针对具体的事故调查报告，涉及具体事故的起因、后果、事故责任和调查处理情况等内容；后者针对的是一段时间内安全生产事故的总体局面，从统计分析的角度对某一地区一段时间内生产安全事故的数量、类别、死伤人数、财产损失等综合情况进行分析。这二者不可混淆，不可替代，各自有其目的和意义所在。

第六章 法律责任

本章是关于安全生产违法行为法律责任的规定，规定了追究负有安全生产监督管理职责的部门的工作人员法律责任的具体情形，明确了生产经营单位和承担安全评价等机构对何种违法行为承担何种具体的法律责任。同时，本章还对生产安全事故责任追究作了规定，既规定了对事故负有责任的生产单位主要负责人、安全生产管理人员的法律责任，又规定了对事故负有责任的生产经营单位的法律责任。此外，本章还对安全生产违法行为的行政处罚的具体执法机关作了规定。

第九十条【不依法履行监管职责的法律责任】

负有安全生产监督管理职责的部门的工作人员，有下列行为之一的，给予降级或者撤职的处分；构成犯罪的，依照刑法有关规定追究刑事责任：

（一）对不符合法定安全生产条件的涉及安全生产的事项予以批准或者验收通过的；

（二）发现未依法取得批准、验收的单位擅自从事有关活动或者接到举报后不予取缔或者不依法予以处理的；

（三）对已经依法取得批准的单位不履行监督管理职责，发现其不再具备安全生产条件而不撤销原批准或者发现安全生产违法行为不予查处的；

（四）在监督检查中发现重大事故隐患，不依法及时处理的。

负有安全生产监督管理职责的部门的工作人员有前款规定以外的滥用职权、玩忽职守、徇私舞弊行为的，依法给予处分；构成犯罪的，依照刑法有关规定追究刑事责任。

【条文解读】　本条是关于负有安全生产监督管理职责的部门的工作人员不依法履行监管职责的法律责任的规定。

条文讲解

国务院负有安全生产监督管理职责的部门依法对全国安全生产工作实施综合监督管理，地方各级人民政府负有安全生产监督管理职责的部门依法对本行政区域内安全生产工作实施综合监督管理。负有安全生产监督管理职责的部门包括安全生产监督管理部门，如国务院应急管理部门和县级以上地方各级人民政府应急管理部门，以及对有关行业、领域的安全生产工作实施监督管理的部门，如国务院有关部门和县级以上地方各级人民政府有关部门。

这些部门的工作人员不依法履行职责的行为主要表现为：① 对不符合法定安全生产条件的涉及安全生产的事项予以批准或者验收通过。涉及安全生产的事项如《安全生产法》规定的矿山、金属冶炼、建筑施工、道路交通运输等活动中涉及的安全设施的监督等事项以及其他有关法律、行政法规规定应由负有安全生产监督管理职责的部门进行审批、验收的事项，必须符合本法和有关法律、行政法规和国家标准或者行业标准规定的安全生产条件。② 发现未依法取得批准、验收的单位擅自从事有关活动或者接到举报后不予取缔或者不依法予以处理。③ 对已经依法取得批准的单位，发现其不再具备安全生产条件而不撤销原批准或者发现安全生产违法行为不予查处。无论是未依法取得批准、验收的单位还是曾经依法取得批准但不再具备安全生产条件的单位，都不再有从事相关安全生产活动的能力和资格，应当依法处理。④ 在监督检查中发现重大事故隐患，不依法及时处理的。按照本法第六十五条的规定，应急管理部门和其他负有安全生产监督管理职责的部门应该依法开展安全生产行政执法工作，对检查中发现的事故隐患，应当责令立即排除；重大事故隐患排除前或者排除过程中无法保证安全的，应当责令从危险区域内撤出作业人员，责令暂时停产停业或者停止使用相关设施、设备；重大事故隐患排除后，经审查同意，方可恢复生产经营和使用。

根据本条规定，负有安全生产监督管理职责的部门的工作人员如果存在本条第一款所列的四项违法行为，应当承担法律责任。这是因为负有安全生产监督管理职责的部门的工作人员为国家行政机关工作人员，其出现违法行为必定要承担法律责任。法律责任包括一般的行政处分和严重的刑罚。如果违法行为仅构成一般的行政违法，则接受降级或者撤职的处分；如果违法行为严重至构成犯罪，则依照《刑法》有关规定追究刑事责任。这里的违法行为涉及的罪名主要有玩忽职守罪和滥用职权罪，是否构成犯罪、构成何种犯罪、应该承担何种刑事责任，要结合具体情形，根据《刑法》第三百九十七的规定确定。

本条第二款是兜底性条款，除第一款中列举的四项违法行为之外，负有安全生产监督管理职责的部门的工作人员有其他的滥用职权、玩忽职守、徇私舞弊行为，也应该依法予以处分，这里的处分可能是警告、记过、记大过、降级、撤职、开除等；如果违法行为严重至构成犯罪，则需要依法追究刑事责任。这是对第一款列举的违法行为的补充，因为实践中的情况并不限于这四种情形，而往往会有其他的失职、渎职行为，这也是需要接受行政处分和刑罚处罚的。

【关联法规索引】《安全生产法》第六十三条、第六十五条、第六十七条、第七十四条；《刑法》第三百九十七条。

典型案例：徐某、吴某甲玩忽职守罪

2013 年 1 月，被告人徐某、吴某甲到丙钡业有限公司进行安全生产监督检查时，发现丙钡业有限公司浸取池（槽）没有加装防护措施，存在安全事故隐患，但徐某、吴某甲在安全员宋某求情下，又考虑到丙钡业有限公司是本地招商引资企业，只在口头上提出整改要求。

2013年3月25日，徐某、吴某甲再次到丙钡业有限公司进行安全生产监督检查时，发现该企业未对浸取池存在的安全事故隐患加以整改，仍只在口头上提出整改要求，并将此问题记录在安全生产检查记录簿上。2013年5月4日，徐某、吴某甲又一次到丙钡业有限公司进行安全生产监督检查时，发现丙钡业有限公司依旧没有对浸取池需加装防护措施这一问题进行整改，仍存在安全事故隐患，便向该企业下达了责令改正指令书，责令在2013年6月15日前对浸取池存在的安全隐患进行整改，但仍允许企业继续使用浸取池。2013年5月9日5时许，丙钡业有限公司职工陈某在14号浸取池旁靠近轨道一侧工作时，不慎掉入14号浸取池内，由于抢救无效，陈某于当日6时50分死亡。经乙县人民医院诊断，陈某死亡原因是呼吸道、消化道烧伤致窒息，心、肺多处器官功能衰竭。

另查明，丙钡业有限公司在企业安全自查中，曾发现浸取池在生产作业时池边有工人来回走动，且无安全防护措施，有可能会发生安全事故，并将情况记录在该企业的安全生产检查记录簿上，徐某、吴某甲在安全生产监督检查时均未仔细翻看记录。徐某、吴某甲也知晓宋某在担任丙钡业有限公司安全员期间没有取得安全员资格。

原判认定上述事实的证据有被告人徐某、吴某甲的供述及辩解，证人宋某、曹某、贾某、龙某、郭某、韩某、吴某乙、姚某的证言，乙县安全生产监督管理局制作的现场勘验笔录及照片，陈某死亡医学证明书，书证安全生产检查记录本、责令改正指令书及现场检查笔录、现场处理措施决定书、企业法人营业执照、钡盐系列产品工程项目安全验收评估报告、达标证书、安全生产许可证，徐某、吴某甲国家工作人员身份证明材料，H市安全生产监督管理局文件，到案情况说明，死亡补偿协议书等。

该院认为，被告人徐某、吴某甲身为国家工作人员，严重不负责任，未正确履行自己的工作职责，致使人民利益遭受重大损失，其行为已构成玩忽职守罪。公诉机关指控的罪名成立。被告人徐某、吴某甲犯罪后认罪态度较好，依法可以从轻处罚。鉴于被告犯罪情节轻微，可以免予刑事处罚。据此，判决如下：① 被告人徐某犯玩忽职守罪，免予刑事处罚；② 被告人吴某甲犯玩忽职守罪，免予刑事处罚。

上诉人徐某、吴某甲上诉提出：丙钡业有限公司发生安全生产事故，企业的负责人是第一责任人，发现浸取池位置存在安全事故隐患，已两次口头提出整改，第三次下达了书面整改意见，安全事故隐患的整改需要企业去落实，上诉人主观上不存在严重不负责任、不履行职责的过失，客观上并无严重不负责任、不认真履行职责的行为，丙钡业有限公司浸取池存在的只是一般安全隐患，上诉人两次口头要求整改并无不当，与陈某的死亡无刑法上的因果关系，且依据刑法适用规则，应优先适用《安全生产法》第七十七条，上诉人并无发现该条规定的安全生产违法行为不予查处的行为，上诉人的行为不构成犯罪，请求依法改判上诉人无罪。徐某、吴某甲的辩护人提出：徐某、吴某甲在对丙钡业有限公司进行安全生产监督管理中，检查发现安全隐患后，三次要求企业进行整改，是尽职尽责的，企业就是不做，发生安全事故是企业负责人的责任，徐某、吴某甲没有玩忽职守，不能认定有罪。辩护人还提出：本案事实没有查清，因果关系不清楚，一审判决欠缺最重要的证据，即事故调查报告，仅凭陈某掉进浸取池死亡就认定存在因果关系是错误的，请求作无罪判决。

H 市人民检察院检察人员发表出庭意见：一审判决认定本案的犯罪事实清楚，证据确实充分，徐某、吴某甲的行为构成玩忽职守罪，一审判决定罪准确，量刑适当，请依法裁定驳回上诉人徐某、吴某甲的上诉，维持原判。

H 市中级人民法院认为，上诉人徐某、吴某甲身为国家工作人员，严重不负责任，不正确履行自己的工作职责，致使人民利益遭受重大损失，其行为均构成玩忽职守罪。归案后，徐某、吴某甲如实供述自己的罪行，可以从轻处罚。徐某、吴某甲上诉提出的理由，以及徐某、吴某甲的辩护人提出的意见，经查，徐某为乙县安全生产监督管理局的副局长，吴某甲为乙县安全生产监督管理局危险化学品监督管理股股长，负责对危险化学品生产企业丙钡业有限公司的安全生产监督管理工作，在其履行安全监管职能过程中，明知丙钡业有限公司安全员宋某没有取得安全员资格证书，违反了《安全生产法》第二十条第二款的规定："危险物品的生产、经营、储存单位以及矿山、建筑施工单位的主要负责人和安全生产管理人员，应当由有关主管部门对其安全生产知识和管理能力考核合格后方可任职……"应当依照《安全生产法》第八十二条第(二)项的规定："生产经营单位有下列行为之一的，责令限期改正；逾期未改正的，责令停产停业整顿，可以并处二万元以下的罚款：(二)危险物品生产、经营、储存单位以及矿山、建筑施工单位的主要负责人和安全生产管理人员未按照规定经考核合格的"，责令丙钡业有限公司限期改正，逾期不改正的，应责令停产停业整顿，但徐某、吴某甲对该安全生产违法行为不予查处。丙钡业有限公司焙烧车间(第一车间)的浸取池是一个高温高热的作业场所，浸取池内溶液为硫化钡，国家安全生产监督管理局颁布的《危险化学品名录》中明确硫化钡系碱性腐蚀品，中华人民共和国国务院颁布的《危险化学品安全管理条例》第二十条规定："生产、储存危险化学品的单位，应当根据其生产、储存的危险化学品的种类和危险特性，在作业场所设置相应的监测、监控、通风、防晒、调温、防火、灭火、防爆、泄压、防毒、中和、防潮、防雷、防静电、防腐、防泄漏以及防护围堤或者隔离操作等安全设施、设备，并按照国家标准、行业标准或者国家有关规定对安全设施、设备进行经常性维护、保养，保证安全设施、设备的正常使用。生产、储存危险化学品的单位，应当在其作业场所和安全设施、设备上设置明显的安全警示标志。"徐某、吴某甲对丙钡业有限公司进行安全生产监督检查时，发现该公司违反上述规定，未在焙烧车间生产危险化学品硫化钡的浸取池作业场所设置防护围栏，未设置安全警示标志，存在安全生产事故隐患，没有按照《安全生产法》第八十五条的规定。在两次口头要求丙钡业有限公司对该安全生产事故隐患进行整改未果的情况下，及时责令丙钡业有限公司停产停业整顿，而是违反其职责要求，不认真予以查处，并于2013年5月4日下发了责令改正指令书，责令丙钡业有限公司在2013年6月15日前整改完毕，即仍允许该公司继续使用浸取池进行生产，对丙钡业有限公司焙烧车间浸取池作业场所潜在的危险转向现实的危险提供了客观帮助，造成了发生危险的可能性，最终可能的危险在丙钡业有限公司的违法、违规行为下成为现实的危害结果，则徐某、吴某甲的行为与丙钡业有限公司职工陈某在该公司焙烧车间浸取池工作场所工作时发生事故死亡之间，具有刑法上的因果关系。《最高人民法院〈关于进一步加强危害生产安全刑事案件审判工作的意见〉》第6点规定："审理危害生产安全刑事案件，政府或相关职能部门依法对事故原因、损失大小、责任划分作出的调查认定，经庭审质证后，结合其他证据，可作为责任认定的依据。"即发生安全生产事故后，政府或者相关职能部门对事故原因、责任划分等作出的事故调查报告，需经庭审质证，查证属实，并结合其他证据方可作为案件责任认定的依据，但不是案件责任认定的唯一依据。一审判决认定徐某、吴某甲玩忽职守的犯罪事实，有徐某、吴某甲的供述、宋某、韩某、吴某乙、曹某、贾某、龙某、郭某等人的证言、乙县安全生产监督管理局制作的事故现场勘验笔录及照片、陈某死亡医学证明书、安全生产检查记录本等相关的书证证明，足以认定，徐某、吴某甲的行为符合玩忽职守罪的法定构成要件，构成玩忽职守罪，一审判决鉴于徐某、吴某甲的犯罪情节轻微，对徐某、吴某甲作出免予刑事处罚的量刑恰当，徐某、吴某甲上诉提出的理由及其辩护人辩护提出的意见不能成立，H市中级人民法院不予采纳。H市人民检察院出庭检察人员提出"一审判决认定本案的犯罪事实清楚，证据确实充分，徐某、吴某甲的行为构成玩忽职守罪，一审判决定罪准确，量刑适当，请依法裁定驳回上诉人徐某、吴某甲的上诉，维持原判"的意见成立，H市中级人民法院予以采纳。

综上所述，原判认定事实清楚，证据确实充分，定罪准确，量刑适当，审判程序合法。据此，依照《刑法》第三百九十七条第一款、第三十七条、第六十七条第三款，《中华人民共和国刑事诉讼法》第二百二十五条第一款第(一)项的规定，裁定如下：驳回上诉人徐某、吴某甲的上诉，维持原判。

裁判要旨：犯罪嫌疑人负责对危险化学品生产企业的安全生产监督管理工作，在其履行安全监管职能过程中，明知安全员没有取得安全员资格证书，应责令限期改正；逾期未改正的，责令停产停业整顿，可以并处二万元以下的罚款，但对该安全生产违法行为不予查处，构成玩忽职守罪。

第九十一条【监管部门违法责任】

负有安全生产监督管理职责的部门，要求被审查、验收的单位购买其指定的安全设备、器材或者其他产品的，在对安全生产事项的审查、验收中收取费用的，由其上级机关或者监察机关责令改正，责令退还收取的费用；情节严重的，对直接负责的主管人员和其他直接责任人员依法给予处分。

【条文解读】　本条是关于监管部门违反规定指定购买产品或收取费用的法律责任的规定。

条文讲解

负有安全生产监督管理职责的部门审查、验收生产经营单位是其职责，而要求被审查、验收的单位购买其指定的安全设备、器材或者其他产品，或者收取费用则是以权谋私，极有可能滋生腐败，这是严重违反行政机关工作人员的职业道德和法律法规的行为。这些行为干扰了生产经营单位的经营自主权，加重了生产经营单位的负担，也损害了生产经营单位和公众对于国家机关的信任。根据本条规定，对于有本条规定的违法行为的，应由其上级机关或者监察机关责令改正，责令退还收取的费用；情节严重的，对直接负责的主管人员和其他直接责任人员依法给予处分。这里的处分包括警告、记过、记大过、降级、撤职、开除；情节严重包括在审查、验收中多次指定购买产品或多次收取费用；直接负责的主管人员是指对违法行为有直接领导责任的人员，包括明示实施违法行为的决策者、事后予以认可的领导人员以及默示放任或疏于管理违法行为的领导人员；其他直接责任人员是指直接实施违法行为的人员。

第九十二条【中介机构违法责任】

承担安全评价、认证、检测、检验职责的机构出具失实报告的，责令停业整顿，并处三万元以上十万元以下的罚款；给他人造成损害的，依法承担赔偿责任。

承担安全评价、认证、检测、检验职责的机构租借资质、挂靠、出具虚假报告的，没收违法所得；违法所得在十万元以上的，并处违法所得二倍以上五倍以下的罚款，没有违法所得或者违法所得不足十万元的，单处或者并处十万元以上二十万元以下的罚款；对其直接负责的主管人员和其他直接责任人员处五万元以上十万元以下的罚款；给他人造成损害的，与生产经营单位承担连带赔偿责任；构成犯罪的，依照刑法有关规定追究刑事责任。

对有前款违法行为的机构及其直接责任人员，吊销其相应资质和资格，五年内不得从事安全评价、认证、检测、检验等工作；情节严重的，实行终身行业和职业禁入。

【条文解读】 本条是对安全生产中介服务机构违法行为法律责任的规定。

应急管理部颁布的《安全评价检测检验机构管理办法》对安全生产中介服务机构及其直接责任人员的违法行为作了更为具体的规定。第三十一条规定：承担安全评价、检测检验工作的机构，出具虚假证明的，没收违法所得；违法所得在十万元以上的，并处违法所得二倍以上五倍以下的罚款；没有违法所得或者违法所得不足十万元的，单处或者并处十万元以上二十万元以下的罚款；对其直接负责的主管人员和其他直接责任人员处二万元以上五万元以下的罚款；给他人造成损害的，与生产经营单位承担连带赔偿责任；构成犯罪的，依照刑法有关规定追究刑事责任。对有前款违法行为的机构，由资质认可机关吊销其相应资质，向社会公告，按照国家有关规定对相关机构及其责任人员实行行业禁入，纳入不良记录“黑名单”管理，以及安全评价检测检验机构信息查询系统。这里需要注意：2021 年《安全生产法》修改后的本法条对于直接负责的主管人员和其他直接责任人员的处罚（处五万元以上十万元以下的罚款）明显要比《安全评价检测检验机构管理办法》第三十一条规定处罚（处二万元以上五万元以下的罚款）重，安全评价检测检验机构相关人员和执法工作人员应引起注意。以上条文中安全评价检测检验机构为安全评价机构、安全生产检测检验机构的统称，下同。

资质认可机关及其下级部门、矿山安全监察机构、事故调查组在安全生产行政许可、建设项目安全设施“三同时”审查、监督检查和事故调查中，发现安全评价检测检验机构在安全评价、检测检验活动中有违法违规行为的，依法实施行政处罚；情节严重的，可吊销、撤销安全评价检测检验机构的资质。

对于未取得资质的机构及其有关人员擅自从事安全评价、检测检验服务的，责令立即停止违法行为，依照下列规定给予处罚：① 机构有违法所得的，没收其违法所得，并处违法所得一倍以上三倍以下的罚款，但最高不得超过三万元；没有违法所得的，处五千元以上一万元以下的罚款；② 有关人员处五千元以上一万元以下的罚款。对有前款违法行为的机构及其人员，由资质认可机关记入有关机构和人员的信用记录，并依照有关规定予以公告。

安全评价检测检验机构有下列情形之一的，责令改正或者责令限期改正，给予警告，可以并处一万元以下的罚款；逾期未改正的，处一万元以上三万元以下的罚款，对相关责任人处一千元以上五千元以下的罚款；情节严重的，处一万元以上三万元以下的罚款，对相关责任人处五千元以上一万元以下的罚款：① 未依法与委托方签订技术服务合同的；② 违反法规标准规定更改或者简化安全评价、检测检验程序和相关内容的；③ 未按规定公开安全评价报告、安全生产检测检验报告相关信息及现场勘验图像影像资料的；④ 未在开展现场技术服务前七个工作日内，书面告知项目实施地资质认可机关的；⑤ 机构名称、注册地址、实验室条件、法定代表人、专职技术负责人、授权签字人发生变化之日起三十日内未向原资质认可机关提出变更申请的；⑥ 未按照有关法规标准的强制性规定从事安全评价、检测检验活动的；⑦ 出租、出借安全评价检测检验资质证书的；⑧ 安全评价项目组组长及负责勘验人员不到现场实际地点开展勘验等有关工作的；⑨ 承担现场检测检验的人员不到现场实际地点开展设备检测检验等有关工作的；⑩ 安全评价报告存在法规标准引用错误、关键危险有害因素漏项、重大危险源辨识错误、对策措施建议与存在问题严重不符等重大疏漏，但尚未造成重大损失的；⑪ 安全生产检测检验报告存在法规标准引用错误、关键项目漏检、结论不明确等重大疏漏，但尚未造成重大损失的。

本条第三款为新修改的条款，对于因违法行为而被吊销相应资质和资格的安全评价检测检验机构及其直接责任人员处罚得更为严厉，规定其在五年内不得从事安全评价、认证、检测、检验等工作；情节严重的，实行终身行业和职业禁入。本条款修改前，安全评价检测检验机构就是有非常严重的违法行为也仅是吊销其相应资质，对于以后再进入本行业未有规定，对于直接责任人员的处罚更是未有提及。修改后的条款，对于有违法行为的安全评价检测检验机构及其直接责任人员的处罚更为全面、具体，极大地提高了安全评价检测检验机构及其直接责任人员的违法成本，也使得安全生产监管执法人员对其违法行为的处罚有法可依。

第九十三条【资金投入违法责任】

生产经营单位的决策机构、主要负责人或者个人经营的投资人不依照本法规定保证安全生产所必需的资金投入，致使生产经营单位不具备安全生产条件的，责令限期改正，提供必需的资金；逾期未改正的，责令生产经营单位停产停业整顿。

有前款违法行为，导致发生生产安全事故的，对生产经营单位的主要负责人给予撤职处分，对个人经营的投资人处二万元以上二十万元以下的罚款；构成犯罪的，依照刑法有关规定追究刑事责任。

【条文解读】 本条是关于生产经营单位的决策机构、主要负责人或者个人经营的投资人安全生产资金投入违法责任的规定。

条文讲解

进行必要的安全生产资金投入，是生产经营单位的法定义务。安全生产资金投入，是生产经营单位生产经营活动安全进行，防止和减少生产安全事故的重要保障。从许多事故分析可以看出，一些生产经营单位由于各种原因，安全生产资金投入严重不足，安全设施、设备陈旧甚至带病运转，防灾抗灾能力下降，是事故多发的重要原因之一。特别是实行市场经济以来，个别生产经营单位为了追求一时的经济利益，要钱不要职工的命，千方百计减少安全生产资金投入，致使其不具备起码的安全生产条件，事故隐患严重，极易导致事故发生。为此，本条规定，生产经营单位应当具备的安全生产条件所需的资金投入，由生产经营单位的决策机构、主要负责人或者个人经营的投资人予以保证。这一规定，一方面明确了资金投入的最低要求，即必须保证生产经营单位能够持续地具备本法和有关法律、法规、国家标准或者行业标准所规定的安全生产条件；另一方面根据生产经营单位的经济成分、经营方式的不同，明确了资金保证义务的承担主体，即生产经营单位的决策机构、主要负责人或者个人经营的投资人。

本条第二款明确规定，由于生产经营单位的决策机构、主要负责人或者个人经营的投资人不依照本法规定保证安全生产所必需的资金投入，使得生产经营单位不具备安全生产条件，从而导致生产安全事故发生的，安全投入的决策主体要承担相应的法律责任。

第九十四条【单位主要负责人违法责任】

生产经营单位的主要负责人未履行本法规定的安全生产管理职责的，责令限期改正，处二万元以上五万元以下的罚款；逾期未改正的，处五万元以上十万元以下的罚款，责令生产经营单位停产停业整顿。

生产经营单位的主要负责人有前款违法行为，导致发生生产安全事故的，给予撤职处分；构成犯罪的，依照刑法有关规定追究刑事责任。

生产经营单位的主要负责人依照前款规定受刑事处罚或者撤职处分的，自刑罚执行完毕或者受处分之日起，五年内不得担任任何生产经营单位的主要负责人；对重大、特别重大生产安全事故负有责任的，终身不得担任本行业生产经营单位的主要负责人。

【条文解读】 本条是关于生产经营单位主要负责人对其违法行为法律责任的承担的规定。

根据《安全生产法》第二十一条的规定，生产经营单位的主要负责人对本单位安全生产工作负有下列职责：① 建立健全并落实本单位全员安全生产责任制，加强安全生产标准化建设；② 组织制定并实施本单位安全生产规章制度和操作规程；③ 组织制定并实施本单位安全生产教育和培训计划；④ 保证本单位安全生产投入的有效实施；⑤ 组织建设并落实安全风险分级管控和隐患排查治理双重预防工作机制，督促、检查本单位的安全生产工作，及时消除生产安全事故隐患；⑥ 组织制定并实施本单位的生产安全事故应急救援预案；⑦ 及时、如实报告生产安全事故。

2021年修改后的《安全生产法》特别规定，生产经营单位的主要负责人未履行上述安全生产管理职责的，责令限期改正的同时，并处二万元以上五万元以下的罚款；逾期未改正的，处五万元以上十万元以下的罚款，责令生产经营单位停产停业整顿。进一步加强了生产经营单位主要责任人履行安全生产管理职责的法律责任。

同时，《安全生产法》还对因生产安全事故受到刑事处罚或者撤职处分的生产经营单位的主要负责人的从业资格进行了限制，即自刑罚执行完毕或者受处分之日起，五年内不得担任任何生产经营单位的主要负责人；对重大、特别重大生产安全事故负有责任的，终身不得担任本行业生产经营单位的主要负责人。

（一）主要负责人涉嫌的生产安全刑事罪名

从《刑法》以及最高人民法院的司法解释来看，生产经营单位的主要负责人涉嫌的罪名主要有：

（1）重大责任事故罪

本罪的犯罪主体是对生产、作业负有组织、指挥或者管理职责的负责人、管理人员、实际控制人、投资人等人员，以及直接从事生产、作业的人员。

本罪的客观方面表现为对生产、作业负有组织、指挥或者管理职责的负责人、管理人员、实际控制人、投资人等人员，以及直接从事生产、作业的人员存在违反有关安全管理的规定，且造成“重大伤亡事故或者造成其他严重后果”的行为。本罪属于结果犯，只有“造成重大伤亡事故或者造成其他严重后果”的，才构成本罪。“重大伤亡事故或者造成其他严重后果”的认定标准如下：① 造成死亡一人以上，或者重伤三人以上的；② 造成直接经济损失一百万元以上的；③ 其他造成严重后果或者重大安全事故的情形。

构成本罪的，处三年以下有期徒刑或者拘役。情节特别恶劣的，处三年以上七年以下有期徒刑。“情节特别恶劣”的认定标准：① 造成死亡三人以上或者重伤十人以上，负事故主要责任的；② 造成直接经济损失五百万元以上，负事故主要责任的；③ 其他情节特别恶劣的情形。

（2）强令、组织他人违章冒险作业罪

本罪的犯罪主体是对生产、作业负有组织、指挥或者管理职责的负责人、管理人员、实际控制人、投资人等人员。

《中华人民共和国刑法修正案（十一）》将本罪的客观方面表现修改为对生产、作业负有组织、指挥或者管理职责的负责人、管理人员、实际控制人、投资人等人员强令他人违章冒险作业；或者明知存在重大事故隐患而不排除，仍冒险组织作业，因而发生重大伤亡事故或者造成其他严重后果的行为。本罪的客观方面要注意两点：其一，“强令他人违章冒险作业”是指对生产、作业负有组织、指挥或者管理职责的负责人、管理人员、实际控制人、投资人等人员明知存在事故隐患、继续作业存在危险，仍然违反有关安全管理的规定，实施下列行为之一的：① 利用组织、指挥、管理职权，强制他人违章作业的；② 采取威逼、胁迫、恐吓等手段，强制他人违章作业的；③ 故意掩盖事故隐患，组织他人违章作业的；④ 其他强令他人违章作业的行为。其二，“明知存在重大事故隐患而不排除”是指对生产、作业负有组织、指挥或者管理职责的负责人、管理人员、实际控制人、投资人等人员明知存在事故隐患、继续作业存在危险，仍然采取消极不作为的方式应对。其三，本罪属于结果犯，只有“造成重大伤亡事故或者造成其他严重后果的”，才构成本罪，没有发生危害后果的，不构成本罪。出现下列情形之一的，应认定为“造成重大伤亡事故或者造成其他严重后果”：① 造成死亡一人以上，或者重伤三人以上的；② 造成直接经济损失一百万元以上的；③ 其他造成严重后果或者重大安全事故的情形。

构成本罪的，处五年以下有期徒刑或者拘役。本罪属于情节加重犯。情节特别恶劣的，处五年以上有期徒刑。出现下列情形之一的，应认定为“情节特别恶劣”：① 造成死亡三人以上或者重伤十人以上，负事故主要责任的；② 造成直接经济损失五百万元以上，负事故主要责任的；③ 其他情节特别恶劣的情形。

（3）危险作业罪

本罪的犯罪主体是在生产、作业中的各类安全责任主体，既包括管理职责的负责人，也包括实际的操作人员。

本罪的客观方面具体表现为：① 关闭、破坏直接关系生产安全的监控、报警、防护、救生设备、设施，或者篡改、隐瞒、销毁其相关数据、信息的；② 因存在重大事故隐患被依法责令停产停业、停止施工、停止使用有关设备、设施、场所或者立即采取排除危险的整改措施，而拒不执行的；③ 涉及安全生产的事项未经依法批准或者许可，擅自从事矿山开采、金属冶炼、建筑施工，以及危险物品生产、经营、储存等高度危险的生产作业活动的。本罪属于危险犯，具有其他严重后果的现实危险就可以予以规制。

构成本罪的处一年以下有期徒刑、拘役或者管制。

（4）重大劳动安全事故罪

对安全生产设施或者安全生产条件直接负责的主管人员和其他直接责任人员是本罪的犯罪主体，具体是指对安全生产设施或者安全生产条件不符合国家规定负有直接责任的生产经营单位负责人、管理人员、实际控制人、投资人，以及其他对安全生产设施或者安全生产条件负有管理、维护职责的人员。

本罪的客观方面表现为“安全生产设施或者安全生产条件不符合国家规定，因而发生重大伤亡事故或者造成其他严重后果”的行为。本罪属于结果犯，只有“发生重大伤亡事故或者造成其他严重后果”的，才构成本罪。有下列情形之一的，应认定为“发生重大伤亡事故或者造成其他严重后果”：① 造成死亡一人以上，或者重伤三人以上的；② 造成直接经济损失一百万元以上的；③ 其他造成严重后果或者重大安全事故的情形。

构成本罪的，处三年以下有期徒刑或者拘役。情节特别恶劣的，处三年以上七年以下有期徒刑。有下列情形之一的,应认定为“情节特别恶劣”:① 造成死亡三人以上或者重伤十人以上,负事故主要责任的;② 造成直接经济损失五百万元以上,负事故主要责任的;③ 其他情节特别恶劣的情形。

本罪与重大责任事故罪相比,属于特殊罪名,凡是因安全生产设施或者安全生产条件不符合国家规定,因而发生重大伤亡事故或者造成其他严重后果的,应认定为本罪,而不是重大责任事故罪。

(5) 大型群众性活动重大安全事故罪

对举办大型群众性活动直接负责的主管人员和其他直接责任人员是本罪的犯罪主体。

本罪的客观方面表现为“举办大型群众性活动违反安全管理规定,因而发生重大伤亡事故或者造成其他严重后果”的行为。本罪属于结果犯,只有“发生重大伤亡事故或者造成其他严重后果”的,才构成本罪。有下列情形之一的,应认定为“发生重大伤亡事故或者造成其他严重后果”:① 造成死亡一人以上,或者重伤三人以上的;② 造成直接经济损失一百万元以上的;③ 其他造成严重后果或者重大安全事故的情形。

构成本罪的,处三年以下有期徒刑或者拘役。情节特别恶劣的,处三年以上七年以下有期徒刑。有下列情形之一的,应认定为“情节特别恶劣”:① 造成死亡三人以上或者重伤十人以上,负事故主要责任的;② 造成直接经济损失五百万元以上,负事故主要责任的;③ 其他情节特别恶劣的情形。

(6) 危险物品肇事罪

爆炸性、易燃性、放射性、毒害性、腐蚀性物品的生产者、储存者、运输者、使用者是本罪的犯罪主体。

本罪的客观方面表现为“违反爆炸性、易燃性、放射性、毒害性、腐蚀性物品的管理规定,在生产、储存、运输、使用中发生重大事故,造成严重后果”的行为。本罪属于结果犯,只有“发生重大事故的”,才构成本罪。有下列情形之一的,应认定为“发生重大事故”:① 造成死亡一人以上,或者重伤三人以上的;② 造成直接经济损失一百万元以上的;③ 其他造成严重后果或者重大安全事故的情形。

构成本罪的,处三年以下有期徒刑或者拘役。后果特别严重的,处三年以上七年以下有期徒刑。有下列情形之一的,应认定为"后果特别严重":① 造成死亡三人以上或者重伤十人以上,负事故主要责任的;② 造成直接经济损失五百万元以上,负事故主要责任的;③ 其他后果特别严重的情形。

(7) 工程重大安全事故罪

本罪的犯罪主体是建设单位、设计单位、施工单位、工程监理单位的直接责任人员。

本罪的客观方面表现为"建设单位、设计单位、施工单位、工程监理单位违反国家规定,降低工程质量标准,造成重大安全事故"的行为。本罪属于结果犯,只有"造成重大安全事故",才构成本罪,没有发生危害后果的,不构成本罪。出现下列情形之一的,应认定为"造成重大安全事故":① 造成死亡一人以上,或者重伤三人以上的;② 造成直接经济损失一百万元以上的;③ 其他造成严重后果或者重大安全事故的情形。

构成本罪的,处五年以下有期徒刑或者拘役,并处罚金。后果特别严重的,处五年以上十年以下有期徒刑,并处罚金。出现下列情形之一的,应认定为"后果特别严重":① 造成死亡三人以上或者重伤十人以上,负事故主要责任的;② 造成直接经济损失五百万元以上,负事故主要责任的;③ 其他后果特别严重的情形。

(8) 教育设施重大安全事故罪

本罪的犯罪主体是负责校舍或者教育教学设施安全的直接责任人员。

本罪的客观方面表现"明知校舍或者教育教学设施有危险,而不采取措施或者不及时报告,致使发生重大伤亡事故"的行为。造成死亡一人以上,或者重伤三人以上的,应认定为"重大伤亡事故"。

构成本罪的,处三年以下有期徒刑或者拘役。后果特别严重的,处三年以上七年以下有期徒刑。出现下列情形之一的,应认定为"后果特别严重":① 造成死亡三人以上或者重伤十人以上,负事故主要责任的；② 造成死亡一人以上，或者重伤三人以上，同时造成直接经济损失五百万元以上并负事故主要责任的，或者同时造成恶劣社会影响的。

(9) 不报、谎报安全事故罪

本罪的犯罪主体是安全事故发生后，负有组织、指挥或者管理职责的负责人、管理人员、实际控制人、投资人，以及其他负有报告职责的人员。

本罪的客观方面表现为"在安全事故发生后，负有报告职责的人员不报或者谎报事故情况，贻误事故抢救，情节严重"的行为。本罪属于情节犯，只有"情节严重"的，才构成本罪。有下列情形之一的，应认定为"情节严重"：① 在安全事故发生后，负有报告职责的人员不报或者谎报事故情况，贻误事故抢救，导致事故后果扩大，增加死亡一人以上，或者增加重伤三人以上，或者增加直接经济损失一百万元以上的；② 实施下列行为之一，致使不能及时有效开展事故抢救的：决定不报、迟报、谎报事故情况或者指使、串通有关人员不报、迟报、谎报事故情况的；在事故抢救期间擅离职守或者逃匿的；伪造、破坏事故现场，或者转移、藏匿、毁灭遇难人员尸体，或者转移、藏匿受伤人员的；毁灭、伪造、隐匿与事故有关的图纸、记录、计算机数据等资料以及其他证据的；③ 其他情节严重的情形。

构成本罪的，处三年以下有期徒刑或者拘役。情节特别严重的，处三年以上七年以下有期徒刑。有下列情形之一的，应认定为"情节特别严重"：① 导致事故后果扩大，增加死亡三人以上，或者增加重伤十人以上，或者增加直接经济损失五百万元以上的；② 采用暴力、胁迫、命令等方式阻止他人报告事故情况，导致事故后果扩大的；③ 其他情节特别严重的情形。

在安全事故发生后，与负有报告职责的人员串通，不报或者谎报事故情况，贻误事故抢救，情节严重的，依照不报、谎报安全事故罪，以共犯论处。

(10) 铁路运营安全事故罪

本罪的犯罪主体是铁路职工。

本罪的客观方面表现为“铁路职工违反规章制度，致使发生铁路运营安全事故，造成严重后果”的行为。本罪属于结果犯，只有“造成严重后果”的，才构成本罪。“造成严重后果”认定标准如下：① 造成死亡一人以上，或者重伤三人以上的；② 造成直接经济损失一百万元以上的；③ 其他造成严重后果或者重大安全事故的情形。

构成本罪的，处三年以下有期徒刑或者拘役。造成特别严重后果的，处三年以上七年以下有期徒刑。“特别严重后果 ”的认定标准：① 造成死亡三人以上或者重伤十人以上，负事故主要责任的；② 造成直接经济损失五百万元以上，负事故主要责任的；③ 其他造成特别严重后果的情形。

在安全事故发生后，直接负责的主管人员和其他直接责任人员故意阻挠开展抢救，导致人员死亡或者重伤，或者为了逃避法律追究，对被害人进行隐藏、遗弃，致使被害人因无法得到救助而死亡或者重度残疾的，分别依照《刑法》第二百三十二条、第二百三十四条的规定，以故意杀人罪或者故意伤害罪定罪处罚。

（二）生产安全事故犯罪的从重处罚

构成铁路运营安全事故罪，重大责任事故罪，强令、组织他人违章冒险作业罪，重大劳动安全事故罪，大型群众性活动重大安全事故罪，危险物品肇事罪，工程重大安全事故罪，教育设施重大安全事故罪，消防责任事故罪，不报、谎报安全事故罪，具有下列情形之一的，从重处罚：

（1）未依法取得安全许可证件或者安全许可证件过期、被暂扣、吊销、注销后从事生产经营活动的；

（2）关闭、破坏必要的安全监控和报警设备的；

（3）已经发现事故隐患，经有关部门或者个人提出后，仍不采取措施的；

（4）一年内曾因危害生产安全违法犯罪活动受过行政处罚或者刑事处罚的；

（5）采取弄虚作假、行贿等手段，故意逃避、阻挠负有安全监督管理职责的部门实施监督检查的；

(6) 安全事故发生后转移财产意图逃避承担责任的；

(7) 其他从重处罚的情形。

采取弄虚作假、行贿等手段，故意逃避、阻挠负有安全监督管理职责的部门实施监督检查的，构成生产安全事故犯罪的，从重处罚。同时构成行贿罪的，依照数罪并罚的规定处罚。

(三) 生产安全事故犯罪的从轻处罚

构成铁路运营安全事故罪，重大责任事故罪，强令、组织他人违章冒险作业罪，重大劳动安全事故罪，大型群众性活动重大安全事故罪，危险物品肇事罪，工程重大安全事故罪，教育设施重大安全事故罪，消防责任事故罪，不报、谎报安全事故罪，在安全事故发生后积极组织，参与事故抢救，或者积极配合调查、主动赔偿损失的，可以酌情从轻处罚。

(四) 生产安全事故犯罪分子的从业资格限制

《最高人民法院、最高人民检察院关于办理危害生产安全刑事案件适用法律若干问题的解释》第十六条规定，对于实施危害生产安全犯罪适用缓刑的犯罪分子，可以根据犯罪情况，禁止其在缓刑考验期限内从事与安全生产相关联的特定活动；对于被判处刑罚的犯罪分子，可以根据犯罪情况和预防再犯罪的需要，禁止其自刑罚执行完毕之日或者假释之日起三年至五年内从事与安全生产相关的职业。

【关联法规索引】《安全生产法》第二十一条；《刑法》第一百三十二条、第一百三十四条至第一百三十九条；《最高人民法院、最高人民检察院关于办理危害生产安全刑事案件适用法律若干问题的解释》。

第九十五条【对事故单位主要负责人的罚款】

生产经营单位的主要负责人未履行本法规定的安全生产管理职责，导致发生生产安全事故的，由应急管理部门依照下列规定处以罚款：

(一) 发生一般事故的，处上一年年收入百分之四十的罚款；

(二) 发生较大事故的，处上一年年收入百分之六十的罚款；

(三) 发生重大事故的，处上一年年收入百分之八十的罚款；

（四）发生特别重大事故的，处上一年年收入百分之一百的罚款。

【条文解读】 本条是关于对事故单位主要负责人罚款的规定。

生产经营单位负责人未履行《安全生产法》第二十一条等相关条文规定的法律责任，导致发生生产安全事故的，不但要按照本法规定给予撤职处分或者追究刑事责任，而且还要对其进行事故罚款。

依据《生产安全事故报告和调查处理条例》第三条的规定，特别重大事故，是指造成30人以上死亡，或者100人以上重伤（包括急性工业中毒，下同），或者1亿元以上直接经济损失的事故；重大事故，是指造成10人以上30人以下死亡，或者50人以上100人以下重伤，或者5 000万元以上1亿元以下直接经济损失的事故；较大事故，是指造成3人以上10人以下死亡，或者10人以上50人以下重伤，或者1 000万元以上5 000万元以下直接经济损失的事故；一般事故，是指造成3人以下死亡，或者10人以下重伤，或者1 000万元以下直接经济损失的事故。其中，“以上”包括本数，“以下”不包括本数。

【关联法规索引】 《安全生产法》第二十一条；《生产安全事故报告和调查处理条例》第三条、第三十八条。

典型案例：张某义与甲市人民政府安全生产行政批准决定行政纠纷案

涉案的苏A×××××大型普通客车所有人为旅游汽车公司；豫S×××××大型普通客车所有人为某运输集团第一客运公司。豫A×××××小型轿车所有人为王某田。2017年1月25日13时28分，罗某军驾驶豫S×××××大型普通客车从应急车道行驶至沪陕高速上行线669 km＋600 m处时，车辆左前部与骑、轧车道分隔线的旅游汽车公司驾驶员束某锋驾驶的苏A×××××大型普通客车右侧后视镜发生刮擦，之后又与其右侧尾部发生刮擦，苏A×××××大型普通客车方向失控，致车辆冲出高速公路中央分隔带护栏，与对向超车道内行驶的豫A×××××小型轿车前部发生碰撞，造成豫A×××××小型轿车驾驶员及车内乘坐人员共4人当场死亡以及高速公路附属设施不同程度损坏。事故发生后，甲市公安局交通警察支队高速七大队（负责事发路段的交通安全管理工作）立即派员赶往事故现场进行处置。2017年1月13日，高速七大队作出甲公交（高七）认字〔2017〕第002号道路交通事故认定书，认为束某锋驾驶机动车在高速公路上行驶，骑、轧车道分隔线行驶，违反了《道路交通安全法实施条例》第八十二条第三款的规定，认定束某锋承担本起交通事故的次要责任。2017年2月7日，束某锋向甲市公安局交通警察支队提交了道路交通事故责任认定复核申请书，要求撤销上述道路交通事故认定书，并重新划分事故责任。2017年3月14日，高速七大队作出甲公交（高七）认字〔2017〕第005号道路交通事故认定书，认为束某锋驾驶机动车在高速公路上行驶，骑、轧车道分割线行驶，违反了《道路交通安全法实施条例》第八十二条第三款的规定，认定罗某军、束某锋承担事故的同等责任。王某田等4人无责任。

2017年2月10日，根据被告授权，甲市安全生产监督管理局（以下简称甲市安监局）牵头成立了由甲市安监局、甲市交通局、甲市公安局、甲市监察局、甲市总工会组成沪陕高速上行线K669处"1·25"较大道路交通事故调查组，并邀请甲市人民检察院派员参加，对事故进行了调查。2017年6月8日，该交通事故调查组作出（甲）安监管〔2017〕75号《关于拟请市政府批复较大道路交通事故事故调查报告的请示》，认定"1·25"较大道路交通事故是一起生产安全责任事故。其中所附的调查报告事故责任认定及处理建议中涉及原告的内容为：张某义，S省外事旅游汽车公司法定代表人，公司安全生产第一责任人，组织制定的安全生产教育培训计划规定的时间和年度教育培训频次不足，对事故发生负有领导责任。依据《安全生产法》第九十二条第（二）项规定，建议由甲市安监局对其处以上一年年收入40%的罚款。2017年6月13日，被告作出69号《关于"1·25"较大道路交通事故调查报告的批复》（以下简称69号批复），其第二条第（五）项内容为：张某义，S省外事旅游汽车公司法定代表人，公司安全生产第一责任人，组织制定的安全生产教育培训计划规定的时间和年度教育培训频次不足，对事故发生负有领导责任。依据《安全生产法》第九十二条第（二）项规定，由甲市安监局对其处以上一年年收入40%的罚款。

一审法院认为，安全生产事故（包括道路交通事故）的发生，直接关系到国家财产和人民生命财产的安全，关系到社会的稳定以及千家万户的生活幸福。为防止安全生产事故的发生，国家制定了一系列的法律法规，对从事生产经营的企业、企业负责人、安全生产管理人员和从业人员在生产活动中的应尽职责作出了明确规定。本案中，被告所举的相关人员询问笔录、涉案车辆GPS记录等证据相互印证，能够证明原告作为发生交通事故车辆所在单位的法定代表人，在日常经营活动中，组织制定的安全生产教育培训计划规定的时间和年度教育培训频次不足，被告据此认定原告对事故的发生负有领导责任并无不当（见《国家安全监管总局办公厅关于G省T市“4·4”较大道路交通事故行政处罚有关问题的复函》）。原告在诉讼中提供的证据，不能否定被告在批复中认定的事实。综上，原告的诉讼请求无事实和法律依据，该院不予支持。依据《行政诉讼法》第六十九条规定，判决驳回张某义的诉讼请求。

张某义不服一审判决向A省高级人民法院提起上诉。上诉称：(1) 一审判决认定事实不清。① 上诉人单位车辆不存在骑、轧车道分隔线的行为，一审判决根据交警部门作出的涉案道路交通事故认定书内容，认定上诉人单位驾驶员“骑、轧车道分隔线”，但该事故认定书依据并不充分。② 道路交通事故并不必然是生产安全事故，只有该事故与车辆所在单位安全管理有直接关系时才构成生产安全事故。交通事故的发生可能有路况、外力、驾驶员违章等运输企业无法掌控的多种因素，上诉人安全生产教育培训时间和频次与交通事故的发生没有因果关系，因此涉案交通事故并非安全生产事故。③ 一审法院认定上诉人安全生产教育培训时间和频次不足，没有事实依据。上诉人单位制度中规定安全教育培训频次为“每月1次，每次不少于1小时”虽与《道路旅客运输企业安全管理规范（试行）》中规定的“每月不少于2次,每次不少于1小时”不尽相同,但实际培训学时并不少,且还通过微信课堂、重大活动临时安全教育、事故警示教育等多种形式进行安全教育。企业根据自身情况和特点,灵活安排并执行安全教育制度并无不妥。另,《道路旅客运输企业安全管理规范》已于2018年6月1日施行,该规范已将有关安全教育频次的规定修改为“每月1次,每次不少于2小时”。新规范正是考虑到企业的实际并与上诉人单位安全教育制度相契合。因此,上诉人并不存在教育频次不足的问题。④ 涉案交通事故认定和事故调查报告均认定造成本起事故的直接原因系事故双方车辆驾驶人交通违法,与上诉人安全教育时间和频次并无直接因果关系,被上诉人及一审判决认定上诉人教育时间和频次不足,对事故的发生负有“领导责任”,没有事实根据。(2) 一审判决适用法律错误。适用《安全生产法》第九十二条的前提是“生产经营单位的主要负责人未履行本法规定的安全生产管理职责”,即与事故的发生有直接因果关系。对于企业未履行安全生产教育培训义务不是发生交通事故直接原因,安监部门能否适用《安全生产法》实施处罚,《最高人民法院关于安监部门是否有权适用〈安全生产法〉及〈生产安全事故报告和调查处理条例〉对道路交通安全问题予以处罚及适用法律问题的答复》作出了明确规定。《国家安全监管总局办公厅关于G省T市“4·4”较大交通事故行政处罚有关问题的复函》只是部门意见,并不具有普遍适用效力。一审判决适用该《复函》,明显违反了上述司法解释的精神。请求撤销一审判决,依法改判支持上诉人一审诉讼请求。

被上诉人甲市人民政府答辩称:① 根据《最高人民法院关于适用〈中华人民共和国行政诉讼法〉的解释》第十九条的规定,当事人不服经上级机关批准的行政行为,向人民法院提起诉讼的,以在对外发生法律效力的文书上署名的机关为被告。对被答辩人作出处罚决定的是甲市安监局,答辩人只是批准机关,故答辩人不是本案适格被告。② 答辩人作出的涉案批复,符合法定程序。③ 答辩人作出的涉案批复,证据确实充分。④ 答辩人作出的涉案批复,符合法律规定。请求驳回上诉,维持原判。

A省高级人民法院审理查明的案件事实与一审一致，该院依法予以确认。

A省高级人民法院认为，道路交通安全事关人民群众生命财产安全，交通运输企业以及交通运输企业的主要负责人、安全生产管理人员和从业人员均应依法严格履行安全生产义务，防止和减少安全事故的发生。甲市公安局交通警察支队高速七大队负责涉案交通事故发生路段的交通安全管理工作，具有对涉案交通事故成因、责任作出认定的法定职权，其作出的涉案交通事故最终认定结论，具有较高的证明力。上诉人张某义称该事故结论错误，其单位车辆并未骑、轧道路分隔线，但其并无相反证据足以推翻该认定结论，故其该上诉理由不能成立，A省高级人民法院不予支持。

根据《安全生产法》第二条的规定，在中华人民共和国领域内从事生产经营活动的单位的安全生产，适用该法。《生产安全事故报告和调查处理条例》第二条规定，生产经营活动中发生的造成人身伤亡或者直接经济损失的生产安全事故的报告和调查处理，适用该条例。本案中，"1·25"交通事故造成4人死亡、3辆汽车以及高速公路附属设施损坏，给人民群众生命和财产造成重大损失，该事故系因从事生产经营的车辆碰撞引发，故被上诉人责成相关部门组成调查组对该事故进行调查，以厘清事故性质、划分责任、提出处理意见，符合上述法律、法规规定。

《道路旅客运输企业安全管理规范(试行)》第二十一条第一款规定，道路旅客运输企业应当建立客运驾驶人安全教育、培训及考核制度。定期对客运驾驶人开展法律法规、典型交通事故案例警示、技能训练、应急处置等教育培训。客运驾驶人应当每月接受不少于2次，每次不少于1小时的教育培训。道路旅客运输企业应当组织和督促本企业的客运驾驶人参加继续教育，保证客运驾驶人参加教育和培训的时间，提供必要的学习条件。本案中，上诉人张某义组织制定的安全教育培训计划所规定的培训周期及时间为，客运驾驶人每年教育培训12次，每次教育培训时间不得少于1小时，该培训计划显然没有达到上述规定所要求的培训频次、培训时长。上诉人张某义称其单位在实际操作中培训总时间符合规定，但并未提供充分证据予以证明，A省高级人民法院不予采信。

安全教育培训是道路运输安全生产管理工作的重要组成部分，是实现安全生产的基础性工作。交通运输企业的主要负责人组织对客运驾驶人进行安全教育培训，对于控制驾驶人的不安全行为，减少生产安全事故极为重要。通过安全教育培训，使客运驾驶人严格执行安全生产操作规程，可以及时发现和消除事故隐患，保证安全生产。因此，安全教育培训与安全生产具有一定的因果关系。本案中，上诉人张某义作为涉案事故车辆所在单位的主要负责人，未能依法严格履行安全生产管理职责，组织制定的安全生产教育培训计划规定的时间和频次不足是涉案事故的原因之一，其对涉案事故的发生负有法律责任。上诉人张某义关于其与交通事故发生没有因果关系的上诉理由亦不能成立，A省高级人民法院不予支持。

综上，甲市人民政府作出被诉批复并无不当。一审判决认定事实清楚，适用法律、法规正确。上诉人张某义的上诉理由不能成立，A省高级人民法院不予支持。依照《行政诉讼法》第八十九条第一款第（一）项规定，判决如下：驳回上诉，维持原判。

裁判要旨：安全教育培训是道路运输安全生产管理工作的重要组成部分，是实现安全生产的基础性工作。交通运输企业的主要负责人组织对客运驾驶人进行安全教育培训，对于控制驾驶人的不安全行为，减少生产安全事故极为重要。通过安全教育培训，使客运驾驶人严格执行安全生产操作规程，可以及时发现和消除事故隐患，保证安全生产。因此，安全教育培训与安全生产具有一定的因果关系。上诉人作为涉案事故车辆所在单位的主要负责人，未能依法严格履行安全生产管理职责，组织制定的安全生产教育培训计划规定的时间和频次不足是涉案事故的原因之一，其对涉案事故的发生负有法律责任。

第九十六条【安全生产管理人员未依法履职的责任】

生产经营单位的其他负责人和安全生产管理人员未履行本法规定的安全生产管理职责的，责令限期改正，处一万元以上三万元以下的罚款；导致发生生产安全事故的，暂停或者吊销其与安全生产有关的资格，并处上一年年收入百分之二十以上百分之五十以下的罚款；构成犯罪的，依照刑法有关规定追究刑事责任。

【条文解读】 本条是关于安全生产管理人员未依法履职的法律责任的规定。

《安全生产法》规定，矿山、金属冶炼、建筑施工、运输单位和危险物品的生产、经营、储存、装卸单位，应当设置安全生产管理机构或者配备专职安全生产管理人员。除此以外的其他生产经营单位，从业人员超过一百人的，应当设置安全生产管理机构或者配备专职安全生产管理人员；从业人员在一百人以下的，应当配备专职或者兼职的安全生产管理人员。

生产经营单位的安全生产管理机构以及安全生产管理人员的职责主要包括：① 组织或者参与拟订本单位安全生产规章制度、操作规程和生产安全事故应急救援预案；② 组织或者参与本单位安全生产教育和培训，如实记录安全生产教育和培训情况；③ 组织开展危险源辨识和评估，督促落实本单位重大危险源的安全管理措施；④ 组织或者参与本单位应急救援演练；⑤ 检查本单位的安全生产状况，及时排查生产安全事故隐患，提出改进安全生产管理的建议；⑥ 制止和纠正违章指挥、强令冒险作业、违反操作规程的行为；⑦ 督促落实本单位安全生产整改措施。

安全生产管理人员既包括本单位的职工担任安全生产管理人员的情形，也包括生产经营单位依据《安全生产法》第十五条委托的依法设立的为安全生产提供技术、管理服务的机构的人员承担本单位安全生产管理工作的人员。

生产经营单位的安全生产管理机构以及安全生产管理人员应当恪尽职守，依法履行职责。生产经营单位的安全生产管理人员未履行安全生产管理职责的，责令限期改正，处一万元以上三万元以下的罚款；导致发生生产安全事故的，暂停或者吊销其与安全生产有关的资格，并处上一年年收入百分之二十以上百分之五十以下的罚款。

生产经营单位的安全生产管理人员未履行安全生产管理职责，

导致发生生产安全事故的，暂停或者吊销其与安全生产有关的资格。例如，《安全生产法》规定，危险物品的生产、储存、装卸单位以及矿山、金属冶炼单位应当有注册安全工程师从事安全生产管理工作。鼓励其他生产经营单位聘用注册安全工程师从事安全生产管理工作。如果生产经营单位的注册安全工程师未履行法定职责，导致发生生产安全事故的，有关部门可以撤销其资格。

安全生产管理人员未履行法定职责，导致事故发生，构成犯罪的，依照《刑法》有关规定追究刑事责任。

【关联法规索引】《安全生产法》第十五条、第二十四条至第二十七条；《刑法》第一百三十一至一百三十九条；《最高人民法院、最高人民检察院关于办理危害生产安全刑事案件适用法律若干问题的解释》；《生产安全事故报告和调查处理条例》第四十条。

第九十七条【生产经营单位安全管理违法行为责任(一)】

生产经营单位有下列行为之一的，责令限期改正，处十万元以下的罚款；逾期未改正的，责令停产停业整顿，并处十万元以上二十万元以下的罚款，对其直接负责的主管人员和其他直接责任人员处二万元以上五万元以下的罚款：

(一)未按照规定设置安全生产管理机构或者配备安全生产管

理人员、注册安全工程师的；

（二）危险物品的生产、经营、储存、装卸单位以及矿山、金属冶炼、建筑施工、运输单位的主要负责人和安全生产管理人员未按照规定经考核合格的；

（三）未按照规定对从业人员、被派遣劳动者、实习学生进行安全生产教育和培训，或者未按照规定如实告知有关的安全生产事项的；

（四）未如实记录安全生产教育和培训情况的；

（五）未将事故隐患排查治理情况如实记录或者未向从业人员通报的；

（六）未按照规定制定生产安全事故应急救援预案或者未定期组织演练的；

（七）特种作业人员未按照规定经专门的安全作业培训并取得相应资格，上岗作业的。

【条文解读】 本条是关于生产经营单位违法行为的法律责任的规定。

2021 年修改的《安全生产法》加大了对生产经营单位违法行为的处罚力度，主要体现在以下两个方面：第一，生产经营单位出现本条所列 7 项违法行为之一的，不仅会责令限期改正，还会处 10 万元以下的罚款；逾期未改正的，责令停产停业整顿，并处 10 万元以上 20 万元以下的罚款，较大幅度地提高了罚款标准，增加了生产经营单位的违法成本；第二，提升了对生产经营单位中直接负责的主管人员和其他直接责任人员的惩罚力度，以增强相关人员的安全生产意识，确保经营单位的安全生产。

第九十八条【建设项目违法责任】

生产经营单位有下列行为之一的，责令停止建设或者停产停业整顿，限期改正，并处十万元以上五十万元以下的罚款，对其直接负责的主管人员和其他直接责任人员处二万元以上五万元以下的罚款；逾期未改正的，处五十万元以上一百万元以下的罚款，对其直接负责的主管人员和其他直接责任人员处五万元以上十万元以下的罚款；构成犯罪的，依照刑法有关规定追究刑事责任：

（一）未按照规定对矿山、金属冶炼建设项目或者用于生产、储存、装卸危险物品的建设项目进行安全评价的；

（二）矿山、金属冶炼建设项目或者用于生产、储存、装卸危险物品的建设项目没有安全设施设计或者安全设施设计未按照规定报经有关部门审查同意的；

（三）矿山、金属冶炼建设项目或者用于生产、储存、装卸危险物品的建设项目的施工单位未按照批准的安全设施设计施工的；

（四）矿山、金属冶炼建设项目或者用于生产、储存、装卸危险物品的建设项目竣工投入生产或者使用前，安全设施未经验收合格的。

【条文解读】 本条是关于建设项目违法责任的规定。

（1）行政强制执行

行政强制执行是对不履行行政义务的公民、法人或者其他组织强迫其履行行政义务的执法行为。行政强制执法行为必须以义务人故意不履行行政义务为前提并且该行为是必须履行的。根据《行政诉讼法》的规定，行政强制执行权原则上属于法院，行政机关要强制执行时可以申请人民法院强制执行。只有在个别情况下，行政机关才有强制执行权。因此，我国实行的是以申请人民法院为行政强制执行原则，行政机关直接执行为例外的制度。

（2）建设项目的安全论证与评价

矿山建设项目和用于生产、储存、装卸危险物品的建设项目，应

当分别按照国家有关规定进行安全条件论证和安全评价。安全条件论证就是对建设项目的可行性报告和设计报告中有关的安全条件进行论证，以论证建设项目的安全条件是否符合国家规定的条件。安全评价，也称风险评价，是指运用定量或者定性的方法，对建设项目或者生产经营单位存在的职业危险因素和有害因素进行识别、分析和评估。通过评价，可以知道建设项目或者生产经营单位的风险可能性有多大或者发生事故的概率有多大，会造成多大损失。从而根据安全评价的结果，采取相应的安全措施来进行改进，以降低风险，提高建设项目或者生产经营单位的安全可靠性。

（3）安全设施的设计、审查施工与竣工验收

建设项目安全设施的设计人、设计单位应当对安全设施设计负责；矿山建设项目和用于生产、储存、装卸危险物品的建设项目的安全设施设计应当按照国家有关规定报经有关部门审查，审查部门及其负责审查的人员对审查结果负责；矿山建设项目和用于生产、储存、装卸危险物品的建设项目的施工单位必须按照批准的安全设施设计施工，并对安全设施的工程质量负责；矿山建设项目和用于生产、储存、装卸危险物品的建设项目竣工投入生产或者使用前，必须依照有关法律、行政法规的规定对安全设施进行验收；验收合格后，方可投入生产和使用。

第九十九条【生产经营单位安全管理违法行为责任（二）】

生产经营单位有下列行为之一的，责令限期改正，处五万元以下的罚款；逾期未改正的，处五万元以上二十万元以下的罚款，对其直接负责的主管人员和其他直接责任人员处一万元以上二万元以下的罚款；情节严重的，责令停产停业整顿；构成犯罪的，依照刑法有关规定追究刑事责任：

（一）未在有较大危险因素的生产经营场所和有关设施、设备上设置明显的安全警示标志的；

（二）安全设备的安装、使用、检测、改造和报废不符合国家标准或者行业标准的；

（三）未对安全设备进行经常性维护、保养和定期检测的；

（四）关闭、破坏直接关系生产安全的监控、报警、防护、救生设备、设施，或者篡改、隐瞒、销毁其相关数据、信息的；

（五）未为从业人员提供符合国家标准或者行业标准的劳动防护用品的；

（六）危险物品的容器、运输工具，以及涉及人身安全、危险性较大的海洋石油开采特种设备和矿山井下特种设备未经具有专业资质的机构检测、检验合格，取得安全使用证或者安全标志，投入使用的；

（七）使用应当淘汰的危及生产安全的工艺、设备的；

（八）餐饮等行业的生产经营单位使用燃气未安装可燃气体报警装置的。

【条文解读】　本条是对生产经营单位安全管理违法行为的违法责任的规定。

安全设备是指为保证生产经营活动顺利进行，保障从业人员的人身安全，防止生产安全事故发生或者是生产安全事故发生时可供使用的各类设备的总称。因此，《安全生产法》对安装设备进行了一系列的制度设计和安全管理，确保每个流程都符合标准。

对于危险物品的容器、运输工具及特种设备类也要求按照国家的规定，经专业生产单位生产，检测机构检测合格，取得安全标志后方可投入使用。

生产经营单位如有使用应淘汰的危及生产安全的工艺、设备的，也纳入惩处范围；同时，本次修订较 2014 版《安全生产法》，新增餐饮行业的生产经营单位如使用燃气应当安装可燃气体报警装置。由于餐饮行业特性，一旦发生燃气安全事故，极易造成火灾、爆炸、群体性一氧化碳中毒等重大事故。

本条承担法律责任的主体是具有违法行为的生产经营单位以及经营单位的直接负责的主管人员和其他直接责任人员；这两类主体承担的法律责任依次递进。

对于生产经营单位而言，如果存在本法条中列举的 8 项违法行为之一的，行政执法机关将会责令生产经营单位在规定期限内改正其违法行为，处 5 万元以下的罚款。生产经营单位在规定期限内未按照执法机关的要求，改正其违法行为的，行政机关将视情节的轻重程度，处 5 万元以上 20 万元以下的罚款，同时对直接负责的主管人员和其他直接责任人员处 1 万元以上 2 万元以下的罚款。如果逾期不改正违法行为者，生产经营单位和主管人员、直接责任人员将面临双罚制，这无疑增加了生产经营单位及有关人员的违法成本。

如若生产经营单位的违法行为情节严重，将会被执法机关责令停产停业整顿。甚至，还有可能构成刑事犯罪，被追究刑事责任。此处的刑事犯罪主要是指《刑法》第一百三十五条第一款所规定的，即安全生产设施或者安全生产条件不符合国家规定，因而发生重大伤亡事故或者造成其他严重后果的，对直接负责的主管人员和其他直接责任人员，处 3 年以下有期徒刑或者拘役；情节特别恶劣的，处 3 年以上 7 年以下有期徒刑。其中，《刑法》第一百三十五条规定的直接负责的主管人员和其他直接责任人员在《最高人民法院、最高人民检察院关于办理危害矿山生产安全刑事案件具体应用法律若干问题的解释》中予以明确，即对矿山安全生产设施或者安全生产条件不符合国家规定负有直接责任的矿山生产经营单位负责人、管理人员、实际控制人、投资人，以及对安全生产设施或者安全生产条件负有管理、维护职责的电工、瓦斯检查工等人员。

【关联法规索引】《安全生产法》第三十五条、第三十六条、第三十八条；《危险化学品安全管理条例》第二十条；最高人民法院、最高人民检察院《关于办理危害矿山生产安全刑事案件具体应用法律若干问题的解释》第三条。

第一百条【违法经营危险物品】

未经依法批准，擅自生产、经营、运输、储存、使用危险物品或者处置废弃危险物品的，依照有关危险物品安全管理的法律、行政法规的规定予以处罚；构成犯罪的，依照刑法有关规定追究刑事责任。

【条文解读】 本条是关于违反危险物品安全管理规定的法律责任的规定。

危险物品是一个概括性词语，是指易燃易爆物品、危险化学品、放射性物品等会危及人身安全和财产安全的物品。

作为保障生产经营单位安全生产的一项重要措施，生产、经营、运输、储存、使用危险物品或者处置废弃危险物品的，由有关主管部门依照有关法律、法规的规定和国家标准或者行业标准审批并实施监督管理。

条文讲解

危险物品的使用、工艺等应当符合法律、行政法规的规定和国家标准、行业标准的要求，保证危险物品的安全使用。如果生产经营单位存在未经审批而生产、经营、运输、储存、使用危险物品或者处置废弃危险物品的，则构成行政违法，将会受到行政机关的行政处罚。

任何组织及个人都应当根据危险物品的种类依法提交审核材料，审核通过取得主管部门颁发的许可证。如果未经批准，实行违法行为，将会面临以下两个方面的法律责任。

一方面，行政机关依照有关危险物品安全管理的法律、行政法规的规定对生产经营单位予以处罚。为了加强对危险物品的安全管理，保障人民群众的安全，我国根据不同种类的危险物品，制定了一系列的法律和行政法规。结合危险物品种类的不同、违法行为的性质和程度，规定了不同程度的法律责任。比如《危险化学品安全管理

条例》的第九十六条规定了负有危险化学品安全监督管理职责的部门的工作人员滥用职权、玩忽职守、徇私舞弊的法律责任，第九十五条规定了负有危险化学品安全监督管理职责的部门及其工作人员违反事故救援规定的法律责任；第七十五条至第九十三条对危险化学品单位的违法行为，分别规定了有关行政处罚；《烟花爆竹安全管理条例》第三十六条规定："对未经许可生产、经营烟花爆竹制品，或者向未取得烟花爆竹安全生产许可的单位或者个人销售黑火药、烟火药、引火线的，由安全生产监督管理部门责令停止非法生产、经营活动，处 2 万元以上 10 万元以下的罚款，并没收非法生产、经营的物品及违法所得。对未经许可经由道路运输烟花爆竹的，由公安部门责令停止非法运输活动，处 1 万元以上 5 万元以下的罚款，并没收非法运输的物品及违法所得。非法生产、经营、运输烟花爆竹，构成违反治安管理行为的，依法给予治安管理处罚；构成犯罪的，依法追究刑事责任。"《民用爆炸物品安全管理条例》第四十四条规定："非法制造、买卖、运输、储存民用爆炸物品，构成犯罪的，依法追究刑事责任；尚不构成犯罪，有违反治安管理行为的，依法给予治安管理处罚。违反本条例规定，在生产、储存、运输、使用民用爆炸物品中发生重大事故，造成严重后果或者后果特别严重，构成犯罪的，依法追究刑事责任。违反本条例规定，未经许可生产、销售民用爆炸物品的，由民用爆炸物品行业主管部门责令停止非法生产、销售活动，处 10 万元以上 50 万元以下的罚款，并没收非法生产、销售的民用爆炸物品及其违法所得。违反本条例规定，未经许可购买、运输民用爆炸物品或者从事爆破作业的，由公安机关责令停止非法购买、运输、爆破作业活动，处 5 万元以上 20 万元以下的罚款，并没收非法购买、运输以及从事爆破作业使用的民用爆炸物品及其违法所得。民用爆炸物品行业主管部门、公安机关对没收的非法民用爆炸物品，应当组织销毁。"

另一方面，构成犯罪的，依照刑法有关规定追究刑事责任。此处的刑事犯罪主要是《刑法》第一百三十六条规定：违反爆炸性、易燃性、放射性、毒害性、腐蚀性物品的管理规定，在生产、储存、运输、使用中发生重大事故，造成严重后果的，处三年以下有期徒刑或者拘役;后果特别严重的,处三年以上七年以下有期徒刑。

第一百零一条【生产经营单位安全管理违法行为责任(三)】

生产经营单位有下列行为之一的,责令限期改正,处十万元以下的罚款;逾期未改正的,责令停产停业整顿,并处十万元以上二十万元以下的罚款,对其直接负责的主管人员和其他直接责任人员处二万元以上五万元以下的罚款;构成犯罪的,依照刑法有关规定追究刑事责任:

(一)生产、经营、运输、储存、使用危险物品或者处置废弃危险物品,未建立专门安全管理制度、未采取可靠的安全措施的;

(二)对重大危险源未登记建档,未进行定期检测、评估、监控,未制定应急预案,或者未告知应急措施的;

(三)进行爆破、吊装、动火、临时用电以及国务院应急管理部门会同国务院有关部门规定的其他危险作业,未安排专门人员进行现场安全管理的;

(四)未建立安全风险分级管控制度或者未按照安全风险分级采取相应管控措施的;

(五)未建立事故隐患排查治理制度,或者重大事故隐患排查治理情况未按照规定报告的。

【条文解读】 本条是生产经营单位违反危险物品的安全管理制度、未制定应急预案、未安排专人管理、未采取分级管控和未按照规定报告等所应承担的法律责任的规定。

2021年修改后的《安全生产法》新增了“未建立安全风险分级管控制度或者未按照安全风险采取相应管控措施的”这一款。为了进一步加强安全管理,建立健全安全生产风险管控措施,各省的安全生产工作均坚持关口前移、预防为主、分级管控等原则,因此建立了安全风险分级管控制度,并根据制度要求落实管控措施,大大降低了安全事故的发生。生产经营单位应严格执行,防止安全事故的发生。

按照本条规定,生产经营单位对于重大危险源应登记建档、定期检测、评估、监控,制定应急预案以及按照规定对从业人员进行安全教育培训,告知其在面临紧急情况下的应急措施。当然,在进行爆破、吊装、动火、临时用电以及其他危险作业时，应当安排专人进行现场安全管理，确保安全操作，保障人员安全。生产经营单位对于重大事故隐患排查治理的相关情况应当按照法律、行政法规的规定进行报告，不可以存在隐瞒、虚报等情况。对于违反上述五款规定的生产经营单位，将会要求限期整改，处罚款；逾期未改正，则停产停业整顿并处罚款，对其直接负责的主管人员和其他直接责任人员处罚款。造成严重后果者，将依法被追究刑事责任。

第一百零二条【未采取措施消除事故隐患】

生产经营单位未采取措施消除事故隐患的，责令立即消除或者限期消除，处五万元以下的罚款；生产经营单位拒不执行的，责令停产停业整顿，对其直接负责的主管人员和其他直接责任人员处五万元以上十万元以下的罚款；构成犯罪的，依照刑法有关规定追究刑事责任。

【条文解读】 本条是关于生产经营单位未采取有效措施消除事故隐患的法律责任的规定。

生产经营单位要对本单位安全生产全面负责，主动发现并消除事故隐患，防止生产安全事故的发生。安全生产监督管理部门有对生产经营单位进行监督检查的职责，对其在监督检查中发现的问题，有权作出责令限期改正等现场处理措施，也有权作出行政处罚。一般事故隐患当场就可以排除，但有些事故隐患则需要较长的时间排除，因此生产经营单位未采取措施消除事故隐患的，责令立即消除或者限期消除。到底是立即消除事故隐患还是限期消除，由有关行政执法机关根据具体情况作出自由裁量，对于自由裁量失误酿成事故的，有关行政执法人员及有关人员要承担相应的法律责任。如果限期消除，期限的长短要根据隐患的具体情况合理确定。

对于生产经营单位拒不执行立即消除或者限期消除事故隐患指令的，本法对处理措施进行了一定的修改，进一步明确了双罚的责任。一方面，责令生产经营单位停产停业整顿，不再予以罚款；另一方面，对其直接负责的主管人员和其他直接责任人员处 5 万元以上

10万元以下的罚款。直接负责的主管人员是指在生产经营单位违法行为中负有领导责任的人员，包括违法行为的决策人、事后对单位违法行为予以认可和支持的领导人员，以及由于疏于管理或放任，因而对单位违法行为负有不可推卸的责任的领导人员。其他直接责任人员，是指直接实施单位违法行为的人员。

【关联法规索引】《安全生产法》第六十五条等。

典型案例：S塑料皮件厂诉Z市安全生产监督管理局行政处罚纠纷案

2016年5月9日13时30分左右，薛某前往S塑料皮件厂回收编织袋、胶纸等废品。薛某在该厂厂长何某的安排下，与该厂员工一同至办公室夹层上搬运废品。夹层旁是比夹层高出1.25 m的通道天花隔层。随后，薛某翻越围栏进入天花隔层区域搬运废品。天花隔层突然脱落，使薛某从天花隔层处（离地面约4 m）坠落至地面受伤。

随后，Z市安全生产监督管理局（以下简称Z市安监局）前往S塑料皮件厂进行现场检查，并展开调查。Z市安监局于2016年5月13日分别对薛某、何某、陈某1、陈某2等人进行了询问，并制作了询问笔录。其中，何某称，其是该厂厂长，涉事天花隔层在平常存放纸箱和废旧编织袋等杂物，天花隔层上存放杂物的地方以及货架上均没有安全警示标志，厂里没有建立隐患排查治理制度，其没有警告薛某不要爬上通道上的天花隔层。陈某1和陈某2均陈述，她们是S塑料皮件厂的员工，涉事高台（通道上的天花隔层）和货架上均没有安全警示标志，同时，陈某1陈述该厂没有对员工进行安全培训，陈某2陈述该厂没有组织员工进行安全生产培训教育，厂内有电工平时负责检查电路设施隐患的记录本，但没有记录，厂内没有其他安全隐患排查制度。

2016年5月20日，Z市安监局作出(Z)安监管责改〔2016〕31号《责令限期整改指令书》，认定S塑料皮件厂存在以下问题：未在有较大危险因素的生产经营场所设置明显的安全警示标志，未建立事故隐患排查治理制度。对此，Z市安监局要求该厂于2016年5月27日前整改完毕。2016年5月31日，Z市安监局对S塑料皮件厂进行复查，制作了现场检查记录、整改复查意见书，且对现场拍摄了照片。现场检查记录记载："执法人员在该单位负责人罗某新的陪同下……进行复查，情况如下：① 办公室夹层上的出货口处及靠近通道天花隔层处均未设置明显的安全警示标志；成品仓夹层没有护栏的缺口处（货物上落口）未设置明显的安全警示标志。② 该厂未能提供事故隐患排查治理制度。"该厂主要负责人罗某新在现场检查记录上签名。2016年6月15日，Z市安监局对罗某新进行了询问。罗某新称，其确认Z市安监局于2016年5月20日出具的责令限期整改指令书载明的指令内容为未在有较大危险因素的生产经营场所设置明显的安全警示标志和未建立事故隐患排查治理制度，但该厂并未依照指令内容依时进行整改，未整改的理由为其已吩咐厂长何某跟进整改，但何某未能按规定如期整改。2016年7月19日，Z市安监局对何某进行了询问。何某陈述未如期整改的原因是警示标志已在网上购买，但还没有到货，同时由于其不知道如何制定事故隐患排查治理制度，所以未落实到位。2016年8月10日，Z市安监局向S塑料皮件厂留置送达了《行政处罚告知书》和《听证告知书》，告知拟作出行政处罚的事实、法律依据和处罚内容，并告知其享有的陈述、申辩以及听证的权利。2016年8月16日，Z市安监局对S塑料皮件厂作出(Z)安监管罚〔2016〕84号行政处罚决定，认定该厂未建立健全生产安全事故隐患排查治理制度，未采取技术、管理措施，及时发现并消除事故隐患，后经责令限期整改仍未按规定整改，上述行为违反了《安全生产法》第三十八条第一款的规定，依据该法第九十八条第（四）项、第九十九条以及《安全生产违法行为行政处罚办法》第五十三条的规定，决定责令该厂停产停业整顿，并合并罚款150 000元。S塑料皮件厂不服，向Z市人民政府申请行政复议，经受理、审查，Z市人民政府于2017年4月10日作出(Z)行复〔2016〕687号《行政复议决定书》，维持Z市安监局作出的(Z)安监管罚〔2016〕84号《行政处罚决定书》。S塑料皮件厂仍不服，诉至原审法院，请求判令：

① 撤销Z市安监局于2016年8月16日作出的(Z)安监管罚〔2016〕84号《行政处罚决定书》及撤销Z市人民政府作出的(Z)行复〔2016〕687号《行政复议决定书》;② 本案的诉讼费由Z市安监局、Z市人民政府承担。

原审法院认为,《安全生产法》第三十八条第一款规定:"生产经营单位应当建立健全生产安全事故隐患排查治理制度,采取技术、管理措施,及时发现并消除事故隐患。事故隐患排查治理情况应当如实记录,并向从业人员通报。"本案中,经Z市安监局检查,S塑料皮件厂作为生产经营单位,并未履行前述法定义务。现S塑料皮件厂负有限期改正前述违法行为的义务,然而,在Z市安监局已作出责令限期整改指令的情况下,该厂仍逾期不改正。《安全生产法》第九十八条规定:"生产经营单位有下列行为之一的,责令限期改正,可以处十万元以下的罚款;逾期未改正的,责令停产停业整顿,并处十万元以上二十万元以下的罚款……(四) 未建立事故隐患排查治理制度的"。第九十九条规定:"生产经营单位未采取措施消除事故隐患的,责令立即消除或者限期消除;生产经营单位拒不执行的,责令停产停业整顿,并处十万元以上五十万元以下的罚款……"基于此,Z市安监局经处罚前告知和听证告知后,作出了(Z)安监管罚〔2016〕84号《行政处罚决定书》,决定责令该厂停产停业整顿,并合并罚款150 000元,符合上述法律规定。

综上所述,S塑料皮件厂要求撤销Z市安监局于2016年8月16日作出的(Z)安监管罚〔2016〕84号《行政处罚决定书》的诉讼请求,无事实和法律依据,原审法院予以驳回。因Z市人民政府作出行政复议决定的程序合法,结果正确,故对S塑料皮件厂要求撤销Z市人民政府于2017年4月10日作出的(Z)行复〔2016〕687号《行政复议决定书》的诉讼请求,原审法院一并予以驳回。依照《行政诉讼法》第六十九条、第七十九条的规定,判决:驳回S塑料皮件厂的诉讼请求。案件受理费50元由S塑料皮件厂负担。

S塑料皮件厂不服原审判决,向Z市中级人民法院提起上诉。S塑料皮件厂对原审判决以下查明的事实持有异议:① 薛某应是未经许可擅自到S塑料皮件厂搬运废品的；②“涉事天花隔层在平时存放纸箱和废旧编织袋等杂物……厂内没有其他安全隐患排查制度”的记录是摘抄自笔录，该记录不真实。除此之外，S塑料皮件厂对其他查明事实不持异议。

Z市中级人民法院认为，本案是不服安监行政处罚案。根据S塑料皮件厂的诉讼请求与上诉请求，Z市中级人民法院应依照《行政诉讼法》《行政复议法》《安全生产法》等法律规定，对Z市安监局(Z)安监管罚〔2016〕84号《行政处罚决定书》和Z市人民政府作出的(Z)行复〔2016〕687号《行政复议决定书》，在认定事实、适用法律和处理程序方面，进行全面审查。对此，分析如下：

一、在职权职责方面。根据《安全生产法》第九条规定，Z市安监局作为本市的安全生产监督管理部门，对有关行业、领域的安全生产工作实施监督管理负有职权职责；根据《行政复议法》第十二条的规定，Z市人民政府对不服安监行政行为的行政复议负有法定职责。

二、在认定事实和适用法律方面。《安全生产法》第九十八条规定：“生产经营单位有下列行为之一的，责令限期改正，可以处十万元以下的罚款；逾期未改正的，责令停产停业整顿，并处十万元以上二十万元以下的罚款，对其直接负责的主管人员和其他直接责任人员处二万元以上五万元以下的罚款；构成犯罪的，依照刑法有关规定追究刑事责任：(一)生产、经营、运输、储存、使用危险物品或者处置废弃危险物品，未建立专门安全管理制度、未采取可靠的安全措施的；(二)对重大危险源未登记建档，或者未进行评估、监控，或者未制定应急预案的；(三)进行爆破、吊装以及国务院安全生产监督管理部门会同国务院有关部门规定的其他危险作业，未安排专门人员进行现场安全管理的；(四)未建立事故隐患排查治理制度的。”《安全生产法》第九十九条规定：“生产经营单位未采取措施消除事故隐患的，责令立即消除或者限期消除；生产经营单位拒不执行的，责令停产停业整顿，并处十万元以上五十万元以下的罚款，对其直接负责的主管人员和其他直接责任人员处二万元以上五万元以下的罚款。”本案中，首先，Z市安监局于2016年5月20日向S塑料皮件厂作出(Z)

安监管责改〔2016〕31号《责令限期整改指令书》，要求S塑料皮件厂对以下问题在2016年5月27日前完成整改：① 未在有较大危险因素的生产经营场所设置明显的安全警示标志；② 未建立事故隐患排查治理制度。S塑料皮件厂未对该指令书申请行政复议或者提起行政诉讼，该指令书已生效，对S塑料皮件厂有约束力，S塑料皮件厂应按Z市安监局该指令进行整改。其次，S塑料皮件厂应当按照《安全生产事故隐患排查治理暂行规定》的规定，根据上述指令书，在限期内建立事故隐患排查治理制度，但根据Z市安监局在2016年5月31日的现场检查记录、复查现场照片、2016年6月15日对罗某新所作的询问笔录、2016年7月19日对何某所作的询问笔录，均可表明：S塑料皮件厂未按照上述指令书的要求，在有较大危险因素的生产经营场所设置明显安全警示标志，也未根据《安全生产事故隐患排查治理暂行规定》的规定，建立事故隐患排查治理制度。据此，可认定S塑料皮件厂拒不执行Z市安监局作出的(Z)安监管责改〔2016〕31号《责令限期整改指令书》。因此，Z市安监局根据S塑料皮件厂拒不执行限期整改指令的事实，依据《安全生产法》第九十八条第一款第(四)项的规定，对S塑料皮件厂处以罚款120 000元，和依据《安全生产法》第九十九条的规定，处以罚款100 000元，并按照《安全生产违法行为行政处罚办法》第五十三条的规定，合并对S塑料皮件厂执行罚款150 000元，认定事实和适用法律正确；Z市人民政府依据同样的事实，依照《行政复议法》第二十八条第一款第(一)项的规定，作出维持Z市安监局上述行政处罚决定，认定事实和适用法律正确。S塑料皮件厂上诉认为Z市安监局(Z)安监管责改〔2016〕31号《责令限期整改指令书》表述模糊不清，但如何整改以达到安全生产的标准要求，是生产厂家应具备的基本安全素质，S塑料皮件厂以Z市安监局的指令不明确为由推卸整改责任，理据不足，Z市中级人民法院不予支持。

三、在处理程序方面。Z市安监局在作出(Z)安监管罚〔2016〕84号《行政处罚决定书》前，先作出(Z)安监管责改〔2016〕31号《责令限期整改指令书》，责令限期整改，并在该指令书中列明整改的内容；责令整改期限届满后，Z市安监局对S塑料皮件厂进行复检，制作了对负责人罗某新进行检查情况的告知和作出《整改复查意见书》，也在2016年6月15日、7月19日分别向罗某新和何某进行笔录调查，后以《听证告知书》的书面形式向S塑料皮件厂告知听证的权利，Z市安监局处理程序合法；Z市人民政府在作出(Z)行复〔2016〕687号《行政复议决定书》的过程中，已依法调查证据，作出复议决定，也依法送达，程序合法。

S塑料皮件厂上诉主张，其厂内原已有警示标志和原已建立事故隐患排查治理制度，但均不符合(Z)安监管责改〔2016〕31号《责令限期整改指令书》的要求，Z市中级人民法院对此不予采纳。

综上所述，上诉人S塑料皮件厂的上诉主张理据不足，Z市中级人民法院不予采信，其上诉请求应予驳回。原审判决认定事实清楚，适用法律正确，判决结果无误，依法应予维持。依照《行政诉讼法》第八十九条第一款第(一)项，判决如下：驳回上诉，维持原判。

裁判要旨：负有安全生产监督管理职责的部门对生产经营单位作出《责令限期整改指令书》，要求生产经营单位在限期内建立事故隐患排查治理制度，并在有较大危险因素的生产经营场所设置明显的安全警示标志，但生产经营单位拒不执行限期整改指令，负有安全生产监督管理职责的部门可以根据《安全生产法》的相关规定对其进行处罚。

第一百零三条【生产经营单位发包、出租违法责任】

生产经营单位将生产经营项目、场所、设备发包或者出租给不具备安全生产条件或者相应资质的单位或者个人的，责令限期改正，没收违法所得；违法所得十万元以上的，并处违法所得二倍以上五倍以下的罚款；没有违法所得或者违法所得不足十万元的，单处或者并处十万元以上二十万元以下的罚款；对其直接负责的主管人员和其他直接责任人员处一万元以上二万元以下的罚款；导致发生生产安全事故给他人造成损害的，与承包方、承租方承担连带赔偿责任。

生产经营单位未与承包单位、承租单位签订专门的安全生产管理协议或者未在承包合同、租赁合同中明确各自的安全生产管理职责，或者未对承包单位、承租单位的安全生产统一协调、管理的，责令限期改正，处五万元以下的罚款，对其直接负责的主管人员和其他直接责任人员处一万元以下的罚款；逾期未改正的，责令停产停业整顿。

矿山、金属冶炼建设项目和用于生产、储存、装卸危险物品的建设项目的施工单位未按照规定对施工项目进行安全管理的，责令限期改正，处十万元以下的罚款，对其直接负责的主管人员和其他直接责任人员处二万元以下的罚款；逾期未改正的，责令停产停业整顿。以上施工单位倒卖、出租、出借、挂靠或者以其他形式非法转让施工资质的，责令停产停业整顿，吊销资质证书，没收违法所得；违法所得十万元以上的，并处违法所得二倍以上五倍以下的罚款，没有违法所得或者违法所得不足十万元的，单处或者并处十万元以上二十万元以下的罚款；对其直接负责的主管人员和其他直接责任人员处五万元以上十万元以下的罚款；构成犯罪的，依照刑法有关规定追究刑事责任。

【条文解读】 本条是关于生产经营单位在发包、出租的过程中违反安全生产管理义务应承担的法律责任的规定。

本条规定的承担法律责任的主体有两类：一是存在本条规定违

法行为的生产经营单位；二是存在本条规定违法行为的生产经营单位中的直接负责主管人员和其他直接责任人员。

本条规定了以下三类违法行为：

第一类是生产经营单位生产经营项目、场所、设备等发包或者出租给不具备安全生产条件或者资质不足的单位或者个人；违反了本款规定，会被责令限期改正，没收违法所得；违法所处罚款与违法所得有关联；对生产经营单位罚款后，对其直接负责的主管人员和其他直接责任人员也会处一万元以上两万元以下的罚款。违法行为尚未造成严重后果，未给他人做成损害，生产经营单位只需要承担行政责任；如果发生安全生产事故给他人造成损害的，还需要承担相应的民事责任且与承包方、承租方承担连带赔偿责任。

第二类是生产经营单位尽到安全生产管理义务，但未与承包单位、承租单位签订专门的安全生产管理协议或者是已签订相应合同，但未在合同中明确双方各自应承担的安全生产管理职责，或者是未进行安全生产管理、协调工作；出现这类违法行为，采用的是双罚制，生产经营单位被责令限期改正，处五万元以下的罚款，对其直接负责的主管人员和其他直接责任人员可以处一万元以下的罚款；如逾期未改正，则责令其停产停业整顿。

第三类是本次修订新增条款，主要是针对矿山、金属冶炼建设项目和用于生产、储存、装卸危险物品的建设项目的施工单位未对施工项目进行安全管理工作采取双罚制，要求生产经营单位限期改正，处十万元以下的罚款；对其直接负责的主管人员和其他直接责任人员处二万元以下的罚款，如逾期未改正，将被停产停业整顿。如果施工单位存在非法转让施工资质的，一经查出，责令停产停业整顿，吊销资质证书，没收违法所得；违法所得十万元以上的，并处违法所得二倍以上五倍以下的罚款，没有违法所得或者违法所得不足十万元的，单处或者并处十万元以上二十万元以下的罚款；对其直接负责的主管人员和其他直接责任人员处五万元以上十万元以下的罚款；如果情况严重，构成犯罪的，依照刑法有关规定追究刑事责任。

第一百零四条【同一作业区域安全管理违法责任】

两个以上生产经营单位在同一作业区域内进行可能危及对方安全生产的生产经营活动，未签订安全生产管理协议或者未指定专职安全生产管理人员进行安全检查与协调的，责令限期改正，处五万元以下的罚款，对其直接负责的主管人员和其他直接责任人员处一万元以下的罚款；逾期未改正的，责令停产停业。

【条文解读】 本条是关于两个以上生产经营单位在同一作业区域安全管理违法责任的法律规定。

本条涉及法律责任的主体有两类：一是有本条规定的违法行为的生产经营单位；二是有本条规定违法行为的生产经营单位中的直接负责主管人员和其他直接责任人员。

当存在两个以上的生产经营单位在同一作业区域内进行从事可能危及对方安全生产的经营活动时，应当签订安全生产管理协议或者是安排专人进行现场安全管理、管控工作，以确保安全经营，这两项工作有利于降低作业的风险，生产经营单位应当依法履行，如未按照规定签订协议或未指定专人管理，则违法本条规定，应承担相应的法律责任。

本条规定的法律责任较2014年修订有所变化，生产经营单位如有本条规定的违法行为，会被责令限期改正，处5万元以下的罚款，修改前是可以选择性的进行处罚，但是在生产实践中，有的单位屡教不改，只责令限期改正并不能引起生产经营单位的足够重视，通过执法力度的加强，有利于增加生产经营单位的安全意识。

第一百零五条【生产经营场所和员工宿舍违法责任】

生产经营单位有下列行为之一的，责令限期改正，处五万元以下的罚款，对其直接负责的主管人员和其他直接责任人员处一万元以下的罚款；逾期未改正的，责令停产停业整顿；构成犯罪的，依照刑法有关规定追究刑事责任：

（一）生产、经营、储存、使用危险物品的车间、商店、仓库与员工宿舍在同一座建筑内，或者与员工宿舍的距离不符合安全要求的；

（二）生产经营场所和员工宿舍未设有符合紧急疏散需要、标志明显、保持畅通的出口、疏散通道，或者占有、锁闭、封堵生产经营场所或者员工宿舍出口、疏散通道的。

【条文解读】 本条是对生产经营场所和员工宿舍违法责任的规定。

新法第一百零五条的规定删掉“可以”两字，进一步限制了主管机关部门的自由裁量的部分，并增加“占用”“疏散通道”两词，对法条内容进行补充，使法条内容更为严谨。

对于本法条内容的解析主要分为两个部分，第一部分是将承担法律责任的主体分为存在违法行为的生产经营单位和对存在违法行为的生产经营单位的直接负责的主管人员和其他直接责任人员。第二部分是存在员工宿舍不合理设置的违法行为时，不同的处理阶段要承担不同的法律责任。

(1) 责令限期改正。对生产经营单位处以五万元以下的罚款，对其直接负责的主管人员和其他直接责任人员处一万元以下的罚款。责令限期改正是初期发现员工宿舍设置的违法行为时采取的初步对应措施，给予生产经营单位一定的罚款警示，督促其在期限内对于员工宿舍距离和安全设置中出现的违法行为进行改正；

(2) 责令停产停业整顿。对于未完成责令限期改正要求的生产

经营单位，给予责令停产停业整顿的行政处罚，由有关行政执法机关责令其停止生产经营活动，进行整顿，直到纠正其违法行为，员工宿舍的安全问题得到解决；

构成犯罪的，依照刑法有关规定追究刑事责任。其中可能涉及的罪名主要为危险物品肇事罪以及消防责任事故罪，因此可以结合《最高人民检察院、公安部关于公安机关管辖的刑事案件立案追诉标准的规定（一）》第十二条以及消防管理法规的内容了解其细致规定。

第一百零六条【免责协议违法责任】

生产经营单位与从业人员订立协议，免除或者减轻其对从业人员因生产安全事故伤亡依法应承担的责任的，该协议无效；对生产经营单位的主要负责人、个人经营的投资人处二万元以上十万元以下的罚款。

【条文解读】 本条是对免责协议违法责任的规定。

该条款应当解读为生产经营单位不得以任何形式与从业人员签订免除或者减轻其对从业人员因生产安全事故伤亡依法应承担的责任的协议，无论从业人员是自愿还是被强迫。有些用工单位为了摆脱工伤事故责任，常与职工事先约定将来发生损害的责任条款或者保证合同，将责任全部推给职工，形成职工伤残而用人单位免责的约定，通常被人们称为“生死合同”。

根据《劳动法》第七十三条，劳动者在下列情形下，依法享受社会保险待遇：① 退休；② 患病、负伤；③ 因工伤残或者患职业病；④ 失业；⑤ 生育。劳动者死亡后，其遗属依法享受遗属津贴。劳动者享受社会保险待遇的条件和标准由法律、法规规定。劳动者享受的社会保险金必须按时足额支付。

《工伤保险条例》第十七条规定：“职工发生事故伤害或者按照职业病防治法规定被诊断、鉴定为职业病，所在单位应当自事故伤害发生之日或者被诊断、鉴定为职业病之日起 30 日内，向统筹地区社会保险行政部门提出工伤认定申请。遇有特殊情况，经报社会保险行政部门同意，申请时限可以适当延长。用人单位未按前款规定提出工伤认定申请的，工伤职工或者其近亲属、工会组织在事故伤害发生之日或者被诊断、鉴定为职业病之日起 1 年内，可以直接向用人单位所在地统筹地区社会保险行政部门提出工伤认定申请。按照本条第一款规定应当由省级社会保险行政部门进行工伤认定的事项，根据属地原则由用人单位所在地的设区的市级社会保险行政部门办理。用人单位未在本条第一款规定的时限内提交工伤认定申请，在此期间发生符合本条例规定的工伤待遇等有关费用由该用人单位负担。”再次，根据我国《宪法》以及《劳动法》第十七条与第十八条，劳动合同的约定条款必须符合法律规定，否则是不具有法律效力的。我国《宪法》规定“国家通过各种途径，创造劳动就业条件，加强劳动保护，改善劳动条件，并在发展生产的基础上，提高劳动报酬和福利待遇”。生产经营单位应当加强劳动保护，改善劳动条件，使其符合国家标准。《劳动法》第十七条规定订立和变更劳动合同，应当遵循平等自愿、协商一致的原则，不得违反法律、行政法规的规定。劳动合同依法订立即具有法律约束力，当事人必须履行劳动合同规定的义务。《劳动法》第十八条规定下列劳动合同无效：① 违反法律、行政法规的劳动合同；② 采取欺诈、威胁等手段订立的劳动合同。无效的劳动合同，从订立的时候起，就没有法律约束力。确认劳动合同部分无效的，如果不影响其余部分的效力，其余部分仍然有效。劳动合同的无效，由劳动争议仲裁委员会或者人民法院确认。因此生产经营单位与劳动者签订的免责协议违反了法律的规定，应当确定为无效。

第一百零七条【从业人员违章操作责任】

生产经营单位的从业人员不落实岗位安全责任，不服从管理，违反安全生产规章制度或者操作规程的，由生产经营单位给予批评教育，依照有关规章制度给予处分；构成犯罪的，依照刑法有关规定追究刑事责任。

【条文解读】 本条是对从业人员违章操作责任的规定。

《安全生产法》规定了从业人员所应承担的义务：从业人员在作业过程中，应当严格落实岗位安全责任，遵守本单位的安全生产规章制度和操作规程，服从管理，正确佩戴和使用劳动防护用品；从业人员应当接受安全生产教育和培训，掌握本职工作所需的安全生产知识，提高安全生产技能，增强事故预防和应急处理能力；从业人员发现事故隐患或者其他不安全因素，应当立即向现场安全生产管理人员或者本单位负责人报告；接到报告的人员应当及时予以处理。

从业人员所应承担的责任应该与生产经营单位主要负责人的责任和生产经营单位安全生产管理人员的责任相区分。生产经营单位的主要负责人是指对本单位生产经营负全面责任，有生产经营决策权的人员，具体指的是有限责任公司的董事长、总经理以及其他生产经营单位的厂长、经理、矿长、投资人等。生产经营单位的安全生产管理人员应该为经过专业培训，专职监督和管理生产安全的人员。而此处的从业人员应该限缩为除生产经营单位主要负责人和生产经营单位安全生产管理人员的在本单位工作并取得劳动报酬的人员，包括在岗职工、再就业的离退休人员以及在各单位中工作的外方人员、兼职人员、借用的外单位人员和第二职业者等，但不包括离开本单位仍保留劳动关系的职工。

第一百零八条【生产经营单位不服从监督检查的责任】

违反本法规定，生产经营单位拒绝、阻碍负有安全生产监督管理职责的部门依法实施监督检查的，责令改正；拒不改正的，处二万元以上二十万元以下的罚款；对其直接负责的主管人员和其他直接责任人员处一万元以上二万元以下的罚款；构成犯罪的，依照刑法有关规定追究刑事责任。

【条文解读】 本条是关于生产经营单位不服从监督检查的责任的规定。

条文讲解

生产经营单位对负有安全生产监督管理职责的部门的监督检查应当予以配合，不得拒绝、阻碍。生产经营单位拒绝、阻碍负有安全生产监督管理职责部门的监督检查的，要承担一定的法律责任。

生产经营单位拒绝、阻碍负有安全生产监督管理职责的部门依法实施监督检查的，责令改正，配合并采取有效措施保证执法部门能够依法实施监督检查，接受执法部门依法实施的监督检查。

拒不改正的，实行双罚制：一方面，对生产经营单位处 2 万元以上 20 万元以下的罚款；另一方面，对其直接负责的主管人员和其他直接责任人员处 1 万元以上 2 万元以下的罚款。

构成犯罪的，依照刑法追究刑事责任。《刑法》第二百七十七条第一款规定：以暴力、威胁方法阻碍国家机关工作人员依法执行职务的，处三年以下有期徒刑、拘役、管制或者罚金。

妨害公务罪，又称“阻碍执行公务罪”，是指以暴力、威胁方法阻碍国家机关工作人员依法执行公务的行为。其构成要件如下：

(1) 犯罪客体。本罪侵犯的主要客体是国家的正常管理活动。妨害国家机关工作人员依法执行公务的犯罪行为，必然是对国家正常管理活动的干扰和破坏。这是本罪社会危害性的重心所在，也是本罪区别于单纯侵害公务人员人身、财产的犯罪行为的关键所在。

本罪采取暴力、威胁手段指向的对象为国家机关工作人员，人身权利是本罪的附属性客体。

(2) 本罪的客观方面。① 以暴力或者威胁的方法阻碍国家机关工作人员依法执行职务的行为；② 以暴力、威胁方法阻碍各级人民代表大会代表执行代表职务；③ 在自然灾害和突发事件中，以暴力、威胁方法阻碍红十字会工作人员依法履行职责；④ 故意阻碍国家安全机关、公安机关依法执行国家安全工作任务，未使用暴力、威胁方法，但造成严重后果的。

(3) 本罪的主体要件。本罪的主体为一般主体，凡达到刑事责任年龄且具备刑事责任能力的自然人均能构成本罪。

(4) 主观要件。本罪在主观方面表现为故意，即明知对方是正依法执行职务的国家机关工作人员、人大代表，而故意对其实施暴力或者威胁，使其不能执行职务。行为人的动机往往多种多样，但动机不影响本罪的成立，可作为情节在量刑时考虑。构成妨害公务罪的，处三年以下有期徒刑、拘役、管制或者罚金。

【关联法规索引】《安全生产法》第六十六条、《刑法》第二百七十七条等。

典型案例：Q区安全生产监督管理局、李某海非诉执行审查行政裁定案

申请执行人Q区安全生产监督管理局在执法检查过程中发现被申请执行人有拒绝、阻碍安全生产监督检查人员依法实施监督检查并且拒不改正的行为，违反《安全生产法》第六十三条的规定。上述事实有现场检查记录、询问调查笔录、责令限期整改指令书等证据证明。申请执行人根据《安全生产法》第一百零五条和《安全生产行政处罚自由裁量适用规则（试行）》第十四条第六项的规定，对被申请执行人作出处罚决定：① 给予警告；② 罚款10 000元。申请执行人书面向被申请执行人告知了权利和义务，并于2016年5月4日将行政处罚决定送达被申请执行人。被申请执行人在法定期限内未申请行政复议或向人民法院提起行政诉讼。

法院认为，申请执行人Q区安全生产监督管理局作出的（Q区）安监管罚〔2016〕第3号行政处罚决定，认定事实清楚，处理程序合法，适用法律、法规正确。被申请执行人收到处罚决定书后，在法定期限内未申请复议或提起行政诉讼，又不履行法定义务，该处罚决定已发生法律效力。经催告，被申请执行人仍未履行法定义务。申请执行人请求法院对其申请强制执行进行合法性审查。根据上述查明的事实，其提出的申请符合法律规定，应准予执行。依照《行政诉讼法》第九十七条、《最高人民法院关于执行〈中华人民共和国行政诉讼法〉若干问题的解释》第九十三条的规定，裁定如下：

准予执行申请执行人Q区安全生产监督管理局对被申请执行人李某海作出的（Q区）安监管罚〔2016〕第3号行政处罚决定。

执行费由被申请执行人负担。

本案属非诉行政执行审查案件，法院已对申请执行人的生效决定进行了合法性审查。本裁定送达申请执行人后即发生法律效力，申请执行人可持本裁定向作出行政决定的行政机关所在地的基层人民法院申请强制执行。

裁判要旨：负有安全生产监督管理职责的部门在执法检查过程

中发现生产经营单位有拒绝、阻碍安全生产监督检查人员依法实施监督检查并且拒不改正的行为，违反《安全生产法》第六十三条的规定，根据《安全生产法》第一百零五条和《安全生产行政处罚自由裁量适用规则（试行）》第十四条第六项的规定作出处罚。行政处罚决定，认定事实清楚，处理程序合法，适用法律、法规正确，被申请执行人收到处罚决定书后，在法定期限内未申请复议或提起行政诉讼，又不履行法定义务，该处罚决定已发生法律效力。经催告，被申请执行人仍未履行法定义务，由人民法院强制执行。

第一百零九条【单位未投保安全生产责任保险的违法责任】

高危行业、领域的生产经营单位未按照国家规定投保安全生产责任保险的，责令限期改正，处五万元以上十万元以下的罚款；逾期未改正的，处十万元以上二十万元以下的罚款。

【条文解读】　本条是对生产经营单位未投保安全生产责任保险的违法责任的规定。

安全生产责任保险（简称安责险），是指保险机构对投保的生产经营单位发生的生产安全事故造成的人员伤亡和有关经济损失等予以赔偿，并且为投保的生产经营单位提供事故预防服务的商业保险。安全生产责任保险是生产经营单位在发生生产安全事故以后对死亡、伤残者履行赔偿责任的保险，对维护社会安定和谐具有重要作用。对于高危行业分布广泛，伤亡事故时有发生的地区，发展安全生产责任保险，用责任保险等经济手段加强和改善安全生产管理，是强化安全事故风险管控的重要措施，有利于增强安全生产意识，防范事故发生，促进地区安全生产形势稳定好转；有利于预防和化解社会矛盾，减轻各级政府在事故发生后的救助负担；有利于维护人民群众根本利益，促进经济健康运行，保持社会稳定。

因此，对于高危行业、领域的生产经营单位未按照《安全生产法》以及国家规定投保安全生产责任保险的，责令限期改正，处5万元以上10万元以下的罚款；逾期未改正的，处10万元以上20万元以下的罚款。

第一百一十条【单位主要负责人事故处理违法责任】

生产经营单位的主要负责人在本单位发生生产安全事故时，不立即组织抢救或者在事故调查处理期间擅离职守或者逃匿的，给予降级、撤职的处分，并由应急管理部门处上一年年收入百分之六十至百分之一百的罚款；对逃匿的处十五日以下拘留；构成犯罪的，依照刑法有关规定追究刑事责任。

生产经营单位的主要负责人对生产安全事故隐瞒不报、谎报或者迟报的，依照前款规定处罚。

【条文解读】 本条是关于有关地方人民政府和负有安全生产监督管理职责的部门对安全生产事故隐瞒不报、谎报或者迟报的法律责任的规定。

根据本条的规定，承担责任的主体为有关地方人民政府和负有安全生产监督管理职责的部门；如果有对生产安全事故隐瞒不报、谎报或者迟报的违法行为则应为此承担法律责任；主要的承担形式为处分或者追究刑事责任。

承担责任的形式可以进行分类讨论，“处分”是指对于负有特定职责的政府、部门的违法行为，只能给予直接负责的主管人员和其他直接责任人员内部的处罚。“追究刑事责任”也同样是针对负有特定职责的政府、部门直接负责的主管人员和其他直接责任人员。我国《刑法》第三十条、第三十一条规定了单位犯罪的内容：“公司、企业、事业单位、机关、团体实施的危害社会的行为，法律规定为单位犯罪的，应当负刑事责任”以及“单位犯罪的，对单位判处罚金，并对直接负责的主管人员和其他直接责任人员判处刑罚。本法分则和其他法律另有规定的，依照规定。”可以结合本条内容予以适用。

第一百一十一条【政府部门未按照规定报告事故】

有关地方人民政府、负有安全生产监督管理职责的部门，对生产安全事故隐瞒不报、谎报或者迟报的，对直接负责的主管人员和其他直接责任人员依法给予处分；构成犯罪的，依照刑法有关规定追究刑事责任。

【条文解读】 本条是关于有关地方人民政府和负有安全生产监

督管理职责的部门对安全生产事故隐瞒不报、谎报或者迟报的法律责任的规定。

条文讲解

本条中，承担责任的主体——有关地方人民政府和负有安全生产监督管理职责的部门；应当承担法律责任的违法行为——对生产安全事故隐瞒不报、谎报或者迟报；承担责任的形式——处分和追究刑事责任。

我国《刑法》第三十条规定："公司、企业、事业单位、机关、团体实施的危害社会的行为，法律规定为单位犯罪的，应当负刑事责任。"第三十一条规定："单位犯罪的，对单位判处罚金，并对其直接负责的主管人员和其他直接责任人员判处刑罚。本法分则和其他法律另有规定的，依照规定。"生产安全事故发生后，应当及时向上级机关报告事故情况的行政机关，对事故情况隐瞒不报、谎报或者迟报的，由有关主管人员或者其他直接责任人员承担刑事责任。

第一百一十二条【连续处罚的规定】

生产经营单位违反本法规定，被责令改正且受到罚款处罚，拒不改正的，负有安全生产监督管理职责的部门可以自作出责令改正之日的次日起，按照原处罚数额按日连续处罚。

【条文解读】 本条是对生产经营单位违反法规而拒不改正的连续处罚的规定。

本次修改的《安全生产法》专门规定了对于责令改正且受到罚款处罚，拒不改正的行为应当予以连续处罚。该条的适用涉及行政法中"一事不再罚"原则的理解，《行政处罚法》第二十九条规定："对当事人的同一个违法行为，不得给予两次以上罚款的行政处罚。"而生产经营单位违反《安全生产法》，被责令改正且受到罚款处罚，拒不改正的行为并非属于同一行为，可以视为在连续经营过程中的持续性违法，并不违背"一事不再罚"的行政法理。

第一百一十三条【生产经营单位执照吊销与主要负责人的准入资格限制】

生产经营单位存在下列情形之一的，负有安全生产监督管理职责的部门应当提请地方人民政府予以关闭，有关部门应当依法吊销具有关证照。生产经营单位主要负责人五年内不得担任任何生产经营单位的主要负责人;情节严重的,终身不得担任本行业生产经营单位的主要负责人:

(一)存在重大事故隐患,一百八十日内三次或者一年内四次受到本法规定的行政处罚的;

(二)经停产停业整顿,仍不具备法律、行政法规和国家标准或者行业标准规定的安全生产条件的;

(三)不具备法律、行政法规和国家标准或者行业标准规定的安全生产条件,导致发生重大、特别重大生产安全事故的;

(四)拒不执行负有安全生产监督管理职责的部门作出的停产停业整顿决定的。

【条文解读】 本条是对生产经营单位执照吊销与主要负责人的准入资格限制的规定。

针对安全生产领域"屡禁不止、屡罚不改"的问题,本次修改的《安全生产法》对其作了进一步的严格规定。本条针对性地将四类事项设定了处罚规定:① 存在重大事故隐患,180 日内 3 次或者一年内 4 次受到本法规定的行政处罚的;② 经停产停业整顿,仍不具备法律、行政法规和国家标准或者行业标准规定的安全生产条件的;③ 不具备法律、行政法规和国家标准或者行业标准规定的安全生产条件,导致发生重大、特别重大生产安全事故的;④ 拒不执行负有安全生产监督管理职责的部门作出的停产停业整顿决定的。有关部门应当依法吊销其有关证照主要是指应当由安全生产监督管理部门对安全生产有关证照予以吊销,对于其他证照的吊销应当寻求其他上位法的依据。此外,生产经营单位主要负责人的行业禁入应当与安全生产违法行为信息通报制度相结合,由有关部门和机构对存在失信行为的生产经营单位及人员采取联合惩戒措施。

第一百一十四条【事故责任单位处罚】

发生生产安全事故,对负有责任的生产经营单位除要求其依法承担相应的赔偿等责任外,由应急管理部门依照下列规定处以罚款:

(一)发生一般事故的,处三十万元以上一百万元以下的罚款;

（二）发生较大事故的，处一百万元以上二百万元以下的罚款；

（三）发生重大事故的，处二百万元以上一千万元以下的罚款；

（四）发生特别重大事故的，处一千万元以上二千万元以下的罚款。

发生生产安全事故，情节特别严重、影响特别恶劣的，应急管理部门可以按照前款罚款数额的二倍以上五倍以下对负有责任的生产经营单位处以罚款。

【条文解读】 本条是关于生产安全事故责任单位罚款的规定。

本条首先是对原法条的处罚金额进行修改，原因是随着国家经济实力的发展，原法条中规定的处罚金额需要进行相应的调整才能达到警示的效果，主要的法条结构并没有太大的变动，依旧沿用《生产安全事故报告和调查处理条例》第三十七条的基础规定。适用本条的规定进行处罚，应当符合一些基础条件：有生产安全事故发生；事故的发生是人为导致的，存在“故意”或者“过失”因素导致危害结果的发生；生产经营单位对事故的发生负有责任。在此情况下，应急管理部门可在赔偿责任之外对生产经营单位进行罚款。

对于情节特别严重、影响特别恶劣的情况，本条单独增加一款的内容进行补充，即应急管理部门可以对前款中的罚款金额进行加倍处罚。

【关联法规索引】 《特种设备安全法》第九十条、《生产安全事故报告和调查处理条例》第三十七条等。

典型案例：丙工程咨询公司与甲市安全生产监督管理局行政处罚纠纷案

2015 年 6 月 9 日 9 时 30 分左右，甲市新区城市污水管网 2 号提升泵站发生一起较大中毒事故，事故造成 4 人死亡，直接经济损失 388.85 万元。被告甲市安全生产监督管理局（以下简称甲市安监局）接到事故报告后，向甲市人民政府、L 省安全生产委员会作了报告。同日，甲市人民政府成立了由甲市安监局任组长单位的“6·9”

较大生产安全事故调查组，开展事故处置和调查。调查组进行了事故现场勘查、调查取证、应急救援评估、事故技术分析等工作，于2015年10月15日作出《甲市新区“6·9”较大中毒事故调查报告》，2015年11月23日向甲市人民政府提交《关于甲市新区“6·9”较大中毒事故结案的请示》（甲安监发〔2015〕284号文件）。甲市人民政府于2015年11月26日作出《甲市人民政府关于甲市新区“6·9”较大中毒事故结案的批复》（甲政〔2015〕179号文件），同意事故调查组对事故的原因分析、责任认定结论和对有关责任人的处理意见，同意结案。2015年12月9日，被告甲市安监局向原告丙工程咨询公司送达《行政处罚告知书》《听证通知书》，2016年1月4日被告组织召开了听证会，2016年1月27日被告作出（甲）安监管罚〔2015〕SD6501-3号《行政处罚决定书》并送达给原告。同期，被告还对其他相关责任单位作出了行政处罚决定。

另查，原告丙工程咨询公司于2001年5月15日成立，2011年12月24日，L省住房和城乡建设厅为原告颁发《施工图审查机构认定书》，认定原告的审查机构类别为二类，审查范围为房屋建筑工程、市政基础设施工程，有效期至2014年12月31日。2014年4月21日，原告换发的营业执照登记的经营范围包括：建设工程设计咨询、技术咨询、建设咨询及顾问服务；建筑工程、市政工程（乙级施工图设计审查）。2008年12月8日，甲市新区基本建设管理中心（甲方，以下简称新区基建中心）与原告丙工程咨询公司（乙方）签订一份《建设工程施工图审查协议书》，约定新区基建中心委托原告对新区2号泵站建设工程施工图提供技术性审查服务，审查主要内容包括：1. 政策性审查……2. 技术性审查：(1) 是否符合建设强制性标准；(2) 建筑物的稳定性、安全性……该协议书还约定，审查合格的项目向甲方提交《技术性终审意见书》《审查合格书》等。2010年1月18日，原告向新区基建中心提交了新区地下污水泵站、2号污水泵站的《L省建设工程施工图设计文件审查报告》，该报告载明：“经审查，本施工图设计文件符合工程建设强制性标准，地基基础和主体结构安全，审查合格。”再查，新区2号泵站位于甲市新区滨海公园地下，于2009年5月开工建设,2009年10月建成,2013年正式投入使用。泵站为上、下两层,地下一层为设备检修、巡视平台及控制间,地下二层用隔离墙分开,分为污水集水池及阀门间。该泵站的功能主要是将进入泵站的城市污水通过管网泵到1号站后,再由1号泵站泵到污水处理厂。新区2号泵站由乙市政工程公司负责日常管理养护。

原审法院认为,原告是经工商行政管理部门登记许可取得营业执照,从事建筑工程、市政工程施工图设计审查的生产经营单位,并在对新区2号泵站设计图审查过程中收取了相关费用,从事了相关经营活动,其主体符合《安全生产法》第二条关于"生产经营单位"的规定。《安全生产法》第四条规定:"生产经营单位必须遵守本法和其他有关安全生产的法律、法规,加强安全生产管理,建立、健全安全生产责任制和安全生产规章制度,改善安全生产条件,推进安全生产标准化建设,提高安全生产水平,确保安全生产。"原告作为建筑工程、市政工程施工图设计审查单位,在从事新区2号泵站施工图审查经营活动中应当严格遵守相关安全生产的法律、法规等规定。住房和城乡建设部颁布的《房屋建筑和市政基础设施工程施工图设计文件审查管理办法》第十一条规定:"审查机构应当对施工图审查下列内容:(一)是否符合工程建设强制性标准;……(五)法律、法规、规章规定必须审查的其他内容。"国家标准《室外排水设计规范》(GB 50014—2006)总则部分1.0.2规定"本规范适用于新建、扩建和改建的城镇、工业区和居住区的永久性的室外排水工程设计。"该规范第5.1.3条强制性条文规定:"抽送产生易燃易爆和有毒有害气体的污水泵站,必须设计为单独的建筑物,并应采取相应的防护措施。"条文说明部分5.1.3内容为:"关于抽送产生易燃易爆和有毒有害气体的污水泵站必须设计为单独建筑物的规定,采取相应的防护措施为:……(3)有毒气体监测和报警设施。……"该规范第8.2.2条规定:"下列各处应设置相关监测仪表和报警装置:1.排水泵站:硫化氢(H_2S)浓度。……"条文说明部分8.2.2内容为:"关于污水厂操作人员工作安全的监测规定。排水泵站内必须配置H_2S监测仪,供监测可能产生的有害气体,并采取防患措施。泵站的格栅井下部,水泵间底部等易积聚H_2S的地方，可采用移动式H_2S监测仪监测，也可安装在线式H_2S监测仪及报警装置”。根据上述国家标准强制性条文的规定，原告丙工程咨询公司在施工图设计文件审查中，应当对滨海2号泵站是否配置了硫化氢等有毒气体监测和报警设施进行审查，但原告在对设计图纸进行审查时，没有发现滨海2号泵站施工图设计未严格执行《室外排水设计规范》(GB 50014—2006)5.1.3强制条款的设计缺陷问题，违反了《房屋建筑和市政基础设施工程施工图设计文件审查管理办法》第十一条规定。因此，被告认为原告的行为违反了《安全生产法》的规定，对事故发生负有责任，具有事实依据。案涉滨海2号泵站中毒事故造成4人死亡，直接经济损失388.85万元。根据国务院颁布的《生产安全事故报告和调查处理条例》第三条第一款第(三)项的规定，此次事故构成较大事故。《安全生产法》第一百零九条规定：“发生生产安全事故，对负有责任的生产经营单位除要求其依法承担相应的赔偿等责任外，由安全生产监督管理部门依照下列规定处以罚款：……(二)发生较大事故的，处五十万元以上一百万元以下的罚款；……”被告依此规定对原告作出罚款50万元，适用法律正确。被告履行了事故报告、事故调查、事故处理以及行政处罚告知、听证、作出行政处罚决定、送达等程序，程序符合《行政处罚法》《安全生产法》《生产安全事故报告和调查处理条例》等法律、法规的规定。综上，被告作出的(甲)安监管罚〔2015〕SD6501-3号行政处罚决定，事实清楚，证据充分，适用法律、法规正确，符合法定程序，故对原告的诉讼请求不予支持。依照《行政诉讼法》第六十九条规定，判决：驳回原告丙工程咨询公司的诉讼请求。

丙工程咨询公司不服一审判决，向甲市中级人民法院提起上诉，请求撤销原审判决，撤销被诉行政处罚决定。

甲市中级人民法院经审理查明的事实与原审判决认定的事实一致，该院予以确认。

甲市中级人民法院认为，《安全生产法》第一百零九条规定：“发生生产安全事故，对负有责任的生产经营单位除要求其依法承担相应的赔偿等责任外，由安全生产监督管理部门依照下列规定处以罚款:……(二)发生较大事故的,处五十万元以上一百万元以下的罚款;……”据此,并结合双方当事人的诉辩意见,本案争议的焦点在于,上诉人丙工程咨询公司是否属于前述规定的对生产安全事故负有责任的生产经营单位。

《安全生产法》第十三条规定:“依法设立的为安全生产提供技术、管理服务的机构,依照法律、行政法规和执业准则,接受生产经营单位的委托为其安全生产工作提供技术、管理服务。生产经营单位委托前款规定的机构提供安全生产技术、管理服务的,保证安全生产的责任仍由本单位负责。”第六十九条规定:“承担安全评价、认证、检测、检验的机构应当具备国家规定的资质条件,并对其作出的安全评价、认证、检测、检验的结果负责。”第八十九条规定:“承担安全评价、认证、检测、检验工作的机构,出具虚假证明的,没收违法所得;违法所得在十万元以上的,并处违法所得二倍以上五倍以下的罚款;没有违法所得或者违法所得不足十万元的,单处或者并处十万元以上二十万元以下的罚款;对其直接负责的主管人员和其他直接责任人员处二万元以上五万元以下的罚款;给他人造成损害的,与生产经营单位承担连带赔偿责任;构成犯罪的,依照刑法有关规定追究刑事责任。”根据前述规定,承担安全评价、认证、检测、检验工作的机构属于安全生产的监督单位。《安全生产法》第一百零九条规定的对生产安全事故负有责任的生产经营单位,并不包括承担安全评价、认证、检测、检验工作的机构,国家安全监管总局在其对甲市中级人民法院的回函中对此亦予以认可。住房和城乡建设部《房屋建筑和市政基础设施工程施工图设计文件审查管理办法》第三条规定:“国家实施施工图设计文件(含勘察文件,以下简称施工图)审查制度。本办法所称施工图审查,是指施工图审查机构(以下简称审查机构)按照有关法律、法规,对施工图涉及公共利益、公众安全和工程建设强制性标准的内容进行的审查……”第五条第二款规定:“审查机构是专门从事施工图审查业务,不以营利为目的的独立法人。”《辽宁省建设工程安全生产管理规定》第九条规定:“依法设立的施工图审查机构及其审查人员应当依照有关法律、法规、规章的规定,对施工图的结构安全和执行强制性标准的情况进行审查,并对图纸的审查质量负责。”根据前述规定,上诉人丙工程咨询公司对案涉滨海2号泵站施工图设计文件进行审查,系对案涉施工图设计文件涉及公共利益、公众安全和工程建设强制性标准的内容所进行的审查,属于对建设工程设计质量进行监督的重要内容。该公司不属于《安全生产法》第一百零九条规定的生产经营单位。被上诉人甲市安监局依照《安全生产法》第一百零九条的规定对其作出被诉行政处罚决定,适用法律错误,依法应予撤销。原审法院判决驳回上诉人的诉讼请求错误,甲市中级人民法院予以纠正。综上,依照《行政诉讼法》第七十条第(二)项、第八十九条第一款第(二)项规定,判决如下:

(1) 撤销甲市某区人民法院〔2016〕L0212行初××号行政判决;

(2) 撤销原审被告甲市安监局于2016年1月27日作出的(甲)安监管罚〔2015〕SD6501-3号《行政处罚决定书》。

裁判要旨:根据《安全生产法》相关条款规定,承担安全评价、认证、检测、检验的机构为安全生产提供技术服务的中介机构,仅对其作出的安全评价、认证、检测、检验的结果负责,而作为对生产安全事故负有责任的生产经营单位,其并不包含在内。但对于违法出具虚假证明文件的安全评价检测检验机构及其从业人员则应依法受到行政处罚,违法至严重程度,则依法追究其刑事责任。《刑法》第二百二十九条规定:“承担资产评估、验资、验证、会计、审计、法律服务、保荐、安全评价、环境影响评价、环境监测等职责的中介组织的人员故意提供虚假证明文件,情节严重的,处五年以下有期徒刑或者拘役,并处罚金;有下列情形之一的,处五年以上十年以下有期徒刑,并处罚金:……(三)在涉及公共安全的重大工程、项目中提供虚假的安全评价、环境影响评价等证明文件,致使公共财产、国家和人民利益遭受特别重大损失的。有前款行为,同时索取他人财物或者非法收受他人财物构成犯罪的,依照处罚较重的规定定罪处罚。第一款规定的人员,严重不负责任,出具的证明文件有重大失实,造成严重后果的,处三年以下有期徒刑或者拘役,并处或者单处罚金。”

第一百一十五条【行政处罚的决定机关】

本法规定的行政处罚，由应急管理部门和其他负有安全生产监督管理职责的部门按照职责分工决定；其中，根据本法第九十五条、第一百一十条、第一百一十四条的规定应当给予民航、铁路、电力行业的生产经营单位及其主要负责人行政处罚的，也可以由主管的负有安全生产监督管理职责的部门进行处罚。予以关闭的行政处罚，由负有安全生产监督管理职责的部门报请县级以上人民政府按照国务院规定的权限决定；给予拘留的行政处罚，由公安机关依照治安管理处罚的规定决定。

【条文解读】 本条是关于行政处罚决定机关的规定。

《安全生产法》是一部综合性、基础性的法律，本法中规定的安全生产涉及各行各业，其执法主体众多。所以，《安全生产法》第十条规定，国务院应急管理部门依照本法，对全国安全生产工作实施综合监督管理；县级以上地方各级人民政府应急管理部门依照本法，对本行政区域内安全生产工作实施综合监督管理。国务院有关部门依照本法和其他有关法律、行政法规的规定，在各自的职责范围内对有关行业、领域的安全生产工作实施监督管理；县级以上地方各级人民政府有关部门依照本法和其他有关法律、法规的规定，在各自的职责范围内对有关行业、领域的安全生产工作实施监督管理。应急管理部门和对有关行业、领域的安全生产工作实施监督管理的部门，统称负有安全生产监督管理职责的部门。

负有安全生产监督管理职责的部门在职责分工范围内承担安全生产监督管理工作，各部门要对各自监管领域的安全生产违法行为实施行政处罚，有利于加强对各行业、各领域安全生产的管理，规范和统一执法尺度。负有安全生产监督管理职责的部门针对违法行为的范围，要根据各部门的职责分工来确定。目前，规定各部门的职责分工的依据主要是有关法律、法规和国务院的"三定"方案等。

关闭是最为严厉的行政处罚，所以关闭生产经营单位的，由负有安全生产监督管理职责的部门报请县级以上人民政府按照国务院规定的权限决定。

《行政处罚法》第十条规定，限制人身自由的行政处罚，只能由法律设定。本条进一步细化了上述规定，规定“给予拘留的行政处罚，由公安机关依照治安管理处罚的规定决定”。

【关联法规索引】《安全生产法》第十条、《行政处罚法》第十条、《国务院关于机构设置的通知》等。

第一百一十六条【生产经营单位赔偿责任】

生产经营单位发生生产安全事故造成人员伤亡、他人财产损失的，应当依法承担赔偿责任；拒不承担或者其负责人逃匿的，由人民法院依法强制执行。

生产安全事故的责任人未依法承担赔偿责任，经人民法院依法采取执行措施后，仍不能对受害人给予足额赔偿的，应当继续履行赔偿义务；受害人发现责任人有其他财产的，可以随时请求人民法院执行。

【条文解读】本条是对生产经营单位赔偿责任的规定。

条文讲解

本条第一款规定，生产经营单位发生生产安全事故造成人员伤亡、他人财产损失的，应当依法承担赔偿责任。如果生产经营单位拒不承担赔偿责任，或者生产经营单位的负责人逃匿的，由人民法院依法强制执行。按照《民事诉讼法》的规定，发生法律效力的民事判决、裁定，当事人必须履行。一方拒绝履行的，对方当事人可以向人民法院申请强制执行，也可以由审判员移送执行员执行。调解书和其他应当由人民法院执行的法律文书，当事人必须履行。一方拒绝履行的，对方当事人可以向人民法院申请执行。人民法院在强制执行时，可以采取以下强制措施：查询、冻结、划拨被执行人的存款；扣留、提取被执行人的收入；查封、扣押、拍卖、变卖被执行人的财产；搜查被执行人的财产；强制被执行人履行法律文书制定的行为等等。

按照本条第二款的规定，生产安全事故的责任人未依法承担赔偿责任，不履行生效的法律判决，经人民法院依法采取执行措施后，仍不能对受害人给予足额赔偿的，应当继续履行赔偿义务。按照《民事诉讼法》规定，人民法院采取一定的执行措施后，被执行人仍不能偿还债务的，应当继续履行义务。

第七章　附　　则

本章是关于《安全生产法》中专有名词解释、授权制定生产安全事故等级划分标准和隐患判定标准、本法施行时间的规定。《安全生产法》确立了国务院有权制定生产安全一般事故、较大事故、重大事故、特别重大事故的划分标准，以及国务院负有安全生产监督管理职责的部门有权制定相关行业、领域重大事故隐患的判定标准。

第一百一十七条【用语解释】

本法下列用语的含义：

危险物品，是指易燃易爆物品、危险化学品、放射性物品等能够危及人身安全和财产安全的物品。

重大危险源，是指长期地或者临时地生产、搬运、使用或者储存危险物品，且危险物品的数量等于或者超过临界量的单元（包括场所和设施）。

【条文解读】　本条是对危险物品和重大危险源的含义的规定。

条文讲解

根据本条内容可知，危险物品是指能够危及人身安全和财产安全的易燃易爆物品、危险化学品、放射性物品等。① 易燃易爆物品是指以燃烧爆炸为主要特性的易燃气体、易燃液体、易燃固体、易自燃物品和遇湿易燃物品、氧化剂和有机过氧化物等。其中，易燃气体主要有氢气、天然气、丁烷、甲烷、乙烷、丙烯、乙烯、乙炔（溶于介质的）、液化石油气等；易燃液体主要有苯、汽油、煤油、酒精等；易燃固体主要有红磷、镁粉等；易自燃物品主要有黄磷（白磷）、硝化纤维片、油纸及其制品等；遇湿易燃物品主要有锂、钠、金属钾、镁铝粉、碳化钙（电石）等；氧化剂主要有过氧化钾、过氧化钠、过氧乙酸、过氧化铅、有机过氧化物和过氧化氢等。②《危险化学品重大危险源辨识》（GB 18218—2018）中指出，危险化学品是指具有毒害、腐蚀、爆炸、燃烧、助燃等性质，对人体、设施、环境具有危害的剧毒化学品和其他化学品。③ 放射性物品是指含有放射性核素，并且其活度和比活度均高于国家规定的豁免值的物品。例如，放射性同位素、放射性化学试剂和化工制品、放射性矿石和矿砂、涂有放射性发光剂的工业成品等。

重大危险源，是指长期地或者临时地生产、搬运、使用或者储存危险物品，且危险物品的数量等于或者超过临界量的单元（包括场所和设施）。所谓临界量，是指对于某种危险物品规定的一个数值，一个生产装置、设施或场所，或者同属一个生产经营单位的几个生产装置、设施或场所中的某种危险物品的数量达到或者超过这个数值时，就有可能发生危险。重大危险源往往是危险物品聚集的场所或者设

施，因此具有比较大的危险性，一旦发生生产安全事故，对从业人员以及相关人员的人身安全和财产安全造成损害的可能性极大。

第一百一十八条【事故等级划分标准、危险源辨识标准和隐患判定标准的制定】

本法规定的生产安全一般事故、较大事故、重大事故、特别重大事故的划分标准由国务院规定。

国务院应急管理部门和其他负有安全生产监督管理职责的部门应当根据各自的职责分工，制定相关行业、领域重大危险源的辨识标准和重大事故隐患的判定标准。

【条文解读】　本条是关于制定事故等级划分标准、重大危险源的辨识标准和重大事故隐患判定标准的规定。

（一）事故等级划分标准

事故等级划分标准直接关系到事故报告的级别、事故调查组的组成以及事故责任追究，科学、准确地确定事故等级划分标准，是顺利开展事故报告、应急处置、调查处理工作的前提和基础。2007 年，国务院颁布实施的《生产安全事故报告和调查处理条例》中规定，根据生产安全事故（以下简称事故）造成的人员伤亡或者直接经济损失，将事故分为特别重大事故、重大事故、较大事故、一般事故。事故等级具体划分标准可参见本书第九十五条的条文解读或者《生产安全事故报告和调查处理条例》第三条的规定。

（二）重大危险源的辨识标准

重大危险源，是指长期地或者临时地生产、搬运、使用或者储存危险物品，且危险物品的数量等于或者超过临界量的单元（包括场所和设施）。（见《安全生产法》第一百一十七条）

重大危险源的辨识标准是一种规定了辨识重大危险源的依据和方法，以及计算重大危险源辨识临界量和最大量的方法。

生产经营单位在安全生产工作中负有对重大危险源实施有效的检测、监控的责任，根据安全生产标准化的要求，生产经营单位应当在安全生产责任制中落实排查治理隐患和监控重大危险源的重大职责。政府监管部门也应当监督检查重大危险源监控、重大事故隐患的整改工作，依法查处不具备安全生产条件的工矿商贸生产经营单位。

目前，针对重大危险源的辨识标准主要有《危险化学品重大危险源辨识》（GB 18218—2018）、《民用爆炸物品重大危险源辨识》（WJ/T 9093—2018）、《消防信息代码第 59 部分：消防重大危险源场所与设施类别代码》（GA/T 974.59—2011）、《危险化学品重大危险源安全监控通用技术规范》（AQ 3035—2010）、《危险化学品重大危险源 罐区现场安全监控装置设置规范》（AQ 3036—2010）等。由于各行业的专业性，目前重大危险源辨识标准的制定还应由国务院应急管理部门和其他负有安全生产监督管理职责的部门根据各自的职责分工进行。随着各行业、领域重大危险源辨识标准制定的范围扩大，必将逐渐实现重大危险源的综合化管理。

（三）重大事故隐患判定标准

《安全生产事故隐患排查治理暂行规定》中指出，事故隐患是指生产经营单位违反安全生产法律、法规、规章、标准、规程和安全生产管理制度的规定，或者因其他因素在生产经营活动中存在可能导致事故发生的物的危险状态、人的不安全行为和管理上的缺陷等。

事故隐患分为一般事故隐患和重大事故隐患。一般事故隐患是指危害和整改难度较小，发现后能够立即整改排除的隐患。重大事故隐患，是指危害和整改难度较大，应当全部或者局部停产停业，并经过一定时间整改治理方能排除的隐患，或者因外部因素影响致使生产经营单位自身难以排除的隐患。

在实际生产工作中，由于各个行业、领域生产经营活动的性质、特点、方式、安全风险类型、重大事故隐患的特点区别较大，很难制定一个统一的、适用于各行业、领域的重大事故判定标准。同时，相关部门对本行业、领域的实际情况比较熟悉，由其根据职责分工分别制定各行业、领域的重大事故隐患判定标准，有利于标准更有针对性，更加科学、合理。目前实施的重大事故隐患判定标准主要有《煤矿重大生产安全事故隐患判定标准》《工贸行业重大生产安全事故隐患判定标准（2017 版）》《金属非金属矿山重大生产安全事故隐患判定标准(试行)》《化工和危险化学品生产经营单位重大生产安全事故隐患判定标准(试行)》和《烟花爆竹生产经营单位重大生产安全事故隐患判定标准(试行)》等。

《煤矿重大事故隐患判定标准》中将煤矿重大事故隐患划分为下面 15 个方面:① 超能力、超强度或者超定员组织生产;② 瓦斯超限作业;③ 煤与瓦斯突出矿井,未依照规定实施防突出措施;④ 高瓦斯矿井未建立瓦斯抽采系统和监控系统,或者系统不能正常运行;⑤ 通风系统不完善、不可靠;⑥ 有严重水患,未采取有效措施;⑦ 超层越界开采;⑧ 有冲击地压危险,未采取有效措施;⑨ 自然发火严重,未采取有效措施;⑩ 使用明令禁止使用或者淘汰的设备、工艺;⑪ 煤矿没有双回路供电系统;⑫ 新建煤矿边建设边生产,煤矿改扩建期间,在改扩建的区域生产,或者在其他区域的生产超出安全设施设计规定的范围和规模;⑬ 煤矿实行整体承包生产经营后,未重新取得或者及时变更安全生产许可证而从事生产,或者承包方再次转包,以及将井下采掘工作面和井巷维修作业进行劳务承包;⑭ 煤矿改制期间,未明确安全生产责任人和安全管理机构,或者在完成改制后,未重新取得或者变更采矿许可证、安全生产许可证和营业执照;⑮ 其他重大事故隐患。

《化工和危险化学品生产经营单位重大生产安全事故隐患判定标准(试行)》中将以下 20 种情形判定为重大事故隐患:① 危险化学品生产、经营单位主要负责人和安全生产管理人员未依法经考核合格。② 特种作业人员未持证上岗。③ 涉及"两重点一重大"的生产装置、储存设施外部安全防护距离不符合国家标准要求。④ 涉及重点监管危险化工工艺的装置未实现自动化控制,系统未实现紧急停车功能,装备的自动化控制系统、紧急停车系统未投入使用。⑤ 构成一级、二级重大危险源的危险化学品罐区未实现紧急切断功能;涉及毒性气体、液化气体、剧毒液体的一级、二级重大危险源的危险化学品罐区未配备独立的安全仪表系统。⑥ 全压力式液化烃储罐未按国家标准设置注水措施。⑦ 液化烃、液氨、液氯等易燃易爆、有毒有害液化气体的充装未使用万向管道充装系统。⑧ 光气、氯气等剧毒气体及硫化氢气体管道穿越除厂区(包括化工园区、工业园区)外的公共区域。⑨ 地区架空电力线路穿越生产区且不符合国家标准要求。⑩ 在役化工装置未经正规设计且未进行安全设计诊断。⑪ 使用淘汰落后安全技术工艺、设备目录列出的工艺、设备。⑫ 涉及可燃和有毒有害气体泄漏的场所未按国家标准设置检测报警装置,爆炸危险场所未按国家标准安装使用防爆电气设备。⑬ 控制室或机柜间面向具有火灾、爆炸危险性装置一侧不满足国家标准关于防火防爆的要求。⑭ 化工生产装置未按国家标准要求设置双重电源供电,自动化控制系统未设置不间断电源。⑮ 安全阀、爆破片等安全附件未正常投用。⑯ 未建立与岗位相匹配的全员安全生产责任制或者未制定实施生产安全事故隐患排查治理制度。⑰ 未制定操作规程和工艺控制指标。⑱ 未按照国家标准制定动火、进入受限空间等特殊作业管理制度,或者制度未有效执行。⑲ 新开发的危险化学品生产工艺未经小试、中试、工业化试验直接进行工业化生产;国内首次使用的化工工艺未经过省级人民政府有关部门组织的安全可靠性论证;新建装置未制定试生产方案投料开车;精细化工企业未按规范性文件要求开展反应安全风险评估。⑳ 未按国家标准分区分类储存危险化学品,超量、超品种储存危险化学品,相互禁配物质混放混存。

第一百一十九条【生效日期】

本法自2002年11月1日起施行。

【条文解读】 本条是对本法施行时间的规定。

正确理解法律的施行时间,是运用法律不可缺少的条件。法律从何时开始生效,一般根据该项法律的性质和实际需要来决定。通常有三种方式:第一种是法律条文中明确规定,从其公布之日起生效施行;第二种是法律公布后,并不立即生效施行,经过一定时期后才开始施行,法律中明确规定生效施行的日期;第三种是法律公布后先予以试行或者暂行,而后由立法部门加以补充修改,再通过为正式法律,公布施行,在试行期间也具有约束力。我国的大多数法律采取第二种方式,主要是考虑到全国各地经济和社会发展的不平衡,法律的施行需要一定的准备期。因此，为了保证法律的切实施行，在充分考虑施行准备工作量的情况下，在法律中具体规定法律的施行日期（自某年某月某日起施行），一般不宜笼统规定“自公布之日起施行”。因此，在《全国人民代表大会常务委员会关于修改〈中华人民共和国安全生产法〉的决定》中就明确说明“本决定自 2021 年 9 月 1 日起施行”，即本次《安全生产法》修改的条文内容也需到 2021 年 9 月 1 日才能正式施行。

然而《安全生产法》早在 2002 年 6 月 29 日就由第九届全国人民代表大会常务委员会第二十八次会议通过，自 2002 年 11 月 1 日起施行。《安全生产法》自施行以来，虽经过多次修改，但作为一直连贯运行的法律，因此施行时间依然定为 2002 年 11 月 1 日。

自 测 题

一、填空题

1. 国家实行生产安全事故________制度，依照有关法律、法规的规定，追究生产安全事故责任单位和责任人员的法律责任。

2. 安全生产工作实行管行业必须管安全、管业务必须管安全、________，强化和落实生产经营单位主体责任与政府监管责任，建立生产经营单位负责、职工参与、政府监管、行业自律和社会监督的机制。

3. 生产经营单位必须建立健全________和安全生产规章制度。

4. 生产经营单位必须构建________和隐患排查治理双重预防机制，健全风险防范化解机制，提高安全生产水平，确保安全生产。

5. 生产经营单位的________是本单位安全生产第一责任人。

6. 国务院标准化行政主管部门、有关部门依据法定职责对安全生产强制性________的实施进行监督检查。

7. 县级以上各级人民政府应当组织负有安全生产监督管理职责的部门依法编制________和责任清单，公开并接受社会监督。

8. 生产经营单位的主要负责人应建立健全并落实本单位全员安全生产责任制，加强________建设。

9. 矿山、金属冶炼、建筑施工、运输单位和危险物品的生产、经营、储存、装卸单位，应当设置安全生产管理机构或者配备专职________。

10. 危险物品的生产、储存、装卸单位以及矿山、金属冶炼单位应当有________从事安全生产管理工作。

11. 生产经营单位的全员安全生产责任制应当明确各岗位的责任人员、________和考核标准等内容。

12. 未经________和培训合格的从业人员,不得上岗作业。

13. 生产经营单位的特种作业人员必须按照国家有关规定经专门的________,取得相应资格,方可上岗作业。

14. 生产经营单位新建、改建、扩建工程项目的安全设施,必须与主体工程同时设计、________、同时投入生产和使用。

15. 建设项目安全设施的设计人、________应当对安全设施设计负责。

16. 生产经营单位应当在有较大危险因素的生产经营场所和有关设施、设备上,设置明显的________标志。

17. 生产经营单位应当建立安全风险分级管控制度,按照________采取相应的管控措施。

18. 生产经营单位必须为从业人员提供符合国家标准或者行业标准的________用品,并监督、教育从业人员按照使用规则佩戴、使用。

19. 生产经营单位必须依法参加________保险,为从业人员缴纳保险费。

20. 从业人员有权对本单位安全生产工作中存在的问题提出批评、检举、控告;有权拒绝________和强令冒险作业。

21. 从业人员发现直接危及人身安全的紧急情况时,有权停止作业或者在采取可能的应急措施后________。

22. 从业人员在作业过程中,应当严格落实________责任,遵守本单位的安全生产规章制度和操作规程,服从管理,正确佩戴和使用劳动防护用品。

23. 安全生产监督检查人员应当忠于职守,________,秉公执法。

24. 监察机关依照________法的规定,对负有安全生产监督管理职责的部门及其工作人员履行安全生产监督管理职责实施监察。

25. 承担安全评价、认证、检测、检验职责的机构应当建立并实施服务公开和________制度，不得租借资质、挂靠、出具虚假报告。

26. 涉及人员死亡的举报事项，应当由________组织核查处理。

27. 县级以上地方各级人民政府应当组织有关部门制定本行政区域内生产安全事故________，建立应急救援体系。

28. 负有安全生产监督管理职责的部门和有关地方人民政府对事故情况不得隐瞒不报、________或者迟报。

29. 承担安全评价、认证、检测、检验职责的机构出具失实报告的，责令停业整顿，并处________万元以上十万元以下的罚款；给他人造成损害的，依法承担赔偿责任。

30. 生产经营单位的主要负责人未履行《安全生产法》规定的安全生产管理职责，导致发生一般事故的，处上一年年收入百分之________的罚款。

31. 生产经营单位的主要负责人未履行《安全生产法》规定的安全生产管理职责，导致发生较大事故的，处上一年年收入百分之________的罚款。

32. 生产经营单位的主要负责人未履行《安全生产法》规定的安全生产管理职责，导致发生重大事故的，处上一年年收入百分之________的罚款。

33. 生产经营单位的主要负责人未履行《安全生产法》规定的安全生产管理职责，导致发生特别重大事故的，处上一年年收入百分之________的罚款。

34. 生产经营单位对重大危险源未登记建档，未进行定期检测、评估、监控，未制定应急预案，或者未告知应急措施的，责令限期改正，处________万元以下的罚款。

35. 高危行业、领域的生产经营单位未按照国家规定投保安全生产责任保险的，责令限期改正，处________万元以上十万元以下的罚款。

36. 发生一般事故的，对负有责任的生产经营单位除要求其依法承担相应的赔偿等责任外，由应急管理部门处三十万元以上

________万元以下的罚款。

37. 发生较大事故的，对负有责任的生产经营单位除要求其依法承担相应的赔偿等责任外，由应急管理部门处一百万元以上________万元以下的罚款。

38. 发生重大事故的，对负有责任的生产经营单位除要求其依法承担相应的赔偿等责任外，由应急管理部门处二百万元以上________万元以下的罚款。

39. 发生特别重大事故的，对负有责任的生产经营单位除要求其依法承担相应的赔偿等责任外，由应急管理部门处一千万元以上________万元以下的罚款。

40. 国务院应急管理部门和其他负有安全生产监督管理职责的部门应当根据各自的职责分工，制定相关行业、领域重大危险源的辨识标准和________的判定标准。

二、单项选择题

1. 要坚持(　　)，加快安全生产相关法律法规制订修订，加强安全生产监管执法，强化基层监管力量，着力提高安全生产法治化水平。

A. 依法治理　B. 依规治理　C. 按章办事　D. 依法治企

2. 要切实抓好安全生产，坚持以人为本、生命至上，全面抓好安全生产责任制和(　　)、防范、监督、检查、奖惩措施的落实。

A. 治理　B. 管理　C. 监测　D. 预防

3. 强化安全生产，加强安全生产监管，从(　　)上消除安全生产隐患。

A. 源头　B. 制度　C. 管理　D. 根本

4. 建立健全公共安全形势分析制度，经常(　　)、预判，及时发现苗头性、倾向性问题，及时清除公共安全隐患。

A. 评估　B. 分析　C. 检查　D. 举一反三

5. 牢固树立安全生产的观念，正确处理安全和(　　)的关系，坚持发展决不能以牺牲安全为代价这条红线。

A. 效益　B. 发展　C. 经济　D. 生产

6. 安全生产必须警钟长鸣、常抓不懈，丝毫放松不得，否则就会给国家和(　　)带来不可挽回的损失。

A. 人民　　B. 社会　　C. 企业　　D. 公民

7. 构建双重预防机制就是针对安全生产领域“认不清、想不到”的突出问题，关口前移，从隐患排查治理前移到(　　)管控。通过分析事故发生的全链条，抓住关键环节采取预防措施，防范安全风险管控不到位变成事故隐患、隐患未及时被发现和治理演变成事故。

A. 危险源　　B. 风险　　C. 问题　　D. 事故

8. 风险分级管控和隐患排查治理是防范化解风险的有效举措，充分体现了(　　)意识和“超前预防”的治理理念，只有坚持谋划在前、预防在先，做到防患于未然，才能牢牢把握安全生产工作的主动权。

A. 事故治理　　B. 底线　　C. 责任认定　　D. 风险

9. 要坚持关口前移，加强日常防范，加强源头治理、(　　)处理，针对暴露出来的问题进行地毯式排查和立体化整治行动，什么问题突出就集中力量解决什么问题。要建立健全公共安全形势分析制度，经常评估、预判，及时发现苗头性、倾向性问题，及时清除公共安全隐患。

A. 前端　　B. 末端　　C. 过程　　D. 事前

10. 树立(　　)，弘扬生命至上、安全第一的思想，健全公共安全体系，完善安全生产责任制，坚决遏制重特大安全事故，提升防灾减灾救灾能力。

A. 和谐发展理念　　B. 社会发展理念

C. 经济发展理念　　D. 安全发展理念

11. 要针对安全生产事故主要特点和突出问题，层层压实责任，狠抓整改落实，强化(　　)，从根本上消除事故隐患，有效遏制重特大事故发生。

A. 双重预防　　B. 风险防控　　C. 安全生产　　D. 应急管理

12. 安全生产理念要体现(　　)意识。

A. 红线　　B. 安全第一　　C. 综合治理　　D. 以人为本

13. 将全员安全生产责任制教育培训工作纳入安全生产年度培训计划,全员掌握(　　)安全生产职责。

A. 本单位　B. 本层次　C. 本岗位　D. 本工种

14. 依据全年安全生产责任落实情况进行(　　),制定落实考核方案,并将考核结果纳入岗位绩效管理。

A. 全员考核　B. 全员考试　C. 全员培训　D. 全员贯彻

15. 安全生产责任制应符合企业自身实际,根据(　　)及时进行修订。

A. 安全实际　B. 生产实际

C. 安全生产实际　D. 国家政策

16. 生产经营单位安全生产费用在(　　)中据实列支。

A. 项目　B. 概算　C. 工程　D. 成本

17. 对已经依法取得批准的单位,负责行政审批的部门发现其不再具备安全生产条件的,应当(　　)原批准。

A. 作废　B. 撤销　C. 变更　D. 重新评价

18. 制定各岗位安全生产责任制,明确责任范围,岗位有固定工作场所的,在(　　)进行长期公示。

A. 人行通道　B. 办公室　C. 适当位置　D. 会议室

19. 矿山、金属冶炼建设项目和用于生产、储存、装卸危险物品的建设项目,应当按照国家有关规定进行(　　)。

A. 安全检查　B. 安全评价　C. 安全考核　D. 安全论证

20. 工作场所的职业病防护设施的设置应(　　)。

A. 根据生产规模设置　B. 按企业规定统一设置

C. 与职业病危害防护相适应　D. 按照国家标准统一制定

三、多项选择题

1. 要加强应急救援工作,应最大限度减少(　　),每一次大事故发生后,都要认真组织研究应急救援规律,加强相应技术装备和设施建设。

A. 人员伤亡　B. 财产损失　C. 负面影响　D. 社会舆论

2. 深化安全生产管理体制改革,建立(　　),遏制重特大安全事故。

A. 隐患排查治理体系　B. 安全预防控制体系

C. 风险防范体系　D. 危险源控制体系

3. 生产经营单位采用(　　)或者新设备,必须了解、掌握其安全技术特性,采取有效的安全防护措施,并对从业人员进行专门的安全生产教育和培训。

A. 新工艺　B. 新技术　C. 新材料　D. 新流程

4. 加强组织领导和责任落实,坚持预防预备和应急处突相结合,加强统筹协调,强化协同配合,抓实抓细防汛救灾各项措施。各有关地区都要做好(　　),宁可备而不用,不可用时无备。

A. 预案准备　B. 队伍准备

C. 物资准备　D. 蓄滞洪区运用准备

5. 安全生产许可证有效期满未办理延期手续,继续进行生产的,处以(　　)处罚。

A. 责令停止生产　B. 限期补办延期手续

C. 没收违法所得　D. 罚款 50 万元

6. 生产经营单位从业人员有义务(　　)。

A. 接受安全生产教育和培训

B. 掌握本职工作所需的安全生产知识

C. 提高安全生产技能

D. 增强事故预防和应急处理能力

7. 现阶段人们常说的“三项岗位人员”是指(　　)。

A. 主要负责人　B. 安全生产管理人员

C. 从业人员　D. 特种作业人员

8. 安全生产责任制要求煤矿企业必须加强安全生产管理,建立健全(　　)安全生产与职业病危害防治责任制。

A. 各级负责人　B. 各部门

C. 各岗位　D. 各工种

9. 对安全责任落实情况进行监督考核,各层级、各岗位安全责任是否落实到位,真正实现安全生产(　　)。

A. 层层负责　B. 人人有责　C. 层层有责　D. 各负其责

10. 安全生产责任制要求建立覆盖本企业(　　)的全员安全生产责任制。

A. 所有工种　B. 所有组织　C. 所有岗位　D. 所有人员

11. 安全生产责任制要求明确各岗位的(　　)等内容。

A. 责任科室　B. 责任人员　C. 责任范围　D. 考核标准

12. 安全生产责任制应符合相关的(　　)。

A. 法律　B. 法规　C. 政策　D. 标准

13. 安全生产责任制应(　　),责任清晰,能够对照执行和检查。

A. 符合标准化　B. 符合实际

C. 有针对性　D. 有条件

14. 安全生产理念体现红线意识和(　　)的安全生产方针。

A. 危机意识　B. 预防为主　C. 安全第一　D. 综合治理

15. 建立健全(　　)是党和国家在安全生产方面对各类生产经营单位的基本政策要求,同时也是生产经营企业的自身需求。

A. 安全生产法责任制　B. 业务保安责任制

C. 经营目标责任制　D. 工种岗位安全责任制

四、判断题

1. 坚持人民安全、政治安全、国家利益至上的有机统一,人民安全是国家安全的宗旨,政治安全是国家安全的根本,国家利益至上是国家安全的准则。(　　)

2. 人民至上、生命至上,保护人民生命安全和身体健康可以不惜一切代价。(　　)

3. 既重视发展问题,又重视安全问题,安全是发展的基础,发展是安全的条件。(　　)

4. 必须建立健全安全生产责任体系,强化企业主体责任,深化安全生产大检查,认真吸取教训,注重举一反三,全面加强安全生产工作。(　　)

5. 人命关天,发展决不能以牺牲人的生命为代价,这必须作为

一条不可逾越的红线。（ ）

6. 坚持管行业必须管安全，管业务必须管安全，管经营必须管安全，而且要党政同责、一岗双责、齐抓共管。（ ）

7. 生产经营单位委托具有相关资质的机构提供安全生产技术、管理服务的，保证安全生产的责任由服务的相关机构负责。（ ）

8. 对易发重特大事故的行业领域，要采取风险分级管控、隐患排查治理双重预防性工作机制，推动安全生产关口前移。（ ）

9. 要坚决落实安全生产责任制，切实做到党政同责、一岗双责、失职追责。（ ）

10. 要秉持为安全求发展、以发展促安全的理念，让发展和安全两个目标有机融合。（ ）

11. 只有采取切实举措，才能真正管控风险；只有实现安全保障，才能持续发展。（ ）

12. 安全工作要与发展同步进行，并作为发展前提来抓。经济社会发展的每一个项目、每一个环节都要以效益为前提，不能有丝毫疏漏。（ ）

13. 要针对安全生产事故主要特点和突出问题，层层压实责任，狠抓整改落实，强化风险防控，从根本上消除事故隐患，有效遏制重特大事故发生。（ ）

14. 要牢固树立安全发展理念，加快完善安全发展体制机制，补齐相关短板，维护产业链、供应链安全，积极做好防范化解重大风险工作。（ ）

15. 处理安全和发展的关系，坚持发展决不能以牺牲安全为代价这条红线，不能有丝毫侥幸心理，不能不顾人民群众福祉和安全。（ ）

16. 以防范和遏制重特大事故为重点，坚持标本兼治、综合治理、系统建设，统筹推进经济领域改革发展。（ ）

17. 落实安全生产责任制，要落实行业主管部门直接监管、安全监管部门综合监管、地方政府属地监管。（ ）

18. 生产经营单位的主要负责人是本单位安全生产第一责任

人，对本单位的安全生产工作全面负责。其他负责人对职责范围内的安全生产工作负责。 （ ）

19. 国务院和乡镇级以上地方各级人民政府应当根据国民经济和社会发展规划制定安全生产规划，并组织实施。安全生产规划应当与国土空间规划等相关规划相衔接。 （ ）

20. 加强安全隐患排查，严格落实安全生产责任制，坚决防范重特大事故发生，确保人民群众生命和财产安全。 （ ）

21. 如果发生事故，属于工作不细不实，不仅造成事故的单位要负直接责任，监管单位也要负重要责任。 （ ）

22. 根据实际需要，生产经营单位可以关闭直接关系生产安全的监控、报警、防护、救生设备、设施。 （ ）

23. 要深入开展安全隐患排查整治，全面抓好安全生产责任制，从源头治起、从细处抓起、从短板补起，筑牢防线，守住底线，不放过任何一个漏洞，不丢掉任何一个盲点，不留任何一个隐患。 （ ）

24. 要按照“全覆盖、零容忍、严执法、重实效”的要求进行排查，整治隐患、堵塞漏洞、强化措施。 （ ）

25. 负有安全生产监督管理职责的部门应当加强对生产经营单位行政处罚信息的及时归集、共享、应用和公开，对生产经营单位作出处罚决定后十个工作日内在监督管理部门公示系统予以公开曝光，强化对违法失信生产经营单位及其有关从业人员的社会监督，提高全社会安全生产诚信水平。 （ ）

26. 必须强化依法治理，用法治思维和法治手段解决安全生产问题。要坚持依法治理，加快安全生产相关法律法规制订修订，加强安全生产监管执法，强化基层监管力量，着力提高安全生产法治化水平。 （ ）

27. 生产经营单位的主要负责人未履行《安全生产法》规定的安全生产管理职责的，责令限期改正，处二万元以下的罚款；逾期未改正的，处二万元以上五万元以下的罚款，责令生产经营单位停产停业整顿。 （ ）

28. 涉及人员死亡的举报事项，应当由市级以上人民政府组织

核查处理。（　）

29. 在安全生产领域，防范化解重大安全风险就是防范化解可能诱发重大事故的安全风险，将安全监管的关口前移，针对诱发重大事故的风险，加强风险评估、分级管控和监测预警，从源头有效防止事故发生。（　）

30. 要健全风险防范化解机制，坚持从源头上防范化解重大安全风险，真正把问题解决在萌芽之时、成灾之前。要加强应急预案管理，健全应急预案体系，落实各环节责任和措施。（　）

31. 要构建公共安全人防、物防、技防网络、实现人员素质、设施保障、技术应用的整体协调，彻底堵塞“安全漏洞”，坚决打破“安全孤岛”。（　）

32. 构建双重预防机制就是针对安全生产领域“认不清、想不到”的突出问题，关口前移，从隐患排查治理前移到风险管控。（　）

33. 要牢固树立安全发展理念，自觉把维护公共安全放在维护最广大人民根本利益中来认识，扎实做好公共安全工作，努力为人民安居乐业、社会安定有序、国家长治久安编织全方位、立体化的公共安全网。（　）

34. 生产经营单位的其他负责人和安全生产管理人员未履行《安全生产法》规定的安全生产管理职责的，责令限期改正，处三万元以上五万元以下的罚款；导致发生生产安全事故的，暂停或者吊销其与安全生产有关的资格，并处上一年年收入百分之二十五以上百分之五十以下的罚款；构成犯罪的，依照刑法有关规定追究刑事责任。（　）

35. 依据全年安全生产责任落实情况进行全员考核，制定落实考核方案，并将考核结果纳入岗位绩效管理。（　）

36. 发生生产安全事故，情节特别严重、影响特别恶劣的，应急管理部门可以按照规定罚款数额的三倍以上五倍以下对负有责任的生产经营单位处以罚款。（　）

37. 生产经营单位未采取措施消除事故隐患的，责令立即消除或者限期消除，处五万元以下的罚款；生产经营单位拒不执行的，责令停产停业整顿，对其直接负责的主管人员和其他直接责任人员处五万元以上十万元以下的罚款；构成犯罪的，依照刑法有关规定追究刑事责任。（　　）

38. 安全生产责任制在建立健全、宣贯、执行、考核等方面都有基本规定。（　　）

39. 用人单位应当按照规定，在必要时对工作场所进行职业病危害因素检测评价。（　　）

40. 管生产必须管安全只是针对企业主要负责人的要求。

（　　）

自测题参考答案

一、填空题

1. 责任追究
2. 管生产经营必须管安全
3. 全员安全生产责任制
4. 安全风险分级管控
5. 主要负责人
6. 国家标准
7. 安全生产权力
8. 安全生产标准化
9. 安全生产管理人员
10. 注册安全工程师
11. 责任范围
12. 安全生产教育
13. 安全作业培训
14. 同时施工
15. 设计单位
16. 安全警示
17. 安全风险分级
18. 劳动防护
19. 工伤
20. 违章指挥
21. 撤离作业场所
22. 岗位安全
23. 坚持原则
24. 监察
25. 报告公开
26. 县级以上人民政府
27. 应急救援预案
28. 谎报
29. 三
30. 四十
31. 六十
32. 八十
33. 一百
34. 十

35. 五	36. 一百
37. 二百	38. 一千
39. 二千	40. 重大事故隐患

二、单项选择题

1. A	2. B	3. A	4. A	5. B
6. A	7. B	8. D	9. A	10. D
11. B	12. A	13. C	14. A	15. C
16. D	17. B	18. C	19. B	20. C

三、多项选择题

1. AB	2. AB	3. ABC	4. ABCD	5. ABC
6. ABCD	7. ABD	8. ABC	9. ABD	10. BC
11. BCD	12. ABCD	13. BC	14. BCD	15. ABD

四、判断题

1. √	2. √	3. ×	4. √	5. √
6. √	7. ×	8. √	9. √	10. ×
11. √	12. ×	13. √	14. √	15. √
16. ×	17. √	18. √	19. ×	20. √
21. √	22. ×	23. √	24. √	25. ×
26. √	27. ×	28. ×	29. √	30. √
31. √	32. √	33. √	34. ×	35. √
36. ×	37. √	38. √	39. ×	40. ×

参考文献

[1] 卞耀武.中华人民共和国安全生产法释义[M].北京:法律出版社,2002.

[2] 曾隆兴.详解损害赔偿法[M].北京:中国政法大学出版社,2004.

[3] 崔峰.新安全生产法解读及案例分析[M].北京:化学工业出版社,2016.

[4] 代海军.安全生产法新视野[M].北京:应急管理出版社,2020.

[5] 关怀.劳动法[M].2版.北京:中国人民大学出版社,2005.

[6] 黄明.关于《中华人民共和国安全生产法(修正草案)》的说明[R/OL].(2021-01-20)[2021-06-11].http://www.npc.gov.cn/npc/c30834/202106/2787a90fc3be48de828ce185abd98a68.shtml.

[7] 姜明安.行政法[M].北京:北京大学出版社,2017.

[8] 阚珂.中华人民共和国安全生产法释义[M].北京:法律出版社,2014.

[9] 李佳,陈之元.《中华人民共和国安全生产法》图解[M].徐州:中国矿业大学出版社,2014.

[10] 李遐桢.中华人民共和国安全生产法配套解读与实例[M].北京:法律出版社,2019.

[11] 刘左军,洪伟.《中华人民共和国安全生产法》释义及实用指南[M].北京:中国民主法制出版社,2012.

[12] 罗云.《安全生产法》专家解读[M].北京:煤炭工业出版

社，2014.
[13] 石少华.安全法学[M].北京：中国劳动社会保障出版社，2010.
[14] 滕炜.中华人民共和国安全生产法解读[M].北京：中国法制出版社，2014.
[15] 田山辉明.日本侵权行为法[M].顾祝轩，丁相顺，译.北京：北京大学出版社，2011.
[16] 邬燕云.《安全生产法》学习指导[M].北京：煤炭工业出版社，2014.

附录 《安全生产法》新旧条文对照表

（条文中蓝色字部分为修改或者新增加的内容）

修正前（旧条文）	修正后（新条文）
第一章 总则	
第一条 为了加强安全生产工作，防止和减少生产安全事故，保障人民群众生命和财产安全，促进经济社会持续健康发展，制定本法。	**第一条** 为了加强安全生产工作，防止和减少生产安全事故，保障人民群众生命和财产安全，促进经济社会持续健康发展，制定本法。
第二条 在中华人民共和国领域内从事生产经营活动的单位（以下统称生产经营单位）的安全生产，适用本法；有关法律、行政法规对消防安全和道路交通安全、铁路交通安全、水上交通安全、民用航空安全以及核与辐射安全、特种设备安全另有规定的，适用其规定。	**第二条** 在中华人民共和国领域内从事生产经营活动的单位（以下统称生产经营单位）的安全生产，适用本法；有关法律、行政法规对消防安全和道路交通安全、铁路交通安全、水上交通安全、民用航空安全以及核与辐射安全、特种设备安全另有规定的，适用其规定。
第三条 安全生产工作应当以人为本，坚持安全发展，坚持安全第一、预防为主、综合治理的方针，强化和落实生产经营单位的主体责任，建立生产经营单位负责、职工参与、政府监管、行业自律和社会监督的机制。	**第三条** 安全生产工作坚持中国共产党的领导。 安全生产工作应当以人为本，坚持人民至上、生命至上，把保护人民生命安全摆在首位，树牢安全发展理念，坚持安全第一、预防为主、综合治理的方针，从源头上防范化解重大安全风险。 安全生产工作实行管行业必须管安全、管业务必须管安全、管生产经营必须管安全，强化和落实生产经营单位主体责任与政府监管责任，建立生产经营单位负责、职工参与、政府监管、行业自律和社会监督的机制。

续表

修正前(旧条文)	修正后(新条文)
第四条　生产经营单位必须遵守本法和其他有关安全生产的法律、法规,加强安全生产管理,建立、健全安全生产责任制和安全生产规章制度,改善安全生产条件,推进安全生产标准化建设,提高安全生产水平,确保安全生产。	**第四条**　生产经营单位必须遵守本法和其他有关安全生产的法律、法规,加强安全生产管理,建立健全全员安全生产责任制和安全生产规章制度,加大对安全生产资金、物资、技术、人员的投入保障力度,改善安全生产条件,加强安全生产标准化、信息化建设,构建安全风险分级管控和隐患排查治理双重预防机制,健全风险防范化解机制,提高安全生产水平,确保安全生产。 平台经济等新兴行业、领域的生产经营单位应当根据本行业、领域的特点,建立健全并落实全员安全生产责任制,加强从业人员安全生产教育和培训,履行本法和其他法律、法规规定的有关安全生产义务。
第五条　生产经营单位的主要负责人对本单位的安全生产工作全面负责。	**第五条**　生产经营单位的主要负责人是本单位安全生产第一责任人,对本单位的安全生产工作全面负责。其他负责人对职责范围内的安全生产工作负责。
第六条　生产经营单位的从业人员有依法获得安全生产保障的权利,并应当依法履行安全生产方面的义务。	**第六条**　生产经营单位的从业人员有依法获得安全生产保障的权利,并应当依法履行安全生产方面的义务。
第七条　工会依法对安全生产工作进行监督。 生产经营单位的工会依法组织职工参加本单位安全生产工作的民主管理和民主监督,维护职工在安全生产方面的合法权益。生产经营单位制定或者修改有关安全生产的规章制度,应当听取工会的意见。	**第七条**　工会依法对安全生产工作进行监督。 生产经营单位的工会依法组织职工参加本单位安全生产工作的民主管理和民主监督,维护职工在安全生产方面的合法权益。生产经营单位制定或者修改有关安全生产的规章制度,应当听取工会的意见。

续表

修正前(旧条文)	修正后(新条文)
第八条 国务院和县级以上地方各级人民政府应当根据国民经济和社会发展规划制定安全生产规划,并组织实施。安全生产规划应当与城乡规划相衔接。	**第八条** 国务院和县级以上地方各级人民政府应当根据国民经济和社会发展规划制定安全生产规划,并组织实施。安全生产规划应当与国土空间规划等相关规划相衔接。 各级人民政府应当加强安全生产基础设施建设和安全生产监管能力建设,所需经费列入本级预算。 县级以上地方各级人民政府应当组织有关部门建立完善安全风险评估与论证机制,按照安全风险管控要求,进行产业规划和空间布局,并对位置相邻、行业相近、业态相似的生产经营单位实施重大安全风险联防联控。
国务院和县级以上地方各级人民政府应当加强对安全生产工作的领导,支持、督促各有关部门依法履行安全生产监督管理职责,建立健全安全生产工作协调机制,及时协调、解决安全生产监督管理中存在的重大问题。 乡、镇人民政府以及街道办事处、开发区管理机构等地方人民政府的派出机关应当按照职责,加强对本行政区域内生产经营单位安全生产状况的监督检查,协助上级人民政府有关部门依法履行安全生产监督管理职责。	**第九条** 国务院和县级以上地方各级人民政府应当加强对安全生产工作的领导,建立健全安全生产工作协调机制,支持、督促各有关部门依法履行安全生产监督管理职责,及时协调、解决安全生产监督管理中存在的重大问题。 乡镇人民政府和街道办事处,以及开发区、工业园区、港区、风景区等应当明确负责安全生产监督管理的有关工作机构及其职责,加强安全生产监管力量建设,按照职责对本行政区域或者管理区域内生产经营单位安全生产状况进行监督检查,协助人民政府有关部门或者按照授权依法履行安全生产监督管理职责。

续表

修正前(旧条文)	修正后(新条文)
第九条 国务院安全生产监督管理部门依照本法，对全国安全生产工作实施综合监督管理；县级以上地方各级人民政府安全生产监督管理部门依照本法，对本行政区域内安全生产工作实施综合监督管理。 国务院有关部门依照本法和其他有关法律、行政法规的规定，在各自的职责范围内对有关行业、领域的安全生产工作实施监督管理；县级以上地方各级人民政府有关部门依照本法和其他有关法律、法规的规定，在各自的职责范围内对有关行业、领域的安全生产工作实施监督管理。 安全生产监督管理部门和对有关行业、领域的安全生产工作实施监督管理的部门，统称负有安全生产监督管理职责的部门。	**第十条** 国务院应急管理部门依照本法，对全国安全生产工作实施综合监督管理；县级以上地方各级人民政府应急管理部门依照本法，对本行政区域内安全生产工作实施综合监督管理。 国务院交通运输、住房和城乡建设、水利、民航等有关部门依照本法和其他有关法律、行政法规的规定，在各自的职责范围内对有关行业、领域的安全生产工作实施监督管理；县级以上地方各级人民政府有关部门依照本法和其他有关法律、法规的规定，在各自的职责范围内对有关行业、领域的安全生产工作实施监督管理。对新兴行业、领域的安全生产监督管理职责不明确的，由县级以上地方各级人民政府按照业务相近的原则确定监督管理部门。 应急管理部门和对有关行业、领域的安全生产工作实施监督管理的部门，统称负有安全生产监督管理职责的部门。负有安全生产监督管理职责的部门应当相互配合、齐抓共管、信息共享、资源共用，依法加强安全生产监督管理工作。
第十条 国务院有关部门应当按照保障安全生产的要求，依法及时制定有关的国家标准或者行业标准，并根据科技进步和经济发展适时修订。 生产经营单位必须执行依法制定的保障安全生产的国家标准或者行业标准。	**第十一条** 国务院有关部门应当按照保障安全生产的要求，依法及时制定有关的国家标准或者行业标准，并根据科技进步和经济发展适时修订。 生产经营单位必须执行依法制定的保障安全生产的国家标准或者行业标准。
	第十二条 国务院有关部门按照职责分工负责安全生产强制性国家标准的项目提出、组织起草、征求意见、技术审查。国务院应急管理部门统筹提出安全生产强制性国家标准的立项计划。国务院标准化行政主管部门负责安全生产强制性国家标准的立项、编号、对外通报和授权批准发布工作。国务院标准化行政主管部门、有关部门依据法定职责对安全生产强制性国家标准的实施进行监督检查。

续表

修正前(旧条文)	修正后(新条文)
第十一条 各级人民政府及其有关部门应当采取多种形式,加强对有关安全生产的法律、法规和安全生产知识的宣传,增强全社会的安全生产意识。	**第十三条** 各级人民政府及其有关部门应当采取多种形式,加强对有关安全生产的法律、法规和安全生产知识的宣传,增强全社会的安全生产意识。
第十二条 有关协会组织依照法律、行政法规和章程,为生产经营单位提供安全生产方面的信息、培训等服务,发挥自律作用,促进生产经营单位加强安全生产管理。	**第十四条** 有关协会组织依照法律、行政法规和章程,为生产经营单位提供安全生产方面的信息、培训等服务,发挥自律作用,促进生产经营单位加强安全生产管理。
第十三条 依法设立的为安全生产提供技术、管理服务的机构,依照法律、行政法规和执业准则,接受生产经营单位的委托为其安全生产工作提供技术、管理服务。 生产经营单位委托前款规定的机构提供安全生产技术、管理服务的,保证安全生产的责任仍由本单位负责。	**第十五条** 依法设立的为安全生产提供技术、管理服务的机构,依照法律、行政法规和执业准则,接受生产经营单位的委托为其安全生产工作提供技术、管理服务。 生产经营单位委托前款规定的机构提供安全生产技术、管理服务的,保证安全生产的责任仍由本单位负责。
第十四条 国家实行生产安全事故责任追究制度,依照本法和有关法律、法规的规定,追究生产安全事故责任人员的法律责任。	**第十六条** 国家实行生产安全事故责任追究制度,依照本法和有关法律、法规的规定,追究生产安全事故责任单位和责任人员的法律责任。
	第十七条 县级以上各级人民政府应当组织负有安全生产监督管理职责的部门依法编制安全生产权力和责任清单,公开并接受社会监督。
第十五条 国家鼓励和支持安全生产科学技术研究和安全生产先进技术的推广应用,提高安全生产水平。	**第十八条** 国家鼓励和支持安全生产科学技术研究和安全生产先进技术的推广应用,提高安全生产水平。
第十六条 国家对在改善安全生产条件、防止生产安全事故、参加抢险救护等方面取得显著成绩的单位和个人,给予奖励。	**第十九条** 国家对在改善安全生产条件、防止生产安全事故、参加抢险救护等方面取得显著成绩的单位和个人,给予奖励。

续表

修正前(旧条文)	修正后(新条文)
第二章　生产经营单位的安全生产保障	
第十七条　生产经营单位应当具备本法和有关法律、行政法规和国家标准或者行业标准规定的安全生产条件;不具备安全生产条件的,不得从事生产经营活动。	**第二十条**　生产经营单位应当具备本法和有关法律、行政法规和国家标准或者行业标准规定的安全生产条件;不具备安全生产条件的,不得从事生产经营活动。
第十八条　生产经营单位的主要负责人对本单位安全生产工作负有下列职责: (一)建立、健全本单位安全生产责任制; (二)组织制定本单位安全生产规章制度和操作规程; (三)组织制定并实施本单位安全生产教育和培训计划; (四)保证本单位安全生产投入的有效实施; (五)督促、检查本单位的安全生产工作,及时消除生产安全事故隐患; (六)组织制定并实施本单位的生产安全事故应急救援预案; (七)及时、如实报告生产安全事故。	**第二十一条**　生产经营单位的主要负责人对本单位安全生产工作负有下列职责: (一)建立健全并落实本单位全员安全生产责任制,加强安全生产标准化建设; (二)组织制定并实施本单位安全生产规章制度和操作规程; (三)组织制定并实施本单位安全生产教育和培训计划; (四)保证本单位安全生产投入的有效实施; (五)组织建立并落实安全风险分级管控和隐患排查治理双重预防工作机制,督促、检查本单位的安全生产工作,及时消除生产安全事故隐患; (六)组织制定并实施本单位的生产安全事故应急救援预案; (七)及时、如实报告生产安全事故。
第十九条　生产经营单位的安全生产责任制应当明确各岗位的责任人员、责任范围和考核标准等内容。 生产经营单位应当建立相应的机制,加强对安全生产责任制落实情况的监督考核,保证安全生产责任制的落实。	**第二十二条**　生产经营单位的全员安全生产责任制应当明确各岗位的责任人员、责任范围和考核标准等内容。 生产经营单位应当建立相应的机制,加强对全员安全生产责任制落实情况的监督考核,保证全员安全生产责任制的落实。

续表

修正前(旧条文)	修正后(新条文)
第二十条 生产经营单位应当具备的安全生产条件所必需的资金投入，由生产经营单位的决策机构、主要负责人或者个人经营的投资人予以保证，并对由于安全生产所必需的资金投入不足导致的后果承担责任。 有关生产经营单位应当按照规定提取和使用安全生产费用，专门用于改善安全生产条件。安全生产费用在成本中据实列支。安全生产费用提取、使用和监督管理的具体办法由国务院财政部门会同国务院安全生产监督管理部门征求国务院有关部门意见后制定。	**第二十三条** 生产经营单位应当具备的安全生产条件所必需的资金投入，由生产经营单位的决策机构、主要负责人或者个人经营的投资人予以保证，并对由于安全生产所必需的资金投入不足导致的后果承担责任。 有关生产经营单位应当按照规定提取和使用安全生产费用，专门用于改善安全生产条件。安全生产费用在成本中据实列支。安全生产费用提取、使用和监督管理的具体办法由国务院财政部门会同国务院应急管理部门征求国务院有关部门意见后制定。
第二十一条 矿山、金属冶炼、建筑施工、道路运输单位和危险物品的生产、经营、储存单位，应当设置安全生产管理机构或者配备专职安全生产管理人员。 前款规定以外的其他生产经营单位，从业人员超过一百人的，应当设置安全生产管理机构或者配备专职安全生产管理人员；从业人员在一百人以下的，应当配备专职或者兼职的安全生产管理人员。	**第二十四条** 矿山、金属冶炼、建筑施工、运输单位和危险物品的生产、经营、储存、装卸单位，应当设置安全生产管理机构或者配备专职安全生产管理人员。 前款规定以外的其他生产经营单位，从业人员超过一百人的，应当设置安全生产管理机构或者配备专职安全生产管理人员；从业人员在一百人以下的，应当配备专职或者兼职的安全生产管理人员。

续表

修正前(旧条文)	修正后(新条文)
第二十二条 生产经营单位的安全生产管理机构以及安全生产管理人员履行下列职责： （一）组织或者参与拟订本单位安全生产规章制度、操作规程和生产安全事故应急救援预案； （二）组织或者参与本单位安全生产教育和培训，如实记录安全生产教育和培训情况； （三）督促落实本单位重大危险源的安全管理措施； （四）组织或者参与本单位应急救援演练； （五）检查本单位的安全生产状况，及时排查生产安全事故隐患，提出改进安全生产管理的建议； （六）制止和纠正违章指挥、强令冒险作业、违反操作规程的行为； （七）督促落实本单位安全生产整改措施。	**第二十五条** 生产经营单位的安全生产管理机构以及安全生产管理人员履行下列职责： （一）组织或者参与拟订本单位安全生产规章制度、操作规程和生产安全事故应急救援预案； （二）组织或者参与本单位安全生产教育和培训，如实记录安全生产教育和培训情况； （三）组织开展危险源辨识和评估，督促落实本单位重大危险源的安全管理措施； （四）组织或者参与本单位应急救援演练； （五）检查本单位的安全生产状况，及时排查生产安全事故隐患，提出改进安全生产管理的建议； （六）制止和纠正违章指挥、强令冒险作业、违反操作规程的行为； （七）督促落实本单位安全生产整改措施。 生产经营单位可以设置专职安全生产分管负责人，协助本单位主要负责人履行安全生产管理职责。
第二十三条 生产经营单位的安全生产管理机构以及安全生产管理人员应当恪尽职守，依法履行职责。 生产经营单位作出涉及安全生产的经营决策，应当听取安全生产管理机构以及安全生产管理人员的意见。 生产经营单位不得因安全生产管理人员依法履行职责而降低其工资、福利等待遇或者解除与其订立的劳动合同。 危险物品的生产、储存单位以及矿山、金属冶炼单位的安全生产管理人员的任免，应当告知主管的负有安全生产监督管理职责的部门。	**第二十六条** 生产经营单位的安全生产管理机构以及安全生产管理人员应当恪尽职守，依法履行职责。 生产经营单位作出涉及安全生产的经营决策，应当听取安全生产管理机构以及安全生产管理人员的意见。 生产经营单位不得因安全生产管理人员依法履行职责而降低其工资、福利等待遇或者解除与其订立的劳动合同。 危险物品的生产、储存单位以及矿山、金属冶炼单位的安全生产管理人员的任免，应当告知主管的负有安全生产监督管理职责的部门。

续表

修正前(旧条文)	修正后(新条文)
第二十四条 生产经营单位的主要负责人和安全生产管理人员必须具备与本单位所从事的生产经营活动相应的安全生产知识和管理能力。 危险物品的生产、经营、储存单位以及矿山、金属冶炼、建筑施工、道路运输单位的主要负责人和安全生产管理人员,应当由主管的负有安全生产监督管理职责的部门对其安全生产知识和管理能力考核合格。考核不得收费。 危险物品的生产、储存单位以及矿山、金属冶炼单位应当有注册安全工程师从事安全生产管理工作。鼓励其他生产经营单位聘用注册安全工程师从事安全生产管理工作。注册安全工程师按专业分类管理,具体办法由国务院人力资源和社会保障部门、国务院安全生产监督管理部门会同国务院有关部门制定。	**第二十七条** 生产经营单位的主要负责人和安全生产管理人员必须具备与本单位所从事的生产经营活动相应的安全生产知识和管理能力。 危险物品的生产、经营、储存、装卸单位以及矿山、金属冶炼、建筑施工、运输单位的主要负责人和安全生产管理人员,应当由主管的负有安全生产监督管理职责的部门对其安全生产知识和管理能力考核合格。考核不得收费。 危险物品的生产、储存、装卸单位以及矿山、金属冶炼单位应当有注册安全工程师从事安全生产管理工作。鼓励其他生产经营单位聘用注册安全工程师从事安全生产管理工作。注册安全工程师按专业分类管理,具体办法由国务院人力资源和社会保障部门、国务院应急管理部门会同国务院有关部门制定。
第二十五条 生产经营单位应当对从业人员进行安全生产教育和培训,保证从业人员具备必要的安全生产知识,熟悉有关的安全生产规章制度和安全操作规程,掌握本岗位的安全操作技能,了解事故应急处理措施,知悉自身在安全生产方面的权利和义务。未经安全生产教育和培训合格的从业人员,不得上岗作业。 生产经营单位使用被派遣劳动者的,应当将被派遣劳动者纳入本单位从业人员统一管理,对被派遣劳动者进行岗位安全操作规程和安全操作技能的教育和培训。劳务派遣单位应当对被派遣劳动者进行必要的安全生产教育和培训。 生产经营单位接收中等职业学校、高等学校学生实习的,应当对实习学生进行相应的安全生产教育和培训,提供必要的劳动防护用品。学校应当协助生产经营单位对实习学生进行安全生产教育和培训。 生产经营单位应当建立安全生产教育和培训档案,如实记录安全生产教育和培训的时间、内容、参加人员以及考核结果等情况。	**第二十八条** 生产经营单位应当对从业人员进行安全生产教育和培训,保证从业人员具备必要的安全生产知识,熟悉有关的安全生产规章制度和安全操作规程,掌握本岗位的安全操作技能,了解事故应急处理措施,知悉自身在安全生产方面的权利和义务。未经安全生产教育和培训合格的从业人员,不得上岗作业。 生产经营单位使用被派遣劳动者的,应当将被派遣劳动者纳入本单位从业人员统一管理,对被派遣劳动者进行岗位安全操作规程和安全操作技能的教育和培训。劳务派遣单位应当对被派遣劳动者进行必要的安全生产教育和培训。 生产经营单位接收中等职业学校、高等学校学生实习的,应当对实习学生进行相应的安全生产教育和培训,提供必要的劳动防护用品。学校应当协助生产经营单位对实习学生进行安全生产教育和培训。 生产经营单位应当建立安全生产教育和培训档案,如实记录安全生产教育和培训的时间、内容、参加人员以及考核结果等情况。

续表

修正前(旧条文)	修正后(新条文)
第二十六条　生产经营单位采用新工艺、新技术、新材料或者使用新设备,必须了解、掌握其安全技术特性,采取有效的安全防护措施,并对从业人员进行专门的安全生产教育和培训。	**第二十九条**　生产经营单位采用新工艺、新技术、新材料或者使用新设备,必须了解、掌握其安全技术特性,采取有效的安全防护措施,并对从业人员进行专门的安全生产教育和培训。
第二十七条　生产经营单位的特种作业人员必须按照国家有关规定经专门的安全作业培训,取得相应资格,方可上岗作业。 特种作业人员的范围由国务院安全生产监督管理部门会同国务院有关部门确定。	**第三十条**　生产经营单位的特种作业人员必须按照国家有关规定经专门的安全作业培训,取得相应资格,方可上岗作业。 特种作业人员的范围由国务院应急管理部门会同国务院有关部门确定。
第二十八条　生产经营单位新建、改建、扩建工程项目(以下统称建设项目)的安全设施,必须与主体工程同时设计、同时施工、同时投入生产和使用。安全设施投资应当纳入建设项目概算。	**第三十一条**　生产经营单位新建、改建、扩建工程项目(以下统称建设项目)的安全设施,必须与主体工程同时设计、同时施工、同时投入生产和使用。安全设施投资应当纳入建设项目概算。
第二十九条　矿山、金属冶炼建设项目和用于生产、储存、装卸危险物品的建设项目,应当按照国家有关规定进行安全评价。	**第三十二条**　矿山、金属冶炼建设项目和用于生产、储存、装卸危险物品的建设项目,应当按照国家有关规定进行安全评价。
第三十条　建设项目安全设施的设计人、设计单位应当对安全设施设计负责。 矿山、金属冶炼建设项目和用于生产、储存、装卸危险物品的建设项目的安全设施设计应当按照国家有关规定报经有关部门审查,审查部门及其负责审查的人员对审查结果负责。	**第三十三条**　建设项目安全设施的设计人、设计单位应当对安全设施设计负责。 矿山、金属冶炼建设项目和用于生产、储存、装卸危险物品的建设项目的安全设施设计应当按照国家有关规定报经有关部门审查,审查部门及其负责审查的人员对审查结果负责。
第三十一条　矿山、金属冶炼建设项目和用于生产、储存、装卸危险物品的建设项目的施工单位必须按照批准的安全设施设计施工,并对安全设施的工程质量负责。 矿山、金属冶炼建设项目和用于生产、储存危险物品的建设项目竣工投入生产或者使用前,应当由建设单位负责组织对安全设施进行验收;验收合格后,方可投入生产和使用。安全生产监督管理部门应当加强对建设单位验收活动和验收结果的监督核查。	**第三十四条**　矿山、金属冶炼建设项目和用于生产、储存、装卸危险物品的建设项目的施工单位必须按照批准的安全设施设计施工,并对安全设施的工程质量负责。 矿山、金属冶炼建设项目和用于生产、储存、装卸危险物品的建设项目竣工投入生产或者使用前,应当由建设单位负责组织对安全设施进行验收;验收合格后,方可投入生产和使用。负有安全生产监督管理职责的部门应当加强对建设单位验收活动和验收结果的监督核查。

续表

修正前(旧条文)	修正后(新条文)
第三十二条 生产经营单位应当在有较大危险因素的生产经营场所和有关设施、设备上，设置明显的安全警示标志。	**第三十五条** 生产经营单位应当在有较大危险因素的生产经营场所和有关设施、设备上，设置明显的安全警示标志。
第三十三条 安全设备的设计、制造、安装、使用、检测、维修、改造和报废，应当符合国家标准或者行业标准。 生产经营单位必须对安全设备进行经常性维护、保养，并定期检测，保证正常运转。维护、保养、检测应当作好记录，并由有关人员签字。	**第三十六条** 安全设备的设计、制造、安装、使用、检测、维修、改造和报废，应当符合国家标准或者行业标准。 生产经营单位必须对安全设备进行经常性维护、保养，并定期检测，保证正常运转。维护、保养、检测应当作好记录，并由有关人员签字。 生产经营单位不得关闭、破坏直接关系生产安全的监控、报警、防护、救生设备、设施，或者篡改、隐瞒、销毁其相关数据、信息。 餐饮等行业的生产经营单位使用燃气的，应当安装可燃气体报警装置，并保障其正常使用。
第三十四条 生产经营单位使用的危险物品的容器、运输工具，以及涉及人身安全、危险性较大的海洋石油开采特种设备和矿山井下特种设备，必须按照国家有关规定，由专业生产单位生产，并经具有专业资质的检测、检验机构检测、检验合格，取得安全使用证或者安全标志，方可投入使用。检测、检验机构对检测、检验结果负责。	**第三十七条** 生产经营单位使用的危险物品的容器、运输工具，以及涉及人身安全、危险性较大的海洋石油开采特种设备和矿山井下特种设备，必须按照国家有关规定，由专业生产单位生产，并经具有专业资质的检测、检验机构检测、检验合格，取得安全使用证或者安全标志，方可投入使用。检测、检验机构对检测、检验结果负责。
第三十五条 国家对严重危及生产安全的工艺、设备实行淘汰制度，具体目录由国务院安全生产监督管理部门会同国务院有关部门制定并公布。法律、行政法规对目录的制定另有规定的，适用其规定。 省、自治区、直辖市人民政府可以根据本地区实际情况制定并公布具体目录，对前款规定以外的危及生产安全的工艺、设备予以淘汰。 生产经营单位不得使用应当淘汰的危及生产安全的工艺、设备。	**第三十八条** 国家对严重危及生产安全的工艺、设备实行淘汰制度，具体目录由国务院应急管理部门会同国务院有关部门制定并公布。法律、行政法规对目录的制定另有规定的，适用其规定。 省、自治区、直辖市人民政府可以根据本地区实际情况制定并公布具体目录，对前款规定以外的危及生产安全的工艺、设备予以淘汰。 生产经营单位不得使用应当淘汰的危及生产安全的工艺、设备。

续表

修正前(旧条文)	修正后(新条文)
第三十六条 生产、经营、运输、储存、使用危险物品或者处置废弃危险物品的,由有关主管部门依照有关法律、法规的规定和国家标准或者行业标准审批并实施监督管理。 生产经营单位生产、经营、运输、储存、使用危险物品或者处置废弃危险物品,必须执行有关法律、法规和国家标准或者行业标准,建立专门的安全管理制度,采取可靠的安全措施,接受有关主管部门依法实施的监督管理。	**第三十九条** 生产、经营、运输、储存、使用危险物品或者处置废弃危险物品的,由有关主管部门依照有关法律、法规的规定和国家标准或者行业标准审批并实施监督管理。 生产经营单位生产、经营、运输、储存、使用危险物品或者处置废弃危险物品,必须执行有关法律、法规和国家标准或者行业标准,建立专门的安全管理制度,采取可靠的安全措施,接受有关主管部门依法实施的监督管理。
第三十七条 生产经营单位对重大危险源应当登记建档,进行定期检测、评估、监控,并制定应急预案,告知从业人员和相关人员在紧急情况下应当采取的应急措施。 生产经营单位应当按照国家有关规定将本单位重大危险源及有关安全措施、应急措施报有关地方人民政府安全生产监督管理部门和有关部门备案。	**第四十条** 生产经营单位对重大危险源应当登记建档,进行定期检测、评估、监控,并制定应急预案,告知从业人员和相关人员在紧急情况下应当采取的应急措施。 生产经营单位应当按照国家有关规定将本单位重大危险源及有关安全措施、应急措施报有关地方人民政府应急管理部门和有关部门备案。有关地方人民政府应急管理部门和有关部门应当通过相关信息系统实现信息共享。
第三十八条 生产经营单位应当建立健全生产安全事故隐患排查治理制度,采取技术、管理措施,及时发现并消除事故隐患。事故隐患排查治理情况应当如实记录,并向从业人员通报。 县级以上地方各级人民政府负有安全生产监督管理职责的部门应当建立健全重大事故隐患治理督办制度,督促生产经营单位消除重大事故隐患。	**第四十一条** 生产经营单位应当建立安全风险分级管控制度,按照安全风险分级采取相应的管控措施。 生产经营单位应当建立健全并落实生产安全事故隐患排查治理制度,采取技术、管理措施,及时发现并消除事故隐患。事故隐患排查治理情况应当如实记录,并通过职工大会或者职工代表大会、信息公示栏等方式向从业人员通报。其中,重大事故隐患排查治理情况应当及时向负有安全生产监督管理职责的部门和职工大会或者职工代表大会报告。 县级以上地方各级人民政府负有安全生产监督管理职责的部门应当将重大事故隐患纳入相关信息系统,建立健全重大事故隐患治理督办制度,督促生产经营单位消除重大事故隐患。

续表

修正前(旧条文)	修正后(新条文)
第三十九条 生产、经营、储存、使用危险物品的车间、商店、仓库不得与员工宿舍在同一座建筑物内,并应当与员工宿舍保持安全距离。 生产经营场所和员工宿舍应当设有符合紧急疏散要求、标志明显、保持畅通的出口。禁止锁闭、封堵生产经营场所或者员工宿舍的出口。	**第四十二条** 生产、经营、储存、使用危险物品的车间、商店、仓库不得与员工宿舍在同一座建筑物内,并应当与员工宿舍保持安全距离。 生产经营场所和员工宿舍应当设有符合紧急疏散要求、标志明显、保持畅通的出口、疏散通道。禁止占用、锁闭、封堵生产经营场所或者员工宿舍的出口、疏散通道。
第四十条 生产经营单位进行爆破、吊装以及国务院安全生产监督管理部门会同国务院有关部门规定的其他危险作业,应当安排专门人员进行现场安全管理,确保操作规程的遵守和安全措施的落实。	**第四十三条** 生产经营单位进行爆破、吊装、动火、临时用电以及国务院应急管理部门会同国务院有关部门规定的其他危险作业,应当安排专门人员进行现场安全管理,确保操作规程的遵守和安全措施的落实。
第四十一条 生产经营单位应当教育和督促从业人员严格执行本单位的安全生产规章制度和安全操作规程;并向从业人员如实告知作业场所和工作岗位存在的危险因素、防范措施以及事故应急措施。	**第四十四条** 生产经营单位应当教育和督促从业人员严格执行本单位的安全生产规章制度和安全操作规程;并向从业人员如实告知作业场所和工作岗位存在的危险因素、防范措施以及事故应急措施。 生产经营单位应当关注从业人员的身体、心理状况和行为习惯,加强对从业人员的心理疏导、精神慰藉,严格落实岗位安全生产责任,防范从业人员行为异常导致事故发生。
第四十二条 生产经营单位必须为从业人员提供符合国家标准或者行业标准的劳动防护用品,并监督、教育从业人员按照使用规则佩戴、使用。	**第四十五条** 生产经营单位必须为从业人员提供符合国家标准或者行业标准的劳动防护用品,并监督、教育从业人员按照使用规则佩戴、使用。

续表

修正前(旧条文)	修正后(新条文)
第四十三条 生产经营单位的安全生产管理人员应当根据本单位的生产经营特点,对安全生产状况进行经常性检查;对检查中发现的安全问题,应当立即处理;不能处理的,应当及时报告本单位有关负责人,有关负责人应当及时处理。检查及处理情况应当如实记录在案。 生产经营单位的安全生产管理人员在检查中发现重大事故隐患,依照前款规定向本单位有关负责人报告,有关负责人不及时处理的,安全生产管理人员可以向主管的负有安全生产监督管理职责的部门报告,接到报告的部门应当依法及时处理。	**第四十六条** 生产经营单位的安全生产管理人员应当根据本单位的生产经营特点,对安全生产状况进行经常性检查;对检查中发现的安全问题,应当立即处理;不能处理的,应当及时报告本单位有关负责人,有关负责人应当及时处理。检查及处理情况应当如实记录在案。 生产经营单位的安全生产管理人员在检查中发现重大事故隐患,依照前款规定向本单位有关负责人报告,有关负责人不及时处理的,安全生产管理人员可以向主管的负有安全生产监督管理职责的部门报告,接到报告的部门应当依法及时处理。
第四十四条 生产经营单位应当安排用于配备劳动防护用品、进行安全生产培训的经费。	**第四十七条** 生产经营单位应当安排用于配备劳动防护用品、进行安全生产培训的经费。
第四十五条 两个以上生产经营单位在同一作业区域内进行生产经营活动,可能危及对方生产安全的,应当签订安全生产管理协议,明确各自的安全生产管理职责和应当采取的安全措施,并指定专职安全生产管理人员进行安全检查与协调。	**第四十八条** 两个以上生产经营单位在同一作业区域内进行生产经营活动,可能危及对方生产安全的,应当签订安全生产管理协议,明确各自的安全生产管理职责和应当采取的安全措施,并指定专职安全生产管理人员进行安全检查与协调。

续表

修正前(旧条文)	修正后(新条文)
第四十六条　生产经营单位不得将生产经营项目、场所、设备发包或者出租给不具备安全生产条件或者相应资质的单位或者个人。 生产经营项目、场所发包或者出租给其他单位的,生产经营单位应当与承包单位、承租单位签订专门的安全生产管理协议,或者在承包合同、租赁合同中约定各自的安全生产管理职责;生产经营单位对承包单位、承租单位的安全生产工作统一协调、管理,定期进行安全检查,发现安全问题的,应当及时督促整改。	**第四十九条**　生产经营单位不得将生产经营项目、场所、设备发包或者出租给不具备安全生产条件或者相应资质的单位或者个人。 生产经营项目、场所发包或者出租给其他单位的,生产经营单位应当与承包单位、承租单位签订专门的安全生产管理协议,或者在承包合同、租赁合同中约定各自的安全生产管理职责;生产经营单位对承包单位、承租单位的安全生产工作统一协调、管理,定期进行安全检查,发现安全问题的,应当及时督促整改。 矿山、金属冶炼建设项目和用于生产、储存、装卸危险物品的建设项目的施工单位应当加强对施工项目的安全管理,不得倒卖、出租、出借、挂靠或者以其他形式非法转让施工资质,不得将其承包的全部建设工程转包给第三人或者将其承包的全部建设工程支解以后以分包的名义分别转包给第三人,不得将工程分包给不具备相应资质条件的单位。
第四十七条　生产经营单位发生生产安全事故时,单位的主要负责人应当立即组织抢救,并不得在事故调查处理期间擅离职守。	**第五十条**　生产经营单位发生生产安全事故时,单位的主要负责人应当立即组织抢救,并不得在事故调查处理期间擅离职守。
第四十八条　生产经营单位必须依法参加工伤保险,为从业人员缴纳保险费。 国家鼓励生产经营单位投保安全生产责任保险。	**第五十一条**　生产经营单位必须依法参加工伤保险,为从业人员缴纳保险费。 国家鼓励生产经营单位投保安全生产责任保险;属于国家规定的高危行业、领域的生产经营单位,应当投保安全生产责任保险。具体范围和实施办法由国务院应急管理部门会同国务院财政部门、国务院保险监督管理机构和相关行业主管部门制定。

续表

修正前(旧条文)	修正后(新条文)
第三章　从业人员的安全生产权利义务	
第四十九条　生产经营单位与从业人员订立的劳动合同,应当载明有关保障从业人员劳动安全、防止职业危害的事项,以及依法为从业人员办理工伤保险的事项。 生产经营单位不得以任何形式与从业人员订立协议,免除或者减轻其对从业人员因生产安全事故伤亡依法应承担的责任。	**第五十二条**　生产经营单位与从业人员订立的劳动合同,应当载明有关保障从业人员劳动安全、防止职业危害的事项,以及依法为从业人员办理工伤保险的事项。 生产经营单位不得以任何形式与从业人员订立协议,免除或者减轻其对从业人员因生产安全事故伤亡依法应承担的责任。
第五十条　生产经营单位的从业人员有权了解其作业场所和工作岗位存在的危险因素、防范措施及事故应急措施,有权对本单位的安全生产工作提出建议。	**第五十三条**　生产经营单位的从业人员有权了解其作业场所和工作岗位存在的危险因素、防范措施及事故应急措施,有权对本单位的安全生产工作提出建议。
第五十一条　从业人员有权对本单位安全生产工作中存在的问题提出批评、检举、控告;有权拒绝违章指挥和强令冒险作业。 生产经营单位不得因从业人员对本单位安全生产工作提出批评、检举、控告或者拒绝违章指挥、强令冒险作业而降低其工资、福利等待遇或者解除与其订立的劳动合同。	**第五十四条**　从业人员有权对本单位安全生产工作中存在的问题提出批评、检举、控告;有权拒绝违章指挥和强令冒险作业。 生产经营单位不得因从业人员对本单位安全生产工作提出批评、检举、控告或者拒绝违章指挥、强令冒险作业而降低其工资、福利等待遇或者解除与其订立的劳动合同。
第五十二条　从业人员发现直接危及人身安全的紧急情况时,有权停止作业或者在采取可能的应急措施后撤离作业场所。 生产经营单位不得因从业人员在前款紧急情况下停止作业或者采取紧急撤离措施而降低其工资、福利等待遇或者解除与其订立的劳动合同。	**第五十五条**　从业人员发现直接危及人身安全的紧急情况时,有权停止作业或者在采取可能的应急措施后撤离作业场所。 生产经营单位不得因从业人员在前款紧急情况下停止作业或者采取紧急撤离措施而降低其工资、福利等待遇或者解除与其订立的劳动合同。
第五十三条　因生产安全事故受到损害的从业人员,除依法享有工伤保险外,依照有关民事法律尚有获得赔偿的权利的,有权向本单位提出赔偿要求。	**第五十六条**　生产经营单位发生生产安全事故后,应当及时采取措施救治有关人员。 因生产安全事故受到损害的从业人员,除依法享有工伤保险外,依照有关民事法律尚有获得赔偿的权利的,有权提出赔偿要求。

续表

修正前(旧条文)	修正后(新条文)
第五十四条 从业人员在作业过程中,应当严格遵守本单位的安全生产规章制度和操作规程,服从管理,正确佩戴和使用劳动防护用品。	**第五十七条** 从业人员在作业过程中,应当严格落实岗位安全责任,遵守本单位的安全生产规章制度和操作规程,服从管理,正确佩戴和使用劳动防护用品。
第五十五条 从业人员应当接受安全生产教育和培训,掌握本职工作所需的安全生产知识,提高安全生产技能,增强事故预防和应急处理能力。	**第五十八条** 从业人员应当接受安全生产教育和培训,掌握本职工作所需的安全生产知识,提高安全生产技能,增强事故预防和应急处理能力。
第五十六条 从业人员发现事故隐患或者其他不安全因素,应当立即向现场安全生产管理人员或者本单位负责人报告;接到报告的人员应当及时予以处理。	**第五十九条** 从业人员发现事故隐患或者其他不安全因素,应当立即向现场安全生产管理人员或者本单位负责人报告;接到报告的人员应当及时予以处理。
第五十七条 工会有权对建设项目的安全设施与主体工程同时设计、同时施工、同时投入生产和使用进行监督,提出意见。 工会对生产经营单位违反安全生产法律、法规,侵犯从业人员合法权益的行为,有权要求纠正;发现生产经营单位违章指挥、强令冒险作业或者发现事故隐患时,有权提出解决的建议,生产经营单位应当及时研究答复;发现危及从业人员生命安全的情况时,有权向生产经营单位建议组织从业人员撤离危险场所,生产经营单位必须立即作出处理。 工会有权依法参加事故调查,向有关部门提出处理意见,并要求追究有关人员的责任。	**第六十条** 工会有权对建设项目的安全设施与主体工程同时设计、同时施工、同时投入生产和使用进行监督,提出意见。 工会对生产经营单位违反安全生产法律、法规,侵犯从业人员合法权益的行为,有权要求纠正;发现生产经营单位违章指挥、强令冒险作业或者发现事故隐患时,有权提出解决的建议,生产经营单位应当及时研究答复;发现危及从业人员生命安全的情况时,有权向生产经营单位建议组织从业人员撤离危险场所,生产经营单位必须立即作出处理。 工会有权依法参加事故调查,向有关部门提出处理意见,并要求追究有关人员的责任。
第五十八条 生产经营单位使用被派遣劳动者的,被派遣劳动者享有本法规定的从业人员的权利,并应当履行本法规定的从业人员的义务。	**第六十一条** 生产经营单位使用被派遣劳动者的,被派遣劳动者享有本法规定的从业人员的权利,并应当履行本法规定的从业人员的义务。

续表

修正前（旧条文）	修正后（新条文）
第四章　安全生产的监督管理	
第五十九条　县级以上地方各级人民政府应当根据本行政区域内的安全生产状况，组织有关部门按照职责分工，对本行政区域内容易发生重大生产安全事故的生产经营单位进行严格检查。 安全生产监督管理部门应当按照分类分级监督管理的要求，制定安全生产年度监督检查计划，并按照年度监督检查计划进行监督检查，发现事故隐患，应当及时处理。	**第六十二条**　县级以上地方各级人民政府应当根据本行政区域内的安全生产状况，组织有关部门按照职责分工，对本行政区域内容易发生重大生产安全事故的生产经营单位进行严格检查。 应急管理部门应当按照分类分级监督管理的要求，制定安全生产年度监督检查计划，并按照年度监督检查计划进行监督检查，发现事故隐患，应当及时处理。
第六十条　负有安全生产监督管理职责的部门依照有关法律、法规的规定，对涉及安全生产的事项需要审查批准（包括批准、核准、许可、注册、认证、颁发证照等，下同）或者验收的，必须严格依照有关法律、法规和国家标准或者行业标准规定的安全生产条件和程序进行审查；不符合有关法律、法规和国家标准或者行业标准规定的安全生产条件的，不得批准或者验收通过。对未依法取得批准或者验收合格的单位擅自从事有关活动的，负责行政审批的部门发现或者接到举报后应当立即予以取缔，并依法予以处理。对已经依法取得批准的单位，负责行政审批的部门发现其不再具备安全生产条件的，应当撤销原批准。	**第六十三条**　负有安全生产监督管理职责的部门依照有关法律、法规的规定，对涉及安全生产的事项需要审查批准（包括批准、核准、许可、注册、认证、颁发证照等，下同）或者验收的，必须严格依照有关法律、法规和国家标准或者行业标准规定的安全生产条件和程序进行审查；不符合有关法律、法规和国家标准或者行业标准规定的安全生产条件的，不得批准或者验收通过。对未依法取得批准或者验收合格的单位擅自从事有关活动的，负责行政审批的部门发现或者接到举报后应当立即予以取缔，并依法予以处理。对已经依法取得批准的单位，负责行政审批的部门发现其不再具备安全生产条件的，应当撤销原批准。
第六十一条　负有安全生产监督管理职责的部门对涉及安全生产的事项进行审查、验收，不得收取费用；不得要求接受审查、验收的单位购买其指定品牌或者指定生产、销售单位的安全设备、器材或者其他产品。	**第六十四条**　负有安全生产监督管理职责的部门对涉及安全生产的事项进行审查、验收，不得收取费用；不得要求接受审查、验收的单位购买其指定品牌或者指定生产、销售单位的安全设备、器材或者其他产品。

续表

修正前(旧条文)	修正后(新条文)
第六十二条 安全生产监督管理部门和其他负有安全生产监督管理职责的部门依法开展安全生产行政执法工作，对生产经营单位执行有关安全生产的法律、法规和国家标准或者行业标准的情况进行监督检查，行使以下职权： （一）进入生产经营单位进行检查，调阅有关资料，向有关单位和人员了解情况； （二）对检查中发现的安全生产违法行为，当场予以纠正或者要求限期改正；对依法应当给予行政处罚的行为，依照本法和其他有关法律、行政法规的规定作出行政处罚决定； （三）对检查中发现的事故隐患，应当责令立即排除；重大事故隐患排除前或者排除过程中无法保证安全的，应当责令从危险区域内撤出作业人员，责令暂时停产停业或者停止使用相关设施、设备；重大事故隐患排除后，经审查同意，方可恢复生产经营和使用； （四）对有根据认为不符合保障安全生产的国家标准或者行业标准的设施、设备、器材以及违法生产、储存、使用、经营、运输的危险物品予以查封或者扣押，对违法生产、储存、使用、经营危险物品的作业场所予以查封，并依法作出处理决定。 监督检查不得影响被检查单位的正常生产经营活动。	**第六十五条** 应急管理部门和其他负有安全生产监督管理职责的部门依法开展安全生产行政执法工作，对生产经营单位执行有关安全生产的法律、法规和国家标准或者行业标准的情况进行监督检查，行使以下职权： （一）进入生产经营单位进行检查，调阅有关资料，向有关单位和人员了解情况； （二）对检查中发现的安全生产违法行为，当场予以纠正或者要求限期改正；对依法应当给予行政处罚的行为，依照本法和其他有关法律、行政法规的规定作出行政处罚决定； （三）对检查中发现的事故隐患，应当责令立即排除；重大事故隐患排除前或者排除过程中无法保证安全的，应当责令从危险区域内撤出作业人员，责令暂时停产停业或者停止使用相关设施、设备；重大事故隐患排除后，经审查同意，方可恢复生产经营和使用； （四）对有根据认为不符合保障安全生产的国家标准或者行业标准的设施、设备、器材以及违法生产、储存、使用、经营、运输的危险物品予以查封或者扣押，对违法生产、储存、使用、经营危险物品的作业场所予以查封，并依法作出处理决定。 监督检查不得影响被检查单位的正常生产经营活动。
第六十三条 生产经营单位对负有安全生产监督管理职责的部门的监督检查人员（以下统称安全生产监督检查人员）依法履行监督检查职责，应当予以配合，不得拒绝、阻挠。	**第六十六条** 生产经营单位对负有安全生产监督管理职责的部门的监督检查人员（以下统称安全生产监督检查人员）依法履行监督检查职责，应当予以配合，不得拒绝、阻挠。

续表

修正前(旧条文)	修正后(新条文)
第六十四条 安全生产监督检查人员应当忠于职守,坚持原则,秉公执法。 安全生产监督检查人员执行监督检查任务时,必须出示有效的监督执法证件;对涉及被检查单位的技术秘密和业务秘密,应当为其保密。	**第六十七条** 安全生产监督检查人员应当忠于职守,坚持原则,秉公执法。 安全生产监督检查人员执行监督检查任务时,必须出示有效的行政执法证件;对涉及被检查单位的技术秘密和业务秘密,应当为其保密。
第六十五条 安全生产监督检查人员应当将检查的时间、地点、内容、发现的问题及其处理情况,作出书面记录,并由检查人员和被检查单位的负责人签字;被检查单位的负责人拒绝签字的,检查人员应当将情况记录在案,并向负有安全生产监督管理职责的部门报告。	**第六十八条** 安全生产监督检查人员应当将检查的时间、地点、内容、发现的问题及其处理情况,作出书面记录,并由检查人员和被检查单位的负责人签字;被检查单位的负责人拒绝签字的,检查人员应当将情况记录在案,并向负有安全生产监督管理职责的部门报告。
第六十六条 负有安全生产监督管理职责的部门在监督检查中,应当互相配合,实行联合检查;确需分别进行检查的,应当互通情况,发现存在的安全问题应当由其他有关部门进行处理的,应当及时移送其他有关部门并形成记录备查,接受移送的部门应当及时进行处理。	**第六十九条** 负有安全生产监督管理职责的部门在监督检查中,应当互相配合,实行联合检查;确需分别进行检查的,应当互通情况,发现存在的安全问题应当由其他有关部门进行处理的,应当及时移送其他有关部门并形成记录备查,接受移送的部门应当及时进行处理。
第六十七条 负有安全生产监督管理职责的部门依法对存在重大事故隐患的生产经营单位作出停产停业、停止施工、停止使用相关设施或者设备的决定,生产经营单位应当依法执行,及时消除事故隐患。生产经营单位拒不执行,有发生生产安全事故的现实危险的,在保证安全的前提下,经本部门主要负责人批准,负有安全生产监督管理职责的部门可以采取通知有关单位停止供电、停止供应民用爆炸物品等措施,强制生产经营单位履行决定。通知应当采用书面形式,有关单位应当予以配合。 负有安全生产监督管理职责的部门依照前款规定采取停止供电措施,除有危及生产安全的紧急情形外,应当提前二十四小时通知生产经营单位。生产经营单位依法履行行政决定、采取相应措施消除事故隐患的,负有安全生产监督管理职责的部门应当及时解除前款规定的措施。	**第七十条** 负有安全生产监督管理职责的部门依法对存在重大事故隐患的生产经营单位作出停产停业、停止施工、停止使用相关设施或者设备的决定,生产经营单位应当依法执行,及时消除事故隐患。生产经营单位拒不执行,有发生生产安全事故的现实危险的,在保证安全的前提下,经本部门主要负责人批准,负有安全生产监督管理职责的部门可以采取通知有关单位停止供电、停止供应民用爆炸物品等措施,强制生产经营单位履行决定。通知应当采用书面形式,有关单位应当予以配合。 负有安全生产监督管理职责的部门依照前款规定采取停止供电措施,除有危及生产安全的紧急情形外,应当提前二十四小时通知生产经营单位。生产经营单位依法履行行政决定、采取相应措施消除事故隐患的,负有安全生产监督管理职责的部门应当及时解除前款规定的措施。

续表

修正前(旧条文)	修正后(新条文)
第六十八条 监察机关依照行政监察法的规定,对负有安全生产监督管理职责的部门及其工作人员履行安全生产监督管理职责实施监察。	**第七十一条** 监察机关依照监察法的规定,对负有安全生产监督管理职责的部门及其工作人员履行安全生产监督管理职责实施监察。
第六十九条 承担安全评价、认证、检测、检验的机构应当具备国家规定的资质条件,并对其作出的安全评价、认证、检测、检验的结果负责。	**第七十二条** 承担安全评价、认证、检测、检验职责的机构应当具备国家规定的资质条件,并对其作出的安全评价、认证、检测、检验结果的合法性、真实性负责。资质条件由国务院应急管理部门会同国务院有关部门制定。 承担安全评价、认证、检测、检验职责的机构应当建立并实施服务公开和报告公开制度,不得租借资质、挂靠、出具虚假报告。
第七十条 负有安全生产监督管理职责的部门应当建立举报制度,公开举报电话、信箱或者电子邮件地址,受理有关安全生产的举报;受理的举报事项经调查核实后,应当形成书面材料;需要落实整改措施的,报经有关负责人签字并督促落实。	**第七十三条** 负有安全生产监督管理职责的部门应当建立举报制度,公开举报电话、信箱或者电子邮件地址等网络举报平台,受理有关安全生产的举报;受理的举报事项经调查核实后,应当形成书面材料;需要落实整改措施的,报经有关负责人签字并督促落实。对不属于本部门职责,需要由其他有关部门进行调查处理的,转交其他有关部门处理。 涉及人员死亡的举报事项,应当由县级以上人民政府组织核查处理。
第七十一条 任何单位或者个人对事故隐患或者安全生产违法行为,均有权向负有安全生产监督管理职责的部门报告或者举报。	**第七十四条** 任何单位或者个人对事故隐患或者安全生产违法行为,均有权向负有安全生产监督管理职责的部门报告或者举报。 因安全生产违法行为造成重大事故隐患或者导致重大事故,致使国家利益或者社会公共利益受到侵害的,人民检察院可以根据民事诉讼法、行政诉讼法的相关规定提起公益诉讼。

续表

修正前(旧条文)	修正后(新条文)
第七十二条 居民委员会、村民委员会发现其所在区域内的生产经营单位存在事故隐患或者安全生产违法行为时,应当向当地人民政府或者有关部门报告。	**第七十五条** 居民委员会、村民委员会发现其所在区域内的生产经营单位存在事故隐患或者安全生产违法行为时,应当向当地人民政府或者有关部门报告。
第七十三条 县级以上各级人民政府及其有关部门对报告重大事故隐患或者举报安全生产违法行为的有功人员,给予奖励。具体奖励办法由国务院安全生产监督管理部门会同国务院财政部门制定。	**第七十六条** 县级以上各级人民政府及其有关部门对报告重大事故隐患或者举报安全生产违法行为的有功人员,给予奖励。具体奖励办法由国务院应急管理部门会同国务院财政部门制定。
第七十四条 新闻、出版、广播、电影、电视等单位有进行安全生产公益宣传教育的义务,有对违反安全生产法律、法规的行为进行舆论监督的权利。	**第七十七条** 新闻、出版、广播、电影、电视等单位有进行安全生产公益宣传教育的义务,有对违反安全生产法律、法规的行为进行舆论监督的权利。
第七十五条 负有安全生产监督管理职责的部门应当建立安全生产违法行为信息库,如实记录生产经营单位的安全生产违法行为信息;对违法行为情节严重的生产经营单位,应当向社会公告,并通报行业主管部门、投资主管部门、国土资源主管部门、证券监督管理机构以及有关金融机构。	**第七十八条** 负有安全生产监督管理职责的部门应当建立安全生产违法行为信息库,如实记录生产经营单位及其有关从业人员的安全生产违法行为信息;对违法行为情节严重的生产经营单位及其有关从业人员,应当及时向社会公告,并通报行业主管部门、投资主管部门、自然资源主管部门、生态环境主管部门、证券监督管理机构以及有关金融机构。有关部门和机构应当对存在失信行为的生产经营单位及其有关从业人员采取加大执法检查频次、暂停项目审批、上调有关保险费率、行业或者职业禁入等联合惩戒措施,并向社会公示。 负有安全生产监督管理职责的部门应当加强对生产经营单位行政处罚信息的及时归集、共享、应用和公开,对生产经营单位作出处罚决定后七个工作日内在监督管理部门公示系统予以公开曝光,强化对违法失信生产经营单位及其有关从业人员的社会监督,提高全社会安全生产诚信水平。

续表

修正前(旧条文)	修正后(新条文)
第五章　生产安全事故的应急救援与调查处理	
第七十六条　国家加强生产安全事故应急能力建设，在重点行业、领域建立应急救援基地和应急救援队伍，鼓励生产经营单位和其他社会力量建立应急救援队伍，配备相应的应急救援装备和物资，提高应急救援的专业化水平。 国务院安全生产监督管理部门建立全国统一的生产安全事故应急救援信息系统，国务院有关部门建立健全相关行业、领域的生产安全事故应急救援信息系统。	**第七十九条**　国家加强生产安全事故应急能力建设，在重点行业、领域建立应急救援基地和应急救援队伍，并由国家安全生产应急救援机构统一协调指挥；鼓励生产经营单位和其他社会力量建立应急救援队伍，配备相应的应急救援装备和物资，提高应急救援的专业化水平。 国务院应急管理部门牵头建立全国统一的生产安全事故应急救援信息系统，国务院交通运输、住房和城乡建设、水利、民航等有关部门和县级以上地方人民政府建立健全相关行业、领域、地区的生产安全事故应急救援信息系统，实现互联互通、信息共享，通过推行网上安全信息采集、安全监管和监测预警，提升监管的精准化、智能化水平。
第七十七条　县级以上地方各级人民政府应当组织有关部门制定本行政区域内生产安全事故应急救援预案，建立应急救援体系。	**第八十条**　县级以上地方各级人民政府应当组织有关部门制定本行政区域内生产安全事故应急救援预案，建立应急救援体系。 乡镇人民政府和街道办事处，以及开发区、工业园区、港区、风景区等应当制定相应的生产安全事故应急救援预案，协助人民政府有关部门或者按照授权依法履行生产安全事故应急救援工作职责。
第七十八条　生产经营单位应当制定本单位生产安全事故应急救援预案，与所在地县级以上地方人民政府组织制定的生产安全事故应急救援预案相衔接，并定期组织演练。	**第八十一条**　生产经营单位应当制定本单位生产安全事故应急救援预案，与所在地县级以上地方人民政府组织制定的生产安全事故应急救援预案相衔接，并定期组织演练。

续表

修正前(旧条文)	修正后(新条文)
第七十九条　危险物品的生产、经营、储存单位以及矿山、金属冶炼、城市轨道交通运营、建筑施工单位应当建立应急救援组织；生产经营规模较小的，可以不建立应急救援组织，但应当指定兼职的应急救援人员。 危险物品的生产、经营、储存、运输单位以及矿山、金属冶炼、城市轨道交通运营、建筑施工单位应当配备必要的应急救援器材、设备和物资，并进行经常性维护、保养，保证正常运转。	**第八十二条**　危险物品的生产、经营、储存单位以及矿山、金属冶炼、城市轨道交通运营、建筑施工单位应当建立应急救援组织；生产经营规模较小的，可以不建立应急救援组织，但应当指定兼职的应急救援人员。 危险物品的生产、经营、储存、运输单位以及矿山、金属冶炼、城市轨道交通运营、建筑施工单位应当配备必要的应急救援器材、设备和物资，并进行经常性维护、保养，保证正常运转。
第八十条　生产经营单位发生生产安全事故后，事故现场有关人员应当立即报告本单位负责人。 单位负责人接到事故报告后，应当迅速采取有效措施，组织抢救，防止事故扩大，减少人员伤亡和财产损失，并按照国家有关规定立即如实报告当地负有安全生产监督管理职责的部门，不得隐瞒不报、谎报或者迟报，不得故意破坏事故现场、毁灭有关证据。	**第八十三条**　生产经营单位发生生产安全事故后，事故现场有关人员应当立即报告本单位负责人。 单位负责人接到事故报告后，应当迅速采取有效措施，组织抢救，防止事故扩大，减少人员伤亡和财产损失，并按照国家有关规定立即如实报告当地负有安全生产监督管理职责的部门，不得隐瞒不报、谎报或者迟报，不得故意破坏事故现场、毁灭有关证据。
第八十一条　负有安全生产监督管理职责的部门接到事故报告后，应当立即按照国家有关规定上报事故情况。负有安全生产监督管理职责的部门和有关地方人民政府对事故情况不得隐瞒不报、谎报或者迟报。	**第八十四条**　负有安全生产监督管理职责的部门接到事故报告后，应当立即按照国家有关规定上报事故情况。负有安全生产监督管理职责的部门和有关地方人民政府对事故情况不得隐瞒不报、谎报或者迟报。
第八十二条　有关地方人民政府和负有安全生产监督管理职责的部门的负责人接到生产安全事故报告后，应当按照生产安全事故应急救援预案的要求立即赶到事故现场，组织事故抢救。 参与事故抢救的部门和单位应当服从统一指挥，加强协同联动，采取有效的应急救援措施，并根据事故救援的需要采取警戒、疏散等措施，防止事故扩大和次生灾害的发生，减少人员伤亡和财产损失。 事故抢救过程中应当采取必要措施，避免或者减少对环境造成的危害。 任何单位和个人都应当支持、配合事故抢救，并提供一切便利条件。	**第八十五条**　有关地方人民政府和负有安全生产监督管理职责的部门的负责人接到生产安全事故报告后，应当按照生产安全事故应急救援预案的要求立即赶到事故现场，组织事故抢救。 参与事故抢救的部门和单位应当服从统一指挥，加强协同联动，采取有效的应急救援措施，并根据事故救援的需要采取警戒、疏散等措施，防止事故扩大和次生灾害的发生，减少人员伤亡和财产损失。 事故抢救过程中应当采取必要措施，避免或者减少对环境造成的危害。 任何单位和个人都应当支持、配合事故抢救，并提供一切便利条件。

续表

修正前(旧条文)	修正后(新条文)
第八十三条 事故调查处理应当按照科学严谨、依法依规、实事求是、注重实效的原则,及时、准确地查清事故原因,查明事故性质和责任,总结事故教训,提出整改措施,并对事故责任者提出处理意见。事故调查报告应当依法及时向社会公布。事故调查和处理的具体办法由国务院制定。 事故发生单位应当及时全面落实整改措施,负有安全生产监督管理职责的部门应当加强监督检查。	**第八十六条** 事故调查处理应当按照科学严谨、依法依规、实事求是、注重实效的原则,及时、准确地查清事故原因,查明事故性质和责任,评估应急处置工作,总结事故教训,提出整改措施,并对事故责任单位和人员提出处理建议。事故调查报告应当依法及时向社会公布。事故调查和处理的具体办法由国务院制定。 事故发生单位应当及时全面落实整改措施,负有安全生产监督管理职责的部门应当加强监督检查。 负责事故调查处理的国务院有关部门和地方人民政府应当在批复事故调查报告后一年内,组织有关部门对事故整改和防范措施落实情况进行评估,并及时向社会公开评估结果;对不履行职责导致事故整改和防范措施没有落实的有关单位和人员,应当按照有关规定追究责任。
第八十四条 生产经营单位发生生产安全事故,经调查确定为责任事故的,除了应当查明事故单位的责任并依法予以追究外,还应当查明对安全生产的有关事项负有审查批准和监督职责的行政部门的责任,对有失职、渎职行为的,依照本法第八十七条的规定追究法律责任。	**第八十七条** 生产经营单位发生生产安全事故,经调查确定为责任事故的,除了应当查明事故单位的责任并依法予以追究外,还应当查明对安全生产的有关事项负有审查批准和监督职责的行政部门的责任,对有失职、渎职行为的,依照本法第九十条的规定追究法律责任。
第八十五条 任何单位和个人不得阻挠和干涉对事故的依法调查处理。	**第八十八条** 任何单位和个人不得阻挠和干涉对事故的依法调查处理。
第八十六条 县级以上地方各级人民政府安全生产监督管理部门应当定期统计分析本行政区域内发生生产安全事故的情况,并定期向社会公布。	**第八十九条** 县级以上地方各级人民政府应急管理部门应当定期统计分析本行政区域内发生生产安全事故的情况,并定期向社会公布。

续表

修正前(旧条文)	修正后(新条文)
第六章　法律责任	
第八十七条　负有安全生产监督管理职责的部门的工作人员，有下列行为之一的，给予降级或者撤职的处分；构成犯罪的，依照刑法有关规定追究刑事责任： （一）对不符合法定安全生产条件的涉及安全生产的事项予以批准或者验收通过的； （二）发现未依法取得批准、验收的单位擅自从事有关活动或者接到举报后不予取缔或者不依法予以处理的； （三）对已经依法取得批准的单位不履行监督管理职责，发现其不再具备安全生产条件而不撤销原批准或者发现安全生产违法行为不予查处的； （四）在监督检查中发现重大事故隐患，不依法及时处理的。 负有安全生产监督管理职责的部门的工作人员有前款规定以外的滥用职权、玩忽职守、徇私舞弊行为的，依法给予处分；构成犯罪的，依照刑法有关规定追究刑事责任。	**第九十条**　负有安全生产监督管理职责的部门的工作人员，有下列行为之一的，给予降级或者撤职的处分；构成犯罪的，依照刑法有关规定追究刑事责任： （一）对不符合法定安全生产条件的涉及安全生产的事项予以批准或者验收通过的； （二）发现未依法取得批准、验收的单位擅自从事有关活动或者接到举报后不予取缔或者不依法予以处理的； （三）对已经依法取得批准的单位不履行监督管理职责，发现其不再具备安全生产条件而不撤销原批准或者发现安全生产违法行为不予查处的； （四）在监督检查中发现重大事故隐患，不依法及时处理的。 负有安全生产监督管理职责的部门的工作人员有前款规定以外的滥用职权、玩忽职守、徇私舞弊行为的，依法给予处分；构成犯罪的，依照刑法有关规定追究刑事责任。
第八十八条　负有安全生产监督管理职责的部门，要求被审查、验收的单位购买其指定的安全设备、器材或者其他产品的，在对安全生产事项的审查、验收中收取费用的，由其上级机关或者监察机关责令改正，责令退还收取的费用；情节严重的，对直接负责的主管人员和其他直接责任人员依法给予处分。	**第九十一条**　负有安全生产监督管理职责的部门，要求被审查、验收的单位购买其指定的安全设备、器材或者其他产品的，在对安全生产事项的审查、验收中收取费用的，由其上级机关或者监察机关责令改正，责令退还收取的费用；情节严重的，对直接负责的主管人员和其他直接责任人员依法给予处分。

续表

修正前(旧条文)	修正后(新条文)
第八十九条 承担安全评价、认证、检测、检验工作的机构,出具虚假证明的,没收违法所得;违法所得在十万元以上的,并处违法所得二倍以上五倍以下的罚款;没有违法所得或者违法所得不足十万元的,单处或者并处十万元以上二十万元以下的罚款;对其直接负责的主管人员和其他直接责任人员处二万元以上五万元以下的罚款;给他人造成损害的,与生产经营单位承担连带赔偿责任;构成犯罪的,依照刑法有关规定追究刑事责任。 对有前款违法行为的机构,吊销其相应资质。	**第九十二条** 承担安全评价、认证、检测、检验职责的机构出具失实报告的,责令停业整顿,并处三万元以上十万元以下的罚款;给他人造成损害的,依法承担赔偿责任。 承担安全评价、认证、检测、检验职责的机构租借资质、挂靠、出具虚假报告的,没收违法所得;违法所得在十万元以上的,并处违法所得二倍以上五倍以下的罚款,没有违法所得或者违法所得不足十万元的,单处或者并处十万元以上二十万元以下的罚款;对其直接负责的主管人员和其他直接责任人员处五万元以上十万元以下的罚款;给他人造成损害的,与生产经营单位承担连带赔偿责任;构成犯罪的,依照刑法有关规定追究刑事责任。 对有前款违法行为的机构及其直接责任人员,吊销其相应资质和资格,五年内不得从事安全评价、认证、检测、检验等工作;情节严重的,实行终身行业和职业禁入。
第九十条 生产经营单位的决策机构、主要负责人或者个人经营的投资人不依照本法规定保证安全生产所必需的资金投入,致使生产经营单位不具备安全生产条件的,责令限期改正,提供必需的资金;逾期未改正的,责令生产经营单位停产停业整顿。 有前款违法行为,导致发生生产安全事故的,对生产经营单位的主要负责人给予撤职处分,对个人经营的投资人处二万元以上二十万元以下的罚款;构成犯罪的,依照刑法有关规定追究刑事责任。	**第九十三条** 生产经营单位的决策机构、主要负责人或者个人经营的投资人不依照本法规定保证安全生产所必需的资金投入,致使生产经营单位不具备安全生产条件的,责令限期改正,提供必需的资金;逾期未改正的,责令生产经营单位停产停业整顿。 有前款违法行为,导致发生生产安全事故的,对生产经营单位的主要负责人给予撤职处分,对个人经营的投资人处二万元以上二十万元以下的罚款;构成犯罪的,依照刑法有关规定追究刑事责任。

续表

修正前(旧条文)	修正后(新条文)
第九十一条 生产经营单位的主要负责人未履行本法规定的安全生产管理职责的,责令限期改正;逾期未改正的,处二万元以上五万元以下的罚款,责令生产经营单位停产停业整顿。 生产经营单位的主要负责人有前款违法行为,导致发生生产安全事故的,给予撤职处分;构成犯罪的,依照刑法有关规定追究刑事责任。 生产经营单位的主要负责人依照前款规定受刑事处罚或者撤职处分的,自刑罚执行完毕或者受处分之日起,五年内不得担任任何生产经营单位的主要负责人;对重大、特别重大生产安全事故负有责任的,终身不得担任本行业生产经营单位的主要负责人。	**第九十四条** 生产经营单位的主要负责人未履行本法规定的安全生产管理职责的,责令限期改正,处二万元以上五万元以下的罚款;逾期未改正的,处五万元以上十万元以下的罚款,责令生产经营单位停产停业整顿。 生产经营单位的主要负责人有前款违法行为,导致发生生产安全事故的,给予撤职处分;构成犯罪的,依照刑法有关规定追究刑事责任。 生产经营单位的主要负责人依照前款规定受刑事处罚或者撤职处分的,自刑罚执行完毕或者受处分之日起,五年内不得担任任何生产经营单位的主要负责人;对重大、特别重大生产安全事故负有责任的,终身不得担任本行业生产经营单位的主要负责人。
第九十二条 生产经营单位的主要负责人未履行本法规定的安全生产管理职责,导致发生生产安全事故的,由安全生产监督管理部门依照下列规定处以罚款: (一) 发生一般事故的,处上一年年收入百分之三十的罚款; (二) 发生较大事故的,处上一年年收入百分之四十的罚款; (三) 发生重大事故的,处上一年年收入百分之六十的罚款; (四) 发生特别重大事故的,处上一年年收入百分之八十的罚款。	**第九十五条** 生产经营单位的主要负责人未履行本法规定的安全生产管理职责,导致发生生产安全事故的,由应急管理部门依照下列规定处以罚款: (一) 发生一般事故的,处上一年年收入百分之四十的罚款; (二) 发生较大事故的,处上一年年收入百分之六十的罚款; (三) 发生重大事故的,处上一年年收入百分之八十的罚款; (四) 发生特别重大事故的,处上一年年收入百分之一百的罚款。

续表

修正前(旧条文)	修正后(新条文)
第九十三条　生产经营单位的安全生产管理人员未履行本法规定的安全生产管理职责的,责令限期改正;导致发生生产安全事故的,暂停或者撤销其与安全生产有关的资格;构成犯罪的,依照刑法有关规定追究刑事责任。	**第九十六条**　生产经营单位的其他负责人和安全生产管理人员未履行本法规定的安全生产管理职责的,责令限期改正,处一万元以上三万元以下的罚款;导致发生生产安全事故的,暂停或者吊销其与安全生产有关的资格,并处上一年年收入百分之二十以上百分之五十以下的罚款;构成犯罪的,依照刑法有关规定追究刑事责任。
第九十四条　生产经营单位有下列行为之一的,责令限期改正,可以处五万元以下的罚款;逾期未改正的,责令停产停业整顿,并处五万元以上十万元以下的罚款,对其直接负责的主管人员和其他直接责任人员处一万元以上二万元以下的罚款: (一)未按照规定设置安全生产管理机构或者配备安全生产管理人员的; (二)危险物品的生产、经营、储存单位以及矿山、金属冶炼、建筑施工、道路运输单位的主要负责人和安全生产管理人员未按照规定经考核合格的; (三)未按照规定对从业人员、被派遣劳动者、实习学生进行安全生产教育和培训,或者未按照规定如实告知有关的安全生产事项的; (四)未如实记录安全生产教育和培训情况的; (五)未将事故隐患排查治理情况如实记录或者未向从业人员通报的; (六)未按照规定制定生产安全事故应急救援预案或者未定期组织演练的; (七)特种作业人员未按照规定经专门的安全作业培训并取得相应资格,上岗作业的。	**第九十七条**　生产经营单位有下列行为之一的,责令限期改正,处十万元以下的罚款;逾期未改正的,责令停产停业整顿,并处十万元以上二十万元以下的罚款,对其直接负责的主管人员和其他直接责任人员处二万元以上五万元以下的罚款: (一)未按照规定设置安全生产管理机构或者配备安全生产管理人员、注册安全工程师的; (二)危险物品的生产、经营、储存、装卸单位以及矿山、金属冶炼、建筑施工、运输单位的主要负责人和安全生产管理人员未按照规定经考核合格的; (三)未按照规定对从业人员、被派遣劳动者、实习学生进行安全生产教育和培训,或者未按照规定如实告知有关的安全生产事项的; (四)未如实记录安全生产教育和培训情况的; (五)未将事故隐患排查治理情况如实记录或者未向从业人员通报的; (六)未按照规定制定生产安全事故应急救援预案或者未定期组织演练的; (七)特种作业人员未按照规定经专门的安全作业培训并取得相应资格,上岗作业的。

续表

修正前(旧条文)	修正后(新条文)
第九十五条　生产经营单位有下列行为之一的,责令停止建设或者停产停业整顿,限期改正;逾期未改正的,处五十万元以上一百万元以下的罚款,对其直接负责的主管人员和其他直接责任人员处二万元以上五万元以下的罚款;构成犯罪的,依照刑法有关规定追究刑事责任: (一)未按照规定对矿山、金属冶炼建设项目或者用于生产、储存、装卸危险物品的建设项目进行安全评价的; (二)矿山、金属冶炼建设项目或者用于生产、储存、装卸危险物品的建设项目没有安全设施设计或者安全设施设计未按照规定报经有关部门审查同意的; (三)矿山、金属冶炼建设项目或者用于生产、储存、装卸危险物品的建设项目的施工单位未按照批准的安全设施设计施工的; (四)矿山、金属冶炼建设项目或者用于生产、储存危险物品的建设项目竣工投入生产或者使用前,安全设施未经验收合格的。	**第九十八条**　生产经营单位有下列行为之一的,责令停止建设或者停产停业整顿,限期改正,并处十万元以上五十万元以下的罚款,对其直接负责的主管人员和其他直接责任人员处二万元以上五万元以下的罚款;逾期未改正的,处五十万元以上一百万元以下的罚款,对其直接负责的主管人员和其他直接责任人员处五万元以上十万元以下的罚款;构成犯罪的,依照刑法有关规定追究刑事责任: (一)未按照规定对矿山、金属冶炼建设项目或者用于生产、储存、装卸危险物品的建设项目进行安全评价的; (二)矿山、金属冶炼建设项目或者用于生产、储存、装卸危险物品的建设项目没有安全设施设计或者安全设施设计未按照规定报经有关部门审查同意的; (三)矿山、金属冶炼建设项目或者用于生产、储存、装卸危险物品的建设项目的施工单位未按照批准的安全设施设计施工的; (四)矿山、金属冶炼建设项目或者用于生产、储存、装卸危险物品的建设项目竣工投入生产或者使用前,安全设施未经验收合格的。

续表

修正前(旧条文)	修正后(新条文)
第九十六条 生产经营单位有下列行为之一的,责令限期改正,可以处五万元以下的罚款;逾期未改正的,处五万元以上二十万元以下的罚款,对其直接负责的主管人员和其他直接责任人员处一万元以上二万元以下的罚款;情节严重的,责令停产停业整顿;构成犯罪的,依照刑法有关规定追究刑事责任: (一)未在有较大危险因素的生产经营场所和有关设施、设备上设置明显的安全警示标志的; (二)安全设备的安装、使用、检测、改造和报废不符合国家标准或者行业标准的; (三)未对安全设备进行经常性维护、保养和定期检测的; (四)未为从业人员提供符合国家标准或者行业标准的劳动防护用品的; (五)危险物品的容器、运输工具,以及涉及人身安全、危险性较大的海洋石油开采特种设备和矿山井下特种设备未经具有专业资质的机构检测、检验合格,取得安全使用证或者安全标志,投入使用的; (六)使用应当淘汰的危及生产安全的工艺、设备的。	**第九十九条** 生产经营单位有下列行为之一的,责令限期改正,处五万元以下的罚款;逾期未改正的,处五万元以上二十万元以下的罚款,对其直接负责的主管人员和其他直接责任人员处一万元以上二万元以下的罚款;情节严重的,责令停产停业整顿;构成犯罪的,依照刑法有关规定追究刑事责任: (一)未在有较大危险因素的生产经营场所和有关设施、设备上设置明显的安全警示标志的; (二)安全设备的安装、使用、检测、改造和报废不符合国家标准或者行业标准的; (三)未对安全设备进行经常性维护、保养和定期检测的; (四)关闭、破坏直接关系生产安全的监控、报警、防护、救生设备、设施,或者篡改、隐瞒、销毁其相关数据、信息的; (五)未为从业人员提供符合国家标准或者行业标准的劳动防护用品的; (六)危险物品的容器、运输工具,以及涉及人身安全、危险性较大的海洋石油开采特种设备和矿山井下特种设备未经具有专业资质的机构检测、检验合格,取得安全使用证或者安全标志,投入使用的; (七)使用应当淘汰的危及生产安全的工艺、设备的。 (八)餐饮等行业的生产经营单位使用燃气未安装可燃气体报警装置的。
第九十七条 未经依法批准,擅自生产、经营、运输、储存、使用危险物品或者处置废弃危险物品的,依照有关危险物品安全管理的法律、行政法规的规定予以处罚;构成犯罪的,依照刑法有关规定追究刑事责任。	**第一百条** 未经依法批准,擅自生产、经营、运输、储存、使用危险物品或者处置废弃危险物品的,依照有关危险物品安全管理的法律、行政法规的规定予以处罚;构成犯罪的,依照刑法有关规定追究刑事责任。

续表

修正前(旧条文)	修正后(新条文)
第九十八条 生产经营单位有下列行为之一的,责令限期改正,可以处十万元以下的罚款;逾期未改正的,责令停产停业整顿,并处十万元以上二十万元以下的罚款,对其直接负责的主管人员和其他直接责任人员处二万元以上五万元以下的罚款;构成犯罪的,依照刑法有关规定追究刑事责任: (一)生产、经营、运输、储存、使用危险物品或者处置废弃危险物品,未建立专门安全管理制度、未采取可靠的安全措施的; (二)对重大危险源未登记建档,或者未进行评估、监控,或者未制定应急预案的; (三)进行爆破、吊装以及国务院安全生产监督管理部门会同国务院有关部门规定的其他危险作业,未安排专门人员进行现场安全管理的; (四)未建立事故隐患排查治理制度的。	**第一百零一条** 生产经营单位有下列行为之一的,责令限期改正,处十万元以下的罚款;逾期未改正的,责令停产停业整顿,并处十万元以上二十万元以下的罚款,对其直接负责的主管人员和其他直接责任人员处二万元以上五万元以下的罚款;构成犯罪的,依照刑法有关规定追究刑事责任: (一)生产、经营、运输、储存、使用危险物品或者处置废弃危险物品,未建立专门安全管理制度、未采取可靠的安全措施的; (二)对重大危险源未登记建档,未进行定期检测、评估、监控,未制定应急预案,或者未告知应急措施的; (三)进行爆破、吊装、动火、临时用电以及国务院应急管理部门会同国务院有关部门规定的其他危险作业,未安排专门人员进行现场安全管理的; (四)未建立安全风险分级管控制度或者未按照安全风险分级采取相应管控措施的; (五)未建立事故隐患排查治理制度,或者重大事故隐患排查治理情况未按照规定报告的。
第九十九条 生产经营单位未采取措施消除事故隐患的,责令立即消除或者限期消除;生产经营单位拒不执行的,责令停产停业整顿,并处十万元以上五十万元以下的罚款,对其直接负责的主管人员和其他直接责任人员处二万元以上五万元以下的罚款。	**第一百零二条** 生产经营单位未采取措施消除事故隐患的,责令立即消除或者限期消除,处五万元以下的罚款;生产经营单位拒不执行的,责令停产停业整顿,对其直接负责的主管人员和其他直接责任人员处五万元以上十万元以下的罚款;构成犯罪的,依照刑法有关规定追究刑事责任。

续表

修正前（旧条文）	修正后（新条文）
第一百条 生产经营单位将生产经营项目、场所、设备发包或者出租给不具备安全生产条件或者相应资质的单位或者个人的，责令限期改正，没收违法所得；违法所得十万元以上的，并处违法所得二倍以上五倍以下的罚款；没有违法所得或者违法所得不足十万元的，单处或者并处十万元以上二十万元以下的罚款；对其直接负责的主管人员和其他直接责任人员处一万元以上二万元以下的罚款；导致发生生产安全事故给他人造成损害的，与承包方、承租方承担连带赔偿责任。 生产经营单位未与承包单位、承租单位签订专门的安全生产管理协议或者未在承包合同、租赁合同中明确各自的安全生产管理职责，或者未对承包单位、承租单位的安全生产统一协调、管理的，责令限期改正，可以处五万元以下的罚款，对其直接负责的主管人员和其他直接责任人员可以处一万元以下的罚款；逾期未改正的，责令停产停业整顿。	**第一百零三条** 生产经营单位将生产经营项目、场所、设备发包或者出租给不具备安全生产条件或者相应资质的单位或者个人的，责令限期改正，没收违法所得；违法所得十万元以上的，并处违法所得二倍以上五倍以下的罚款；没有违法所得或者违法所得不足十万元的，单处或者并处十万元以上二十万元以下的罚款；对其直接负责的主管人员和其他直接责任人员处一万元以上二万元以下的罚款；导致发生生产安全事故给他人造成损害的，与承包方、承租方承担连带赔偿责任。 生产经营单位未与承包单位、承租单位签订专门的安全生产管理协议或者未在承包合同、租赁合同中明确各自的安全生产管理职责，或者未对承包单位、承租单位的安全生产统一协调、管理的，责令限期改正，处五万元以下的罚款，对其直接负责的主管人员和其他直接责任人员处一万元以下的罚款；逾期未改正的，责令停产停业整顿。 矿山、金属冶炼建设项目和用于生产、储存、装卸危险物品的建设项目的施工单位未按照规定对施工项目进行安全管理的，责令限期改正，处十万元以下的罚款，对其直接负责的主管人员和其他直接责任人员处二万元以下的罚款；逾期未改正的，责令停产停业整顿。以上施工单位倒卖、出租、出借、挂靠或者以其他形式非法转让施工资质的，责令停产停业整顿，吊销资质证书，没收违法所得；违法所得十万元以上的，并处违法所得二倍以上五倍以下的罚款，没有违法所得或者违法所得不足十万元的，单处或者并处十万元以上二十万元以下的罚款；对其直接负责的主管人员和其他直接责任人员处五万元以上十万元以下的罚款；构成犯罪的，依照刑法有关规定追究刑事责任。

续表

修正前(旧条文)	修正后(新条文)
第一百零一条 两个以上生产经营单位在同一作业区域内进行可能危及对方安全生产的生产经营活动，未签订安全生产管理协议或者未指定专职安全生产管理人员进行安全检查与协调的，责令限期改正，可以处五万元以下的罚款，对其直接负责的主管人员和其他直接责任人员可以处一万元以下的罚款；逾期未改正的，责令停产停业。	**第一百零四条** 两个以上生产经营单位在同一作业区域内进行可能危及对方安全生产的生产经营活动，未签订安全生产管理协议或者未指定专职安全生产管理人员进行安全检查与协调的，责令限期改正，处五万元以下的罚款，对其直接负责的主管人员和其他直接责任人员处一万元以下的罚款；逾期未改正的，责令停产停业。
第一百零二条 生产经营单位有下列行为之一的，责令限期改正，可以处五万元以下的罚款，对其直接负责的主管人员和其他直接责任人员可以处一万元以下的罚款；逾期未改正的，责令停产停业整顿；构成犯罪的，依照刑法有关规定追究刑事责任： （一）生产、经营、储存、使用危险物品的车间、商店、仓库与员工宿舍在同一座建筑内，或者与员工宿舍的距离不符合安全要求的； （二）生产经营场所和员工宿舍未设有符合紧急疏散需要、标志明显、保持畅通的出口，或者锁闭、封堵生产经营场所或者员工宿舍出口的。	**第一百零五条** 生产经营单位有下列行为之一的，责令限期改正，处五万元以下的罚款，对其直接负责的主管人员和其他直接责任人员处一万元以下的罚款；逾期未改正的，责令停产停业整顿；构成犯罪的，依照刑法有关规定追究刑事责任： （一）生产、经营、储存、使用危险物品的车间、商店、仓库与员工宿舍在同一座建筑内，或者与员工宿舍的距离不符合安全要求的； （二）生产经营场所和员工宿舍未设有符合紧急疏散需要、标志明显、保持畅通的出口、疏散通道，或者占用、锁闭、封堵生产经营场所或者员工宿舍出口、疏散通道的。
第一百零三条 生产经营单位与从业人员订立协议，免除或者减轻其对从业人员因生产安全事故伤亡依法应承担的责任的，该协议无效；对生产经营单位的主要负责人、个人经营的投资人处二万元以上十万元以下的罚款。	**第一百零六条** 生产经营单位与从业人员订立协议，免除或者减轻其对从业人员因生产安全事故伤亡依法应承担的责任的，该协议无效；对生产经营单位的主要负责人、个人经营的投资人处二万元以上十万元以下的罚款。
第一百零四条 生产经营单位的从业人员不服从管理，违反安全生产规章制度或者操作规程的，由生产经营单位给予批评教育，依照有关规章制度给予处分；构成犯罪的，依照刑法有关规定追究刑事责任。	**第一百零七条** 生产经营单位的从业人员不落实岗位安全责任，不服从管理，违反安全生产规章制度或者操作规程的，由生产经营单位给予批评教育，依照有关规章制度给予处分；构成犯罪的，依照刑法有关规定追究刑事责任。

续表

修正前(旧条文)	修正后(新条文)
第一百零五条 违反本法规定,生产经营单位拒绝、阻碍负有安全生产监督管理职责的部门依法实施监督检查的,责令改正;拒不改正的,处二万元以上二十万元以下的罚款;对其直接负责的主管人员和其他直接责任人员处一万元以上二万元以下的罚款;构成犯罪的,依照刑法有关规定追究刑事责任。	**第一百零八条** 违反本法规定,生产经营单位拒绝、阻碍负有安全生产监督管理职责的部门依法实施监督检查的,责令改正;拒不改正的,处二万元以上二十万元以下的罚款;对其直接负责的主管人员和其他直接责任人员处一万元以上二万元以下的罚款;构成犯罪的,依照刑法有关规定追究刑事责任。
	第一百零九条 高危行业、领域的生产经营单位未按照国家规定投保安全生产责任保险的,责令限期改正,处五万元以上十万元以下的罚款;逾期未改正的,处十万元以上二十万元以下的罚款。
第一百零六条 生产经营单位的主要负责人在本单位发生生产安全事故时,不立即组织抢救或者在事故调查处理期间擅离职守或者逃匿的,给予降级、撤职的处分,并由安全生产监督管理部门处上一年年收入百分之六十至百分之一百的罚款;对逃匿的处十五日以下拘留;构成犯罪的,依照刑法有关规定追究刑事责任。 生产经营单位的主要负责人对生产安全事故隐瞒不报、谎报或者迟报的,依照前款规定处罚。	**第一百一十条** 生产经营单位的主要负责人在本单位发生生产安全事故时,不立即组织抢救或者在事故调查处理期间擅离职守或者逃匿的,给予降级、撤职的处分,并由应急管理部门处上一年年收入百分之六十至百分之一百的罚款;对逃匿的处十五日以下拘留;构成犯罪的,依照刑法有关规定追究刑事责任。 生产经营单位的主要负责人对生产安全事故隐瞒不报、谎报或者迟报的,依照前款规定处罚。
第一百零七条 有关地方人民政府、负有安全生产监督管理职责的部门,对生产安全事故隐瞒不报、谎报或者迟报的,对直接负责的主管人员和其他直接责任人员依法给予处分;构成犯罪的,依照刑法有关规定追究刑事责任。	**第一百一十一条** 有关地方人民政府、负有安全生产监督管理职责的部门,对生产安全事故隐瞒不报、谎报或者迟报的,对直接负责的主管人员和其他直接责任人员依法给予处分;构成犯罪的,依照刑法有关规定追究刑事责任。
	第一百一十二条 生产经营单位违反本法规定,被责令改正且受到罚款处罚,拒不改正的,负有安全生产监督管理职责的部门可以自作出责令改正之日的次日起,按照原处罚数额按日连续处罚。

续表

修正前(旧条文)	修正后(新条文)
第一百零八条 生产经营单位不具备本法和其他有关法律、行政法规和国家标准或者行业标准规定的安全生产条件，经停产停业整顿仍不具备安全生产条件的，予以关闭；有关部门应当依法吊销其有关证照。	**第一百一十三条** 生产经营单位存在下列情形之一的，负有安全生产监督管理职责的部门应当提请地方人民政府予以关闭，有关部门应当依法吊销其有关证照。生产经营单位主要负责人五年内不得担任任何生产经营单位的主要负责人；情节严重的，终身不得担任本行业生产经营单位的主要负责人： （一）存在重大事故隐患，一百八十日内三次或者一年内四次受到本法规定的行政处罚的； （二）经停产停业整顿，仍不具备法律、行政法规和国家标准或者行业标准规定的安全生产条件的； （三）不具备法律、行政法规和国家标准或者行业标准规定的安全生产条件，导致发生重大、特别重大生产安全事故的； （四）拒不执行负有安全生产监督管理职责的部门作出的停产停业整顿决定的。
第一百零九条 发生生产安全事故，对负有责任的生产经营单位除要求其依法承担相应的赔偿等责任外，由安全生产监督管理部门依照下列规定处以罚款： （一）发生一般事故的，处二十万元以上五十万元以下的罚款； （二）发生较大事故的，处五十万元以上一百万元以下的罚款； （三）发生重大事故的，处一百万元以上五百万元以下的罚款； （四）发生特别重大事故的，处五百万元以上一千万元以下的罚款；情节特别严重的，处一千万元以上二千万元以下的罚款。	**第一百一十四条** 发生生产安全事故，对负有责任的生产经营单位除要求其依法承担相应的赔偿等责任外，由应急管理部门依照下列规定处以罚款： （一）发生一般事故的，处三十万元以上一百万元以下的罚款； （二）发生较大事故的，处一百万元以上二百万元以下的罚款； （三）发生重大事故的，处二百万元以上一千万元以下的罚款； （四）发生特别重大事故的，处一千万元以上二千万元以下的罚款。 发生生产安全事故，情节特别严重、影响特别恶劣的，应急管理部门可以按照前款罚款数额的二倍以上五倍以下对负有责任的生产经营单位处以罚款。

续表

修正前(旧条文)	修正后(新条文)
第一百一十条 本法规定的行政处罚,由安全生产监督管理部门和其他负有安全生产监督管理职责的部门按照职责分工决定。予以关闭的行政处罚由负有安全生产监督管理职责的部门报请县级以上人民政府按照国务院规定的权限决定;给予拘留的行政处罚由公安机关依照治安管理处罚法的规定决定。	**第一百一十五条** 本法规定的行政处罚,由应急管理部门和其他负有安全生产监督管理职责的部门按照职责分工决定;其中,根据本法第九十五条、第一百一十条、第一百一十四条的规定应当给予民航、铁路、电力行业的生产经营单位及其主要负责人行政处罚的,也可以由主管的负有安全生产监督管理职责的部门进行处罚。予以关闭的行政处罚,由负有安全生产监督管理职责的部门报请县级以上人民政府按照国务院规定的权限决定;给予拘留的行政处罚,由公安机关依照治安管理处罚的规定决定。
第一百一十一条 生产经营单位发生生产安全事故造成人员伤亡、他人财产损失的,应当依法承担赔偿责任;拒不承担或者其负责人逃匿的,由人民法院依法强制执行。 生产安全事故的责任人未依法承担赔偿责任,经人民法院依法采取执行措施后,仍不能对受害人给予足额赔偿的,应当继续履行赔偿义务;受害人发现责任人有其他财产的,可以随时请求人民法院执行。	**第一百一十六条** 生产经营单位发生生产安全事故造成人员伤亡、他人财产损失的,应当依法承担赔偿责任;拒不承担或者其负责人逃匿的,由人民法院依法强制执行。 生产安全事故的责任人未依法承担赔偿责任,经人民法院依法采取执行措施后,仍不能对受害人给予足额赔偿的,应当继续履行赔偿义务;受害人发现责任人有其他财产的,可以随时请求人民法院执行。
第七章 附则	
第一百一十二条 本法下列用语的含义: 危险物品,是指易燃易爆物品、危险化学品、放射性物品等能够危及人身安全和财产安全的物品。 重大危险源,是指长期地或者临时地生产、搬运、使用或者储存危险物品,且危险物品的数量等于或者超过临界量的单元(包括场所和设施)。	**第一百一十七条** 本法下列用语的含义: 危险物品,是指易燃易爆物品、危险化学品、放射性物品等能够危及人身安全和财产安全的物品。 重大危险源,是指长期地或者临时地生产、搬运、使用或者储存危险物品,且危险物品的数量等于或者超过临界量的单元(包括场所和设施)。

续表

修正前(旧条文)	修正后(新条文)
第一百一十三条 本法规定的生产安全一般事故、较大事故、重大事故、特别重大事故的划分标准由国务院规定。 国务院安全生产监督管理部门和其他负有安全生产监督管理职责的部门应当根据各自的职责分工,制定相关行业、领域重大事故隐患的判定标准。	**第一百一十八条** 本法规定的生产安全一般事故、较大事故、重大事故、特别重大事故的划分标准由国务院规定。 国务院应急管理部门和其他负有安全生产监督管理职责的部门应当根据各自的职责分工,制定相关行业、领域重大危险源的辨识标准和重大事故隐患的判定标准。
第一百一十四条 本法自 2002 年 11 月 1 日起施行。	**第一百一十九条** 本法自 2002 年 11 月 1 日起施行。